楊松年著

杜甫《戲為六絕句》研究

新加坡國立大學中文系
漢學研究中心學術叢書
②

文史哲學集成

文史哲出版社印行

國立中央圖書館出版品預行編目資料

杜甫《戲為六絕句》研究 / 楊松年著. -- 初版
. -- 臺北市：文史哲, 民84
　　面 ；　　公分. -- (文史哲學集成 ；345)
ISBN 957-547-966-1(平裝)

1. 中國詩 - 唐(618-907) - 評論

821.84   84008377

㉞ 文史哲學集成

杜甫《戲爲六絕句》研究

著　者：楊　　松　　年

出版者：文　史　哲　出　版　社

登記證字號：行政院新聞局局版臺業字五三三七號

發行人：彭　　　　正　　　雄

發行所：文　史　哲　出　版　社

印刷者：文　史　哲　出　版　社

台北市羅斯福路一段七十二巷四號
郵撥〇五一二八八一二彭正雄帳戶
電話：三　五　一　一　〇　二　八

中華民國八十四年八月初版

實價新台幣五二〇元

序

　　新加坡國立大學中文系設立漢學研究中心的構想，醞釀於1991年。當時，本系曾向校方提呈了一份有關籌設中心的計劃書。校方鑒於自1980年以來，中文系的迅速發展，已經具備足夠條件，於是在1994年11月批准了這項意義重大的計劃。

　　漢學研究中心的設立，旨在豐碩中文系在語言、文學、歷史、哲學各學術領域的研究成果，同時促進東南亞華社歷史與文化的研究工作，以使新加坡國立大學成爲本區域漢學研究的重鎮。初步擬定的工作方針如下：

　　一、推動語、文、史、哲、翻譯各領域的專題研究工作；

　　二、促進系內外學者的學術交流，推行合作研究計劃；

　　三、主辦各種會議，邀請國內外學者，針對學術專題進行廣泛而深入的探討；

　　四、出版學術叢書、專刊、以及單篇論文。

　　研究方面，爲貫徹漢學研究中心成立的宗旨，並配合中文系同仁的研究興趣與專長，第一階段側重研究儒家思想文化和東南亞區域的華族歷史、社會、語言、文學，並且鼓勵系裡同仁進行其他漢學範疇內的專題研究。迄今爲止，獲得校方撥給研究經費，並已開展的研究項目包括：《早期儒家及有關典籍的多學科電腦化綜合研究》、《儒家思想的潛在動力與現代社會》、《中國傳記寫作在現代的轉變與演進（1898－1994）》、《〈檳城新報〉社論研究（1985－1991）》、《本地意識的形成與發展：戰前新馬華文文學研究》等等。我們也希望在今後兩年，陸續整理有關新加坡與馬來西亞華文報章、期刊與書籍的資料，編成索引，設立資料

庫，以供在中心進行研究的學者使用。

　　我們之所以重視華社問題的研究，主要是擬以史實論證華族在經濟與文化建設上對本區域國家所作出的重大貢獻。當然，我們也不會忽略漢學其他學術領域的研究課題。

　　出版是我們的主要工作計劃之一。中文系早在1982年就擬定了一項出版計劃。在這項計劃下，到1995年爲止，問世書刊已有：專著兩部、學術論文一百一十六篇、《學術論文集刊》三集，和國際性學報《學叢》三期。在這個堅實的基礎上，我們將進一步推行多項出版計劃。在國內外出版漢學研究中心學術叢書，就是其中的一項目標。通過這項計劃，不僅可以出版本中心學者的研究心得，同時還希望藉此方式，更具成效的促進國際學術交流。

　　學術叢書計劃提出之後，即蒙國內外工商與文化機構對我們工作方針的肯定與支持，台北文史哲出版社贊助出版楊松年副教授的《杜甫〈戲爲六絕句〉研究》，就是其中一個例子。文史哲出版社也同意往後每年出版一、兩部由本中心推薦的專著，這給予我們莫大的鼓舞。

　　我們懇切地希望社會各界人士慷慨資助，國內外學者不吝賜教，使我們的各項研究、出版計劃能夠順利完成，爲國際漢學研究盡一份棉力。

新加坡國立大學中文系
暨漢學研究中心主任
陳　榮　照
1995 年 4 月 5 日

杜甫《戲爲六絕句》研究

目　錄

第一章　研究《戲為六絕句》面對之問題

　　前曾以司空圖《二十四詩品》爲例，説明研究以文學創作體制來討論文學原理的作品所會面對的問題。(注1) 拙作中表示：

　　「一些中國文學的作者，面對檢討與闡述這些神秘的變化多端的文學美感經驗，或者欲對這些文學現象，作出審美的判斷時，深深感到抽象性的概念與邏輯性的思維是不足以表達内心的意見的。於是采用意象語與文學創作的方式，以體現本身的感受與經驗。……《詩品》由於是以詩體創作，又寄興無端，涉筆成趣，因此就引起理解作者原意的困難。」

又云：

　　「問題是，象司空圖《二十四詩品》這樣的作品，司空圖是以想象與觀照的美感活動，通過復現藝術品來表露他的美感經驗，而研究者所看重的，卻是蘊藏在它的里頭的理，兩者的距離是極大的。如果要剖析其理，就是研究者面對的極大難題。」

　　《二十四詩品》雖然影響後代詩論界不小，不過主要還是在於司空氏的詩見與審美觀，在創作體制上，論詩絕句可要比四言論詩之作多得多了。而七言論詩絕句之始創者即爲唐代的杜甫。

一、杜甫論詩詩之作

以詩論詩的作品，過去有稱爲「論詩詩」的。如王若虛
（1174－1243）的這一類作品，就題其名爲「論詩詩」。(注2)

杜甫的論詩詩甚多，有古詩，律詩、排律、以及絕句。這裡
要談的是他的七言論詩絕句的組詩。

杜甫的七言論詩絕句組詩，有《戲爲六絕句》，以及《解悶》
十二首的一些詩章。其中《戲爲六絕句》之作，以六首七言絕
句，集中地批評當代與前代的詩風，當代與前代的詩人與詩作，
并提出他對詩歌寫作的看法，奠定了以絕句論詩的體例，受到後
代詩論者的歡迎與仿效。清高宗《唐宋詩醇》云：

> 「以詩論文，於絕句中，又屬刱體，此元好問《論詩絕句》
> 之濫觴也。」(注3)

浦起龍《讀杜心解》亦云：

> 「金源元好問《論詩絕句三十首》托體於此。」(注4)

《養新錄》亦云：

> 「元遺山《論詩絕句》，效少陵庾信文章老更成諸篇而作
> 也。王貽上仿其體，一時爭效之。厥後宋牧仲、朱錫鬯之
> 論畫，厲太鴻之論詞，遞相祖述，而七絕中又別啓一戶牖
> 矣。」

實際上，杜甫《戲爲六絕句》之影響後代這一類體制，并非由金
代的元好問（1190－1257）開先。中唐白居易（772－846）的
《聽歌六絕句》，元稹（779－831）的《酬孝甫見贈十首》，南宋
的戴復古的（1167－?）《論詩十絕》、金朝王若虛的《論詩詩》
八首，等等，已比元好問更早接受這種體制來暢論詩人與詩作。

到了清代，這種體制更受到進一步的發揚。清初的錢謙益（1582－1664）有《與姚叔祥過明發堂共論近代詞人戲作絕句十六首》，王士禎（1634－1711）有《戲仿元遺山論詩絕句》十二首，等等。至晚清，此風尤盛，鄧方（1878－1898）有《冬日閱過初諸家詩因題絕句八首》，丘逢甲（1864－1912）也有《論詩次鐵廬韵十首》，彭蘊章（1792－1862）有《題元人詩十二首》，朱祖謀（1857－1921）有《冬夜檢時賢詩集率綴短章》十二首，等等。而有一些詩論者，更把這一體制衍至數十首，甚至有百首以上者，例如謝啓昆的《讀全唐詩仿元遺山論詩絕句一百首》、《讀全宋詩仿元遺山論詩絕句二百首》、《讀〈中州集〉仿元遺山論詩絕句六十首》、《論元詩絕句七十首》、《論明詩絕句九十六首》、《書周松靄〈遼詩話〉後二十四首》、《書〈五代詩話〉後三十首》、洪亮吉（1746－1809）的《道中無事偶作論詩絕句二十首》，姚瑩（1785－1853）的《論詩絕句六十首》，林昌彝（1803－1876）的《論本朝人詩一百五首》，等等。只是在上述各家中，又以元好問的《論詩絕句》較受注目，同時影響後代最大，如王士禎的論詩絕句之作，詩題就定爲《戲仿元遺山論詩絕句》；袁枚（1776－1797）的論詩絕句之作，也稱爲《仿元遺山論詩》，甚至在詩前注明道：

> 「遺山論詩，古多今少，余古少今多，兼懷人故也。其所未見與雖見而胸中毫無軒輊者，俱付缺如。」（注5）

所以難怪後人言杜甫《戲爲六絕句》之影響，特舉元好問之作了。

　　從以上的敘述，可以知道在杜甫之後，這一類文學批評形式，風起雲湧，爭妍奪麗的情況。毫無疑問的，七言論詩絕句組詩，已成爲中國文學批評花園中的奇葩。

二、研究杜甫《戲爲六絕句》面對的難題

　　中國的論詩絕句雖然說是多姿多采，然而，這些瑰麗豐富的文學批評素材，卻帶給研究者不少的難題。

　　杜甫的《戲爲六絕句》，雖然寫得不象《二十四詩品》那麼的恍惚、空靈，然而，它們還是以文學創作的方式來說「理」，而且每首四句，每句七字，一首只有二十八字，就要來說明某些文學問題，評價某些詩人與詩作，同時在寫作的過程之中，又需要留意到詩歌創作所應注意的條件，所以所出現的問題，也是不少的。《戲爲六絕句》乃由六章所組成，各章之間，是否有相關的聯繫，所留下的問題，還是不容易解決。以下將分別說明這一組詩所引起的問題。在還沒有進一步說明之前，茲列舉杜氏《戲爲六絕句》原詩於後，以便參照：

　　　　庾信文章老更成，凌雲健筆意縱橫。
　　　　今人嗤點流傳賦，不覺前賢畏後生。
　　　　王楊盧駱當時體，輕薄爲文哂未休。
　　　　爾曹身與名俱滅，不廢江河萬古流。
　　　　縱使盧王操翰墨，劣於漢魏近風騷。
　　　　龍文虎脊皆君馭，歷塊過都見爾曹。
　　　　才力應難跨數公，凡今誰是出群雄。
　　　　或看翡翠蘭苕上，未掣鯨魚碧海中。
　　　　不薄今人愛古人，清辭麗句必爲鄰。
　　　　竊攀屈宋宜方駕，恐與齊梁作後塵。
　　　　未及前賢更勿疑，遞相祖述復先誰。
　　　　別裁僞體親風雅，轉益多師是汝師。

　　就以《戲爲六絶句》的詩題來說明吧。杜甫直稱此詩之作乃「戲爲」。「戲」這一個字就費人猜疑。「戲」原指不是認眞的寫作與議論的態度，可是詩中所表示的，卻又是極爲嚴肅的詩論與詩評的問題。因此「戲」與詩中所呈現的嚴肅課題的差距究竟如何，就令不少學者紛紛議論了。而問題的答案又牽涉到杜甫寫作此詩的動機與目的，於是更引起研究者的一番思索。

　　或以爲杜甫譏刺今人好嗤點前人，語多諷刺，故曰「戲」。如仇兆鰲（1640－?）《杜少陵集詳注》云：

　　　　「此爲後生譏誚前賢而作，語多跌宕諷刺，故云戲也。」
　　　　（注6）

亦有以此詩爲諷刺後生而作，但唯恐過份，乃於詩題上署一「戲」字，以求緩和。如翁方剛（1733－1818）《石洲詩話》云：

　　　　「杜陵薄今人嗤點之筆，至於如此，與爾曹身名俱滅之言，
　　　　未免太刺骨矣。故題曰戲也。」（注7）

或以爲杜氏因其所批評之今人，實不足與共論，故曰「戲」。清吳見思《杜詩論文》云：

　　　　「六絶爲今人論文之作，然此筆豈足論文者哉！故曰戲
　　　　也。」（注7）

或以爲杜氏認識到詩原不應以議論爲主，卻又以詩論文，故曰戲。朱彝尊（1629－1709）《竹垞先生杜詩評本》云：

　　　　「詩最忌議論，議論雖卓，猶戲也。六絶論詩之源流，當
　　　　祖風騷固矣，然遞相承述，則舍六朝初唐無從入也。可謂
　　　　卓識確見，獨冠古今矣。題之曰戲，寓意甚深。」（注8）

或以爲杜甫「寓言自況」之作，如錢謙益《箋注杜詩》云：

　　　　「作詩以論文，而題曰戲爲六絶句，蓋寓言以自況也。」（注9）

此本張戒之説，張氏以此詩爲杜氏自況之作，而又「嫌於自許」，

故曰「戲」。《歲寒堂詩話》云：

> 「戲爲六絕句詩，非爲庾信、王、楊、盧、駱而作，乃子
> 美自謂也。方子美在時，雖名滿天下，人猶有議論其詩
> 者。……子美忿之。……然子美豈其忿者，戲之而已。
> ……而嫌於自許，故皆題爲戲句。」（注10）

可說各有己見，各持一說。

至於不從詩題之「戲」字着眼，而逕談此詩之寫作動機的議
論尤多，如楊倫（1747－1803）以杜甫當時之排詆者不少，故借
庾信及初唐四子以發其意。《杜詩鏡銓》云：

> 「當公之世其排詆者亦不少矣，故借庾信四子以發其意，
> 皆屬目寓意，非如遺山〈論詩絕句〉通論古今人之詩也。」
> （注11）

或以爲乃批評後生之「沿流而忘源」，例如翁方剛（1733－1818）
《石洲詩話》說：

> 「六絕句皆戒後生之沿流而忘源也。其曰今人嗤點，曰爾
> 曹輕薄，曰今誰出群，曰未及前賢，不惜痛詆今人者，蓋
> 欲俾之考求古人源流，知以古人爲師耳。」（注12）

浦起龍（1769－1759後）《讀杜心解》也有同樣的看法。（注13）
或以爲是杜甫在闡述其論詩宗旨，如史炳《杜詩瑣證》云：

> 「戲爲六絕，杜公一生談藝之宗旨，亦千古操觚之準繩
> 也。」（注14）

張縉（1621－1678）《讀書堂杜詩注解》云：

> 「六絕爲詩學指南，如劣於漢魏近風騷，未掣鯨魚碧海中，
> 不薄今人愛古人，別裁僞體親風雅，公已明明爲千古學者
> 指出正派。讀六絕可以知詩學矣。」（注15）

或以爲六絕句不盡論詩。宗廷輔《古今論詩絕句》云：

「雖各家詮解不同，其以爲論詩則一也。反復求之殊爲不
安，……古人鑄題，極爲不苟；如是論詩，何不曰戲成論
詩六絕乎？且第一首賦字，第二首文字，作何安頓？」(注
16)

而當今之學者，有支持其中之一說者，例如徐復觀就以錢謙益之
說最爲妥當。《從文學史觀點及學詩方法試釋杜甫〈戲爲六絕
句〉》云：

「在錢注以後的杜注，對此六絕句的注解，大率不出上述
範圍。其中亦間有反駁錢注的，然一加考按，皆不及錢
注。」(注17)

劉維崇《杜甫評傳》則以爲是批評時俗之漫加謗傷前人，爲正世
俗而作。其言云：

「《戲爲六絕句》，是杜甫見到當時一般人好古非今，對庾
信及王、楊、盧、駱，漫加謗傷，所以才作這首詩，以正
世俗。」(注18)

傅庚生《杜詩散繹》也有相同的看法。其言云：

「杜甫在詩題裡用戲字的也很多，用意卻不盡相同。有的
只表示友朋間的嘲戲，卻也流露著詩人的品格性情，如
《戲簡鄭廣文》、《崔評事弟迎不到走筆戲簡》……；有的
寓有對統治集團的諷刺，如《戲作花卿歌》是；有的憤世
嫉俗，如《戲作俳諧體遣悶二首》是；有的是對譏誚者的
駁斥，如《戲爲六絕句》。」(注19)

亦有以各說都可成立，而兼取眾說的。例如郭紹虞《杜甫〈戲爲
六絕句〉集解》云：

「由其所以作此六絕之動機言，要不外上述三說：其謂爲
寓言自況者，以爲嫌於自許故曰戲。其謂爲告誡後生者，

以爲語多諷刺故曰戲。其謂爲自述論詩宗旨者，則又以爲詩忌議論故曰戲。或以爲此筆不足論文故曰戲。實則上述諸說皆有可通。」（注20）

焦裕銀的意見也大致相近。他說：

「清仇兆鰲曰：此爲後生譏誚前賢而作，語多跌宕諷刺，故云戲也。而杜甫又不欲自以爲是，故剔作戲爲。其時詩學界頗有好古者遺近，務華者去實之風氣，鄙薄庾信、四傑，否定齊、梁以來之文學創作。此詩即爲糾正此弊而發。」（注21）

《戲爲六絕句》由六首七言絕句組成。六首之間，論者多同意有緊密之聯繫。然而其中的關係爲何，也有種種不同的析說。

有以爲六首逐章承遞的，前兩章借庾信及四子發意，後四章俱屬推開立論者，如楊倫《杜詩鏡詮》說：

「六首逐章承遞，意思本屬一串。庾信四傑特借作影子，非謂詩道以此爲至也。下四章俱屬推開，舊解仍粘定前文，故多輾轉不合。」（注22）

有以爲前三首在警戒後生，後三首在勉勵後生者，如史炳《杜詩瑣證》云：

「總而論之，前三章警戒後生不可輕視庾、王數公，蓋其文體雖不及漢魏之高古，然非才美學富，莫之能爲，則亦終歸於身名俱滅；而後世之高心空腹者，可以返而從事讀書矣。後三章則公不欲以數公自限，而超然出群，由漢魏屈宋以幾於風雅，亦即以勉勵後生。蓋數公文勝於質，不免意爲詞累，必其尋源《風》、《雅》，然後足以通諷諭，而盡忠孝，明乎得失之迹。」（注22）

有以爲前三首在批評後生，後三首乃杜甫自述其創作經驗

者，如焦裕銀云：

> 「前三首，批評後生對庾信、四傑等前賢之譏嗤、鄙薄，
> 予庾信、四傑以正確評價。……後三首，則是杜甫以自己
> 之學習與創作體驗，現身說法教誨後生。」（注23）

　　有以爲前四首有緊密聯繫之關係，而第四首「總前三章而與
爲等量之」，第五首及第六首，「乃推廣而正告」後生。浦起龍
《讀杜心解》析此詩第二首云：

> 「此與首章同旨。」

析第三首云：

> 「四傑於時尤近，必嗤點更多，故此章申言之。」

析第四首云：

> 「此總前三章而與爲等量之。見小家大家，判若霄壤。」

析第五首云：

> 「此與末章，乃推廣而正告之。」（注24）

仇兆鰲《杜少陵集詳注》也有接近的看法。（注25）

　　有以爲第一首論賦，第二首論四六文，第三首論詩，後三首
則匯而論之。如宗廷輔《古今論詩絕句》就有這種看法。（注26）
宗氏并表示：此詩六章，前三章論古人，後三章論今人。（注27）

　　可以説，關於此詩之結構及其間之聯繫，也是人云亦云，意
見分歧。

　　論詩絕句既然是用短章寫成，所用的詞語，自然無法清楚地
給予解説，因此這些詞語語義的多義性，也讓研究者深感頭痛。
再以杜甫《戲爲六絕句》中的詩句爲例説明。《戲爲六絕句》其
一云：

> 「庾信文章老更成。」

郭知達《九家集注杜詩》引趙次公之言曰：

> 「老成者，以年則老，以德則成也。文章而老更成，則練
> 歷之多爲無敵矣。」(注28)

以「老成」指年紀之老，年老而文章更「成」。如楊愼（1488－
1559）《丹鉛總錄》云：

> 「庾信之詩，爲梁之冠絕，啓唐之先鞭。史評其詩曰綺艷，
> 杜子美稱之曰淸新，又曰老成。綺艷淸新，人皆知之；而
> 其老成，獨子美能發其妙。余嘗合而衍之曰，綺多傷質，
> 艷多無骨，淸易近薄，新易近尖。子山之詩，綺而有質，
> 艷而有骨，淸而不薄，新而不尖，所以爲老成也。」(注
> 29)

以「老成」指杜詩之風格。《戲爲六絕句》其二云：

> 「王楊盧駱當時體，輕薄爲文哂未休。」

郭知達《九家集注杜詩》引趙次公曰：

> 「四子之文大率浮麗，故公以之爲輕薄爲文，而哂之未休
> 也。」(注30)

意指初唐四子輕薄爲文。盧元昌《杜詩闡》云：

> 「輕薄爲文，謂今人文體輕薄，非謂輕薄四傑，如點鬼簿
> 博士云云。」(注31)

意指今人文體輕薄。施鴻寶（1804－1871）《讀杜詩說》云：

> 「今按輕薄字，始見《西京雜記》，茂陵輕薄者化之，言人
> 之輕薄也。絕句《漫興》云：輕薄桃花逐水流。《贈王侍
> 御契》云：洗眼看輕薄。《貧交行》云：紛紛輕薄何須數。
> 皆是此意。此詩謂後生輕薄之人，譏笑前輩爲文也。」(注
> 32)

《戲爲六絕句》其四云：

> 「縱使盧王操翰墨，劣於漢魏近風騷。龍文虎脊皆君馭，

歷塊過都見爾曹。」

王十朋（1112-1171）引趙次公之言云：

> 「言漢、魏之文去古未遠，終有《風》、《騷》之氣，而盧、
> 王之文比之爲劣。謂文章之妙如龍文虎脊之馬，皆可充君
> 之馭，然或過都而蹶，則猶不爲不良馬也。爾曹指盧、王
> 矣。」（注33）

以「爾曹」指盧照鄰與王勃。劉辰翁（1231-1294）於《評點杜
詩集》云：

> 「第三詩又只借盧、王反復言之，以爲縱使不及風騷，畢
> 竟皆異才也。爾曹自負不淺，然過都歷塊乃可見耳。所以
> 極形容前輩之未易貶也。注謂盧、王爲爾曹，是全失先後
> 語意。」（注34）

以「爾曹」指後生。而劉辰翁《評點杜子美集》云：

> 「爾曹自負不淺，然過都歷塊乃可見耳。」（注35）

以「見」字之意爲「可見」。劉浚《杜詩集評》引李因篤之言云：

> 「龍文虎脊，盧、王其選也；爾曹哂盧、王矣，假令歷塊
> 過都則立見其敗耳。」（注36）

以「見」字之意爲「立見」。施鴻寶《讀杜詩說》云：

> 「見，猶豈見，《渡江》云：戲問垂綸客，悠悠見汝曹。與
> 此正同；蓋即《日知錄》言古人語急類也。」（注37）

也有不同之釋義。《戲爲六絕句》其五云：

> 「不薄今人愛古人，清詞麗句必爲鄰。竊攀屈、宋宜方駕，
> 恐與齊、梁作後塵。」

浦起龍《讀杜心解》云：

> 「統言今人，則齊、梁而下四傑而外皆是；統言古人，則
> 漢、魏以上《風》、《騷》以還皆是。」（注38）

以「今人」指齊梁以下之詩人。翁方剛《石洲詩話》云：

> 「其曰：輕薄爲文哂未休，即指今人之好嗤點古人者，此
> 句之今人猶是也。」(注39)

以「今人」指好嗤點古人之後生。盧元昌《杜詩闡》：

> 「凡今人作文，其清詞麗句必與古人爲鄰，窺其意欲竊攀
> 屈、宋而方駕，諷其文只恐齊、梁不若，轉落數公後塵
> 耳。」(注40)

以「清詞麗句」屬今人，竊攀屈宋者亦爲今人。錢謙益於《讀杜
二箋》云：

> 「不薄古而愛今，期於清詞麗句，必與古人爲鄰則可耳。
> 今人侈言攀屈、宋而轉作齊、梁之後塵，不亦傷乎！」(注
> 41)

以「清詞麗句」屬古人，而今人謂欲竊攀屈宋而方駕。史炳《杜
詩瑣證》云：

> 「不薄今人云云，言我幷不薄今人，愛古人，今有清詞麗
> 句亦必與爲鄰矣，我所以竊攀屈、宋謂宜與之幷駕者，恐
> 但學庚信四子，未免步齊、梁之後塵耳。」(注42)

以「清詞麗句」屬今人，而竊攀屈宋宜方駕者爲杜甫。各家之
見，也不一致。

七言絕句，每句七字。詩句句內從不加標點，如何斷讀，也
常導致不同的領會。如上舉之杜甫「劣於漢、魏近《風》、《騷》」
一句，有主張應讀爲「劣於漢、魏」「近《風》、《騷》」者。如錢
謙益《錢牧齋箋注杜詩》云：

> 「盧、王之文，劣於漢、魏，而能江河萬古者，以其實近
> 於《風》、《騷》也。」(注43)

有以「劣於漢魏近風騷」七字應連讀者，例如汪師韓（1707－？）

《詩學纂聞》云：

> 「漢、魏近《風》、《騷》，五字相連，言盧、王亦近《風》、
> 《騷》，但劣於漢、魏之近《風》、《騷》耳。」（注44）

《戲為六絕句》其五：

> 「不薄今人愛古人。」

錢謙益的理解為：「於古人則愛之，於今人則不敢薄。」顯然認為
應讀為：不薄今人，愛古人。汪師韓《詩學纂聞》云：

> 「今人愛古人五字相連。」（注45）

則主張應讀為「不薄」「今人愛古人」了。

如何搭配詩篇中之句子，也有引起歧義者。再以「龍文虎脊
皆君馭，歷塊過都見爾曹」為例說明。盧元昌《杜詩闡》：

> 「舉盧、王而楊、駱在中矣。爾曹哂未休者，得毋以四公
> 文劣於漢、魏之近《風》、《騷》。縱使云然，乃擬之於馬，
> 四公皆龍文虎脊，為君所馭，爾曹特未歷塊過都耳。試一
> 歷塊過都，才窮力盡，爾曹不及四公，較然見矣。」（注
> 46）

以「龍文虎脊」指「盧王」，而「歷塊過都」則指「爾曹」。朱鶴
齡（1606－1683）《杜工部集輯注》云：

> 「龍文虎脊雖堪充馭，然必試之歷塊過都，爾曹方可自見
> 耳。」（注47）

以「龍文虎脊」、「歷塊過都」均指「爾曹」。如吳瞻泰《杜詩提
要》云：

> 「承上章而下，作一抑一揚之波，以顯出四君龍文虎脊，
> 可馭之以過都歷塊，豈屑與爾曹相較哉！」（注48）

以「龍文虎脊」、「歷塊過都」均指盧、王。

三、小結

　　由以上的分析可見，作爲中國文學批評體制之一的論詩絕句，所存在的問題是不少的。正如郭紹虞在《杜甫戲爲六絕句集解》文中所說的：

> 「第惜其爲韵體所限，不能如散體之曲折達意，故代詞之所指難求，韵句之分讀易淆；遂致箋釋紛紜，莫衷一是；少陵詩學，求明反晦，解人難索，爲之興嘆。」(注49)

然而，論詩絕句已是中國詩論者經常嘗試的體制，縱然困難重重，問題還是需要正視并加以解決的。因此，要分析中國歷代的論詩絕句，我們絕對不能無視這一類詩論體制所具有的問題。惟有了解這一類詩論體制所存在的問題，方能使我們在研究與論析時，更能持有客觀與公正的態度。

【註　釋】

(注 1) 楊松年《中國文學批評研究問題論集》（臺北：文史哲出版社，1994），頁 23。

(注 2) 王若虛《滹南遺老集》。《四部叢刊初編》（上海：商務印書館）。

(注 3) 清乾隆皇帝《御選唐宋詩醇》。《四庫全書》本。（臺北：商務印書館影文淵閣本）。

(注 4) 浦起龍《讀杜心解》卷六之下（北京：中華書局，1961 年），頁 843。

(注 5) 袁枚《仿元遺山論詩》。郭紹虞等編《萬首論詩絕句》（北京：人民文學出版社，1991），頁 386。

(注 6) 仇兆鰲《杜少陵集詳注》卷十一（香港：太平書局，1966），頁 53。

(注 7) 翁方剛《石洲詩話》卷一。《清詩話續編》（上海：上海古籍出版社，1983），頁 1381－1382。

(注 7) 吳見思《杜詩論文》。清康熙十一年常州岱淵堂刻本。

(注 8) 朱彝尊《竹垞先生杜詩評本》。清道光十一年陽湖魯刻本。

(注 9) 錢謙益《錢牧齋箋注杜詩》。卷十二。頁三。臺北中華書局。1967。

(注10) 張戒《歲寒堂詩話》。《續歷代詩話》本。（臺北：藝文印書館）。

(注11) 楊倫《杜詩鏡銓》。卷九。（臺北：中華書局影乾隆刻本，1969）

(注12) 翁方剛《石洲詩話》卷一。同本章注 6。頁 1381。

(注13) 浦起龍《讀杜心解》卷六之下。同本章注 4。頁 841。

(注14) 史炳《杜詩瑣證》。清道光五年刻本。

(注15) 張縉《讀書堂杜詩注解》。清道光二十一年重刻本。

(注16) 宗廷輔《古今論詩絕句》。據郭紹虞《杜甫〈戲爲六絕句〉集解》引。《文學年報》第一期。頁 4。

(注17) 徐復觀《從文學史觀點及學詩方法試釋杜甫〈戲爲六絕句〉》。《中國文學論集》（臺中：民主評論社，1966），頁 157。

(注18) 劉維崇《杜甫評傳》（臺北：商務印書館，1968），頁 279。

(注19) 傅庚生《杜詩散釋》。（香港：建文書局，1964），頁 279。

(注20) 郭紹虞《杜甫〈戲爲六絕句〉集解》。《文學年報》第一期。頁 4。

(注21) 焦裕銀《戲爲六絕句》釋解。見《唐詩大辭典》（上海：江蘇古籍出版社，1990），頁 731。

(注22) 史炳《杜詩瑣證》。見本章注 14。

(注23) 同本章注 21。

(注24) 浦起龍《讀杜心解》卷六之下。同本章注 4。頁 841－842。

(注25) 仇兆鰲《杜少陵集詳注》卷十一。同本章注 6。頁 53－55。

(注26) 宗廷輔《古今論詩絕句》。據郭紹虞《杜甫〈戲爲六絕句〉集解》引。同本章注 16。

（注27）同上注。

（注28）郭知達《九家集注杜詩》。《四庫全書》（臺北：商務印書館）。

（注29）楊愼《升庵詩話》。卷九。頁六。（臺北：藝文印書館）。

（注30）郭知達《九家集注杜詩》。同本章注 28。

（注31）盧元昌《杜詩闡》。清康熙思美堂刻本。

（注32）施鴻寶《讀杜詩說》（香港：中華書局，1964），頁 101。

（注33）王十朋《集百家注編年杜陵詩史》。清宣統三年影宋本。

（注34）劉辰翁《集千家注杜詩》。《四庫全書》本。

（注35）同上注。

（注36）劉浚《杜詩集評》。清嘉慶九年劉氏藜照堂刻本。

（注37）施鴻寶《讀杜詩說》。同本章注 32。

（注38）浦起龍《讀杜心解》卷六之下。同本章注 4。頁 842。

（注39）翁方剛《石洲詩話》卷一。同本章注 6。

（注40）盧元昌《杜詩闡》。同本章注 31。

（注41）錢謙益《錢牧齋箋注杜詩》。卷十二。頁四。同本章注 9。

（注42）史炳《杜詩瑣證》。同本章注 14。

（注43）錢謙益《錢牧齋箋注杜詩》。見本章注 9。

（注44）汪師韓《詩學纂聞》。《清詩話》。頁 460。

（注45）同上注。

（注46）盧元昌《杜詩闡》。同本章注 31。

（注47）朱鶴齡《杜工部集輯注》。清康熙九年刻本。

（注48）吳瞻泰《杜詩提要》。清康熙山雨樓刻本。

（注49）郭紹虞《杜甫〈戲爲六絕句〉集解》。《文學年報》第一期。頁 26。

第二章　杜甫《戲為六絕句》的寫作動機與章句訓釋

杜甫生平與事迹，論者極多，本章不擬說明。他的詩作特色，在「博極群書，馳騁今古，周行萬里，觀覽謳謠，發爲歌詞，奮乎《國風》、《雅》、《頌》不作之後，比興相侔，哀樂交貫，揚叙述，妙達乎真機；美刺箴規，該具乎眾體」。（注1）而處世待友論事，一以真誠爲主。對前代與當代之佳作，都不隱瞞其歡欣賞識之情。因此論詩詩也特別多。或全詩與論詩評詩有關的，如《偶題》、《寄李白二十韵》、《寄彭州高三十五使君適虢州岑二十七長史參三十韵》、《贈畢四》、《追酬故高蜀首人日見寄》、《遣懷》、《贈鄭十八賁》、《同元使君春陵行》、《不見》、《送寶九歸成都》、《奉簡高十五使君》、《可惜》、《江沙值水如海勢聊短述》、《春日憶李白》、《戲爲六絕句》等等。或詩中部分句子與論詩評詩有關的，如《蘇端薛復宴簡薛華醉歌》、《敬贈鄭諫議十韵》、《長吟》、《寄岑嘉州》、《酬高使君相贈》、《秋日夔府詠懷奉寄鄭鑒李賓客一百韵》、《遣悶戲呈路十九曹長》、《陪裴使君登岳陽樓》、《與李十二白同尋范十隱居》、《陳拾遺故宅》、《聞高常侍亡》、《別崔因寄薛據孟雲卿》、《詠懷古迹》、《寄薛三郎中據》、《獨酌成詩》、《游修覺寺》、《奉和嚴中丞西城晚眺》、《奉贈韋左丞丈二十二韵》、《又示宗武》、《寄劉陝州伯華使君四十韵》、《醉時歌》、《垂白》、《地隅》、《故秘書少監武功蘇公源明》、《壯游》、《哭臺州鄭司戶蘇少監》、《入衡州》、《石櫃閣》、《北鄰》、《哭王彭州掄》、《夜聽許十一誦詩愛而有作》，等等。也有組詩中一些

篇章與論詩評詩有關的，例如《遣興五首》、《詠懷古迹五首》、《解悶十二首》，等等。而《戲爲六絕句》這六首組詩，則全是論詩評詩之作，更引起後代研究者的注意。

一、杜甫《戲爲六絕句》的寫作動機

杜甫的《戲爲六絕句》，有認爲作於唐肅宗上元二年（761）者（注2），有以爲作於唐代宗寶應元年（762）者，（注3）這系列組詩作於這兩年之間大約是没有問題的。時杜甫五十或五十一歲。

《戲爲六絕句》之作，雖然影響後世甚大，卻是令研究者產生多種疑問的篇章。在本書第一章中，曾提及各家對《戲爲六絕句》的寫作動機，各有各自的意見。我的看法是，杜甫對此詩的寫作，并不曾給予清楚的析説，而且就詩中的含意來看，比如説「庾信文章老更成，凌雲健筆意縱横」，是在肯定前代的詩人與詩作，因此仇兆鰲説；

　　「首章推美庾信也。」（注4）

説「今人嗤點流傳賦，不覺前賢畏後生」，「爾曹身與名俱滅，不廢江河萬古流」，「龍文虎脊皆君馭，歷塊過都見爾曹」等等，有譏諷與責備今人，并借庾信、四子以抒發其意，帶有自況的意味，因此錢謙益（1582－1664）所説的：

　　「作詩以論文，而題曰《戲爲六絕句》，蓋寓言以自況也。
　　韓退之之詩曰：李杜文章在，光焰萬丈長。不知群兒愚，
　　那用故謗傷。蚍蜉撼大樹，可笑不自量。然則當公之世，
　　群兒之謗傷者或不少矣，故借庾信、四子以發其意。」（注
5）

而沈德潛（1673－1769）《杜詩評鈔》所說的：

　　「當時愚人必有輕薄老成者，故發此以正之。」（注6）

也有一定的依據。杜氏說「或看翡翠蘭苕上，未掣鯨魚碧海中」，發表他對文學寫作意見。因此張綖《讀書談杜詩注解》所說的：

　　「六絕爲詩道指南。」（注7）

史炳《杜詩瑣證》所說的：

　　「戲爲六絕，杜公一生譚藝之宗旨。」（注8）

也是言之有本的。甚至從詩題的「戲爲」二字來思考，也難否定杜甫寫這組詩，全無「詩最忌議論，議論雖卓，猶戲也」（注9）之意。所以我認爲欲了解此詩，不妨采取較寬的角度，接納各家持之有據，而於理可通的說法。換句話說，我同意郭紹虞在論析此詩時所抱有的態度與意見：

　　「由其所以作此六絕之動機言，要不外上述三說：其謂爲寓言自況者，因爲嫌於自許故曰戲。其謂爲告誡後生者，因爲語多諷刺故曰戲。其謂爲自述論詩宗旨者，則又因爲詩忌議論故曰戲，或因爲此輩不足以論文故曰戲。實則上述諸說皆有可通。少陵作此六絕之動機，或誠不免因於蚍蜉撼樹之輩好爲謗傷，有所激發，遂托於庾信、四子以寓其意，則對於後生之前輕侮老成自不禁有深惡痛絕之辭。因憤激而深惡痛絕之，因深惡痛絕而指斥之，因指斥而又告誡之教誨之，則於指點之中而論詩宗旨，亦縱然流露矣。」（注10）

　　不過，在各種說法之中，就詩作的內容與口氣來看，實有輕重之分。此詩六章，針對性很強，充滿不滿意今人隨意喘點前人作品的情緒，語氣中有着濃厚的嘲諷，甚至責備的意味。這可從「不覺前賢畏後生」，「爾曹身與名俱滅，不廢江河萬古流」，與

「歷塊過都見爾曹」等句中體會出來。而於嘲諷與責備今人之中，杜甫連帶提出了對前代一些詩人與詩作的看法，提出了詩歌寫作的意見，提出他對今人的期望，甚至連帶表露了「寓言以自況」的情緒。浦起龍（1679－？）《讀杜心解》批評錢謙益說：

> 「錢《箋》云：六絕寓言以自況也。……然則當公之世，謗傷亦不少矣。故借庾信、四子以發其意，諄諄然呼而竊之。愚按：此非正意。」（注11）

是有其道理的。必須區別此詩寫作的正意與別意，才更能掌握此詩創作的動機。

二、杜甫《戲爲六絕句》的章句訓釋

首章前二句言：「庾信文章老更成，凌雲健筆意縱橫。」很明顯的是在贊美庾信（513－581）「老更成」之作。「老」字於此，具年老之意。郭知達《九家集注杜詩》引趙次公云：

> 「老成者，以年則老，以德則成也。文章而老更成，則練歷之多爲無敵矣。」（注12）

杜甫詩中，有用及此句法者，例如《院中晚晴懷西郭茅舍》云：

> 「階面青苔老更生。」（注13）

《狂夫》：

> 「自笑老夫老更狂。」（注14）

《奉簡高三十五使君》：

> 「交情老更親。」（注15）

「老」字皆作年老或久長之意。而《詠懷古迹》贊美庾信詩云：

> 「庾信生平最蕭瑟，暮年詩賦動江關。」（注16）

更是此二句最佳之注腳。楊慎（1488－1559）《升庵詩話》說：

「庾信之詩，爲梁之冠絕，啓唐之先鞭。史評其詩曰：綺
艷。杜子美稱之曰：清新，又曰：老成。綺艷清新，人皆
知之；而其老成，獨子美能發其妙。余嘗合而衍之曰，綺
多傷質，艷多無骨，清易近薄，新易近尖。子山之詩，綺
而有質，艷而有骨，清而不泊，新而不尖，所以爲老成
也。」（注17）

由杜甫兼重清新與老成之詩歌風格與境界上着眼，并把此三字理
解爲「更老成」，佳則佳矣，但不合杜氏之一貫用法，而且，「老
更成」已有「庾信生平最蕭瑟，暮年詩賦動江關」作注腳，已能
提供此三字之恰當解釋，不需再曲折釋之。

「凌雲」，《漢書·司馬相如傳》：

「相如既奏《大人賦》，天子大悦，飄飄有凌雲氣游天地之
間意。」

「健筆」，徐陵（507－583）《讓五兵尚書表》：

「雖復陳琳健筆，未盡愚懷。」

庾信《宇文順集序》：

「章表健筆，一付陳琳。」

「縱橫」，《南史·范曄傳》：

「諸《序論》筆勢縱橫，眞天下奇作。」

此章後兩句云：「今人嗤點流傳賦，不覺前賢畏後生。」「嗤
點」，干寶《晉紀論》：

「蓋共嗤點以爲灰塵而相詬病矣。」

郭知達《九家集注杜詩》引趙次公云：

「嗤點，嗤笑點檢之也。」

「今人」與「後生」，均指後代之嗤點者。史炳《杜詩瑣證》：

「後生即今人，乃當時淺學之徒。」

「前賢」當包括指庾信在內的前代詩作有成就之詩人。吳瞻泰
《杜詩提要》：

> 「舉一庾信以概六代之前賢。」

盧元昌《杜詩闡》說：

> 「庾信文章清新獨絕，老而彌健，意復縱橫。彼輕薄者，
> 何足語此。所以流傳之賦漫爲今人嗤點，使前賢如庾信者
> 反畏後人之姍笑，是可嘆也。」(注18)

仇兆鰲《杜少陵集詳注》以前賢僅指庾信，釋意嫌太狹窄：

> 「開府文章老愈成格，其筆勢則凌雲超俗，其才思則縱橫
> 出奇，後人取其流傳之賦嗤笑而指點之，豈知前賢自有品
> 格，未見其當畏後生也。當時庾信詩賦與徐陵幷稱，蓋
> 齊、梁間特出者。前賢指庾公，後生指嗤點者。」(注19)

趙次公的釋說也有此缺點，其言云：

> 「庾信生於前，故曰之前賢，公生於後，故謂之後生。」
> (注20)

且以「後生」乃杜甫自謂。誤。杜甫言：「不覺前賢畏後生。」語
帶嘲諷。故翁方剛（1733－1818）《石洲詩話》說：

> 「不覺前賢畏後生，此反語也。言今人嗤點昔人，則前賢
> 應畏後生矣。嬉笑之詞，以此筆不必與莊論耳。」(注21)

吳瞻泰《杜詩提要》：

> 「舉一庾信以概六代之前賢。嗤點前賢，徒自薄耳。前賢
> 豈眞畏後生耶？反言見意。」(注22)

更能從字面之意思體會到杜甫之心境與用意。宗廷輔《古今論詩
絕句》以此句乃憤詞。其言云：

> 「唐自開、寶以降，國初淳厖之氣浸瀉，後生筆多覺前賢
> 古拙，恣情評泊，至令絕世名篇，供其嗤點。譬之風狂猘

　　狗，何足與校。不覺者，憤詞也；非遜詞也。(注23)

我也同意「不覺」一句，并非遜詞，但如果聯繫上一句而言，
「憤詞」之意味淡，而「嘲諷」之氣息濃。宗氏又以此首詩論賦，
其言云：

> 「此首論賦，庾子山之賦，自魏、晉而下，允稱獨步。少
> 陵奮迅，起而紹之，非特詞旨藻麗，其一種沈鬱頓挫，極
> 有神似之處。入之深，故言之切。《哀江南》一篇，冠絕
> 古今，乃作於入周以後，已在暮年，故云：老更成也。凌
> 雲健筆意縱橫七字，是庾賦切實注腳，假移作評詩即非
> 是。」(注24)

當是鑒於章中「今人嗤點流傳賦」而發，但如此析說未免過於拘
泥。杜甫所論，雖舉賦名，實包括庾信之一般文學創作，至少也
包括詩作在內。「庾信生平最蕭瑟，暮年詩賦動江關。」講庾信暮
年作品，兼言詩與賦。可見杜氏於此章雖只舉「賦」之名，很難
否定他并沒有兼言其他文學體制；況且他非議今人嗤點前人之
作，針對的乃是「今人」的評論態度，重點不在於議論賦體之
作。吳見思《杜詩論文》云：

> 「庾信之才老而更成，其高峻則筆勢凌雲，其闊大則意思
> 縱橫也。流傳至今，反爲令人嗤點，則前賢反畏後生矣。」
> (注25)

得杜氏此章之意。

　　言「楊、王、盧、駱當時體，輕薄爲文哂未休」。「楊、王、
盧、駱」或作「王、楊、盧、駱」。「當時體」，仇兆鰲理解爲
「當時傑出」。未當。我比較接受盧元昌《杜詩闡》的釋解：

> 「王、楊、盧、駱號爲四傑，亦當時一體，未可妄議。」
> (注26)

「當時體」於此雖然不是明顯的貶詞，但絕對不是贊語。郭知達
引趙注舉唐人評楊炯之作爲「點鬼簿」，駱賓王之作爲「算博
士」，以此說明杜甫之所以評初唐四傑爲「當時體」的原因，認
爲「當時體」具有貶義。其言云：

> 「唐人《玉泉子》之云載王、楊、盧、駱有文名，人議其
> 疵曰：楊好用古人姓名，唯之點鬼簿，駱好用數對，謂之
> 算博士。然則公以之爲當時代體，亦豈過爲抵排之說哉？」
> (注 27)

「輕薄爲文」或理解爲「輕薄者爲文」，例如盧世㴐《讀杜私言》
云：

> 「若王、楊、盧、駱爲輕薄所哂，幾無完膚。而子美直罵
> 輕薄身名俱滅。」(注 28)

以「輕薄者」爲「後生」，而「哂未休」者爲杜甫。吳見思《杜
詩論文》云：

> 「楊炯、王勃、盧照鄰、駱賓王，當時文體傑出。今日輕
> 薄之流爲文何似而哂之哉！」(注 29)

以「輕薄者」與「哂未休」者俱爲「後生」。史炳《杜詩瑣證》
云：

> 「王、楊、盧、駱云云，言四子文體自是當時風尚，乃嗤
> 其輕薄者至今未休。」(注 30)

仇兆鰲《杜少陵集詳注》云：

> 「四公之文當時傑出，今乃輕薄其爲文而哂笑之。」(注 31)

則以「輕薄者」爲四傑。「哂未休」者爲「後生」。或理解爲「輕
薄爲文者」，如郭知達引趙次公云：

> 「四子之文不率浮麗，故公以之爲輕薄之文，而哂之未休
> 也。」(注 32)

以「輕薄爲文者」爲四傑，而「哂未休」者爲杜甫。汪師韓《詩學纂聞》云：

> 「次章云：王、楊、盧、駱當時體，輕薄爲文哂未休。輕
> 薄爲文四字，乃後生哂四家之語，非指後生輩爲輕薄人
> 也。」（注33）

以「輕薄爲文」者爲四傑，而「哂未休」者爲後生。或理解「輕薄爲文」爲「文體輕薄」。劉克莊《後村詩話續集》：

> 「杜子美笑王、楊、盧、駱文體輕薄。」（注34）

以「文體輕薄」者爲四傑，而「哂未休」者爲杜甫。

　　我的看法是，要「準確」理解此句，首先須先確定誰是「哂未休」者。上舉之盧世㴆之說表示「哂未休」者爲杜甫，劉克莊的看法亦同。郭知達引趙次公語，也是以「哂未休」者爲杜甫，其言云：

> 「四子之文大率浮麗，故公以之爲輕薄爲文，而哂之未休
> 也。」（注35）

但實在很難清楚析說此章下兩句「爾曹身與名俱滅，不廢江河萬古流」之意。這可從上述幾家說法不觸及下二句或根本不加言説得知此點，又盧世㴆云：

> 「若王、楊、盧、駱爲輕薄所哂，幾於完膚，而子美直罵
> 輕薄身名俱滅，仍以萬古江河還諸四傑，匪惟公道，
> 抑見剛腸。」（注36）

我的看法是，「哂未休」者當指「後生」。因「後生」之「哂未休」，杜氏乃有「爾曹身與名俱滅，不廢江河萬古流」之嘲譏。「爾曹」二字與暗藏之「後生」二字對應。至於「輕薄」者或「輕薄爲文」者，可指「後生」，也可指「四傑」，視乎釋者如何自圓其説。以「輕薄」者或「輕薄爲文」者指四傑的，應緊扣本

句中之「哂」字與上一首「今人嗤點流傳賦」之「嗤點」二字來
立説，言「後生」之「哂」四傑「輕薄」爲文，猶「今人」之
「嗤點」庾信。且「輕薄爲文」四字，應視爲後生嗤點四傑之言
辭。以「輕薄」者或「輕薄爲文」者爲後生的，則應將此句之語
法結構讀爲「主語＋謂語＋副詞」（輕薄爲文＋哂＋未休）。

「爾曹身與名俱滅，不廢江河萬古流」。「爾曹」，《世説新
語》云：

> 「殷仲堪語子弟曰：爾曹其存之。」

「江河」，《史記》：

> 「日月以明，江河以流。」

論者於此二句多無异義，認爲「爾曹」指「後生」，而「不
廢江河」者指四傑及其作品。例如洪邁（1123－1202）《容齋四
筆》云：

> 「身名俱滅以責輕薄子，江河萬古流，指四子也。」(注37)

史炳《杜詩瑣證》云：

> 「曾不知爾曹身名俱滅，而四子之文不廢，如江河萬古常
> 流。」(注38)

不過，從此句與上、下詩句之語氣與所傳達的意思看來，杜
甫高度讚揚庾信，惟對四子，似有保留，只是説他們的作品爲
「當時體」。「當時體」雖説没有貶義，但也不是讚美之辭。而第
三章言「縱使盧、王操翰墨，劣於漢、魏近《風》騷」，也不是
高度贊揚之語。仇兆鰲《杜少陵集詳注》云：

> 「此表章楊王四子也。四公之文當時傑出，今乃輕薄其爲
> 文而哂笑之，豈知爾筆不久銷亡，前人則萬古長垂，如江
> 河不廢乎！」(注39)

將庾信之地位與四子并列，不符合杜氏原意。馬星翼《東泉

詩話》：

> 「子美於古人，多所推尊。不特蘇、李、曹、劉為所服仰，即陰、何、鮑、庾亦極口贊揚。下至王、楊、盧、駱似可少貶焉，猶因為江河萬古。此子美所以轉為多師，集其大成，後世學者所當效也。」(注40)

言下於庾信與四子之間，有所軒輊，方合杜甫之意。

第一首詩譏諷「今人」，稱「不覺前賢畏後生」，此章言「爾曹身與名俱滅，不廢江河萬古流」，語氣更重，嘲諷之餘，已帶譴責之意。

三章前二句云：「縱使盧、王操翰墨，劣於漢、魏近《風》、《騷》。」「翰墨」，見曹丕（189－226）《典論·論文》：

> 「寄身於翰墨。」

《風》、《騷》。見沈約（441－253）《宋書·謝靈運傳論》：

> 「自漢至魏，文體三變，莫不祖同《風》、《騷》。」

《續晉陽秋》：

> 「自司馬相如、王褒、揚雄諸賢，代尚詩賦，皆體則風、騷。」

劉辰翁（1231－1316）《評點杜子美集》云：

> 「第三詩又只借盧、王反復言之，以為縱使不及漢、魏、《風》、《騷》，畢竟皆异材也。」(注41)

得杜氏之二句之意，但用「縱使不及漢、魏、《風》、《騷》」來析解「劣於漢、魏近《風》、《騷》」，以漢、魏與《風》、《騷》并列，不當。汪師韓（1707－?）《詩學纂聞》：

> 「漢、魏近《風》、《騷》，五字相連，言盧、王亦近《風》、《騷》，但劣於漢、魏之近《風》、《騷》耳。」(注42)

仇兆鰲《杜少陵集詳注》：

> 「承上章，言縱使盧、王操筆，不如漢、魏近古。……劣
> 於二字另讀，漢、魏近《風》、《騷》連讀。」（注43）

楊倫《杜詩鏡詮》云：

> 「謂不如漢、魏之近《風》、《騷》也。」（注44）

均讀此句爲「劣於＋漢、魏近《風》、《騷》」。一些論者則讀爲
「劣於漢、魏＋近《風》、《騷》」，意爲盧、王之作，雖劣於漢、
魏但近於《風》、《騷》。如錢謙益《錢注杜詩》云：

> 「盧、王之文，劣於漢、魏而能江河萬古者，以其近於
> 《風》騷也。況其上薄《風》、《騷》，而又不劣於漢、魏
> 者乎？」（注45）

《讀杜二箋》云：

> 「盧、王之文體雖劣於漢、魏，而其源流實出於《風》、
> 《騷》，此所以不廢江河萬古流也。」

傅庚生《杜詩析疑》評仇兆鰲説云：

> 「説劣於二字另讀，又把第二句讀成上二下五（一般七言
> 詩的句法結構都是上四下三），詩中這樣造句是極少見的。
> 這些注家之所以要這樣枝解原句，另作牽合，重要是因爲
> 心目中推崇《風》、《騷》，把它們放在第一位，以爲杜甫
> 既説盧照鄰、王勃等人的詩劣於漢、魏，就不會又説它們
> 的詩上近《風》、《騷》了。因此他們創爲新解，解爲：縱
> 使盧、王（每）操翰墨，劣於漢、魏（之）近《風》、
> 《騷》。這樣，就把次序排定：《風》、《騷》第一，漢、魏
> 第二，盧、王第三。」（注46）

汪師韓《詩學纂聞》又有另一種意見：

> 「盧、王操翰墨劣於漢、魏，九字相連，言盧、王比之漢、
> 魏則劣，然其於《風》、《騷》之旨則近矣。」（注47）

傅氏之説,有待商榷。近體七字之法,冒春榮《葚原詩説》有詳細説明:

> 「七字爲句,……句法則有上四下三,上三下四,上二下五,上五下二,上一下六,上六下一,上二中二下三,上一中三下三,上二中四下一,上一中四下二,上四中一下二,上三中一下三,此十二法盡之。」(注48)

「上四下三」與「上三下四」雖然是常用句法,但不能因此排斥杜甫取用「上二下五」的可能性。實際上,杜甫詩句如:

> 「朝罷香烟攜滿袖,詩成珠玉在揮毫。」

就是取用「上二下五」之句法。我的看法,以讀作「劣於+漢、魏近《風》、《騷》」較爲恰當。杜氏於此,重在比較盧、王與漢、魏之作,明顯地表示盧、王劣於漢、魏,而不是比較盧、王,漢、魏及《風》、《騷》之作。中國傳統詩論都以《風》、《騷》爲最高準則,最高模範。杜氏既言初唐四傑之作爲「當時體」,已對四人之作,沒有什麼讚語,因此説杜氏「心目中推崇《風》、《騷》,把它們放在第一位,以爲杜甫既説盧照鄰、王勃等人的詩劣於漢、魏,就不會又説它們的詩上近《風》、《騷》了。因此他們創爲新解,解爲:縱使盧、王(每)操翰墨,劣於漢、魏(之)近《風》、《騷》。這樣,就把次序排定:《風》、《騷》第一,漢、魏第二,盧、王第三」,就沒有什麼不妥之處了。杜氏既然認爲盧、王不如漢、魏,當然不會再表示盧、王亦近於《風》、《騷》。

至於汪師韓之説,甚爲無理,他只見及「盧、王操翰墨」,可與「劣於漢、魏」相連,但是完全沒有顧及漢、魏之後近《風》、《騷》三字之處理,使這三字懸空而不能得到釋解的答案。就此詩之前三首來看,可以確定的是,杜甫視四子之作,在庾信

下，亦在漢、魏下，但并不低貶之。在杜甫眼中，四子較之今人
嗤點者，不啻有霄壤之別。理解此二句，必須掌握此原則。

　本章後二句：「龍文虎脊皆君馭，歷塊過都見爾曹。」「龍文
虎脊」，杜用語有自。《漢書·西域傳贊》：

　　　「蒲捎龍文魚目汗血之馬，充於黃門。」

《天馬歌》：

　　　「虎脊兩化若鬼。」

注：

　　　「馬毛血如虎脊者有兩也。」

龍文虎脊皆指駿馬。仇兆鰲注：

　　　「龍虎之駿，皆見於漢庭，故曰君馭。」

并云：

　　　「言縱使盧、王操筆，不如漢、魏近古，但似此龍文虎脊
　　　皆足供王者之用。」（注49）

「過都歷塊」，王褒《聖主得賢臣頌》：

　　　「過都越國，蹵如歷塊。」

呂元濟注：

　　　「言過都疾如行小塊之間。」

杜甫在此二句中，以「龍文虎脊」，「歷塊過都」等皆爲以盧、王
爲代表之初唐傑杰之事。吳瞻泰《杜詩提要》：

　　　「承上章而下，作一抑一揚之波，以顯出四君龍文虎脊，
　　　可馭之以過都歷塊，豈屑與爾曹相較哉。君指盧、王。」
　　　（注50）

史炳《杜詩瑣證》亦云：

　　　「縱使盧、王云云，言盧、王諸人翰墨，雖不及漢、魏之
　　　近《風》、《騷》，然其才力雄駿，如龍文虎脊之馬，堪充

> 君 ，而超越都邑如歷片土，俯視爾曹，眞下乘耳。」(注
> 51)

不同的是，吳瞻泰解「君」字，以其代表初唐四傑四君，而史炳、盧元昌則以爲「君」指君王。不過有一些論者以「龍文虎脊」言盧、王，而「歷塊過都」的，則爲「爾曹」。仇兆鰲《杜少陵集詳注》：

> 「承上章，言縱使盧、王操筆，不如漢、魏近古，但以此
> 龍文虎脊皆供王者之用，若爾曹薄劣之材，試之長途，當
> 自蹶耳。奈何輕議古人耶？」(注52)

盧元昌《杜詩闡》：

> 「舉盧、王而楊、駱在中矣。爾曹哂未休者，得毋以四公
> 文劣於漢、魏之近《風》、《騷》，縱使云然，乃擬之以馬，
> 四公皆龍文虎脊，爲君王所馭，爾曹特未歷塊過都耳。試
> 一歷塊過都，才窮力盡，爾曹不及四公，較然見矣。」(注
> 53)

或以「龍文虎脊」，「歷塊過都」皆指「爾曹」。吳見思《杜詩論文》：

> 「接上言縱使盧、王操翰墨，已不如漢、魏之作近古矣，
> 時代不同故也。苟得此意，則庾信也，王、楊、盧、駱
> 也，《風》、《騷》也，皆足取資於古，如馬之龍文虎脊，
> 盡可充馭，而過都歷塊，一往無前矣。」(注54)

朱鶴齡（1606－1683）《杜工部詩注》：

> 「龍文虎脊雖堪充馭，然必試之歷塊過都，爾曹方可自見
> 耳。」(注55)

我的看法是，要掌握此二句的意思，除了要象仇兆鰲與吳瞻泰那樣，理解這首詩與前兩詩的關係之外，也需要清楚這首詩中

各句的上下文的關係。第一首詩第三句言「今人嗤點流傳賦」，是順着第一、二句言「庾信文章老更成，凌雲健筆意縱橫」爲言的，「今人」所嗤點的「流傳賦」，是庾信的作品，絕無異議。第二首第三句言「爾曹身與名俱滅」，也是順着第一與第二句「王、楊、盧、駱當時體，輕薄爲文哂未休」而說的，所以「哂未休」者，即爲第三句中的「爾曹」。此句言「龍文虎脊皆君馭，過都歷塊見爾曹」，「馭龍文虎脊」與「歷塊過都」者，亦當是順着第一與第二句而爲言。第一與第二句言「縱使盧、王操翰墨，劣於漢、魏近《風》、《騷》」，都是在論述代表初唐四傑的「盧、王」。第三句與第四句順着講，自然也是在説明以盧、王代表的初唐四傑的情形。再進一步從第三與第四句觀察。第三句中的「君」字既然與第四句中的　「爾曹」對舉，則「爾曹」自然不會是「君」。第三句「龍文虎脊皆君馭」，是一種賓位提前的語法結構：「賓位＋副詞＋主語＋謂語」（龍文虎脊＋皆＋君＋馭），若順序寫則當爲：「主語＋副詞＋謂語＋賓位」（君＋皆＋馭＋龍文虎脊）。此句中的「君」字，如果釋爲「君王」，較爲曲折，若直接以之指代表初唐四傑之盧、王，并與前兩句相對應，會更順暢。

　　至於「歷塊過都見爾曹」之「見」字，或釋爲「可見」，或釋爲「立見」，只是理解杜氏譏刺「爾曹」程度之不同而已，皆可通。

　　四章上二句言：「才力應難跨數公，凡今誰是出群雄？」其中「跨」或作「誇」。「出群雄」，《世説新語》：

　　　「殷中軍道韓太常曰：康伯少自標置，既然是出群器。」

「數公」，郭知達引趙次公言云：

　　　「數公指庾信、楊、王、盧、駱與夫漢、魏諸人也。」（注56）

宗廷輔《古今論詩絕句》：

> 「數公指庾信及王、楊、盧、駱。」（注 57）

案：就前三章所言看，「數公」當指前所言及之詩人，如庾信及初唐四傑，但由於第三首曾言及盧、王等四傑「劣於漢、魏近《風》、《騷》」，因此「數公」也應包括漢、魏之詩人在內。所以趙次公言「數公」兼及漢、魏諸人，也有一定的道理。錢謙益《錢注杜詩》云：

> 「凡今誰是出群雄，公所以自命也。」（注 58）

郭知達《九家集注杜詩》引趙次公言云：

> 「數公指庾信、楊、王、盧、駱與夫漢、魏諸人也。自衆人觀之，才力未見超跨之。……群字亦指數公，而出群雄則蓋自負矣。」

按：此二句亦當針對「今人」而發。仇兆鰲《杜少陵集詳注》：

> 「才如庾、楊數公，應難跨出其上。今人亦誰是出群者！」
> （注 59）

邵二泉《杜詩分類集注》：

> 「詩言方今才人安得跨越前賢。誰是英雄出群之士。」（注 60）

下二句言：「或看翡翠蘭苕上，未掣鯨魚碧海中。」「翡翠蘭苕」，郭璞《游仙》詩：

> 「翡翠戲蘭苕，容色更相鮮。」

「碧海鯨魚」，東方朔《十洲記》：

> 「扶桑東方里有碧海，水不鹽苦，正作碧色。」

王嘉《拾遺記》：

> 「鯤魚千尺如鯨，常飛往南海。」

此兩句亦針對今人而言，批評今人只有「翡翠蘭苕」之作，作品

中沒有「碧海鯨魚」氣勢之風。因此杜氏乃有「凡今誰是出群雄」之疑問。蔡夢弼《草堂詩箋補遺》：

> 「以翡翠喻，言今之爲文者，只得其小巧耳；言爲文之雄健，未有能如鯨魚之掣浪也。」(注61)

史炳《杜詩瑣證》亦云：

> 「才力應難云云，言今人才力應無出庾、王數公之上者，就今論之，誰是出群之雄乎？不過容色鮮新，如蘭苕翡翠，未有才力橫絕，如掣鯨魚碧海者，蓋力能掣鯨，斯爲跨越數公矣。」(注62)

唯錢謙益《錢注杜詩》云：

> 「蘭苕翡翠，指當時研揣聲病，尋摘章句之徒；鯨魚碧海，則所謂渾涵汪洋，千彙萬狀，兼古人而有之者也。亦退之所謂橫空盤硬，妥帖排奡，垠崖崩豁，乾坤雷硠者也。」
> (注63)

以「蘭苕翡翠」指人，言「當時研揣聲病，尋摘章句之徒」，未能具有「掣鯨魚」於「碧海」中之「橫空盤硬」之勢。亦可備一說。

　　五章上二句言：「不薄今人愛古人，清詞麗句必爲鄰。」「清詞麗句」，陳琳《答東阿王箋》云：

> 「清詞妙句，　絕煥炳。」

沈約《宋書‧謝靈運傳論》：

> 「清詞麗句，時發乎篇。」

劉勰《文心雕龍‧明詩篇》：

> 「五言流調，清麗爲宗。」

「不薄今人愛古人」，解者或讀爲「不薄今人」「愛古人」。錢謙益《錢注杜詩》：

「不薄今人以下，惜時人之是古非今，不知別裁而正告之
也。齊、梁以下，對屈、宋言之，皆今人也。」（注 64）

浦起龍《讀杜心解》亦云：

「此與末章，乃推廣而正告之；意重在不薄今人邊。統言
今人，則齊、梁而下四傑而外皆是；統言古人，則漢、魏
以上《風》、《騷》以還皆是。」（注 65）

不當。「今人」之義當與首章「今人嗤點流傳賦」之「今人」同。
仇兆鰲《杜少陵集詳注》：

「今人，指後生輕薄者，古人，指屈原、宋玉輩。庾信、
四傑，乃齊、梁嫡派也。錢箋以庾、盧數公當今人，與首
章所稱今人者不合矣。」（注 66）

駁錢說甚當。史炳《杜詩瑣證》云：

「不薄今人云云，言我并不薄今人，愛古人。」（注 67）

楊倫《杜詩鏡銓》云：

「此首今人及下首前掀俱承第一首來，并跟上凡今句，言
我非敢薄今人而專愛古人也。」（注 68）

事實上，杜詩於前數章譏諷、指斥今人極爲劇烈，甚至語氣較爲
溫和的如：「凡今誰是出群雄」，也帶有相當不屑的味道，怎能說
杜甫「非敢薄今人」？我認爲在這一點上，無需爲杜甫曲爲辯護。
仇兆鰲《杜少陵集詳注》云：

「此戒其好高而騖遠也。言今人愛慕古人，取其清詞麗句
而必與爲鄰，我亦豈敢薄之。」（注 69）

以「不薄」「今人愛古人」讀法理解此句，更能清楚杜句之意思。
「屈、宋」，劉勰《文心雕龍·辯騷篇》：

「屈、宋逸步，莫之能追。」

「方駕」，劉孝標《廣絕交論》：

　　　　「道文麗藻，方駕曹、王。」
「齊、梁」，陳子昂（658－695）《與東方左史虬修竹篇序》：
　　　　「齊、梁間詩，彩麗競繁，而興寄都絕。」
「後塵」，崔駰云：
　　　　「幸得充下館，敘後塵。」
前引之仇兆鰲《杜少陵集詳注》云：
　　　　「此戒其好高騖遠也。言今人愛慕古人，取其清詞麗句而
　　　　必與爲鄰，我亦豈敢薄之。」（注 70）
以「清詞」、「麗句」均指古人之作，有待商榷。亦有以「清詞」
「麗句」指今人之詩。如史炳《杜詩瑣證》云：
　　　　「言我幷不薄今人，愛古人。今有清詞麗句，亦必與爲鄰
　　　　矣。」（注 71）
也有以爲「清詞」「麗句」同指同一事者，如吳見思《杜詩論文》
云：
　　　　「清詞麗句，極力模仿，與爲比肩。」（注 72）
亦不當。清詞、麗句當屬二事，且前者言古代文風，後者言近代
文風。宗廷輔《古今論詩絕句》：
　　　　「不薄今人，承翡翠蘭苕句，言今人所能如此，似無可薄，
　　　　愛古人，承鯨魚碧海句，言古人所能如此，實有可愛。清
　　　　詞麗句必爲鄰，言於古今人中擇其清詞麗句以爲依傍也。」
　　　　（注 73）
曹慕樊在《杜詩雜說》中以認爲清詞與麗句是兩回事，幷引用多
種證據來說明清詞代表的是古代的文風，而麗句代表的是近代的
文風。（注 73）確能看出杜氏此句之含意。
　　此章下兩句云：「竊攀屈、宋宜方駕，恐與齊、梁作後塵。」
或以爲「竊攀屈、宋」者及「恐與作後塵」者，爲杜甫本人，如

趙次公云：

> 「竊攀二語，言公竊自追攀屈原、宋玉，宜與之幷駕矣。」
> （注 74）

又云：

> 「公所以必追逐屈、宋者，唯恐不超過齊、梁而翻與之作
> 後塵。蓋齊、梁詩體格輕麗，公所不取也。」（注 75）

按：此二句意承前四章及本章前二句，都是杜甫針對今人之論詩
態度與見解而發。作杜甫自謂之言，極為不當。全句之意當為今
人愛古人的態度本為正確，但必須兼取古代清新之文風與近代綺
麗之風氣，一意追攀屈原與宋玉，將落入齊、梁之後塵。所以
「竊攀屈、宋」者，當指後生或今人，「與齊、梁作後塵」者，亦
針對後生或今人而發。故錢謙益《錢注杜詩》云：

> 「今人侈言屈、宋，而轉作齊、梁之後塵，不亦傷乎？」
> （注 76）

仇兆鰲《杜少陵集詳注》云：

> 「但恐（今人）志大才庸，揣其意，竊思仰攀屈、宋，論
> 其文，終作齊、梁後塵耳。」（注 77）

皆得杜意。

六章前兩句：「未及前賢更勿疑，遞相祖述復先誰？」「遞相
祖述」，沈約《宋書·謝靈運傳論》：

> 「王褒、劉向、揚、班、崔、蔡之徒，異軌同奔，遞相師
> 祖。」

《顏氏家訓》：

> 「傳相祖述，尋問莫知原由。」

「前賢」，邵二泉《杜詩分類集注》云：

> 「前賢，即首章之前賢，當指庾信言。」

不當。浦起龍《讀杜心解》説:

> 「前賢所包者廣,躋近代作家於風雅之班,而統謂之前賢
> 也。」(注78)

本節釋第一首「不覺前賢畏後生」時,已言及該句中「前賢」之
義當包括庾信在內的前代詩作有成就之士,此句「前賢」具漫指
之意尤其明顯。

> 「未及前賢更勿疑,遞相祖述復先誰?」

「復先誰」三字,釋説也有多種。或以此語爲問詞。如錢謙益
《錢牧齋箋注杜詩》云:

> 「今人之未及前賢,無怪其然也。以其遞相祖述,沿流失
> 源,而不知誰爲之先也。」(注79)

盧元昌《杜詩闡》云:

> 「以其遞相祖述,沿流失眞,似此沿習,更復先誰耶?」
> (注80)

或以肯定語對待。其中又有以此語之意爲「自相學擬,無能相
尚」者,如楊倫《杜詩鏡銓》云:

> 「遞相祖述復先誰,謂時輩自相學擬,無能相尚也。」(注
> 81)

王嗣奭《杜臆》:

> 「謂今人才優孟古人,不過遞相祖述,而無能爲之先也。」
> (注82)

或理解爲「妄分先後」,如浦起龍《讀杜心解》云:

> 「復先誰者,詁其輕嗤輕哂,妄分先後也。」(注83)

案:當以作問句爲然。錢、盧之釋説可從。此二句之意,楊慎
《升庵詩話》云:

> 「前二句戒後人之愈趨愈下。」(注84)

「別裁僞體親風、雅，轉益多師是汝師。」

邵二泉《杜詩分類集注》云：

> 「裁，革去也。僞體，指四子言。親風雅，當以風雅爲師，
> 不獨止於庾信也。多師，以聖賢爲師。汝字，亦指四子
> 言。此六絕句議論文體，始終以四子爲言，令人以浮薄爲
> 戒也。」(注85)

邵注於此多曲解。「僞體」，絕非僅指初唐四子而言，而是泛指浮
華、浮僞之詩作。史炳《杜詩瑣證》析「別裁僞體」云：

> 「但須區別裁汰浮僞之體。」(注86)

浦起龍《讀杜心解》較具體地指出：

> 「別裁其翡翠蘭苕竊屈、宋後齊、梁之僞體。」(注87)

一些論者或以「僞體」指違背表露真性情之作。如錢謙益《錢牧
齋箋注杜詩》云：

> 「《騷》、《雅》有真《騷》、《雅》，罕、魏有真漢、魏，等
> 而下之，至於齊、梁、唐初，靡不有真面目焉，舍是則皆
> 僞體也。」(注88)

已嫌只取「浮華、浮僞之作」意思之一端。而楊慎《升庵詩話》
云：

> 「必以無出處之言爲詩，是杜子美所謂僞體也。」(注89)

更是以己意強加於杜甫此詞之闡釋上。

「多師」，亦非如邵二泉所言之「以聖賢爲師」，此亦具泛指
多方面學習之意，故沈德潛《杜詩偶評》云：

> 「轉益多師，即焉不學意。」(注90)

而楊倫《杜詩鏡詮》云：

> 「《風》、《騷》有真《風》、《騷》，漢、魏有真漢、魏，下
> 而至於齊、梁、初唐，莫不有真面目焉。循流溯源，以上

追《三百篇》之旨，則皆吾師也。」(注91)
具體舉出「多師」之師事對象。汪師韓《詩學纂聞》云：

「多師，指盧、王言，如盧、王之近《風》、《騷》，乃汝所
當師者也。」(注92)

以「多師」指師法盧照鄰與王勃，更不知何據。

「汝師」之「汝」字，也非如邵二泉所説的，指四子而言。
錢謙益《錢牧齋箋注杜詩》云：

「自《風》、《雅》而下至於庾信、四子，孰非我師？雖欲
爲嗤點輕薄之流，其可得乎！故曰：轉益多師是汝師。呼
之曰汝，所謂爾曹也。」(注93)

盧元昌《杜詩闡》云：

「蓋漢、魏有眞漢、魏，等而下之，齊、梁有眞齊、梁，
果能辨別眞僞，裁去僞體，則直追《根》、《雅》，下而
屈、宋、庾信、王、楊、盧、駱，誰非汝師者？」(注94)

都以「汝師」之「汝」字，指「爾曹」或「後生」。楊慎《升庵
詩話》：

「後二句勉後生之學乎其上也。」(注95)

三、小結

《戲爲六絕句》以文學體制的方式來進行文學的批評，在先
天上，已存在不少的問題。解人雖然力求得到完美的答案，實際
情況究竟如何，仍是有待學術界努力探討。本章是在細讀杜氏這
組詩絕句，及前人解釋之後的作品，意見是否正確？仍需要方家
指教。

【註　釋】

(注 1) 蔡夢弼《杜工部草堂詩箋序》。《杜公部草堂詩箋》。《古逸叢書》本。清光緒中遵義黎氏日本東京使署景刊本。

(注 2) 吳調公《杜甫〈戲爲六絕句〉》。見吳文治編《中國古代文學理論明著題解》（合肥：黃山書社出版社，1987），頁 67。

(注 3) 劉孟伉《杜甫年譜》。（香港：華夏出版社，1967），頁 73。

(注 4) 仇兆鰲《杜少陵集詳注》。卷十一。頁 53。

(注 5) 錢謙益《錢牧齋箋注杜詩》。見本書第一章注 9。

(注 6) 沈德潛《杜詩評鈔》卷四。頁十六。（臺北：廣文書局影日本京都文求堂藏本，1976）。

(注 7) 張綖《讀書堂杜詩注解》。見本書第一章注 15。

(注 8) 史炳《杜詩瑣證》。見本書第一章注 14。

(注 9) 朱彝尊《竹垞先生杜詩評本》。見本書第一章注 8。

(注10) 郭紹虞《杜甫〈戲爲六絕句〉集解》。文載《文學年報》第一期，1932 年。

(注11) 浦起龍《讀杜心解》。見本書第一章注 4。頁 843。

(注12) 郭知達《九家集注杜詩》。見本書第一章注 30。

(注13) 《杜工部集》作"先自生"。見該書卷十三。頁十四。此依仇兆鰲《杜少陵集詳注》。卷十四。頁 52。

(注14) 杜甫《杜工部集》。卷十一。頁四。（臺北：學生書局影宋王洙本，1967）。

(注15) 同上注。卷十一。頁十八。

(注16) 同上注。卷十五。頁二十四。

(注17) 楊愼《升庵詩話》。卷九。頁六。《續歷代詩話》本。（臺北：藝文印書館）。

(注18) 盧元昌《杜詩闡》。同本書第一章注 31。

(注19) 仇兆鰲《杜少陵集詳注》。見本書第一章注 6。頁 53。

(注20) 郭知達《九家集注杜詩》。見本書第一章注 30。

(注11) 翁方剛《石洲詩話》卷一。見本書第一章注 7。頁 1381。

(注22) 吳瞻泰《杜詩提要》。見本書第一章注 48。

(注23) 宗廷輔《古今論詩絕句》。見本書第一章注 16。

(注24) 同上注。

(注25) 吳見思《杜詩論文》。見本書第一章注 7。

(注26) 盧元昌《杜詩闡》。見本書第一章注 31。

(注27) 郭知達《九家集注杜詩》。見本書第一章注 30。

(注28) 盧世㴶《讀杜私言》。明崇禎七年尊水園刻本。

(注29) 吳見思《杜詩論文》。見本書第一章注 7。

(注30) 史炳《杜詩瑣證》。見本書第一章注 14。

(注31) 仇兆鰲《杜少陵集詳注》。見本書第一章注 6。頁 54。

(注32) 郭知達《九家集注杜詩》。見本書第一章注 30。

(注33) 汪師韓《詩學纂聞》。《清詩話》。頁 460。

(注34) 劉克莊《後村詩話續集》。(四部叢刊初編)(上海：上海商務印書館影鈔本)。

(注35) 郭知達《九家集注杜詩》。見本書第一章注 30。

(注36) 盧世㴶《讀杜私言》。見本章注 28。

(注37) 洪邁《容齋四筆》。卷五。《四部叢刊續編》(上海：上海商務印書館影宋本配明本)。

(注38) 史炳《杜詩瑣證》。見本書第一章注 14。

(注39) 仇兆鰲《杜少陵集詳注》。見本書第一章注 6。頁 54。

(注40) 馬星翼《東泉詩話》。轉引自郭紹虞《杜甫〈戲爲六絕句〉集解》。見本書第一章注 20。

(注41) 劉辰翁《集千家注杜詩》。見本書第一章注 34。

（注42）汪師韓《詩學纂聞》。同本章注 33。

（注43）仇兆鰲《杜少陵集詳注》。見本書第一章注 6。頁 54。

（注44）楊倫《杜詩鏡銓》。卷九。（臺北：中華書局影乾隆刻本，1969）。

（注45）錢謙益《錢牧齋箋注杜詩》。見本書第一章注 9。

（注46）傅庚生《杜詩析疑》（西安：陝西人民出版社，1981）。

（注47）汪師韓《詩學纂聞》。同本章注 33。

（注48）冒春榮《葚原詩說》。卷之二。《清詩話續編》（上海：上海古籍出版社，1983），頁 1591。

（注49）仇兆鰲《杜少陵集詳注》。見本書第一章注 6。頁 54。

（注50）吳瞻泰《杜詩提要》。見本書第一章注 48。

（注51）史炳《杜詩瑣證》。見本書第一章注 14。

（注52）仇兆鰲《杜少陵集詳注》。見本書第一章注 6。頁 54。

（注53）盧元昌《杜詩闡》。同本書第一章注 31。

（注54）吳見思《杜詩論文》。見本書第一章注 7。

（注55）朱鶴齡《杜工部詩注》。見本書第一章注 47。

（注56）郭知達《九家集注杜詩》。見本書第一章注 30。

（注57）宗廷輔《古今論詩絕句》。見本書第一章注 16。

（注58）錢謙益《錢牧齋箋注杜詩》。見本書第一章注 9。

（注59）仇兆鰲《杜少陵集詳注》。見本書第一章注 6。頁 54－55。

（注60）邵二泉《杜少陵先生分類詩注》。清康熙五十八年洪士桂刻本。

（注61）蔡夢弼《草堂詩箋補遺》。《杜工部草堂詩箋》。見本章注 1。

（注62）史炳《杜詩瑣證》。見本書第一章注 14。

（注63）錢謙益《錢牧齋箋注杜詩》。見本書第一章注 9。

（注64）同上注。

（注65）浦起龍《讀杜心解》。見本書第一章注 4。頁 842。

（注66）仇兆鰲《杜少陵集詳注》。見本書第一章注 6。頁 55。

（注67）史炳《杜詩瑣證》. 見本書第一章注 14。

（注68）楊倫《杜詩鏡銓》。卷九。同本章注 44。

（注69）仇兆鰲《杜少陵集詳注》。見本書第一章注 6。頁 55。

（注70）同上注。

（注71）史炳《杜詩瑣證》。見本書第一章注 14。

（注72）吳見思《杜詩論文》。見本書第一章注 7。

（注73）宗廷輔《古今論詩絕句》。見本書第一章注 16。

（注73）曹慕樊《論清詞麗句》。《杜詩雜說》（四川：四川人民出版社，1984），頁 132－135。

（注74）郭知達《九家集注杜詩》。見本書第一章注 30。

（注75）同上注。

（注76）錢謙益《錢牧齋箋注杜詩》。卷十二。頁四。

（注77）仇兆鰲《杜少陵集詳注》。見本書第一章注 6。頁 55。

（注78）浦起龍《讀杜心解》。見本書第一章注 4。頁 842。

（注79）錢謙益《錢牧齋箋注杜詩》。卷十二。頁四。

（注80）盧元昌《杜詩闡》。同本書第一章注 31。

（注81）楊倫《杜詩鏡銓》。卷九。同本章注 44。

（注82）王嗣奭《杜臆》卷之四。（北京：中華書局，1963），頁 133。

（注83）浦起龍《讀杜心解》。見本書第一章注 4。頁 842。

（注84）楊愼《升庵詩話》。卷五。頁七。同本章注 17。

（注85）邵二泉《杜少陵先生分類詩注》。見本章注 60。

（注86）史炳《杜詩瑣證》。見本書第一章注 14。

（注87）浦起龍《讀杜心解》。見本書第一章注 4。頁 843。

（注88）錢謙益《錢牧齋箋注杜詩》。卷十二。頁四。

（注89）楊愼《升庵詩話》。卷五。頁一。同本章注 17。

（注90）沈德潛《杜詩評鈔》。卷四。頁十六。同本章注 6。

（注91）楊倫《杜詩鏡銓》。卷九。同本章注 44。

（注92）汪師韓《詩學纂聞》。同本章注 33。

（注93）錢謙益《錢牧齋箋注杜詩》。卷十二。頁四。

（注94）盧元昌《杜詩闡》。同本書第一章注 31。

（注95）楊愼《升庵詩話》。卷三。頁七。同本章注 17。

第三章　杜甫《戲爲六絕句》評歷代作者

　　杜甫（712－770）在《戲爲六絕句》中，於譏諷時人隨意嗤點前人作品的同時，肯定前代詩人如庾信（513－581）、初唐四傑王勃（650－約675）、楊炯（650－?）、盧照鄰（約635－約689）、駱賓王（約640－?）的成就，也在規勸時人樹立正確的學詩態度時，提出時人「不及前賢」的論點，也肯定了「前賢」的成就。這一點，在前章已有說明。本章將以杜甫《戲爲六絕句》爲主要的依據，再配合其他杜詩的資料，來論析杜甫對歷代作家的批評。

一、杜甫《戲爲六絕句》評歷代作者

　　《戲爲六絕句》高度推崇庾信的作品，所説的「庾信文章老更成，凌雲健筆意縱橫」，充滿贊許的口氣。杜甫在其他的作品中，對庾信的詩作也贊許交加。《春日憶李白》稱讚李白（701－762）詩，就以白詩意境清新，有如庾信；而風格俊秀超逸，有如鮑照（?－466）：

　　　　「白也詩無敵，　飄然思不群。　清新庾開府，俊逸鮑參軍。」（注1）
《咏懷古迹五首》中也同情庾信的生平遭遇并贊揚其暮年之作道：
　　　　「庾信生平最蕭索，暮年詩賦動江關。」（注2）
在杜甫所寫的作品之中，可看出他汲取庾信作品滋養的痕迹。或

用及庾信作品中之詞語者，如：

「門闌多喜色。」（杜甫《李監宅二首》）

「詰旦啓門闌。」（庾信《正旦上司憲府》）

「殘花爛漫開何益。」（杜甫《嘆庭前甘菊花》）

「殘花爛漫舒。」（庾信《和宇文內史入重陽閣》）

「貧居類村塢。」（杜甫《夏日李公》）

「依稀映村塢。」（庾信《杏花》）

或依據庾信詩句而變化應用者，如：

「雲臥衣裳冷，欲覺聞晨鐘。」（杜甫《游龍門奉先寺》）

「山深雲濕衣。」（庾信《和宇文內史春日游山》）

「山寺響晨鐘。」（庾信《陪駕幸終南山和宇文內史》）

「天棘蔓青絲。」（杜甫《已上人茅齋》）

「岸柳被青絲。」（庾信《奉和趙王途中五韻》）

「更識將軍樹，悲風日暮多。」（杜甫《過宋員外問舊莊》）

「將軍一去，大樹飄零；壯士不還，寒風蕭瑟。」（庾信《哀江南賦》）

例子甚多，不勝枚舉。

對初唐四傑，杜甫固然也肯定他們的成就，例如在《戲爲六絕句》中，言及四傑作品時，只云「當時體」，贊他們的作品能「不廢江河萬古流」者，本非爲贊美四傑而贊美，實是針對「後生」之「嗤點」四傑而發。即使我們理解「不廢江河萬古流」純是贊美四傑，可以確定的是，贊許程度遠不及庾信。在杜甫的其他詩作中，言及四傑的，或強調其才敏，如在《寄陝州劉伯華使君四十韻》中云：

「學并盧、王敏，書兼褚薛能。」（注3）

或嘆其潦倒的命運，如《寄彭州高三十五使君適虢州岑二十七長

史參三十韵》云:

> 「舉天悲富、駱，近代惜盧、王。似爾官仍貴，前賢命可
> 傷。」(注4)

初唐四傑之命運是相當悲慘的。仇兆鰲《杜少陵集詳注》曾引
《唐書》云:

> 「駱賓王，義烏人。七歲能賦詩。武后時除臨海丞，棄官
> 去。徐敬業舉兵，署爲府屬，後亡命，不知所之。」

> 「盧照鄰，范陽人。爲鄧王典，王重其文，待以相如，調
> 新都尉。病去官。自沈穎水死。」

> 「王勃，龍門人。早歲善文辭。補虢州參軍。除名。渡海
> 溺水。悸而卒。」(注5)

所以杜甫評四傑時，不似評庾信那樣，多從文章的評價來肯定其
作品。這也是我之所以會説，杜甫視初唐四傑之作在庾信之下的
另一個根據。(注6)

　　《戲爲六絕句》其五，言:「竊攀屈、宋宜方駕，恐與齊、
梁作後塵。」杜甫對屈原（前340－前278）、宋玉，評價也很高。
爲抬高對鄭虔的讚揚，杜氏説:

> 「先生有才過屈、宋，德尊一代常坎坷。」(注7)

也曾以師道尊稱宋玉。《詠懷古迹》五首云:

> 「搖落方知宋玉悲，風流儒雅亦吾師。」(注8)

杜甫常將自己的悲慘命運與屈原、宋玉的悲慘遭遇聯繫在一起，
借屈原、宋玉的悲清愁緒，來抒發一己的愁慨。《贈鄭十八賁
詩》:

> 「羈離交屈、宋，牢落值顏閔。」(注9)

《垂白詩》:

> 「垂白馮唐老，清秋宋玉悲。」(注10)

《地隅》：

「喪亂秦公子，悲涼楚大夫。」（注11）

杜甫詩作也有取用屈原、宋玉者，如：

杜甫：「衆賓皆醉我獨醒。」（《醉歌行》）

屈原：「衆人皆醉我獨醒。」（《漁父》）

杜甫：「零落依草木。」（《佳人》）

屈原：「惟草木之零落兮。」（《離騷》）

杜甫：「爲我炊雕胡。」（《白水崔少府》）

宋玉：「爲臣炊雕胡之飯。」（《風賦》）

杜甫也極爲重視在他之前的「前賢」之作。《戲爲六絕句》其六云：

「未及前賢更勿疑，遞相祖師復先誰？別裁僞體親風雅，轉益多師是汝師。」

所謂「前賢」，指的是在他之前能秉承風雅優良傳統的各位詩人。這些詩人的作品和僞體之作是相對的，他因此乃規勸今人能廣泛學習這些詩人之作。詩句「別裁僞體親風雅，轉益多師是汝師」，就是這個意思。他所指的「前賢」，除前述的屈原、宋玉、庾信、初唐四傑之外，根據杜甫的其他詩作，還包括司馬相如（前179－前117）、賈誼（前201－前169）、李陵（？－前74）、蘇武（？－前60）、班固（32－92）、揚雄（前53－前18）、曹植（192－232）、王粲（177－217）、劉楨（？－217）、阮籍（210－263）、嵇康（223－262）、陶淵明（372－427）、謝靈運（385－433）、鮑照、謝朓（464－499）、江淹（444－518）、沈約（441－513）、陰鏗，以及比他稍前的初唐詩人杜審言（645－708）、沈佺期（656－714）、宋之問（656－712），和陳子昂（656－695）等數位。

　　杜甫欣賞司馬相如的才學，《醉時歌》云：

　　　「相如逸才親滌器，子雲識字終投閣。」（注12）

而在成都過浣花溪之海安寺，看到司馬相如琴臺時，曾作歌詠
之：

　　　「茂陵多病後，尚愛卓文君。酒肆人間世，琴臺日暮雲。」

　　　（《琴臺》）（注13）

　　杜甫贊許賈誼的才學，當他自言他的學問才華時，曾經自認
達到屈原、賈誼的水平。《壯游》云：

　　　「氣劘屈、賈壘。」（注14）

《壯游》作於代宗大歷元年，是杜甫追憶他在青、壯年時刻漫游
的生活。這一句是寫他在洛陽時對他的創作的自豪心態。時杜甫
年三十多歲。杜氏也慨嘆賈誼、屈原和王粲的不幸遭遇。在《上
水遣懷》中云：

　　　「蹉跎陶唐人，鞭撻日月久。中間屈、賈輩，讒毀竟自取。

　　　鬱沒二悲魂，蕭條猶在否？」（注15）

《久客詩》云：

　　　「去國哀王粲，傷時哭賈生。」（注16）

《同元使君春陵行》云：

　　　「賈誼昔流慟，匡衡常引經。」（注17）

當他十四、五歲時，當時頗有文名的崔尚和魏啓心贊許他的作品
云：

　　　「以我似班、揚。」（注18）

杜氏就以此深感自豪。在他三十七歲，於《奉贈韋左丞丈二十二
韵》中表示他的賦作的成就時，也曾說過：

　　　「賦料揚雄敵。」（注19）

然而他所欽羨的，還是班固、揚雄的盛名。《哭臺州鄭司户蘇少

監》云：

> 「班、揚名甚盛。」（注20）

到後來，對揚雄之作品，還有欠欽佩之語。《故秘書少監武功蘇公源明》云：

> 「篆刻揚雄流，溟漲本末淺。」（注21）

仇兆鰲注：

> 「才大如揚雄，雖溟漲猶為淺末。」（注22）

　　杜甫對李陵、蘇武之評語不多，但在《解悶十二首》中他同意孟雲卿所説的：

> 「李陵、蘇武是吾師。」（注23）

也可見及他對李、蘇二人之推崇，否則就不會接受他們為師了。

　　杜甫高度贊揚曹植之作。在《別李義》詩中，他表示：

> 「子建文章壯。」（注24）

《追酬故高蜀州人日見寄》贊揚李邕詩，曾用及：

> 「文章曹植波瀾闊。」（注25）

顯示他對曹植詩意境與氣勢的敬意。《奉贈韋左丞丈二十二韵》亦云：

> 「詩看子建親。」（注26）

《寄張十二山人彪三十韵》云：

> 「曹植休前業，張芝更後身。」（注27）

《奉贈韋左丞丈二十二韵》，是杜甫於天寶九年（750）居長安時作，時杜氏三十七歲。《寄張十二山人彪三十韵》，作於乾元二年（759），時杜甫四十八歲。《別李義》，作於大歷二年（767）時杜甫五十五歲。而《追酬故高蜀州人日見寄》，作於大歷五年（770），時杜甫五十八歲。可見杜氏對曹植之肯定自始至終是一貫的。

杜甫的詩作，取用曹植作品的甚多。如：

杜甫：「月林散清影。」（《游龍門奉先寺》）

曹植：「明月澄清影。」（《公宴》）

杜甫：「主稱壽尊客。」（《同李太守登歷下古城員外新亭》）

曹植：「主稱千金壽。」（《箜篌引》）

杜甫：「路人紛雨泣。」（《故武衛將軍挽詞三首》）

曹植：「延首嘆息，雨泣交頸。」（《王仲宣誄》）

杜甫於劉楨，也高度頌揚。曾云：

「沈、范早知何水部，曹、劉不待薛郎中。」（注28）

晚年贊許高適詩時，也說：

「方駕曹、劉不啻過。」（注29）

不過杜氏詩用及劉楨詩語的，較之曹植等詩人，并不太多。

杜氏在其詩篇中，對阮籍與嵇康的身世與遭遇，表示極大的同情。他也常以阮籍對其遭遇的悲慨來抒發內心的憤恨。

「蒼茫步兵哭，輾轉仲宣哀。」（注30）

或以阮籍自喻。如《秋日夔府詠懷奉寄鄭鑒李賓客一百韵》云：

「途中非阮籍。」（注31）

也把一些他所尊重的詩人，喻爲「阮籍」與「嵇康」，并爲他們的遭遇表示無限的同情。如喻鄭虔爲：

「夫子嵇、阮流，更被時俗惡。」《有懷臺州鄭十八司戶》

（注32）

他甚至稱呼嵇康爲「我師」。《入衡州》：

「我師嵇叔夜。」（注33）

雖然有時他也表示和阮籍的行徑不同。他說：

「舌存恥作窮途哭。」（注34）

在杜甫的詩作中，亦時用及阮、嵇詩文的，如：

杜甫：「零落首陽阿。」（《過宋員外之問舊莊》）

阮籍：「北望首陽岑。」（《詠懷詩》）

杜甫：「千村萬落生荊杞。」（《兵車行》）

阮籍：「堂上生荊杞。」（《詠懷詩》）

杜甫：「亡命嬰禍羅。」（《前出塞九首》）

嵇康：「坎壈趣世務，常恐嬰網羅。」（《答二郭三首》）

杜甫：「況乃疏頑臨事拙。」（《投簡咸華兩縣諸子》）

嵇康：「匪降自天，實由疏頑。」（《幽憤詩》）

杜甫對陶淵明的評價前後有一些矛盾。《遣興五首》云：

「陶潛避世翁，未必能達道。觀其著詩集，頗亦恨枯槁。」
（注35）

對陶氏之行爲與作品還有些貶詞。但在《石櫃閣》中，已有改變：

「優游謝康樂，放浪陶彭澤。吾衰未自由，謝爾性所適。」
（注36）

在《可惜》一詩中，更表示：

「寬心應是酒，遣興莫如詩。此意陶潛解，吾生後汝期。」
（注37）

《遣興五首》作於乾元二年（759）秋客居秦州時。《石櫃閣》作於同年冬，不過已是杜氏自同谷入蜀，至成都時。當時杜甫四十七歲。《可惜》作於上元二年（761），時杜甫五十歲。

在寫作上，杜甫也表示：

「安得思如陶、謝手，令渠述作與同游。」（注38）

《夜聽許十一誦詩愛而有作》云：

「陶、謝不枝梧，風、騷共推激。」（注39）

不但高頌陶、謝詩，更有陶與謝并駕之意。

事實上，杜甫早年取用陶詩詞語的并不少。如：

杜甫：「還丹日月遲。」（《冬日有懷李白》）

陶詩：「日月不肯遲。」（《雜詩十二首》）

杜甫：「巢父掉頭不肯住。」（《送孔巢父謝病歸游江東兼呈李白》）

陶詩：「彭祖愛永年，欲留不得住。」（《神釋一首》）

杜甫：「自有一山川。」（《陪鄭廣文游何將軍山林十首》）

陶詩：「山林一何曠。」《庚子歲五月中從都還阻風於規林》）

以上言及杜氏對陶淵明的看法時，有兩次是他把陶氏與謝靈運聯繫在一起評說的：「優游謝靈運，放浪陶彭澤」，「安得思如陶、謝手，令渠述作與同游」，顯示了他對謝氏的行爲與作品的見解。在晚期，杜氏對謝氏詩作更給予高度的贊揚。在《解悶十二首》中，他表示：

「孰知二謝將能事，頗學陰、何苦用心。」（注40）

充滿對謝氏的向往與羡慕。杜甫詩作沿用謝靈運詩句詞語者尤多。如：

杜甫：「更想幽期處。」（《與李十二白同尋范十隱居》）

謝詩：「平生協幽期。」（《富春渚》）

杜甫：「秋日亂清暉。」（《重題鄭氏東亭》）

謝詩：「山水含清暉。」（《石壁精舍還湖中作》）

杜甫：「丹梯庶可凌。」（《贈特進汝陽王二十韵》）

謝詩：「躧步陵丹梯。」（《擬魏太子鄴中集詩八首》）

在杜甫論詩詩中，最常提及的詩人爲謝朓，他曾以極度贊揚的文字來稱道謝詩。除了上引的「孰知二謝將能事」之外，《寄岑嘉州》云：

「謝朓每篇堪諷誦。」(注 41)

在《陪裴使君登岳陽樓》中甚至表示:

「詩接謝宣城。」(注 42)

杜甫詩作也多取用謝朓詩句。如:

杜甫:「李侯金閨彥。」(《贈李白》)

謝朓:「既通金閨籍。」(《始出尚書省》)

杜甫:「吾宗固神秀。」(《登歷下古城員外孫新亭》)

謝朓:「華宗誕吾秀。」(《于安城答靈運》)

杜甫:「潚口江如練。」(《贈王二十四侍契四十韻》)

謝朓:「澄江靜似練。」(《晚登三山還望京邑》)

在盛贊一些詩人之作時,也往往取謝氏與之并舉而加以諭揚。
《戲寄崔評事表姪蘇五弟韋大少府諸姪》云:

「忍對江山麗,還披鮑、謝文。」(注 43)

《遣興五首》云:

「賦詩何必多,往往似鮑、謝。」(注 44)

《哭王彭州掄詩》云:

「新文生沈、謝,異骨降松喬。」(注 45)

杜甫贊譽李白詩,就曾以鮑照之作以喻其風格之俊逸。《春
日憶李白》云:

「俊逸鮑參軍。」(注 46)

在《蘇端薛復宴簡薛華醉歌》稱贊薛華七言之作時,也說:

「近來海內爲長句,汝與山東李白好。何、劉、沈、謝力
未工,才兼鮑照愁絕倒。」(注 47)

盛贊一些詩人時,也常常并舉鮑照。如《贈畢四曜》云:

「流傳江、鮑體,相顧免無兒。」(注 48)

《寄彭州高十五使君適虢州岑參二十七長史三十韻》云:

「高、岑殊緩步，沈、鮑得同行。」(注49)

象上贊謝朓詩所舉的：「賦詩何必多，往往似鮑、謝」，「忍對江山麗，還披鮑、謝文」等，也是如此。杜甫詩句取用鮑照的極多，如：

> 杜甫：「丈人試靜聽，賤子請具陳。」(《奉贈韋左丞丈二十二韵》)
>
> 鮑照：「主人且勿喧，賤子歌一言。」(《代東武吟》)
>
> 杜甫：「白鷗沒浩蕩。」(《奉贈韋左丞丈二十二韵》)
>
> 鮑照：「翻波揚白鷗。」(《還都道中》)
>
> 杜甫：「檐動玉壺冰。」(《贈特進汝陽王二十韵》)
>
> 鮑照：「清如玉壺冰。」(《白頭吟》)

「流傳江、鮑體」之「江」，指江淹。「高岑殊緩步，沈、鮑得同行」與「新文生沈、謝，異骨降松喬」之「沈」，俱指沈約。

杜甫詩作取用江、沈者也相當多，如：

> 杜甫：「富貴於我如浮雲。」(《丹青引》)
>
> 江淹：「富貴如浮雲。」(《效阮公詩十五首》)
>
> 杜甫：「青山澹無姿。」(《雨二首》)
>
> 江淹：「翠潤澹無姿。」(《王徵君微養疾》)
>
> 杜甫：「不成尋別業，未敢息微躬。」(《遣悶奉呈嚴公二十韵》)
>
> 沈約：「遇可淹留處，便欲息微躬。」(《游沈道士館》)

於陰鏗，杜甫也給予高度的稱譽。贊李白詩時說：

> 「李侯有佳句，往往似陰鏗。」(《與李十二白同尋范十隱居》)(注50)

他也曾清楚地指出陰鏗是他苦學的對象。《解悶十二首》云：

> 「頗學陰、何苦用心。」(注51)

也曾以「清省」來贊揚陰鏗之作。《秋日夔府詠懷奉寄鄭監李賓客一百韵》云：

　　　「陰、何尚清省。」(注52)

　　杜甫詩句也有用及陰鏗的，如：

　　　杜甫：「盍簪喧櫪馬。」(《杜位宅守歲》)

　　　陰鏗：「亭嘶背櫪馬。」(《廣陵岸送北使》)

　　　杜甫：「雲移雉尾開宮扇。」(《秋興八首》)

　　　陰鏗：「雲移蓮勢出。」(《詠石》)

　　「頗學陰、何苦用心」與「陰、何尚清省」之「何」指何遜。除了表示曾以何遜爲對象來學詩，以及盛贊何氏詩作之風格外，杜甫也常常提及何遜之才華。《解悶十二首》懷念薛璩時說：

　　　「沈、范早知何水部，曹、劉不待薛郎中。」(注53)

以沈約、范雲之欣賞何遜之才華，來表示曹植、劉楨不及見到薛璩詩作之慨嘆。《北鄰》詩也贊揚何遜云：

　　　「愛酒晉山簡，能詩何水曹。」(注54)

　　在杜甫詩作中，用及何遜詩句詞語之初甚多。如：

　　　杜甫：「輕燕受風斜。」(《春歸》)

　　　何遜：「輕燕逐風花。」(《贈王右丞》)

　　　杜甫：「長林偃風色。」(《自閬州領妻子卻赴蜀山行三首》)

　　　何遜：「風色極天淨。」(《暮秋答朱記室》)

　　在杜甫詩作中，也取用曹操（155－220）、曹丕（187－226）、應瑒（？－217）、陳琳（？－217）、孔融、王粲（177－217）、劉楨（？－217）、陸機（261－303）、潘岳（247－300）、左思等人作品之語句的。此不具列，詳閱金啓華《廣〈杜詩證選〉》。(注55)

　　對在他之前的唐代詩人，他稱許他的祖父杜審言（645－

708)，以及與杜審言同期的沈佺期（656－714）與宋之間（656
－712）。在《八哀詩》中，他極力地描寫李邕（678－747）如何
贊譽他的祖父杜審言的詩作：

> 「例及吾家詩，曠懷掃氛翳。慷慨嗣眞作，咨嗟玉山桂。
> 鐘律儼高懸，鯤鯨噴迢遞。」（注56）

「例及吾家詩」，言下帶有不知幾許的驕傲。所以他用：

> 「吾祖詩冠古。」（《贈蜀僧閭丘師兄》）（注57）

來稱道杜審言之作，也對他的兒子宗武説：

> 「詩是吾家事。」（《宗武生日》）（注58）

在《秋日夔府詠懷鄭鑒李賓客一百韵》中，他説：

> 「陰、何尚清省，沈、宋欻聯翩。律比崑崙竹，音知燥濕
> 弦。風流俱善價，恓當久忘筌。」（注59）

贊許沈佺期與宋之間詩作聲律之美。

　　杜甫也取用沈佺期與宋之間之詩語，如：

杜甫：「拂黛石蘿長。」（《奉觀嚴鄭公廳事岷山沱江畫圖十
　　　韵》）

沈詩：「拂黛隨時廣。」（《李員外泰援宅觀妓》）

杜甫：「雲白山青萬餘里，愁看直北是長安。」（《小寒食舟
　　　作》）

沈詩：「雲白山青千萬里，幾時重謁聖明君。」（《遙同杜員
　　　外審言過嶺》）

杜甫：「一德興王后。」（《承聞故房相公靈櫬自閬州啓殯歸
　　　葬東都有作二首》）

宋詩：「業重興王際。」（《梁宣王挽詞三首》）

杜甫：「乘槎與問津。」（《寄李十二白》）

宋詩：「願得乘槎一問津。」（《門河篇》）

　　杜甫為初唐的陳子昂（656－695）寫下了不少悼念與頌揚的
篇章。寶應元年（762），在梓州往射洪金華山玉京觀訪陳子昂讀
書堂時，寫下《冬到金華山觀因得故拾遺陳公學堂遺迹》；往射
洪東武山訪陳子昂故宅時，寫下《《陳拾遺故宅》，以示悼念。在
《陳拾遺故宅》詩中，他極力贊揚陳氏人格的忠義與作品的卓越：

　　　　「位下曷足傷，所貴者聖賢。有才繼騷雅，哲匠不比肩。

　　　　公生揚、馬後，名與日月懸。……終古立忠義，《感遇》

　　　　有遺篇。」（注60）

也為他的不幸遭遇流下同情的眼淚。《送梓州李使君之任》云：

　　　　「遇害陳公隕，於今蜀道憐。君行射洪縣，為我一潸然。」

　　　　（注61）

　　杜甫也取用陳子昂詩語，如：

　　杜甫：「側身天地更懷古，回首風塵甘息機。」（《將赴成都草

　　　　堂途中有作先寄嚴鄭公五首》）

　　陳詩：「懷古正躊躇。」（《峴山懷古》）

　　　　「未息漢陰機。」（《題田洗馬游岩桔槔》）

　　杜甫：「沙草得微茫。」（《奉觀嚴鄭公廳事岷山沱江畫圖十

　　　　韵》）

　　陳詩：「高丘正微茫。」（感遇詩三十八首》）

二、評杜甫《戲為六絕句》評歷代作者

　　以上所述，是依據杜甫在《戲為六絕句》中對屈原、宋玉、
庾信、初唐四傑和其他前賢的論評，再結合他在其他詩作的相關
意見，來分析杜氏對這些詩人的看法。從分析中可以看到，杜甫
對所贊頌的詩人，除了贊許他們的作品的成就之外，更多感嘆他

們的悲慘遭遇，並且由他們的悲慘遭遇來抒發內心的悲憤。同時，在贊許這些詩人的時候，由所下的評語與語氣，也可以看到他對歷代各位詩人的評價，有輕重之分。例如他對屈原、宋玉、李陵、蘇武、曹植、劉楨、謝靈運、謝朓、庾信、陰鏗、何遜、杜審言、陳子昂的作品是極度贊揚的。對揚雄、初唐四傑，則略有保留。至於對其他作者如賈誼、嵇康、阮籍等，則多慨嘆他們的悲慘身世。無論如何，從以上所述，我們可以見及，杜甫對於前代優秀的作者，是抱着景仰與同情的態度，並且奮力學習這也就是他的作品所以會多用前人詩作詞語的原因。杜甫勸「今人」「轉益多師爲汝師」，并不是理論上的倡導而已，實際上，也是他個人創作實踐經驗的說明。所以孫奕《履齋示兒編》云：

「老杜《戲爲》詩曰：未及前賢更勿疑，遞相祖述復先誰？所謂夫子自道也。當觀其《後出塞》曰：借問大將誰？恐是霍嫖姚。句法得之郭景純《游仙詩》：借問此爲誰？云是鬼谷子。《送十一舅》云：雖有車馬客，而無人世喧。句法得之淵明《雜詩》：結廬在人境，而無車馬喧。《春日憶李白》云：何時一樽酒，重與細論文。即孟浩然何時一杯酒，重與李膺傾之體。《復愁》云：月生初學扇，雲細不成衣。即李義府鏤月成歌扇，裁雲作舞衣之體。《醉歌》云：天開地裂長安陌，寒盡春生洛陽殿。即靈運日映昆明水，春生洛陽殿之體也。」(注 62)

又云：

「杜詩：刈葵莫放手，放手莫傷根」，一作：傷葵根，用古詩：采葵莫傷根，傷根葵不生。《江邊小閣》云：薄雲岩際宿，孤月浪中翻。用何遜《入西塞》云：薄雲岩際出，初月波中上。《寒食舟中》云：雲白山青萬餘里，愁看直

北是長安。用沈佺期云：雲白山青千萬里，幾時重謁聖明
君。《寒食舟中》云：春水船如天上坐，老年花似霧中看。
用沈佺期云：船如天上坐，人似鏡中行。《莫相疑行》云：
晚將末契托年少。用陸士衡《傷逝賦》云：托末契於後
生。此皆取古人之句也。」（注63）

所以，杜甫自言：「讀書破萬卷，下筆始有神。」（注64）并不是
文學誇張之語。

　　杜甫多方面汲取前人詩作語句，論者或以之有蹈襲之嫌的。
如范溫《詩眼》云：

　　「老杜律詩布置法度，全學沈佺期，更推廣集大成耳。沈
　　云：雲白山青千萬里，幾時重謁聖明君？杜云：雲白山青
　　萬餘里，愁看直北是長安。沈云：人如天上坐，魚似鏡中
　　懸。杜云：春水船如天上坐，老年花似霧中看。是皆不免
　　蹈襲前筆。」（注65）

雖然范氏也跟着說：

　　「然前後傑句，亦未易優劣。」（注66）

但也有學者反對這種看法，如浦起龍《讀杜心解》評杜詩「雲白
山青萬餘里」句時云：

　　「三、四第七，與沈云卿詩偶相類，固非蹈襲，亦非有意
　　損益也。黃魯直、范元實輩，斤斤辯之。前人詩話，多着
　　相處，勿爲所惑。」（注67）

後人論杜詩，見及杜詩廣泛取用前人詩作語句，不僅以之有蹈襲
之嫌者，更有以之用字，無一字無來歷者，如黃庭堅《答洪駒父
書》第二首云：

　　「老杜作詩，退之作文，無一字無來處，蓋後人讀書少，
　　故謂韓、杜自作此語耳。」（注68）

從而以此爲基礎，發展他的「點鐵成金」的詩作方法論。其言
云：

> 「古之能爲文章者，眞能陶冶萬物，雖取古人之陳言，入
> 於翰墨，如靈丹一粒，點鐵成金也。」(注69)

黄氏這種詩作方法論，影響後代甚大，宋代江西詩派，即奉爲論
詩與作詩之綱領。(注70) 但後人也有强力反對的。如金王若虛
即以「山谷於詩，每與東坡相抗，門人親黨，遂謂過之，而今之
作者亦多以爲然」，而寫下列的兩首論詩絕句：

> 「戲論誰知是至公，蜉蝣信美恐生風。奪胎換骨何多樣，
> 都在先生一笑中。」

> 「文章自得方爲眞，衣鉢相傳豈是眞？已覺祖師低一着，
> 紛紛法嗣復何人？」(注71)

我的看法是，杜甫多取前人詩作語句入詩，這是事實，不用爲杜
甫遮瞞。杜甫這麼做，也不會影響他作爲一個傑出詩人的地位。
因爲關鍵在於他所寫的作品，是否傑出，如果所寫的作品真是傑
出的話，那么正如範溫所説的，就算是取用前人傑出的語句，也
是不容易區分優劣的。但是，如果因爲杜甫有取用前人語句的實
例，便進而以杜甫詩中各語，無一字無來歷，并且規勸後人寫
詩，必須模仿前人，以致整個詩壇，模擬成習，敗壞詩風，這又
是走火入魔之論了。

　　我們從上舉的杜氏所取用前人作品中詞語的例子，例如曹植
的《公宴》、《箜篌引》、《王仲宣誄》，阮籍的《詠懷》，嵇康的
《幽憤》，謝靈運的《石壁精舍還湖中作》、《擬太子鄴中諸詩八
首》、《富春渚》，謝朓的《始出尚書省》、《于安城答靈運》、《晚
登三山還望京邑》，鮑照的《還都道中》、《白頭吟》、《代東武
吟》，沈約《游沈道士館》，等等皆載於蕭統的《文選》之中，又

可以印證杜甫熟悉《文選》的程度。所以杜甫有詩云：

> 「續兒誦《文選》。」(注72)

又訓其子云：

> 「熟精《文選》理。」(注73)

由於他這種多方面的努力與學習，清劉熙載（1813－1881）才會如此的贊揚他：

> 「少陵於庾、鮑、陰、何，樂推不厭。昌黎云：齊、梁及陳、隋，眾作等蟬噪。韓之論高而疏，不若老杜之大而實也。」(注74)

也由於他的多方面的努力與學習，使得他的詩作達致極高的成就。所以唐代的元稹（779－831）才會如是的歌頌他：

> 「至於子美，蓋所謂上薄風騷，下該沈、宋，言奪蘇、李，氣吞曹、劉，掩顏、謝之孤高，雜徐、庾之流麗，盡得古今之體勢，而兼人人之所獨專矣。」(注75)

除了對前代詩人曾加評價之外，杜甫也對當時的許多詩人如李白（701－762）、高適（702－762）、岑參（714－770）、元結（719－772）、蘇渙、李邕、蘇源明、畢曜、鄭虔、孔巢父（？－784）、孟浩然（689－740）、賈至（718－772）、王維（699－759）、薛璩、李之芳、嚴武、裴迪、鄭審、薛華等都有贊美之語。由於這些詩人是杜甫同時期的作者，不在「前賢」之列，也就是說，不在本書的範圍之內，所以不多加述說。

【註　釋】

(注 1) 杜甫《春日憶李白》。《杜工部集》卷九。臺北學生書局影宋王洙本。頁13。

(注 2) 同上書。卷十五。頁24。

（注 4） 同上書。卷七。頁 26。

（注 5） 仇兆鰲《杜少陵集詳注》卷八。見本書第一章注 6。頁 20。

（注 6） 見本書第二章第二節。

（注 7） 杜甫《醉時歌》。《杜工部集》卷一。同本章注 1。頁 11。

（注 8） 同上書。卷十五。頁 24。

（注 9） 同上書。卷六。頁 22。

（注10） 同上書。卷十五。頁 17。

（注11） 同上書。卷十三。頁 6。

（注12） 同上書。卷一。頁 11。

（注13） 同上書。卷十一。頁 15。

（注14） 同上書。卷六。頁 18。

（注15） 同上書。卷八。頁 14。

（注16） 同上書。卷十三。頁 6。

（注17） 同上書。卷六。頁 8。

（注18） 同本章注 14。

（注19）《杜工部集》。卷一。頁 5。

（注20） 仇兆鰲《杜少陵集詳注》。卷十四。頁 62。

（注21） 同上書。卷十六。頁 23。

（注22） 同上注。

（注23）《杜工部集》。卷十五。頁 28。

（注24） 同上書。卷七。頁 27。

（注26） 同上書。卷一。頁 5。

（注27） 同上書。卷十。頁 28。

（注28） 同上書。卷十五。頁 28。

（注29） 杜甫《奉寄高常侍》。同上書。卷十三。頁 4。

（注30） 杜甫《秋日荊南述懷》。同上書。卷十七。頁 14。

（注31）《杜工部集》。卷十五。頁 8。

（注32）同上書。卷三。頁 7。

（注33）同上書。卷八。頁 20。

（注34）杜甫《暮秋枉裴道州手札率爾遣興寄近呈蘇渙侍御》。同上書。卷
　　　　八。頁 6。

（注35）《杜工部集》。卷三。頁 9。

（注36）同上書。卷三。頁 19。

（注37）同上書。卷十一。頁 14。

（注38）杜甫《江上值水如海勢聊短述》。同上書。卷十三。頁 18。

（注39）《杜工部集》。卷一。頁 18。

（注40）同上書。卷十五。頁 28。

（注41）同上書。卷十五。頁 11。

（注42）同上書。卷十八。頁 4。

（注43）同上書。卷十六。頁 20。

（注44）同上書。卷三。頁 8。

（注45）同上書。卷十五。頁 13。

（注46）同上書。卷九。頁 13。

（注47）同上書。卷二。頁 15。

（注48）同上書。卷十。頁 12。

（注49）同上書。卷十。頁 26。

（注50）同上書。卷九。頁 12。

（注51）同上書。卷十五。頁 28。

（注52）同上書。卷十五。頁 6。

（注53）同本章注 51。

（注54）《杜工部集》。卷十一。頁 7。

（注55）金啓華《廣＜杜詩證選＞》。《杜甫詩論叢》（上海：上海古籍出版

　　　　社，1985），頁 254－286。

（注56）杜甫《八哀詩》中之《贈秘書監江夏李公邕》。《杜工部集》。卷七。
　　　　頁 18。

（注57）《杜工部集》。卷四。頁 4。

（注58）同上書。卷十六。頁 6。

（注59）同本章注 52。

（注60）《杜工部集》。卷五。頁 3－4。

（注61）同上書。卷十三。頁 3。

（注62）孫奕《履齋示兒篇》。《知不足齋叢書》本。

（注63）同上注。

（注64）杜甫《奉贈韋左丞丈》。《杜工部集》。卷一。頁 5。

（注65）范溫《詩眼》。《苕溪漁隱叢話》前集卷一引。《海山仙館叢書》本。

（注66）同上注。

（注67）浦起龍《讀杜心解》。見本書第一章注 6。

（注68）黃庭堅《答洪駒父書》。《豫章先生文集》。《四部叢刊初編》（上海：
　　　　上海商務印書館影明刻本》。

（注69）同上注。

（注70）復旦大學中文系古典文學教研組《中國文學批評史》中冊。（上海：
　　　　上海古籍出版社，1981）），頁 78。

（注71）王若虛《山谷於詩每與東坡門人親黨遂謂過之而今作者亦多以爲然
　　　　予嘗戲作四絕云》。《萬首論詩絕句》。頁 153－154。

（注72）杜甫《水閣朝霽奉簡嚴雲安》。《杜工部集》。卷七。頁 24。

（注73）杜甫《宗武生日》。同上書。卷十六。頁一。

（注74）劉熙載《藝概》。《清詩話續編》（上海：上海古籍出版社，1983），
　　　　頁 2417。

（注75）元稹《唐檢校工部員外郎杜君墓系銘》。《元氏長慶集》卷五十六。

《四部叢刊初編》（上海：上海商務印書館影宋本）。

第四章　杜甫《戲為六絕句》與
後世論詩絕句

　　杜甫寫作《戲爲六絕句》，奠定了以絕句組詩論詩的體制。在他之後，以七言絕句組詩論詩之作大量增加。這種情況在唐代還不是很熱烈，唐代以後，論詩絕句乃成爲中國文學批評史上的重要體制。

一、從作者的層面看歷代論詩絕句的發展

　　在唐代，由於這種論詩體制開始創立，作者還少。不過，與杜甫同時及之後的重要作者，多作有這類作品。這些作者包括李白、王維、李嘉祐、錢起、戴叔倫、司空曙、王建、韓愈、劉禹錫、李賀、元稹、白居易、姚合、杜牧、李商隱、賈島、羅隱、陸龜蒙、司空圖、溫庭筠、鄭谷、杜荀鶴、韋莊，等等。其他作者還有：褚朝陽、秦系、李端、楊憑、劉商、楊巨源、呂溫、劉言史、孟簡、徐凝、李涉、楊敬之、施肩吾、張祜、趙嘏、薛能、李群玉、段成式、林寬、張喬、方干、唐彥謙、周樸、崔塗、韓偓、張蠙、孫元晏、李洞、李中、王夢周、釋貫休、釋齊己。

　　自宋至金代，七言論詩絕句出現它的第一個鼎盛時期，作者急劇地增加。宋代的作者有：徐鉉、潘閬、蘇舜欽、歐陽修、李覯、邵雍、張載、王安石、沈遼、蘇軾、蘇轍、黃庭堅、釋道潛、晁補之、米芾、張耒、陳師道、韓駒、賀鑄、吳可、龔相、

蓋嶼、陳與義、汪藻、鄧肅、朱松、劉子翬、王鎡、宋甡、方豐
之、王十朋、林光朝、洪適、楊萬里、陸游、陳傅良、辛棄疾、
周必大、王質、周紫芝、朱熹、樓鑰、袁說友、盧儔、趙蕃、王
炎、葉適、劉過、張鎡、戴復古、劉翰、陳藻、陳造、曹彥約、
劉宰、程公許、史彌寧、劉克莊、王庭珪、韓淲、方岳、宋伯
仁、許棐、周弼、胡仲參、陳鑑之、徐集孫、劉翼、葉因、朱南
傑、楊夢信、俞桂、蕭立之、張蘊、徐瑞、裘萬頃，及林景熙。
金的作者有：周昂、房暤、王若虛、元好古、元好問、張煒。

　　元代時間不長，但作者也算不少。有：王義山、劉秉忠、許
有壬、方回、劉因、貢奎、柳貫、虞集、吾衍、王沂、李孝光、
薩都剌、王逢、張昱、朱思本，及張玉孃。

　　明代詩人與詩作雖眾，奇怪的是論詩絕句之作與前代相比并
不多。在這時期的作者只有高啓、張羽、戴用、方孝孺、陳獻
章、邱濬、吳寬、都穆、徐禎卿、鄭善夫、游潛、許相卿、楊士
雲、李濂、王世貞、陳繼儒、萬家春、謝肇淛、胡應麟、謝如珂
等人。數目遠不及宋代。

　　清代出現另一個七言論詩絕句的頂峰時期，而且比之宋代，
更要興盛。特別是晚清時期，論詩絕句的作者更把這一體制帶上
一個空前甚而可以說是絕後的高峰。不但作品眾多，作者陣容也
極爲龐大。這時期的作者有：錢謙益、蕭士瑋、盧世㴥、曹溶、
謝奉宗、冒起宗、李呈祥、白胤謙、馮舒、李世熊、傅山、黃宗
羲、魏冲、顧炎武、王夫之、彭然石、董說、吳騏、吳應箕、屈
大均、張蓋、蘭茂、張僑、傅占衡、吳景旭、魏裔介、邰煥元、
錢曾、宋琬、潘國祚、施閏章、王士祿、汪琬、王士禎、嚴允
肇、陳廷敬、吳雯、葉方藹、柴靜儀、田雯、張英、邵長蘅、吳
之振、朱彝尊、鄭梁、陳維崧、孫枝蔚、龐塏、鄧漢儀、趙執

信、李孚青、商景徽、馮廷槐、田霡、吳霞、呂履恒、焦袁熙、
文昭、汪繹、黃任、王式丹、查慎行、王霖、顧嗣立、王圖炳、
邱嘉穗、杜詔、厲鶚、許廷鑅、田同之、錢陳群、黃之雋、陸奎
勳、謝重輝、李必恒、吳祖修、黃正維、丁詠淇、俞爻心、汪由
敦、張元、彭啓豐、孫諤、桑調元、胡天游、方觀承、馬長海、
嚴虞惇、任承恩、曹鑒咸、伊都禮、李國柱、張如哉、徐洪鈞、
屈復、劉大櫆、劉綸、齊召南、楊度汪、申甫、吳文溥、薛雪、
金農、全祖望、沈德潛、袁枚、弘曕、林枝春、凌樹屏、尹嘉
年、沈大成、舒夢蘭、閔華、周天藻、宋弼、李友堂、汪豐玉、
葉觀國、錢載、翁方剛、朱休度、紀昀、王昶、黃璋、徐光美、
蔣士銓、陳經禮、李翶、鮑西岡、蔡環黼、薛寧廷、彭紹升、王
文治、陳奉茲、趙翼、謝啓昆、姚鼐、吳省欽、吳鎮、方汝謙、
陳玉鄰、姚頤、朱炎、史承豫、徐以坤、張玉穀、張塤、鐵保、
程尚濂、秦瀛、趙鈞彤、鍾廷瑛、鮑倚雲、汪縉、梁玉繩、單可
惠、茹綸常、沈玨、李憲喬、顏檢、張學誠、錢世錫、成書、張
九鐸、管世銘、劉大觀、陳廣華、黃立世、吳蔚光、李書吉、法
式善、曹振鏞、陳廷慶、孫星衍、翁樹培、沈叔埏、舒位、黎
簡、朱文治、洪亮吉、張問陶、陳慶槐、凌廷堪、錢師曾、王庚
言、宋繩先、李兆元、彭兆蓀、吳德旋、金學蓮、熊寶泰、袁壽
齡、方于轂、張晉、王夢篆、吳騫、鄭德懋、沈卓、李玉州、彭
光禮、鮑之芬、釋清恒、吳翌鳳、姚學塽、王志湉、楊紫、陳鴻
熙、屈培基、宋湘、鮑桂星、許宗彥、湯金釗、吳嵩梁、陳文
述、陸學欽、陸繼輅、顧翰、喻文鏊、郭麐、李光昭、蕭與澄、
葉紹本、洪占銓、朱實發、查揆、黃培芳、李黼平、黃承吉、童
槐、胡敬、臧壽春、戴雲官、錢儀吉、屠倬、姚瑩、方士淦、黃
安濤、郭尚先、劉鴻翱、姚文泰、謝元淮、斌良、姚椿、江之

紀、王祖昌、柯振嶽、徐謙、程恩澤、吳衡照、王衍梅、陳僅、
王芝林、王省山、祁雋藻、王瑋慶、韓維鏞、汪遠孫、吳清鵬、
沈兆澐、邵堂、方履籛、張祥河、楊慶琛、郭書俊、汪婪、宗
婉、陳世慶、王丹墀、余沛、蔣兆鯤、張泰初、李日普、李堉、
俞國琛、周叙、于祉、夊慶源、彭輅、王敬之、沈彩、席佩蘭、
高簡、汪端、郭六芳、金婉、宗稷辰、蘇宗經、翁心存、張維
屏、梅曾亮、況澄、阮文藻、袁翼、黃爵滋、徐盛持、王文瑋、
楊鑄、趙允懷、余心酉、孫運錦、徐繼畬、梁梅、潘德輿、龔自
珍、葉廷琯、高錫恩、謝綸、敖興南、馮錫傭、張之傑、朱綬、
曹楙堅、沈鈞、彭蘊章、朱琦、蔣湘南、查有城、周澄文、葉名
灃、何紹基、鄭珍、葉坤厚、江肇墺、楊秀鸞、毛國翰、尚鎔、
張鴻基、張恒潤、王翼鳳、張際亮、林慶銓、侯楨、韓印、楊炳
春、殷兆鏞、潘曾綬、汪士鐸、龍啓端、何栻、王必達、林昌
彝、金和、江湜、林壽圖、周劼、李聯琇、蕭重、周壽昌、徐
鼐、貝青喬、周學濂、徐時棟、陳世鎔、朱庭珍、居永安、虞
玢、喬承頤、葉愚、牟願相、錢鈞伯、王宗嶧、劉泰三、王惟
成、羅可桓、俞儼、林棟、趙金笏、李遐齡、許標、岑振祖、陳
紀、康發祥、簡士良、呂廷煇、馮繼聰、陸容、高靜、范伯野、
戴森、陳宸書、王元鑑、王守恂、錢樹本、陳啓疇、曹潤堂、蘇
時學、張丙、劉澂、張崇蘭、顏君猷、何長詔、沈壽榕、李樹
恩、韓弼元、汪曾本、吳仰賢、張洵、陸初望、華長卿、楊浚、
吳大廷、王闓運、翁同龢、盛樹基、高心夔、蔡琳、陳寅、方廷
楷、秦煥、黃道讓、張鳴珂、貴成、高炳煦、沈金藻、陳嗣良、
覺羅廷奭、黃維申、高彤、羅信南、蔣澤澐、吳性渾、李綺青、
嘉楨、李雨及、章鶴齡、施山、蔡家琬、張元吉、馮全琪、宋思
堂、何一碧、廖景煜、沈綸翁、賽開來、吳鴻綸、王柘、廖鼎

聲、唐仁壽、林楓、張雲驤、許奉恩、鈕承繁、朱儁瀛、張之洞、朱鑒成、沈景修、吳汝綸、朱彭年、譚獻、諸可寶、陳寶琛、王楷、楊恩壽、柳商賢、瞿鴻璣、張佩綸、葉大莊、陳熾、譚宗浚、何昌渠、林國贊、彭學存、劉纓、汪芑、黎維樅、何藜青、徐兆豐、徐兆英、秦敏樹、狄學耕、姚福均、鄭由熙、陳書、何家琪、易順鼐、蔣師轍、蔡邦甸、袁昶、袁寶璜、陳琇瑩、路朝霖、黃遵憲、蔣其章、許寶傳、張祖鑑、宮爾鐸、謝章鋌、樊增祥、盛昱、毓俊、李慈銘、沈曾植、郭曾炘、王詠霓、鄭官應、顧雲、范當世、陳衍、何維棣、盧景璜、唐晏、朱祖謀、張預、沈瑜慶、白永修、王允晳、馮煦、陳三立、譚國恩、江瀚、夏葆彝、吳慶坻、余肇康、鄒嘉來、姚永概、邱逢甲、楊深秀、金蓉鏡、王甲榮、梁啓超、吳鳴麒、陳元凱、譚嗣同、邱緯菱、文廷式、曾習經、程秉釗、吳用威、李希聖、何藻翔、葉德輝、徐嘉、吳保初、田文弨、郭綏之、林旭、金葆楨、陳銳、陳得善、陳曾、毛翰豐、傅世洵、范溶、邱晉成、李葆恂、李欣、黃小魯、朱應庚、李光漢、歐陽溥存、黃錫朋、李靖國、蔡壽臻、洪汝怡、蘇念禮、秦錫田、許永仁、彭旭、許愈初、黃榮康、孫雄、林思進、歐陽述、胡煥、李毓琛、馮开、袁嘉穀、陳曾壽、錢振鍠、林蒼、周曾錦、徐旭、鄧鎔、沈汝瑾、鄭容、范罕、潘飛聲、陳芸、王國維、陳延韡、黃人、鄧方、孫景賢、柳棄疾、蔣士超、陳融。

二、從文學體制的層面看歷代論詩絕句的發展

在唐代，七言論詩絕句多屬單章。以七言絕句組詩論詩的，數目不多，只有：王建的《哭孟東野二首》、劉禹錫的《楊柳枝

詞十一首》、呂溫的《題梁宣帝二首》、元稹的《酬孝甫見贈十
首》、白居易的《楊柳枝詞八首》、《聽歌八絕句》、李商隱的《漫
成五章》、《韓冬郎二首》、薛能的《柳枝詞五首》、段成式的
《嘲飛卿七首》、司空圖的《偶詩五首》、《退居漫題七首》、方干
的《越中寄孫百篇二首》、鄭谷的《卷末偶題二首》、杜荀鶴的
《秋夕二首》、釋貫休的《秋歸束陽臨岐上杜使君七首》，等等。
然而，這些七言組詩，不是首數較杜甫的《戲爲六絕句》爲少，
如王建的《哭東野》只有二首，李商隱的《漫成》，只有五章，
就是首數較杜甫多的，也只是其中有二、三首與詩論、詩評有關
罷了，如劉禹錫的《楊柳枝詞十一首》，與詩論有關的，只有一
首，元稹的《酬孝甫見贈十首》，與詩論、詩評明顯有關的，也
只有三首。同時在這些詩篇中，偶而有一、兩篇詠及杜甫的，例
如元稹（779－831）《酬孝甫見贈》云：

　　「杜甫天才頗絕倫，每尋詩卷似情親。憐渠直道當時語，
　　不著心源旁古人。」（注1）

李商隱（813－858）《漫成》：

　　「李、杜操持事略齊，三才萬象共端倪。集仙殿與金鑾殿，
　　可是蒼蠅惑曙雞。」（注2）

但是不曾涉及杜甫《戲爲六絕句》所言情事，也沒有用及其中的
詞語。其他論者，偶而只有一、二詩句用及《戲爲六絕句》詞
語，如張喬（1014－1080）《題上元許棠所任王昌齡廳》云：

　　「久絕吟聲繼後塵。」（注3）

「後塵」取自杜句「恐與齊、梁作後塵」。

　　宋、金、元，以七言絕句組詩論詩之作劇增。宋代七言論詩
絕句組詩六首或超過六首的計有：黃庭堅的《病起荊江即事十
首》、張末的《漫成七首》、朱松的《雜小詩八首》、王十朋的

《游東坡十一絕》、《讀喻叔奇送行六詩》等、陸游的《甲子秋八月偶思出游往往累日不能歸或遠至旁縣凡得絕句十有二首雜錄入稿中亦不復詮次也》、王質的《題寶伯山小隱詩六首》、趙蕃的《呈宜之兄八首》、《呈明叔七首》、《呈折子明丈十首》、《次楊廷秀太和萬安道中所寄七首》、《簡徐季孟七首》、《見梁檢法書懷八絕句于廣文尉曹處次韵并屬》、《次韵李袁州絕句七首》、戴復古的《昭武太守王子文日與李賈嚴羽共觀前輩一兩家詩及晚唐詩因有論詩十絕子文見之謂無甚高論亦可作詩家小學須知》、劉克莊的《乍歸九首》、《湖南江西道中十首》、《梅花十叠》、以及《病後訪梅九絕》、徐瑞的《雪中夜坐雜詠十首》，等等。金、元這類作品有：元好問的《論詩三十首》、方回的《七十翁吟七言十絕》、《至節前一日六首》、等等。

　　在上舉的作品中，只有戴復古的《論詩十絕》與元好問的《論詩三十首》中的所有篇章都和論詩、評詩有關，其餘詩人的詩作，只是其中的數首與詩的評論有關而已。如黃庭堅的《病起荆江亭即事十首》之中，只有兩首關於詩評論，徐瑞的《雪中夜坐雜詠十首》，只有一首有關詩評論。不過，在這些論詩絕句組詩中，我們看到了和宋以前不同的現象。一些作品已用及杜甫《戲爲六絕句》中的詞語來論詩了。如王十朋（1112－1171）的《游東坡十一絕》中一首云：

　　　　「出處平生慕樂天，東坡名自樂天傳。文章均得江山助，
　　　　但覺前賢畏後生。」（注4）
「但覺前賢畏後生」，乃變用自杜甫《戲爲六絕句》的「不覺前賢畏後生」。王質（1127－1189）的《題寶伯玉小隱詩六首》其中一首云：

　　　　「瘦水微皴漸復槽，秋風脫葉下江臬。王、楊、盧、駱青

　　　　冥上，不廢江河廢爾曹。」(注5)
此取自杜詩《戲爲六絕句》的「王楊盧駱當時體」，「爾曹身與名
俱滅」，「不廢江河萬古流」等句。徐瑞的《雪中夜坐雜詠十首》
中一首云：

　　　　「曹、劉、沈、謝易摸索，楊、王、盧、駱呴未休。」(注
　　6)

「楊、王、盧、駱呴未休」，取自杜甫《戲爲六絕句》「王、楊、
盧、駱當時體，輕薄爲文呴未休」。

　　金元好問 (1190－1257) 的《論詩三十首》也用及杜詩語：

　　　　「窘步相仍死不明，唱酬無復見前賢。縱橫正有凌雲筆，
　　　　俯仰隨人亦可憐。」(注7)

此取自杜詩《戲爲六絕句》的「未及前賢更勿疑」與「凌雲健筆
意縱橫」。又云：

　　　　「沈宋橫馳翰墨場，風流初不廢齊梁。」(注8)

「沈宋橫弛翰墨場」，取自杜詩「縱使盧王操翰墨」；「風流初不廢
齊梁」，取自「不廢江河萬古流」。

　　一些首數較少的絕句組詩，也有用及杜甫詩句的。金王若虛
(1174－1243) 的《王子端云近來陡覺無佳思縱有詩詩成似樂天
其小樂天甚矣予亦嘗和四撅》之其中一首云：

　　　　「東涂西抹鬥新妍，時世梳妝亦可憐。人物世衰如鼠尾，
　　　　後生未可議前賢。」(注9)

「後生未可議前賢」，也是取自杜甫「今人嗤點流傳賦，不覺前賢
畏後生」句而變用之。周必大 (1126－1204)《敷文閣學士李仁
甫挽詞》：

　　　　「經學淵源史筆高，文章餘力薄《風》、《騷》。紛紛小技誇
　　　　流俗，磨滅身名笑爾曹。」(注10)

「薄《風》、《騷》」取自杜詩「近《風》、《騷》」，而「磨滅身名笑爾曹」取自杜詩「爾曹身與名俱滅」。

　　值得注意的另一點是，在唐代的論詩絕句中，固然有用及較輕鬆的字眼如「嘲」字來命名詩題的，如段成式的《嘲飛卿七首》，但未曾用及「戲」字。至宋、金，不少論詩絕句的詩題，就有用及「戲」字。如李覯（1009－1059）的《戲題玉臺集》、蘇軾（1036－1101）的《世傳徐凝瀑布詩云一條界破青山色至爲塵陋僕作樂天詩稱羨此句有賽不得之語樂天雖涉淺易豈至是哉乃戲作一絕》、蘇轍（1039－1112）的《讀樂天戲作》、楊萬里（1127－1206）的《自跋江西道院集戲答客問》、《戲筆》、趙蕃（1143－1229）《僕有詩思成父輒知之而絕不肯道一語戲贈》、韓淲的《仲至近詩戲題卷末》、劉翼的《戲和劉松巢題壁韵》、王若虛的《山谷於詩每與東坡門人親黨遂謂過之而今之作者亦多以爲然予嘗戲作四絕云》。杜甫的詩作，在宋代獲得大力的提倡，杜甫的詩集，也得到多方面的搜集與整理，《戲爲六絕句》，也就在這樣的背景下，逐漸擴大了它的影響。

　　然而必須強調的是，《戲爲六絕句》在這時期的影響還不是很大。可以明顯見到的，在宋、金、元的論詩絕句作品中，論者興趣的主要還是詩與禪、悟之間關係的問題。在這方面的作品不少，其中有吳可的《學詩三首》、龔相的《學詩三首》、趙蕃的《閱復齋閑紀所載吳思道龔聖任學詩三首因次其韵》、戴復古的《昭武太守王子文日與李賈嚴羽共觀前輩一兩家詩及晚唐詩因有論詩十絕子文見之謂無甚高論亦可作詩家小學須知》、史彌寧的《詩禪》、劉克莊的《贈輝書記二首》、楊夢信的《題亞愚江浙紀行集句詩》、蕭立之的《題東畈陳上舍吟稿二首》，等等。

　　明代的論詩絕句不多，清代的情況則完全不同。論詩絕句衍

至十首以上的，比比皆是。依據郭紹虞等編之《萬首論詩絕句》
中所輯之清人論詩絕句組詩：

十首至十九首的有：

錢謙益《姚叔祥過明發堂論近代詞人戲作絕句十六首》

葉方藹《自題獨賞集十一首》

田　雯《論詩絕句十二首》

　　　　《讀元人各賦絕句十六首》

邵長蘅《病起撥悶十二首》

吳之振《論詩偶成十二首》

陳維崧《抄唐人七言律竟輒題數斷句楮尾十首》

　　　　《春日吳閶雜詩十二首》

吳　雯《入晉懷長安諸公十首》

焦袁熙《閱宋人詩集十七首》

黃之雋《自題香屑卷末十二首》

李必恆《論詩絕句十三首》

張　元《讀杜詩十六絕句》

曹鑒咸《冬日偶檢家集各附一絕句十二首》

沈德潛《論明詩十二斷句》

尹嘉年《論國朝人仿遺山體十首》

翁方剛《書空同集後十六首》

　　　　《漁洋先生五七言詩抄重訂本鋟板成賦寄粵東葉花
　　　　　谿十二首》

　　　　《論詩家三昧十二首》

王　昶《舟中無事偶作論詩絕句四十六首》

陳經禮《偶論宋詩十絕句》

蔡環黼《偶成十五首》

張　塤《論明詩絕句十六首》

鍾廷瑛《讀詩絕句十二首》

　　　　《題山右詩存十七首》

章學誠《題隨園詩話十二首》

錢世錫《論宋人絕句十二首和陳檢齋司馬》

管世銘《論近人詩絕句十六首》

李書吉《論詩雜詠十四首》

張問陶《題屠秦鷗論詩圖十首》

　　　　《歲暮懷人作論詩絕句十六首》

　　　　《重檢記日詩稿自題十絕句》

　　　　《論詩十二絕句》

王庚言《論詩十首》

李兆元《論詩絕句十首》

袁壽齡《白樂天十首》

吳　騫《論詩絕句十二首》

陳文述《將編國朝人詩爲遠游集已得十家各繫一絕》

陸繼輅《雜題十三首》

顧　翰《感舊七言絕句十二首》

查　揆《論詩絕句十二首寄秦鄔》

黃培芳《論粵東詩十絕》

黃安濤《讀唐詩絕句十首》

程恩澤《仿遺山絕句答徐廉峰仁弟十四首》

吳衡照《冬夜讀詩偶有所觸輒志斷句非仿遺山論詩也得十
　　　　五首》

韓維鏞《題郭茂倩樂府詩後十九首》

汪遠孫《題仲耘輯詩圖十首》

沈兆澐《濟南旅舍讀山左諸家詩各題一絕凡十四首》

邵　堂《論詩十首》

張祥河《論楚詩十二首》

郭書俊《論詩十首》

江兆鯤《論詩十絕句十首》

于　祉《論國朝山左詩人絕句十二首》

沈　彩《論婦人詩絕句四十九首》

高　篃《論宮閨詩十三首》

汪　端《論宮閨詩十三首和高湘筠女史》

翁心存《論詩絕句十八首》

王文瑋《讀國朝諸家集各繫一詩凡十二首》

潘德輿《夏日塵定軒中取近人詩集縱觀之戲爲絕句十二
　　　首》

梁　梅《論詩絕句十首》

彭蘊章《題元人詩十二首》

葉坤厚《論詩七絕十首》

張際亮《懷人詩十首》

汪士鐸《讀金元人詩仿元遺山論詩絕句十二首》

韓　印《讀白門近日詩人戲仿元遺山十九首》

虞　鈖《論六朝人詩仿遺山體十六首》

王惟成《論唐宋詩絕句十四首》

陳啓疇《與晴峰論詩十首》

張崇蘭《懷國朝京口詩人絕句十二首》

顏君猷《論嶺南國朝詩絕句十五首》

吳仰賢《論詩十首》

黃道讓《詩集編成付梓自題十三絕句》

沈金藻《舟中讀近代諸先生詩各題一絕十首》

李綺青《論國朝詩人十五首》

何一碧《論詩十四首》

林　楓《論仿元遺山體十二首》

柳商賢《蘇州論詩絕句十六首》

譚宗浚《讀杜詩絕句十首》

蔡邦甸《詠唐人詩仿元遺山論詩絕句十四首》

馮　煦《論六朝詩絕句仿元遺山體十六首》

邱逢甲《論詩次鐵廬韵十首》

金蓉鏡《論詩絕句寄李審言十一首》

曾習經《壬子八九月間所讀書題詞十五首》

毛翰豐《論蜀絕句十三首》

傅世洵《論蜀詩絕句十四首》

蔡壽臻《論詩絕句十首》

胡　煥《論西江詩派絕句十五首》

馮　开《論詩示天嬰十七首》

袁嘉穀《春日下晼小飲薄醉尚論古詩人漫成十二首》

黃　人《論詩十六首》

柳棄疾《盛湖竹枝詞題辭十二首爲沈秋凡作》

二十首至二十九首的有：

顧嗣立《題元百家詩集後二十首》

葉觀國《秋齋暇日抄輯漢魏以來詩作絕句二十首》

謝啓昆《書周松靄遠詩話後二十四首》

茹倫常《國朝諸名家逸事雜詩二十四首》

舒　位《瓶水齋論詩絕句二十八首》

洪亮吉《道中無事偶作論詩截句二十首》

吳德旋《雜著示及門諸子二十四首》

葉紹本《封鎖遺山論詩得絕句廿四首》

俞國琛《論詩二十首》

張鴻基《論本朝各家詩二十首》

岑振祖《讀姚江逸詩前後集得七絕二十六首》

戴　森《論詩絕句二十六首》

蔡　琳《讀金人詩二十五首》

　　　《讀元人詩二十五首》

章鶴齡《讀布衣諸老詩各書一絕二十首》

張雲驤《論國朝人詩二十三首》

張佩綸《論閨秀詩二十四首》

宮爾鐸《讀元遺山王漁洋論詩絕句愛其文詞之功惜其所言
　　　尚非第一義漫成此作以質知音二十五首》

夏葆彝《論湖北詩絕句二十首專論湖北詩家流寓不與》

　　　《舊作論湖北詩絕句二十首》

金葆楨《北雅樓論詩新詠二十二首》

范　溶《論蜀絕句二十二首》

秦錫田《滬上論詩絕句二十首》

許愈初《論詩絕句二十二首》

陳延犦《論詩絕句二十首》

三十首至三十九首的有：

屈　復《論詩絕句三十四首》

謝啓昆《書五代詩話後三十首》

袁　枚《仿元遺山論詩三十八首》

朱　炎《讀明人詩絕句三十首》

彭光澧《論國朝人詩仿元遺山三十六首》

柯振嶽《論詩三十五首》

吳應奎《讀明人詩戲仿遺山論詩絕句三十五首》

況　澄《仿元遺山論詩三十首》

袁　翼《論金詩三十八首》

葉廷琯《病中摘句懷人詩三十二首》

楊秀鵟《論詩絕句三十首》

蕭　重《偶檢案頭國朝名人集及近人詩箋各題一截自竹泉
　　　　觀察以下則又兼懷人矣三十三首》

沈壽榕《檢諸家詩集信筆各題短句三十一首》

謝章鋌《論詩絕句三十首》

陳　衍《戲用上下平韻作論詩絕句三十首》

邱晉成《論蜀絕句三十六首》

黃小魯《楚北論詩詩三十二首》

朱應庚《論詩三十二首》

林思進《論蜀詩絕句三十首》

鄧　鎔《論詩三十絕句》

四十首至四十九首的有：

馬長海《效元遺山論詩絕句四十七首》

張玉穀《論古詩四十首》

方于穀《仿王漁洋論詩絕句四十首》

朱庭珍《論詩四十九首》

黃維申《論詩絕句四十二首》

高　彤《讀詩雜感四十首》

李希聖《論詩絕句四十首》

蔣士超《清朝論詩絕句四十三首》

五十首至五十九首的有：

焦袁熙《論詩絕句五十二首》

張之傑《讀明詩五十二首》

楊深秀《仿元遺山論詩絕句五十首》

徐　嘉《論詩絕句五十七首》

六十首至九十九首的有：

謝啓昆《讀中州集仿元遺山論詩絕句六十首》

　　　　《論元詩絕句七十首》

　　　　《論明詩絕句九十六首》

張　晉《仿元遺山論詩絕句六十首》

姚　瑩《論詩絕句六十首》

袁　翼《論元詩六十首》

毛國翰《暇日偶閱近人詩各繫一絕六十二首》

楊　浚《論次閩詩九十首》

許奉恩《蘭苕館論詩九十九首》

孫　雄《論詩絕句六十首》

一百首及以上的有：

謝啓昆《讀全唐詩仿元遺山論詩絕句一百首》

　　　　《讀全宋詩仿元遺山論詩絕句二百首》

林昌彝《論本朝人詩一百五首》

馮繼聰《論詩絕句五百七十一首》

方廷楷《習靜齋論詩百絕句》

廖鼎聲《拙學齋論詩絕句一百九十八首》

沈景修《讀國朝詩集一百首》

郭曾炘《雜題國朝名家詩集後一百二十四首》

歐陽述《雜題國朝人詩集各一首二十七首》

陳　芸《小黛軒論詩詩二百二十一首》

　　陳　融《讀嶺南人詩絕句》（五百多首）

　　由上舉的各家論詩絕句，可以發現幾個值得注意的現象：

　　1.超過十首的論詩絕句之多，實非前代甚至後代所可比擬；

　　2.論詩絕句組詩多達二十首或以上的，有二十六題；三十首或以上的，有二十題；四十首或以上的，有八題；五十首或以上的，有四題。令人驚訝的是六十首至一百首之間的，有十題，而一百首及以上的，有十一題。而其中兩百首的一題，二百二十一首的，一題；另一題馮繼聰的《論唐詩絕句》，竟多達五百七十一首。

　　3.在錢謙益寫作寫作他的《丙申春就醫秦淮丁家水閣浹兩月臨行作絕三十首留別留題不復論次》之前，論詩絕句組詩之作多在二十首以下，之後這類體制就越寫越多首了。而在王士禎創作《戲效元遺山論詩絕句三十五首》之後，許多作者或以「仿元遺山論詩絕句」、「仿遺山體」，或直作「論詩絕句」等爲題來進行這類體制的詩歌創作。

　　清代直接用及「戲」字以命題的，或直接承用「戲爲＋X＋絕句」名稱，或言仿「戲爲六絕句」而作的論詩絕句組詩也明顯的增加。以「戲」字命題的，如：

　　　　錢謙益《姚叔祥過明發堂論近代詞人戲作絕句十六首》

　　　　王士禎《戲效元遺山論詩絕句》

　　　　吳應奎《讀明人詩戲仿遺山論詩絕句三十五首》

承用「戲爲＋X＋絕句」的，如：

　　　　查慎行《戲爲四絕句呈西厓桐野兩前輩》

　　　　沈德潛《戲爲絕句》

　　　　徐以坤《戲爲絕句》

　　　　張九鐸《戲爲六絕句》

稱「仿戲爲六絕句」之作的, 如:

　　盧世㴶《仿杜爲六絕句》

　　張九鐸《又戲爲絕句仿杜老》

　　柳商賢《擬杜戲爲六絕句》

　　陳　書《仿少陵戲爲六絕句元韵》

　　同　上《戲爲絕句仿杜老》

雖然這較之以「仿元遺山論詩絕句」或「仿王漁洋論詩絕句」爲
題的作品要少得多。

三、杜甫《戲爲六絕句》對後代論詩絕句體制的影響

　　在清人熱中論詩絕句體制的詩作的情況之下, 杜甫的《戲爲
六絕句》也擴大了它的影響。而開啓這種影響的實爲對杜甫詩有
多年研究并對清代杜詩學有深遠影響的錢謙益 (1582－1664)。
錢謙益在他的七言論詩絕句組詩《姚叔祥過明發堂論近代詞人戲
作絕句十六首》中, 不但在詩題取用《戲爲六絕句》的「戲」
字, 詩中更取用了杜詩中的詞語:

　　「一代詞章孰建鑣? 近代萬曆數今朝。挽回大雅還誰事?
　　嗤點前賢豈我曹。」(注11)

「嗤點前賢豈我曹」, 乃取《戲爲六絕句》「今人嗤點流傳賦, 不
覺前賢畏後生」及「爾曹身與名俱滅, 不廢江河萬古流」而反用
之。

　　「崢嶸湯義出臨川, 小賦新詞許幷傳。何事後生饒筆舌,
　　偏將詩律議前賢。」(注12)

「何事後生饒筆舌, 偏將詩律議前賢」, 也是取用「今人嗤點流傳
賦, 不覺前賢畏後生」句。

「楚國三袁季絶塵，白眉誰與仲良倫？過都歷塊皆神駿，
秋駕何當與細論？」(注13)

「過都歷塊皆神駿」，取用《戲爲六絕句》「歷都過塊見爾曹」。

「不服丈夫勝婦人，昭容一語是天眞。王微楊宛爲詞客，
肯與鍾譚作後塵？」(注14)

「肯與鍾譚作後塵」，取用《戲爲六絕句》「恐與齊梁作後塵」。

「梁溪欣賞似南村，甲乙丹鉛靜夜論。麗句清詞堪大嚼，
老夫只合過屠門。」(注15)

「麗句清詞堪大嚼」，取用《戲爲六絕句》「清詞麗句必爲鄰」。

「高、楊、文、沈久沈埋，溢縹盈緗糞土堆。」(注16)

「高、楊、文、沈久沈埋」，也是依據《戲爲六絕句》「王、楊、
盧、駱當時體」四姓并列用法。

除了上面所舉之詩例外，錢謙益在這論詩絕句組詩中，也溶
合了其他杜甫論詩之詩句：

「姚叟論文更不疑，孟陽詩律是吾師。」(注17)

案：杜甫《解悶》：「李陵蘇武是吾師，孟子論文更不疑。」(注
18) 不過，這也可能是變換《戲爲六絕句》之「轉益多師是汝
師」而成。

錢謙益，字受之，號牧齋。常熟人。明萬歷庚戌進士，官至
禮部尚書，加宮保。入清，任内秘書院學士，兼禮部侍郎。著有
《絳雲樓書目》、《絳雲樓書目補遺》、《牧齋初學集》、《錢先生
詩》、《補編》、《錢牧齋詩》、《牧齋尺牘》、《牧齋有學集》、《牧齋
詩鈔》、《錢先生集外詩》、《黃山游記》，等等。選編及箋注有
《列朝詩集》、《吾炙集》、《錢注杜詩》。在錢謙益的帶動之下，自
明末清初至清末，不少論詩絕句紛紛用及《戲爲六絕句》的詞
語。

屈大均（1630－1696）尊杜，曾云：

「開元大歷十餘公，總在高才變化中。誰復光芒眞萬丈？
謫仙猶讓浣花翁。」(注19)

所作《西蜀費錫璜數枉書來自稱私淑弟子賦以答之四首》(注20)
中一首云：

「少陵家學本昭明，文選教兒最老成。君向八朝中取法，
休裁僞體逐詩名。」

「最老成」變用杜甫「庾信文章老更成」；「休裁僞體」，亦取用杜
詩「別裁僞體親風雅」。另一首云：

「詩歌豈敢作人詩？私淑如君乃不疑。」(注21)

「乃不疑」或取自杜甫《戲爲六絕句》「未及前賢更勿疑」，或取
自杜甫《解悶》「孟子論文更不疑」。屈大均，字介子，號翁山。
廣東番禺人。明亡後曾爲僧，名今種。著有《道援堂集》、《翁山
詩外》、《文外》。

王士禎（1634－1711）《戲仿元遺山論詩絕句》雖說仿元好
問之作，可是取用杜詩《戲爲六絕句》的痕迹，極爲顯明。其十
三云：

「涪翁掉臂自清新，未許傳衣躡後塵。」(注22)

「未許傳衣躡後塵」，取用杜詩「未許齊梁作後塵」。其二十三云：

「接迹風人明月篇，何郎妙悟本從天。王、楊、盧、駱當
時體，莫逐刀圭誤後賢。」(注23)

「王、楊、盧、駱當時體」，直用杜詩句。「後賢」一詞變用杜詩
「不覺前賢畏後生」。其二十七云：

「濟南文獻百年稀，白雲樓空宿草菲。未及尚書有邊習，
猶傳林雨忽沾衣。」(注24)

「未及尚書有邊習」，用杜詩「未及前賢更勿疑」。至於其二十五

云：

> 「更憐譚藝是吾師。」(注25)

亦取自杜甫《解悶》「李陵、蘇武是吾師」。王士禎，字子真，一
字貽上，號阮亭，又號漁洋山人。山東新城人。順治戊戌進士。
官刑部尚書，謚文簡。著有《帶經堂集》、《居易錄》、《古夫于亭
雜錄》、《池北偶談》、《香祖筆記》、《分甘餘話》、《漁洋詩話》、
《蠶尾集》、《續集》、《後集》，等等。選編有《唐賢三昧集》、《唐
人萬首絕句》、《感舊集》、《十種唐詩選》，等等。

　　田雯（1635－1704）也極爲尊杜，所作《論詩》中就高讚杜
甫。其二云：

> 「詩壇老將公平在，不許偏師索價高。惟有少陵吟律細，
> 泰山果爾重秋毫。」(注26)

其《論詩絕句》共有十二首，其中多首用及杜甫《戲爲六絕句》
語。其四云：

> 「阮子詠懷陳感遇，柳州一派又蘇州。讀來五字成眞實，
> 可并江河萬古流。」(注27)

「可并江河萬古流」，用杜詩「不廢江河萬古流」。其九云：

> 「群兒謗口聚蚊雷，唐、宋判將僞體裁。」(注28)。

「唐宋判將僞體裁」，用杜詩「別裁僞體親風雅」。其六云：

> 「前輩東坡效爾曹。」(注29)

「爾曹」亦杜詩用語：「過都歷塊見爾曹」其八云：

> 「世無沈、宋、曹、劉筆，摹索何難暗得之。作者滿前一
> 丘貉，徐陵善忘是吾師。」(注30)

「世無沈、宋、曹、劉輩」，將作者四姓連排乃杜甫詩法。「徐陵
善忘是吾師」，變用杜甫《解悶》詩句。田雯，字子綸，一字綸
霞，號山薑，晚號蒙齋。山東德州人。康熙甲辰進士，官至戶部

侍郎。著有《古歡堂集》、《古歡堂集雜著》、《山薑書屋詩集》、《苗俗記》、《長河志籍考》、《嵩岳考》、《觀水雜記》、《蒙齋年譜》，等等。

顧嗣立（1669－1722）《題元百家詩集後二十首》中也有多首用及杜詩語。其三云：

　　「大德元貞老遺民，刳源石屋句清新。論詩笑殺方盧谷，
　　還向江西拜後塵。」（注31）

「還向江西拜後塵」，取用杜詩「恐與齊梁作後塵」。其八云：

　　「彷彿唐人面目同，虞、楊、范、揭出群雄。」（注31）

「虞、楊、范、揭」用「王、楊、盧、駱」法。「出群雄」則取用「凡今誰是出群雄」句。其十云：

　　「雄文大冊奏鏗鏘，碑版穹窿翰墨場。」（注32）

「翰墨場」取自杜詩「縱使盧、王操翰墨」。顧嗣立，字俠君。江蘇長州人。康熙壬辰進士，官翰林院庶吉士，改補中書舍人。選編及著作有《秀林集》、《閭邱集》、《春樹閑鈔》、《閭丘先生自訂年譜》、《昌黎詩箋注》、《韓昌黎先生年譜》、《元詩選》、《顧嗣立詩選》。

多用杜甫《戲爲六絕句》詩句者，還有汪應詮的《絕句》。在《萬首論詩絕句》所收的四首汪氏的作品中，其中三首用至杜語。如云：

　　「工部文章萬劫新，愛將清麗學前人。今人劣得粗豪句，
　　錯道前生子美身。」（注33）

「清麗」取自杜詩「清詞麗句必爲鄰」；「今人」取自杜句「不薄今人愛故人」。又云：

　　「東坡居士出群雄，無意爲文文自工。」（注34）

「出群雄」，取自杜句「凡今誰是出群雄」。又云：

　　「黄初以後無才子，屈、宋誰教繼雅詩？意思語言都不盡，
　　風流蘊藉是吾師。」(注35)

「屈、宋」取自杜句「竊攀屈、宋宜方駕」;「吾師」則取自杜句
「李陵、蘇武是吾師」，或「轉益多師是汝師」。汪應詮，字杜林。
江蘇常熟人。康熙戊戌年狀元，官至左春坊贊善。著有《容安齋
詩集》。

　　李必恒《論詩絕句十三首》也多次用及杜語。第三首云：

　　「西堂太史年九九，放顛信筆字欹傾。自然絢爛歸平淡，
　　始信文章老更成。」(注36)

「文章老更成」取自杜句「庾信文章老更成」;第八首云：

　　「鯨魚碧海何人掣？翡翠蘭苕底何爲？」(注37)

「鯨魚碧海」與「翡翠蘭苕」取自杜句「或看翡翠蘭苕上，未掣
鯨魚碧海中」。第第十首云：

　　「試爲兒曹覓初祖。」(注38)

　　「兒曹」取自杜句「爾曹身與名俱滅」之「爾曹」并加變
用。第十一首云：

　　「時人裂眼嗤奇字。」(注39)

「嗤」字取自杜句之「今人嗤點流傳賦」。李必恒，字百藥，一字
北岳，高郵人。著有《三十六湖草堂詩集》、《樗巢詩選》。

　　宋弼《題蓮山人集》四首中也有三首取用杜句。第一首云：

　　「誰掣鯨魚碧海中？玉溪端是出群雄。」(注40)

「誰掣鯨魚碧海中」取自杜句「未掣鯨魚碧海中」;「出群雄」取
自杜句「凡今是出群雄」。第二首云：

　　「虎氣龍身豈久藏？」(注41)

「虎氣龍身」變換自杜句「龍文虎脊皆君馭」。第四首云：

　　「生天成佛漫相疑。」(注42)

「漫相疑」也是變換自「未及前賢更勿疑」。宋弼，字仲良，號蒙泉，山東德州人。乾隆乙丑進士。官至甘肅按察使。

　　王昶（1724－1806）《舟中無事偶作論詩絕句四十六首》中也多次用及杜語。第五首云：

　　　　「樂處分明繼昔賢。」（注43）

第八首云：

　　　　「後賢從此參流別。」（注44）

「昔賢」、「後賢」，具變換自杜句「不覺前賢畏後生」中之「前賢」與「後生」。第十首云：

　　　　「江河萬古君知否？」（注45）

第二十七首云：

　　　　「長沙亦是出群雄，篝火狐鳴比未公。若使竟同劉、謝去，
　　　　江河萬古望星虹。」（注46）

「江河萬古」均取自杜句「不廢江河萬古流」。「出群雄」則取自「凡今誰是出群雄」。第十一首云：

　　　　「碧海鯨魚一氣旋。」（注47）

「碧海鯨魚」取自杜句「未掣鯨魚碧海中」。第十二首云：

　　　　「清和瑟怨總《風》、《騷》。」（注48）

第四十六首云：

　　　　「玉鈎搘素接《風》、《騷》，擊鉢聯吟興更豪。十疊聚星堂
　　　　上韻，一時才氣冠詞曹。」（注48）

第九首云：

　　　　「詩到齊、梁麗更淫。」（注50）

第七首云：

　　　　「若向齊、梁論作手。」（注51）

「總《風》、《騷》」、「接《風》、《騷》」，取自杜句「劣於漢、魏近

《風》、《騷》」；「興更豪」、「麗更淫」爲杜句「庾信文章老更成」
中「老更成」格式之變換；「詞曹」也是變自杜句「歷塊過都見
爾曹」之「爾曹」；「齊、梁」取自杜句「恐與齊、梁作後塵」。
第三十八首云：

　　　　「別裁僞體親風雅。」（注52）

全取杜句「別裁僞體親風雅」。王昶，字德甫，號述庵，一字蘭
泉，又字琴德。江蘇青浦人。乾隆甲辰進士，官至刑部右侍郎。
著有《春融堂詩文集》、《臺懷隨筆》、《雪鴻再錄》、《游珍珠泉
記》、《游龍泉記》、《游鷄足山記》、《鄭氏書目考》、《滇行日錄》、
《蜀繳紀聞》、《春融堂雜記》、《征緬紀略》、《征緬紀聞》，等等。
編有《湖海詩傳》、《湖海文傳》、《詞綜補》、《明詞綜》、《清詞
綜》，等等。

　　鍾廷瑛《讀詩絕句十二首》也多用杜語。第二首云：

　　　　「不恨吾生後古人，古人應恨德無鄰。清詞麗句楊、劉作，
　　　　蜘蛛塵埋八百春。」（注53）

「德爲鄰」與「清詞麗句」取自杜甫「清詞麗句必爲鄰」。第三首
云：

　　　　「歐、梅、蘇、陸皆龍象，玉斧乾坤特地開。力挽唐音近
　　　　騷雅，無人知有賀方回。」（注54）

「近騷雅」取自杜句「劣於漢、魏近《風》、《騷》」，「歐、梅、
蘇、陸」連排亦仿杜句「王、楊、盧、駱」連排的方式。第九首
云：

　　　　「終覺前賢跨後生。」（注55）

取用杜句「不覺前賢畏後生」而稍加變化。鍾廷瑛，號退軒。山
東歷城人。舉人，官歙縣知縣。著有《退軒詩鈔》。

　　張九鐸《戲爲六絕句》亦多用杜語。第二首云：

　　「勝國遺編見數公。」(注56)

「見數公」取自杜句「才力應能跨數公」。第三首云：

　　　「或看牛鬼蛇神出，嗤點流傳是昔人。」(注57)

「或看」取自杜句「或看翡翠蘭苕上」，而「嗤點流傳」取自杜句「今人嗤點流傳賦」。第四首云：

　　　「眼明手順服前賢。」(注58)

「前賢」取自杜句「不覺前賢畏後生」。張九鐸，字竹南，號蓉湖，湖南湘潭人。乾隆戊戌進士。改庶吉士，授編修。著《笙雅堂集》。

　　多用杜詩「戲爲六絕句」之語的，還有李兆元之《論詩絕句》。其中第二首云：

　　　「別裁僞體見淵源。」(注59)

「別裁僞體」取自杜句「別裁僞體親風雅」。第三首云：

　　　「如何知有齊、梁體。」(注60)

第六首云：

　　　「詩到齊、梁已變新，王、楊、盧、駱只相因。香山自詡
　　　元和體，又與初唐步後塵。」(注61)

「齊、梁」、「步後塵」取自杜句「恐與齊、梁作後塵」，「王、楊、盧、駱只相因」，仿杜句「王、楊、盧、駱當時體」。第九首云：

　　　「掣鯨碧海更誰知？」(注62)

取自杜句「未掣鯨魚碧海中」。第八首云：

　　　「翻惹《談龍》詆未休。」(注63)

「詆未休」變換自杜語「哂未休」。李兆元，字字瀛客，披縣人。歷官教諭。

　　清人還有不少用及杜詩《戲爲六絕句》語句者，其中包括：

　　　李呈祥《憶與復陽論飾途次口占卻寄十五首》

白胤謙《近代詩人大家七絕句》

王　昶《題沈秀才安成琢詩圖》

同　上《長夏懷人絕句》

張問陶《歲暮懷人作論詩絕句》

徐　嘉《論詩絕句五十七首》

葉紹本《仿遺山論詩得絕句廿四首》

張之傑《讀明詩五十二首》

李希聖《論詩絕句四十首》

黃小魯《楚北論詩詩》

謝啓昆《讀全唐詩仿元遺山論詩絕句一百首》

同　上《讀全宋詩仿元遺山論詩絕句二百首》

同　上《論元詩絕句七十首》

同　上《讀中州集仿元遺山論詩絕句六十首》

同　上《論明詩絕句九十六首》

張玉穀《論古詩四十首》

吳應奎《讀明人詩戲效遺山論詩絕句三十五首》

方履籛《偶與外甥幼心先生論詩泛及近人篇什因作絕句六
　　　首》

虞　鈖《論六朝人詩絕句仿遺山體》

錢鈞伯《題劍南集後》

夏葆彝《論湖北詩絕句二十首轉論湖北詩家流寓不與》

同　上《舊作論湖北詩絕句二十首》

吳仰賢《偶論滇南詩》

沈景修《讀國朝詩集一百首》

屈　復《論詩絕句三十四首》

馮　煦《論六朝詩絕句仿元遺山體》

金葆楨　《北雅樓論詩新詠》

朱　炎　《讀明人詩絕句三十首》

同　上　《書籬衍集後》

吳仰賢　《論詩》

黃承吉　《偶題滄浪詩話》

傅玉書　《論詩十二首》

沈德潛　《戲爲絕句》

同　上　《遣興》

朱彭年　《仿元遺山論詩絕句》

徐繼畬　《題吳梅村詩集四首》

郭曾炘　《雜題國朝諸名家詩集後》

陳　書　《戲爲六絕句效杜老》

同　上　《效少陵戲爲六絕句元韵》

葉方靄　《自題獨賞集》

查慎行　《戲爲四絕句呈西厓桐野兩前輩》

宋繩先　《論詩絕句》

朱庭生　《論詩》

周　劼　《書江西詩徵後》

沈金藻　《舟中讀近代諸先生詩各題一絕》

蔣士超　《清朝論詩絕句》

林昌彝　《論本朝人詩一百五首》

洪亮吉　《道中無事偶作論詩截句二十首》

李兆元　《論詩絕句》

錢陳群　《宋百家詩存題詞》

史承豫　《論詩絕句》

姚　瑩　《論詩絕句六十首》

柯振嶽　《論詩》

馬長海　《效元遺山論詩絕句四十七首》

黎維樅　《讀杜詩絕句》

鮑倚雲　《題敬業堂詩集後》

朱雋瀛　《與客論詩十二絕句》

陳啓疇　《與晴峰鏊論詩十首》

譚宗浚　《讀杜詩絕句》

許奉恩　《蘭苕館論詩》

柳商賢　《擬杜戲爲六絕句》

范　罕　《冲寒雜句四十首》

顏君猷　《論嶺南國朝人詩絕句》

郭　麐　《病起懷人詩三十首》

范　溶　《論蜀詩絕句》

翁方剛　《論詩家三昧十二首》

同　上　《書陳後山集宋槧本》

陳奉茲　《讀杜詩》

王圖炳　《邢溝旅夜讀綿津先生詩集賦呈五絕句》

胡天游　《風詩》

孫　雄　《論詩絕句》

李友棠　《題侯鯖集後八首》

王文治　《題祝芷塘詩卷後》

敖興南　《論詩》

張之傑　《讀明詩五十二首》

毛翰豐　《暇日偶閱近人詩各繫一絕》

林慶銓　《自題詩草寄張金秀茂才》

楊　浚　《論次閩詩》

　　謝章鋌　《論詩絕句三十首》

　　王文璋　《讀國朝諸家集各繫一詩凡十二首》

　　張　元　《讀杜詩十六絕句》

　　陳世慶　《偶成六絕句》

　　田同之　《論詩》

　　金　農　《新編拙詩四卷手自抄錄付女兒收藏雜題五首》

　　張如哉　《論詩》

　　王敬之　《拋卷》

　　楊秀鷩　《論詩絕句》

　　蔣師轍　《論詩十絕句》

　　陳　融　《讀嶺南人詩絕句》，等等。

　　本書附錄列舉自唐至清所用杜詩《戲爲六絕句》語句，以見杜甫《戲爲六絕句》對後世影響的情況，可參照。

【註　釋】

(注 1) 元稹，字微之。河南河內人。元和初應制策第一，除左拾遺，歷官尚書右丞，檢校戶部尚書。著有《元氏長慶集》。引詩見《萬首論詩絕句》，頁15。

(注 2) 李商隱，字義山。懷州河內人。開成丁巳進士。官至東川判官，檢校員外郎。著有《樊南甲集二十卷》、《乙集二十卷》，《玉溪生詩三卷》。引詩見《萬首論詩絕句》，頁27。

(注 3) 張喬，池州人。咸通中進士。隱九華山。存詩二卷。引詩見《萬首論詩絕句》，頁38。

(注 4) 王十朋，字龜齡。樂清人。官至太子詹事，以龍圖閣學士致仕。著有《梅溪集》。引詩見《萬首論詩絕句》，頁80。

(注 5) 王質，字景文。興國人。紹興進士。官至太學正。著有《雪山集》。

引詩見《萬首論詩絕句》，頁 99。

(注 6) 徐瑞，鄱陽人。著有《松巢漫稿》。引詩見《萬首論詩絕句》，頁 149。

(注 7) 元好問，字裕之，號遺山。秀容人。興定辛丑進士。官至行尙書省左司員外郎。著有《遺山集》。引詩見《萬首論詩絕句》，頁 160。

(注 8) 同上注。引詩見《萬首論詩絕句》，頁 158。

(注 9) 王若虛，字從之。藁城人。承安經義進士，官至直學士。著有《滹南遺老集》。引詩見《萬首論詩絕句》，頁 154。

(注10) 周必大，字子充，一字洪道。江西廬陵人。紹興辛未進士，官質少傅，封益國公。卒贈太師。諡文忠。有《平園集》、《省齋集》。引詩見《萬首論詩絕句》，頁 98。

(注11) 錢謙益簡歷見本章正文。引詩見《萬首論詩絕句》，頁 195。

(注12) 同上注。

(注13) 同注 11。

(注14) 同注 11。

(注15) 同注 11。引詩見《萬首論詩絕句》，頁 197。

(注16) 同注 11。

(注17) 同注 11。引詩見《萬首論詩絕句》，頁 194。

(注18) 引詩見《萬首論詩絕句》，頁 2。

(注19) 屈大均簡歷見本章正文。引詩見《萬首論詩絕句》，頁 219。

(注20) 同上注。

(注21) 同注 19。

(注22) 王士禎簡歷見本章正文。引詩見《萬首論詩絕句》，頁 233。

(注23) 同上注。引詩見《萬首論詩絕句》，頁 235。

(注24) 同注 19。引詩見《萬首論詩絕句》，頁 236。

(注25) 同注 19。引詩見《萬首論詩絕句》，頁 235。

(注26) 田雯簡歷見本章正文。引詩見《萬首論詩絕句》，頁 247。

（注27）同上注，頁引詩見《萬首論詩絕句》，頁 245。

（注28）同注 26。

（注29）同注 26。引詩同注 27。

（注30）同注 26。引詩同注 27。

（注31）同上注，引詩見《萬首論詩絕句》，頁 299。

（注32）同上注。

（注33）汪應銓簡歷見本章正文。引詩見《萬首論詩絕句》，頁 304。

（注34）同上注。

（注35）同注 33。

（注36）李必恆簡歷見本章正文。引詩見《萬首論詩絕句》，頁 329。

（注37）同上注。引詩見《萬首論詩絕句》，頁 330。

（注38）同上注。

（注39）同注 37。

（注40）宋弼簡歷見本章正文。引詩參見《萬首論詩絕句》，頁 399。

（注41）同上注。

（注42）同注 40。

（注43）王昶簡歷見本章正文。引詩參見《萬首論詩絕句》，頁 428。

（注44）同上注。

（注45）同注 43。

（注46）同注 43。引詩見《萬首論詩絕句》，頁 431。

（注47）同注 43。引詩見《萬首論詩絕句》，頁 428。

（注48）同注 43。引詩見《萬首論詩絕句》，頁 429。

（注49）同注 43。引詩見《萬首論詩絕句》，頁 434。

（注50）同注 43。引詩見《萬首論詩絕句》，頁 428。

（注51）同上注。

（注52）同注 43。引詩見《萬首論詩絕句》，頁 432。

（注53）鍾廷瑛簡歷見本章正文。引詩見《萬首論詩絕句》，頁 578。

（注54）同上注。

（注55）同注 53。引詩見《萬首論詩絕句》，頁 579。

（注56）張九鐸簡歷見本章正文。引詩見《萬首論詩絕句》，頁 604。

（注57）同上注。

（注58）同注 56。

（注59）李兆元簡歷見本章正文。引詩見《萬首論詩絕句》，頁 654。

（注60）同上注。

（注61）同注 59。

（注62）同上注。引詩見《萬首論詩絕句》，頁 655。

（注63）同上注。

第五章　後人取用
杜詩《戲爲六絕句》第一首論析

一、後人取用「庾信文章老更成」的情況

「庾信文章老更成」一句，如本書第二章所釋，其意爲庾信文章到了晚年，更有成就，這也是杜詩：「庾信生平最蕭瑟，暮年詩賦動江關」的意思。但有些論者如楊愼則以「老成」與「清新」對舉，以「老成」乃指詩作「綺而有質，艷而有骨，清而不泊，新而不尖」之風格。這種意見也獲得後代論者的沿用。

後代論者在論詩絕句組詩用及「庾信文章老更成」者，有直取此句而變換其中數字者，如陳廷慶（1754－1813）《四山居論詩》云：「開府文章老更成。」（注1）不但直取杜詩句而只是變換其中兩字，而且也是直咏庾信（開府亦爲庾信之稱）。全詩爲：

> 「拾遺詩律晚逾精，開府文章老更成。異代清新供奉合，
> 北樓不獨倚宣城。」

該詩有序云：

> 「余於弱冠始學詩，嘗愛子山之哀艷，香山之自然，義山
> 之精刻，眉山之清悟。」

陳廷敬宅居名爲四山，亦取義於此。高靜（1810－1873）《讀庾子山集》云：「贊美清新老更成。」（注2）也是贊許庾信之作，但結合杜甫另一贊美庾信詩句「清新庾開府」融爲此句。高靜此詩全首爲：

「贊美清新老更成，生平蕭瑟見衰情。少陵今古堪同慨，
萬里烽烟憶舊京。」

李必恒《論詩絕句十三首》有句：「始信文章老更成。」(注3) 用
杜語贊揚尤侗晚年在其作品集《西堂集》中所表現的成就，原詩
爲：

「西堂太史年九九，方顯信筆字攲傾。自然絢爛歸平淡，
始信文章老更成。」

李希聖（1864－1905）《論詩絕句四十首》中也有「不許文章老
更成」(注4) 之句。用杜語以哀嘆高啓不幸早年被害。此詩句
之上句爲：「青邱中道折芝英。」

　　有些論者用「老更成」來形容其他詩人與詩作的，如：張問
陶（1764－1814）《歲暮懷人作論詩絕句》：「大曆才人老更成。」
(注5) 將王太岳比大曆之劉長卿老年之成就，故云：

「西山往往片雲生，大曆才人老更成。只有今時王介子，
新詩五字竟長城。」

楊深秀（1849－1898）《仿元遺山論詩絕句五十首》云：

「南山翁後得雲卿，京叔歸潛老更成。獨孕恆山千古秀，
史裁詩品一家清。」(注6)

此詩在歌詠劉攽及其從孫從益、曾孫一家人之詩品。「京叔歸潛
老更成。」當不僅指劉攽個人詩作之成就而已。廖鼎聲《補作論
國朝人七十八首》云：「拙學於今老更成。」(注7) 感慨王敏中與
胡成塤之詩作成就高，但無人可傳衣鉢。全詩爲：

「中表聯吟各擅名，叔明瀟瀟靜泉清。可憐衣鉢憑誰付？
拙學於今老更成。」

　　有些論者則把「老更成」中的「成」字易爲其他形容詞語加
以運用，如謝啓昆（1737－1802）《論明詩絕句九十六首》云：

「風骨寒梅老更奇。」（注8）以「老更奇」來比喻劉崧晚年深具「寒梅」「風骨」之詩作。原詩為：

> 「脩然布被一茅茨，風骨寒梅老更奇。日課一詩千百首，
> 孤燈退食讀書時。」

徐嘉《論詩絕句五十七首》：「詩格隨年老更工。」（注9）贊揚黎媿曾《托素齋詩》的詩格隨年增進，老而彌工。詩云：

> 「長汀岸異起孤童，詩格隨年老更工。比似漢陽猶噲伍，
> 翠華靈洞古人風。」

黃道讓《詩集編成付梓自題十三絕句》之：「一片冰心老更虛。」（注10）則是自喻，向往人們能從他所住樓名雪竹樓更了解他的心志：

> 「將伯何人幸助予，莫因吾自愛吾廬。樓名雪竹君知否？
> 一片冰心老更虛。」

在以上三個例句中，「奇」與「工」，可以說是「成」字之具體申述，同是形容詩作之成就。而「虛」字則是就詩人之人格而言。

姚永概（1866－1923）《題倫叔調刁集》：「方子吟詩老愈耽。」（注11）「老愈耽」也是「老更成」格式之變。本詩在言明方　人愈老對詩更為執着。詩之前兩句為：

> 「方子吟詩老愈耽，江樓日日看朝風。」

趙翼（1727－1814）《詩思》云：「才盡江淹老未灰。」（注12）「老尤奇」，當也是仿「老更成」換寫而成。此詩之意乃據江淹才盡之典故，表示趙氏老但未灰，可是由於才盡，致使詩思無法創作出新穎的作品來。全詩為：

> 「才盡江淹老未灰，苦無詩思出新裁。笑同農夫翻車竭，
> 只望平空有雨來。」

由「老更成」格式之變者，尚有「老自雄」。如張際亮

(1799－1865)《題劉太學薇卿詩後》云：「拂水論詩老自雄。」
(注13) 贊揚錢謙益論詩「老」而雄豪。但詩中之意更在惋惜錢
氏之不見劉萃奎，因爲劉氏之作具有好象錢氏所高贊之程孟陽之
風。詩云：

> 「拂水論詩老自雄，苦將宗派笑闖中。惜君不見薇卿在，
> 大有松圓處士風。」

有「老尚雄」。如方廷楷《習靜齋論詩百絕句》在稱贊杭世駿詩
云：

> 「行完萬里卸孤蓬，氣骨才華老尚雄。都説《嶺南》一集
> 妙，可知得力浣花翁。」(注14)

有「老尚堪」，如袁枚 (1733－1798)《仿元遺山論詩》稱杭世駿
云：

> 「氣猛才豪老尚堪，施、梁以外孰清談？平心細按三千首，
> 一集終須重嶺南。」(注15)

有「老未堪」，如徐嘉《論詩絕句五十七首》稱顧俠君之作云：

> 「餘年決計旁僧龕，秀野詞人老未堪。三百家詩得梨棗，
> 歷千百劫大江南。」(注16)

由於重視文章的「老更成」，有些論者對文壇之失「老成」，
乃表示極大的關心。朱庭珍 (1841－1903) 在《論詩》中即有
「文苑榛蕪失老成」(注17) 之句。全詩爲：

> 「文苑榛蕪失老成，誰扶大雅主齊盟？持衡竊比遺山叟，
> 敢道前賢畏後生。」

有些詩論者更將「老」字甚至「成」字也更換了，只采用
「A＋更＋B」的格式，如：王昶 (1724－1806)《舟中無事偶作
論詩絕句四十六首》：「詩到齊、梁麗更淫。」(注18) 王昶不滿南
朝宮體，也不滿溫子昇與邢子才的詩作，連帶對齊、梁也表示強

烈的不滿，就以「麗＋更＋淫」說明當時詩作泛濫的情況。詩
云：

> 「詩到齊、梁麗更淫，微茫哀怨總難任。南朝宮體終徐、
> 庾，又啓溫、邢變雅音。」

姚瑩（1785－1852）《論詩絕句六十首》：「走馬驅山筆更遒。」
（注19）言杜甫、韓愈、蘇軾三人不僅才力與學識豐富，在揮筆
作詩，筆力尤其雄遒，詩中并且批評采用死法寫作的方式。全詩
爲：

> 「少陵才力韓、蘇富，走馬驅山筆更遒。舉世徒工搬運法，
> 何曾一字着風流。」

吳衡照《冬夜讀詩偶有所觸輒志斷句非效遺山論詩也得十五首》：
「漁洋山人才更雄。」（注20）吳氏欣賞王士祿與王士禎的才華，
又認爲王氏兄弟中士禎之才尤高，乃用「才＋更＋雄」的方式表
露他的看法。此詩之前二句爲：

> 「王氏兄弟詩法同，漁洋山人才更雄。」

馮繼聰《論唐詩絕句》云：「詞約思深力更遒。」（注21）贊揚秦
系詩作之詞、思與力。全詩爲：

> 「溪山隱處一詩流，詞約思深力更遒。雖有長城攻益壯，
> 五言今日爲君休。」

詩後有注云：

> 「權德輿曰劉長卿爲五言長城，係用偏師攻之，雖老益壯。
> 韋應物亦深推之，有五言今日爲君休之句。」

袁嘉穀（1872－1937）《春日下睆小飲薄醉尚論古詩人漫成十二
首》云：「北地雄渾格更高。」（注22）意在贊美李夢陽善學漢、
魏、隋、唐詩，所以在氣勢雄渾上，比何景明尤高。全詩爲：

> 「明代詩聲習叫囂，李、何崛起正《風》、《騷》。規摹漢、

> 魏、隋、唐體，北地雄渾格更高。」

方于穀《仿王漁洋論詩絕句四十首》亦云：「末路淋灕調更高。」
(注23) 指查初白與趙執信在遭遇窮窘的時刻，詩作之格調更高。
全詩爲：

> 「海寧雄放益都豪，末路淋灕調更高。知向東坡稱弟子，
> 天風海外起波濤。」

李綺青《論國朝詩人》云：「比較遺山事更哀。」(注24) 言錢謙
益晚景，面對滄桑時局，其狀況較之元好問，猶爲可哀。全詩
爲：

> 「一代高名自逸才，絳雲樓閣鬱崔嵬。絕憐老看滄桑局，
> 比較遺山事更哀。」

　而從「A＋更＋B」格式之變者，又有「C＋尤＋D」或「E
＋猶＋F」之格式，如楊深秀《仿元遺山論詩絕句五十首》贊孫
綽詩作之成就，就作「筆尤工」。詩云：

> 「蘭亭墨妙筆尤工，亘古無人與角雄。誰識永和修禊日，
> 先詩後序有興公。」(注25)

或作「品尤奇」，如楊深秀《仿元遺山論詩絕句五十首》云：

> 「墜笏朝堂偶失儀，吟成《廿四》品尤奇。王官谷里唐遺
> 老，總結唐家一代詩。」(注26)

或作「才尤健」，如方廷楷《習靜齋論詩百絕句》云：

> 「鍵戶著書三十年，閑來也復聳吟肩。誰知老去才尤健，
> 十說猶傳《蛾術編》。」(注27)

或作「句尤奇」，如陳融《讀嶺南人詩絕句》云：

> 「不屑攀鱗品可思，榔花荔子句尤奇。食之有味當毋棄，
> 《鷓叻》文章世豈知。」(注28)

或作「死猶雄」，如廖鼎聲《補作國朝人七十二首》云：

> 「巍然大節死猶雄，父子稱詩又婦翁。地下英靈應一笑，
> 異方殉賊此三思。」（注 29）

有些論者把杜句「庾信文章老更成，凌雲健筆意縱橫」結合起來在一句之中運用，如：宮爾鐸《讀元遺山王漁洋論詩絕句愛其文詞之工惜其所言尚非第一義漫成此首以質知音》中之：「縱橫健筆老尤奇。」（注 30）取「凌雲健筆意縱橫」之「健筆縱橫」與「庾信文章老更成」之「老更成」并變換「更」字爲「尤」字，「成」字爲「奇」字結合成「縱橫健筆老更奇」來形容蘇軾詩作晚年之成就。詩云：

> 「儋耳歸來兩鬢絲，縱橫健筆老尤奇。心同孤月明天表，
> 一任浮雲過眼馳。」

黃小魯《楚北論詩詩》之：「健筆凌雲老更清。」（注 31）取「凌雲健筆意縱橫」中之「凌雲健筆」與「庾信文章老更成」中之「老更成」，變換「成」字爲「工」字，合而爲「健筆凌雲老更清」，來形容庾信晚年之詩作特色。詩云：

> 「白頭開府久知名，健筆凌雲老更清。」

有的論者則取楊慎理解「老更成」之意加以運用，楊慎理解杜詩「老更成」爲「更老成」，以「老成」指包含「綺而有質，艷而有骨，清而不泊，新而不尖」之風格。張之傑《讀明詩五十二首》云：「前輩波瀾自老成。」（注 32）之句，盛贊徐禎卿，認爲他年少時詩格已臻「波瀾老成」之境，兼有李白與謝朓之風。全詩爲：

> 「清才最數徐昌穀，年少居然格老成。《談藝錄》中宗法
> 在，李青蓮更謝宣城。」

黃任（1683－1768）《林鳳溪司馬給假歸觀出獄中吟草爲題四首》云：「字字波瀾見老成。」（注 33）贊美林鳳溪詩「波瀾老成」，也

是此意。全詩爲：

> 「字字波瀾見老成，他年天語即詩評。獄吟便是庚歌喜，
> 臣罪終身荷聖明。」

陳維崧（1625－1682）《鈔唐人七言律竟輒題數斷句楮尾》亦云：
「商隱篇章劇老成。」（注34）稱讚李商隱之詩章波瀾老成。全詩
爲：

> 「浣花翁死詩人少，商隱篇章劇老成。卻怪後來多傅會，
> 《金荃》那抵玉溪生。」

至於屈大均（1630－1696）的《西蜀費錫璜數柱書來自稱私
淑弟子賦以答之四首》云：

> 「少陵家學本昭明，《文選》教兒最老成。」（注35）

則是以杜甫用《文選》教兒輩，最具效果。翁方剛（1733－
1813）《題董寄廬舊雨草堂詩集三首》亦有：「三十年來失老成。」
（注36）詩云：

> 「溶溪師與雲持友，三十分來失老成。白髮挑燈論舊雨，
> 可憐渾不爲詩名。」

「老成」二字之用，另有其義，非在説詩，與楊慎的理解，又不
相同。

二、後人取用「凌雲健筆意縱橫」的情況

杜句「凌雲健筆意縱橫」，意重在「筆」與「意」兩字，「凌
雲」與「健」形容「筆」，「縱橫」則形容「意」。當然，也可以
理解爲「凌雲」與「縱橫」具形容「意」。「凌雲」具「超越」，
「健」具「剛勁」、「有力」，而「縱橫」寓「自由」、「不受拘束」、
「豪邁」等之意。

後世取用杜甫此句者，或以「凌雲」與「健」形容「筆」，

例如：柯振嶽《論詩》：「左思健筆欲凌雲。」（注 37）以「欲凌雲」稱許左思之健筆，同詩也贊揚郭璞詩之超凡出衆。詩云：

> 「左思健筆欲凌雲，郭璞幽情迥出群。《詠史》、《游仙》俱卓越，雖無古意也高文。」

許愈初《論詩絕句》云：「健筆凌雲膽氣粗。」（注 38）表示韓愈不但有着「凌雲」之「健筆」，且「膽氣粗」，以《石鼓》、《南山》開創詩壇生面。全詩爲：

> 「凌雲健筆膽氣粗，昌黎骨格古今無。模糊《石鼓》開生面，崛兀《南山》展畫圖。」

黃小魯《楚北論詩詩》云：「健筆凌雲老更清。」（注 39）表示庾信有「凌雲」之「健筆」，故老而更清。詩之前兩句爲：

> 「白頭開府久知名，健筆凌雲老更清。」

或只以「凌雲」形容「筆」。如陳融《讀嶺南人詩絕句》云：「梅村、芝麓凌雲筆。」（注 40）意在贊美易訓具有吳偉業與龔鼎孳之氣勢「凌雲」之筆調。詩云：

> 「今古才人孰後先，所爭浩氣在當前。梅村、芝麓凌雲筆，荏弱隨風總可憐。」

或以「縱橫」形容「意」，例如錢曾（1629－1701）《論詩》云：「一條枯竹意縱橫。」（注 41）。全詩爲：

> 「瓶鉢垂垂抖擻行，一條枯竹意縱橫。阿師偷得金椎子，鑿破天公萬古情。」

不過作這用法時，許多論者常易「意」字爲「氣」字，例如謝啓昆《論元詩絕句七十首》云：「健兒百戰氣縱橫。」（注 42）以「縱橫」形容「氣」，用「百戰氣縱橫」之「健兒」來稱贊楊載。全詩爲：

> 「長坂飛騰駿馬行，健兒百戰氣縱橫。同時句法傳文靖，

望月宗陽第一聲。」

陸學欽《題琢詩圖爲沈二》云：「隱侯才調氣縱橫。」（注43）也
是如此，但以「才調氣縱橫」來稱贊沈約。全詩爲：

> 「隱侯才調氣縱橫，險韵長篇打鉢成。怪底近來詩律細，
> 小窗時有捶琴聲。」

夏葆彝《論湖北詩絶句二十首轉論湖北詩家流寓不與》云：「霸
氣縱橫總不羈。」（注44）以「縱橫」言「霸氣」，來説明陸機爲
之所誤。全詩爲：

> 「霸氣縱橫總不戰，白茅堂内太音希。獨存蓁楛無人翦，
> 畢竟才多誤陸機。」

蔡環輴《偶成》：云「荔裳不獨氣縱橫。」（注45）也是以「縱橫」
形容「氣」，此詩在言宋琬氣縱橫以外之成就。全詩爲：

> 「北宋南施有定評，荔裳不獨氣縱橫。君看詔獄詩中意，
> 變《雅》何曾怨誹生。」

方履籛（1790－1831）《偶與外甥幼心先生論詩泛及近人篇什因
作絶句六首》亦云：「周郎、陸弟氣縱橫。」（注46）
以「縱橫」形容周伯腴與陸祁生作品之氣勢。詩前兩句爲：

> 「料得前賢畏後生，周郎、陸弟氣縱橫。」

王楷《讀張船山先生詩稿》云：「古風惜少氣縱橫。」（注47）則
以張問陶近體空靈，而古風卻缺乏縱橫之氣論評他的作品。全詩
爲：

> 「近體空靈小得名，古風惜少氣縱橫。分明欲學隨園派，
> 不學隨園是矯情。」

吳嵩梁（1766－1834）《余有山水癖念昔賢多同調者輒紀以詩》：
「健筆鬱蟠龍虎氣。」（注48）贊許王安石詩作所呈現的龍虎氣。
全詩爲：

> 「嶺雲江月句誰能？一代雄才宦廢興。健筆鬱蟠龍虎氣，
> 看山只合住金陵。」

張晉《仿元遺山論詩絕句六十首》：「逸氣縱橫筆力高。」(注 49)
以「縱橫」形容「逸氣」，以「高」形容「筆力」，并以此來贊頌
鮑照的詩歌成就。全詩爲：

> 「逸氣縱橫筆力高，定推明遠是詩豪。黃河一瀉能千里，
> 比似胸中萬斛濤。」

張之傑《讀明詩五十二首》：「滄溟傑出氣縱橫。」(注 50) 以「氣
縱橫」來表示李攀龍的傑出表現。詩中也對他的詩作的構思與音
律給予高度的評價。全詩爲：

> 「滄溟傑出氣縱橫，構思深微造語精。五色龍章八音鳳，
> 鏗鏘開合有權衡。」

方廷楷《習靜齋論詩絕句》：「縱橫才氣似蘇、韓。」(注 51) 以
「縱橫」形容鄭方坤的「才氣」有如蘇軾與韓愈。詩中也贊同鄭
氏對嚴羽詩論的批評。全詩爲：

> 「縱橫才氣似蘇、韓，力辟滄浪論不刊。只爲烟霞拋手版，
> 詩人豈合老粗官。」

毛國翰（1772－1846）《暇日偶閱近人詩各繫一絕》亦云：「船山
才氣老縱橫。」(注 52) 以「老」以及「縱橫」形容張問陶的「才
氣」。全詩爲：

> 「船山才氣老縱橫，傳播西川最有名。萬里峽江分別派，
> 沱潛秋泛一泓清。」

吳仰賢（1821－1887）《偶論滇南詩》云：「髯翁才氣劇縱橫。」
(注 53)「劇縱橫」形容雲南布衣詩人孫髯翁的「才氣」。全詩爲：

> 「鐵版銅琶鞉鞈聲，髯翁才氣劇縱橫。樓頭一百八十字，
> 黃鶴留題萬古名。」

朱庭珍《論詩》云:「才筆縱橫氣萬千。」(注54)也「縱橫」形
容李白之才筆與氣勢,詩中也對後人不從精思脆節處學習李白
詩,而一味競學其豪情處,表示不滿。全詩爲:

> 「才筆縱橫氣萬千,絳雲舒卷妙天然。精思脆節無人會,
> 競騁豪情學謫仙。」

朱氏在同一組詩絕句中又云:「奇氣縱橫各擅長。」(注55)言毘
陵、黃景仁、洪亮吉等四人奇氣縱橫,各有所長,詩中也表示其
中以黃景仁最能繼承李白。全詩爲:

> 「奇氣縱橫各擅長,毘陵四子顧、洪、楊。漫推仲則才如
> 海,嗣響青蓮説《兩當》。」

姚福均《書各家詩集後》云:「縱橫揮灑氣無雙。」(注56)亦用
「縱橫」贊趙雲菘無雙之氣勢。詩云:

> 「縱橫揮灑氣無雙,百斛龍文健筆扛。儻用研京煉都意,
> 誰人敢道打油腔?」

馮繼聰《論唐詩絕句》云:「寫來俠氣任縱橫。」(注57)稱贊李
白創作時之氣勢。詩云:

> 「流觀三首《少年行》,手把金杯馬上傾。侍獵長楊茂陵
> 道,寫來俠氣任縱橫。」

陳芸《小黛軒論詩詩》云:「縱橫古體氣披猖。」(注58)言王瑤
湘之古體詩氣勢不如陳廣遜之縱橫。全詩爲:

> 「《逍遙樓稿》記瑤湘,《茉莉》吟成筆亦香。輸與《靜齋》
> 陳廣遜,縱橫古體氣披猖。」

詩後有注云:

> 「王瑤湘,自稱逍遙道士,番禺人。著有《逍遙樓詩》。
> 《咏茉莉》云:美人倚西園,馨香皎如雪。清風吹翠袖,
> 微明映疏月。陳廣遜,字素恭,順德人。著《靜齋小集》。

其古體筆力縱橫排奡，力掃閨房兒女態度。」

　　然而有不少論者則將「縱橫」與「健筆」結合起來論述。
如：葉紹本之《仿遺山論詩得絕句廿四首》云：「弇州健筆亦縱
橫。」（注59）以「縱橫」言王世貞之「健筆」。詩中亦規勸人們
切勿聽信錢謙益對王、李之批評。全詩爲：

　　　「白雪樓高氣自清，弇州健筆亦縱橫。憑君莫信虞山語，
　　　浪子前朝本竊名。」

李玉州以「縱橫」言蘇軾之「健筆」，并認爲可以直逼杜甫。《與
張支百研江話隨筆九首》云：「健筆縱橫逼少陵。」（注60）全詩
爲：

　　　「天才英麗宜供奉，健筆縱橫逼少陵。二百年間數詩格，
　　　眉山靈氣絕稜層。」

錢鈞伯《題劍南集後》云：「可憐健筆太縱橫。」（注61）以「縱
橫」與「健」惋惜陸游《南園記》之寫作。全詩爲：

　　　「平生有志掃幽、并，白首還談紙上兵。辛苦《南園》退
　　　休記，可憐健筆太縱橫。」

邵堂《論詩六十首》：「步兵健筆縱橫甚。」（注62）則稱贊阮籍的
「健筆」極爲「縱橫」。詩中也對他的磊落心胸與不辛遭遇表示極
大的同情。全詩爲：

　　　「步兵健筆縱橫甚，磊落光明天地間。萬古傷心同一哭，
　　　聲聲孤鶴唳空山。」

宮爾鐸《讀元遺山王漁洋論詩絕句愛其文詞之工惜其所言尚非第
一義漫成此首以質知音》云：「縱橫健筆老尤奇。」（注63）盛贊
蘇軾之「縱橫」「健筆」。全詩爲：

　　　「儋耳歸來兩鬢絲，縱橫健筆老尤奇。心同孤月明天表，
　　　一任浮雲過眼馳。」

　　或將「縱橫」與單一「筆」字結合起來，以「縱橫」來形容「筆」。如：斌良（1784－1847）《自題詩稿》云：「筆陣縱橫尚性靈。」(注64) 以「縱橫」形容「筆陣」，來批評西崑體之過於講求典故，認爲詩的創作除了須有「縱橫」之「筆」外，亦須重視性靈。全詩爲：

> 「西崑獺祭太零星，筆陣縱橫尚性靈。天籟究於人籟別，
> 虛窗梧竹滿清聽。」

查揆（1770－1834）《論詩絕句十二首寄琴隖》：「縱橫筆陣圖中見。」(注65) 亦強調在寫作上「筆陣」「縱橫」抒發性情的重要性。全詩爲：

> 「漫道空靈是性情，古人書亦性情生。縱橫筆陣圖中見，
> 韓信能將十萬兵。」

戴復古（1167－？）《昭武太守王子文日與李賈嚴羽共觀前輩一兩家詩及晚唐詩因有論詩十絕子文見之謂無甚高論亦可作詩家小學須知》云：「筆端有力任縱橫。」(注66) 贊許意匠如神與筆力縱橫的作品，而反對隨人後行的創作態度。詩云：

> 「意匠如神變化生，筆端有力任縱橫。須教自我胸中出，
> 切忌隨人腳後行。」

張玉穀《論古詩四十首》云：「驚人尤仗筆縱橫。」(注67) 言詩作要達致驚人的境界，其中一項因素在必須有縱橫之筆勢。詩中并以左思之《詠史》説明此點。全詩爲：

> 「論古須參己性情，驚人尤仗筆縱橫。太冲《詠史》眞觀
> 止，説與袁宏莫浪爭。」

陳經禮《偶論宋詩十絕句》：「詩筆縱橫納海潮。」(注68) 用「納海潮」來形容楊萬里「縱橫」之「詩筆」。全詩爲：

> 「誠齋清節迥岧嶤，詩筆縱橫納海潮。苦學謫仙流率易，

終餘俊語壓尤、蕭。」

林昌彝《論本朝人詩一百五首》云:「落筆縱橫風雨驚。」(注69)
用「風雨驚」來形容劉大櫆寫作文章「縱橫」「落筆」之勢。詩
云:

> 「落筆縱橫風雨驚,文名重處掩詩名。淡烟涼月皆吟思,
> 短句錚錚接步兵。」

詩後有注云:

> 「海峰古文喜學莊子,尤力追昌黎,五言詩蓋多可味。」

虞銘《論六朝人詩絕句仿遺山體》:「江山驅遣筆縱橫。」(注70)
贊揚袁淑與陸凱以「縱橫」之「筆」「驅遣江山」。全詩爲:

> 「曠達豪雄命世英,江山驅遣筆縱橫。好將古意寄深意,
> 不著描摹失性情。」

沈景修(1835－1899)《讀國朝詩集一百首》云:「天真爛漫筆縱
橫。」(注71)贊揚鄭燮能以「縱橫」之「筆」寫「天真爛漫」之
情。全詩爲:

> 「天真爛漫筆縱橫,不避人呼怪誕名。最愛衡齋《題竹》
> 句,民間疾苦總關情。」

而蕭重《偶檢案頭國朝名人集及今人詩箋各題一截自竹泉觀察以
下則又兼懷人矣》云:「老筆縱橫乃擅場。」(注72)贊李介夫
「縱橫」之「老筆」,詩中也對他天不假年,致所成只能「升堂」,
不能「入室」,表示惋惜。詩云:

> 「讀書萬卷行萬里,老筆縱橫乃擅場。可惜者年天不假,
> 未能入室僅升堂。」

孫雄(1866－1923)《論詩絕句》:「高華爽朗筆縱橫。」(注73)
孫雄以潘耒批評申涵盼作品「高華爽朗」之語,來形容申氏「縱
橫」之「筆」。

全詩爲：

> 「高華爽朗筆縱橫，遠上黃河遜此聲。北行西涯融兩派，
> 清初樂府有長城。」

詩後有注云：

> 「集中《從軍行》云：雄師十萬發潼關，沙漠能蒼壯士顏。
> 鑄就寒衣渾鐵甲，滿天風雪賀蘭山。竹垞評云：使旗亭女
> 郎見此，必不歌黃河遠上一詩矣。潘次耕云：樂府至成、
> 宏間分爲二派，西涯別出機抒，多雜議論；北地規模古
> 調，少露性靈；均非正始遺音，作者多相沿襲。鷗盟所
> 作，爽朗高華，天骨獨秀，而淵源鐃吹，出入鮑、李，卓
> 然自成一家，可謂獨洗前人之陋。」

尹嘉年《論國朝人仿遺山體》云：「思筆縱橫格律新。」(注74)
贊美湯右曾之「縱橫」的「思」與「筆」，認爲其才情可與李東
陽比美。全詩爲：

> 「思筆縱橫格律新，西崖才大有誰倫？浙中詩派從誰溯？
> 長水而還第一人。」

元好問《論詩三十首》云：「縱橫詩筆見高情。」(注75) 贊揚阮
籍以「縱橫」之「詩筆」寫其胸中高尚之情懷。全詩爲：

> 「縱橫詩筆見高情，何物能澆塊壘平。老阮不狂誰會得，
> 出門一笑大江橫。」

梁梅《論詩絶句》云：「探花才筆亦縱橫。」(注76) 贊揚《武溪
集》與《文溪集》中之作品，表現了作者的才筆縱橫。詩云：

> 「諫草余公最有名，探花才筆亦縱橫。《武溪集》與《文溪
> 集》，同學歐、梅各老成。」

也有論者以「縱橫」及「凌雲」來形容「筆」者，這又是基
於杜句「凌雲健筆意縱橫」的變化而成。元好問《論詩三十首》

云:「縱橫正有凌雲筆。」(注 77) 就是如此。詩云:

> 「窘步相仍死不前,唱酬無復見前賢。縱橫正有凌雲筆,
> 俯仰隨人亦可憐。」

要求詩人必須具有「縱橫」之「凌雲」「筆」,同時也極力諷刺那
些「窘步相仍」,「俯仰隨人」之「死不前」的作者。

論者或以「縱橫」論詩思,如:司空圖((837-908)《偶詩
五首》云:「牡丹屬思亦縱橫。」(注 78) 贊揚李山甫寫牡丹「縱
橫」之詩思。詩云:

> 「芙蓉匳客空留怨,芍藥詩家只寄情。誰似天才李山甫,
> 牡丹屬思亦縱橫。」

或以「縱橫」形容作品之力道,如:趙蕃《見梁檢法書懷七絕句
于廣文處次韵并屬》:「文力縱橫昔未窺。」(注 79) 贊賞梁檢法、
于廣文二君文章之力道,稱爲前所未見。全詩爲:

> 「文力縱橫昔未窺,每聞二子說襟期。來朝借得新詩卷,
> 起我閑窗病酒時。」

楊恩壽 (1837-?)《客有謂予近詩不如舊作者拈此奉答》:「异想
恢復隘九垓。」(注 80) 也以「縱橫」言其詩思。全詩爲:

> 「异想縱橫隘九垓,濫觴原自楚騷開。細參古錦囊中句,
> 未必仙才勝鬼才。」

陳融《讀嶺南人詩絕句》云:「神思力量縱橫際。」(注 81) 盛贊
王㻛詩思發揮時之縱橫情況。詩云:

> 「秋氣誰先先與云,鋼峰爲筆筆千鈞。神思力量縱橫際,
> 膠漆天人未見分。」

或以「縱橫」形容在詩壇馳騁的情形。如段成式《哭李群玉》
云:縱橫唐突世喧喧。」(注 82) 懷念李群玉在當時詩壇活躍的情
況。詩云:

> 「酒裏詩中三十年，縱橫唐突世喧喧。明時不作禰衡死，
> 傲盡公卿歸九泉。」

或以「縱橫」形容詩歌創作及所呈現之風格或氣勢，如吳祖修
《評點元遺山詩竟題其後》云：「捭闔縱橫氣象豪。」（注83）以
「縱橫」形容《離騷》之詩思與詩風。全詩爲：

> 「東周禮樂燼鴻毛，捭闔縱橫氣象豪。十五《國風》長已
> 矣，後人能不重《離騷》。」

方廷楷《習靜齋論詩百絕句》云：

> 「苕生奇崛簡齋清，甌北縱橫亦抗衡。」（注84）

言趙翼詩作風格之「縱橫」，可與袁枚之詩作風格「清」與蔣士
銓詩作風格之「奇崛」抗衡。沈兆朓（1786－1877）《濟南旅舍
讀山左諸家詩各題一絕凡十四首》云：「縱橫排戛遜山薑。」（注
85）言在詩作縱橫氣勢上，王士禎不如田同之。詩云：

> 「尊唐不肯薄蘇、黃，壇坫新城與頡頏。麗句清詞工潤飾，
> 縱橫排戛遜山薑。」

或以「縱橫」形容詩人的才力或氣魄，如：傅玉書《論詩十二
首》云：「若論才力縱橫處。」（注86）全詩爲：

> 「壇坫當時有繹堂，時看秀朗似王、楊。若論才力縱橫處，
> 虎脊龍文未易方。」

以「虎脊龍文」都不能概括繹堂「縱橫」之「才力」。「縱橫」於
此即形容繹堂之才力。吳應奎《讀明人詩戲效遺山論詩絕句三十
五首》云：「青邱才調最縱橫。」（注87）以「縱橫」言高啓之
「才調」，并以此强調高啓詩作在明初四傑高啓、張羽、楊基、徐
賁之中，以高氏最爲傑出。詩之前兩句爲：

> 「四傑由來舊擅名，青邱才調最縱橫。」

王庚言《論詩十首》亦云：「嘉州才調更縱橫。」（注88）用「縱

橫」形容岑參送行「悲歌」之「才調」。全詩爲：

> 「擊築悲歌送遠行，嘉州才調更縱橫。只緣佐幕輪臺下，
> 聽遍哀笳出塞聲。」

張之傑《讀明人詩五十二首》云：「浚川才氣本縱橫。」（注89）
以王廷相才氣縱橫，早已有名，而詫异李夢陽言當時詩人，從不
提及王氏。全詩爲：

> 「浚川才氣本縱橫，海内談詩早有名。底事空同敍詩伯，
> 曾無一語及先生？」

或以「縱橫」形容詩人的才思，如：金葆楨《北雅樓論詩新咏》：
「蕭山才思自縱橫。」（注90）贊美毛西河「縱橫」的才思。全詩
爲：

> 「鵝鴨春江苦辯爭，蕭山才思自縱橫。曾聞即席《明河
> 賦》，莫信詩多獺祭成。」

或以「縱橫」形容讀書或讀詩的態度，如：汪由敦（1692－
1758）《題蘇詩後》云：「縱橫萬卷讀殘書。」（注91）叙述作者漫
讀古書的情形。詩之前兩句爲：

> 「逸氣何心獺祭魚？縱橫萬卷讀殘書。」

錢世錫（1733－1795）《論宋人絕句十二首和陳檢齋司馬》：「縱
橫試讀《昔游》詩。」（注92）言他閱讀姜夔《昔游》詩的情況。
全詩爲：

> 「鈞璜英氣銳偏師，合古無妨與古離。不獨春風妙詞筆，
> 縱橫試讀《昔游》詩。」

詩後有注云：

> 「余酷愛姜白石《昔游》詩，如風掠水，縱橫自然，眞大
> 家數也。白石自作詩序，論與古離合之際極精。鈞璜精氣
> 橫白蜺，誠齋《贈白石》句。」

或以「縱橫」形容詩人吟詩或題詩的情景。如釋齊己《偶題》
云：「野吟無主若縱橫。」（注93）言他無拘無束吟詩作詩的情景。
詩云：

> 「時事懶言多忌諱，野吟無主若縱橫。君看三百篇章首，
> 何處分明著姓名。」

元好問《論詩三十首》云：「縱橫誰似玉川盧。」（注94）寫盧同
寫詩時縱橫揮筆的情景。全詩爲：

> 「萬古文章有坦途，縱橫誰似玉川盧？眞書不入今人眼，
> 兒輩從教鬼畫符。」

彭蘊章（1792－1862）《題元人詩十二首》之後兩句亦云：

> 「題畫千秋留翰墨，縱橫米老醉吟時。」（注95）

或以「縱橫」形容詩人之博辨與議論。郭曾炘《雜題國朝諸名家
詩集後》云：「西河博辯近縱橫。」（注96）批評毛奇齡（1623－
1716）之好辨，破壞後代詩風。全詩爲：

> 「西河博辨近縱橫，發覆難逃甫上評。排斥蘇詩容有說，
> 區區鵝鴨又何爭？」

詩後有注云：

> 「西河學術人品，經謝山論定。何願船嘗取其全集細覈生
> 平，亦主全說。乾、嘉以後文士矜狂之習，實自西河開
> 之。」

潘曾綏（1810－1883）《感舊詩》云：「議論縱橫不可當。」（注
97）即稱贊湯海秋酒酣下筆時議論縱橫之勢。全詩爲：

> 「酒酣下筆吐光芒，議論縱橫不可當。托興每關忠孝事，
> 金聲劍氣共軒昂。」

謝啓昆《論明詩絕句九十六首》云：「瓊臺指畫論縱橫。」（注98）
言邱濬之議論縱橫。詩云：

> 「瓊臺指畫論縱橫，面折投冠太不情。舊侶看花未忘卻，
> 吳山粵水紀歌行。」

或以「縱橫」形容詩人之筆調變化，如張之傑《讀明詩五十二
首》云：「縱橫變化渺無窮。」(注99) 贊李夢陽之筆調氣勢雄豪，
縱橫變化無窮。詩云：

> 「一朝宗匠李空同，掃盡浮華復古風。鵬翻摩天龍戲海，
> 縱橫變化渺無窮。」

或以「縱橫」言詩人之善學古人之作。楊夢信《題亞愚江浙紀行
集句詩》云：

> 「胸中歷歷古人詩，妙用縱橫自一機。管得杜、韓驚且泣，
> 斕斑要作百家衣。」(注100)

或以「縱橫」形容詩論者發揮豐富詩學的狀況。姚瑩《論詩絕句
六十首》云：「牙籤玉軸本縱橫。」(注101) 寫胡應麟之詩學豐富
的狀況。詩中并批評世人只會批評前輩，然而沒有人能象胡氏那
樣具有豐富的學識。全詩爲：

> 「元瑞談詩富亦精，牙籤玉軸本縱橫。世人總合論前輩，
> 誰向齋頭擁百城？」

或以「縱橫」形容「墨」。如謝啓昆《讀全宋詩仿元遺山論詩絕
句二百首》云：

> 「烟江疊嶂墨縱橫，。」(注102)

或以「縱橫」形容「泪」。如姚瑩《偶成》云：

> 「湘娥一夕泪縱橫。」(注103)

或以「縱橫」形容投筆從戎的豪氣，如馮繼聰《論唐詩絕句》贊
魏征云：

> 「縱橫投筆事戎軒。」(注104)

或以「縱橫」形容詩人之氣節，如戴森《論詩絕句》言杜牧云：

「誰令奇節縱橫士?」(注 105)

也有論者取用杜句中之「凌」與「健筆」來論述前人者, 例如馮繼聰《論唐詩絕句》贊劉言史詩云:「最憐健筆凌鸚鵡。」(注 106) 贊劉氏之「凌鸚鵡」之健筆。全詩爲:

「恢贍詩篇未許磨, 嘗從騎射踏青莎。最憐健筆凌鸚鵡, 馬上曾爲《射鴨歌》。」

而單用一個「健」字以形容筆力的也不少, 如: 吳騏《書李舒章詩後》云:「庾信文章真健筆。」(注 107) 贊美庾信文章「筆健」。全詩爲:

「胡笳曲就聲多怨, 破鏡詩成意自慚。庾信文章眞健筆, 可憐江北望江南。」

袁枚 (1716－1797)《仿元遺山論詩》云:「書巢健筆頗稜嶒。」(注 108) 贊許胡書巢入蜀詩之「稜嶒」健筆。全詩爲:

「書巢健筆頗稜嶒, 入蜀詩多近少陵。揮盡拏金留底物? 白頭一盞讀書燈。」

謝啓昆《論明詩絕句九十六首》:「咳吐元音健筆扛。」(注 109) 言唐順之作品風格之雄豪。全詩爲:

「薦牘何妨出甬江, 蛟門破浪海鯨降。六編儒稗兼通貫, 咳吐元音健筆扛。」

謝啓昆在他的各種論詩絕句組詩中有好幾次用及「健筆」一詞, 其中有兩次用及「健筆扛」。《讀中州集仿元遺山論詩絕句六十首》贊王云南詩云:

「只有彌明健筆扛。」(注 110)

《論明詩絕句九十六首》贊唐順之作品云:

「咳吐元音健筆扛。」(注 111)

另一處單用「健筆」一詞。《論元詩七十首》贊周霆震詩云:

「健筆高歌屬石田。」(注 112)

張晉《仿元遺山論詩絕句六十首》云:「健筆雄才接混茫。」(注 113) 贊美王午亭之作品,才雄筆健。詩之前兩句為:

> 「午亭遙比午橋莊,健筆雄才接混茫。」

黃培芳《論粵東詩十絕》云:「莫子龍文健筆扛。」(注 114) 以「健筆扛」贊揚莫宣卿之筆力。詩云:

> 「莫子龍文健筆扛,南人初數士無雙。更看風度三唐冠,璞玉渾金有曲江。」

邵堂《論詩六十首》:「崝嶸健筆昌黎伯。」(注 115) 贊許韓愈之健筆,而不滿陳師道對其以文為詩非詩之正道之評。詩云:

> 「崝嶸健筆昌黎伯,不解雌黃陳後山。此是五丁開鑿手,蠶叢鳥道幾人攀?」

同組詩絕句又評蘇軾詩作云:「健筆淋漓蘇學士。」(注 116) 贊蘇氏之健筆,而不滿他的參禪。詩云:

> 「健筆淋漓蘇學士,日月河嶽此天才。如何耳食參禪悅,強說華嚴法界來。」

袁翼 (1789－1863)《論金詩》表示:「付與屏山健筆扛。」(注 117) 言韓愈健筆對屏山的影響。詩云:

> 「推之百斛龍文富,付與屏山健筆扛。不許詩人再開口,中州豪傑古無雙。」

梁梅《論詩絕句》云:「健筆原推正始音。」(注 118) 贊揚歐大任與梁辰魚以「健筆」展示「正始音」。全詩為:

> 「瑤石歐、梁各擅吟,《五懷》賦罷社重尋。怪他歷下深傾倒,健筆原推正始音。」

張鴻基《論本朝各家詩二十首》:「獨闢町畦揮健筆。」(注 119) 贊揚趙執信之能以「健筆」開闢獨特的蹊徑。全詩為:

> 「寒鴉古木石崚嶒，一片清蒼望里增。獨闢町畦回健筆，
> 詩中秋谷畫青藤。」

同組詩亦贊揚袁枚云：「健筆似公原作者。」（注120）以袁枚筆健，難以所提倡之性靈概括之。詩云：

> 「秣陵秋色滿名園，曾向莓苔印屐痕。健筆似公原作者，
> 性靈兩字苦難言。」

張際亮（1799－1843）《星齋紅蕉館詩抄題詞》云：「云間健筆亦飛揚。」（注121）言明代王世貞與吳偉業屬曠代之才，此外，陳子龍（1607－1647）也「健筆」「飛揚」。詩的前兩句爲：

> 「曠代王、吳溯太倉，云間健筆亦飛揚。」

韓印（1804－1889）《論白門近日詩人戲仿元遺山》亦云：「秋翁健筆古無倫。」（注122）贊揚顧秋碧詩筆之健古無倫匹。全詩爲：

> 「彈指華嚴見性眞，秋翁健筆古無倫。瓣香願守然松閣，
> 一片韓陵許替人。」

林昌彝《論本朝人詩一百五首》：「聞說凌顏留健筆。」（注123）以具有好似鮑照凌越顏延之的健筆來贊賞鮑桂星的詩作。全詩爲：

> 「江湖淚滿窮途後，雨雪魂消欲別時。聞說凌顏留健筆，
> 秋墳聽唱鮑家詩。」

詩後有注云：

> 「鍾記室評明遠云：驅邁疾於顏延。陳葦仁先生贈覺生詩
> 有參軍健筆獨凌顏之句。」

同組詩亦云：「略拋健筆出真清。」（注124）言查慎行之詩作能拋弃健筆而出以真清。全詩爲：

> 「怕拾揚、劉但舒情，略拋健筆出眞清。後來袁、趙沿詩
> 派，可是前賢誤後生。」

同組詩又云：「摩空健筆染淋灕。」（注125）言胡天游駢偶之作，

健筆摩空，淋灘盡致。全詩爲：

> 「《文種銘》同《靈濟碑》，摩空健筆染淋灘。龍堂碧海高
> 文重，不獨詩歌絕代奇。」

詩後有注云：

> 「稚威雄於駢偶文，比之李文饒、權載之，無多讓焉。」

朱庭珍《論詩》云：「稚威健筆心餘匹。」(注126) 言胡天游詩作
之筆健，只有蔣士銓可與匹敵，袁枚與趙翼不能并稱一時。全詩
爲：

> 「七古縱橫樂府齊，豫章流派杜、韓詩。稚威健筆心餘匹，
> 袁、趙何堪并一時。」

蕭重《偶檢案頭國朝名人集及今人詩箋各題一截自竹泉觀察以下
則又兼懷人矣》云：「更操健筆繼韓、蘇。」(注127) 言黃心齋具
有繼承韓愈、蘇軾之「健筆」。全詩爲：

> 「已聽循聲歌召、杜，更操健筆繼韓、蘇。故人尚有耽詩
> 癖，何日重張《主客圖》。」

方廷楷《習靜齋論詩百絕句》云：「健筆排空最擅場。」(注128)
贊揚何道生古詩之「健筆」。全詩爲：

> 「三晉風騷未盡荒，遺山而後更蓮洋。古詩我愛何蘭士，
> 健筆排空最擅場。」

許奉恩《蘭苕館論詩》亦云：「健筆摩空鶴在霄」(注129) 稱贊許
渾之「健筆」。全詩爲：

> 「吾宗丁卯舊名橋，健筆摩空鶴在霄。楨觸《金陵懷古》
> 句，高低禾黍弔南朝。」

馮煦（1843－1927）《論六朝詩絕句仿元遺山體》：「東海參軍詩
筆健。」(注130) 以「健」贊揚鮑照詩作，特別是他的七言作品，
并認爲鮑氏之《行路難》，遠非顏延之所能及。全詩爲：

> 「東海參軍詩筆健，七言風骨更高寒。鏤金錯采顏光祿，
> 豈復能歌《行路難》。」

宮爾鐸《讀元遺山王漁洋論詩絕句愛其文詞之工惜其所言尚非第
一義漫成此首以質知音》云：「健筆能空障眼塵。」(注131)「健」
用來稱贊元好問之詩筆。詩云：

> 「健筆能空障眼塵，遺山未忍作元臣。能教風雅增顏色，
> 不獨篇章配古人。」

章鶴齡《讀布衣諸老詩各書一絕》亦云：「清思健筆含風雅。」
(注132) 表示他心折鮑皋，在其詩作思清筆健，具有風雅的傳
統。全詩爲：

> 「不假簪纓品概存，騷壇原讓布衣尊。清思健筆含風雅，
> 心折南徐鮑海門。」

李慈銘（1828－1894）《論詩絕句四首》：「北江健筆有餘妍。」
(注133) 盛贊洪亮吉之健筆，但詩中也惋惜其詩作未脫傖父氣。
詩云：

> 「北江健筆有餘妍，憶舊風情詎忍刪。只惜未除傖父氣，
> 平生多事友船山。」

張祥河（1785－1862）《論楚詩十二首》：「石淙詩健燕泉深。」
(注134) 舉岳州與彬州兩詩人，稱贊楊一清詩健、何孟春詩深。
全詩爲：

> 「岳州彬州兩賞音，石淙詩健燕泉深。不與西涯角壇坫，
> 未能忘是濟時心。」

黃維申《論詩絕句》云：「健筆力排柔靡習。」(注135) 稱贊杜牧
以「健筆」力排柔靡之詩風，并以他的詩作高於李商隱。全詩
爲：

> 「蕭郎白馬遠參軍，落日樊川弔紫云。健筆力排柔靡習，

宏農那似杜司勛。」

林思進《論蜀詩絕句》云：「黃河詩筆健何如?」(注136) 贊揚費
錫琮之健筆。全詩爲：

> 「黃河詩筆健何如? 白鶴樓空想舊居。但説五言家學在，
> 一時傾倒沈尚書。」

袁嘉穀《春日下畹小飲薄醉尚論古詩人漫成十二首》云：「東坡
健筆挽千鈞。」(注137) 贊許蘇軾之筆力，并言只有黃庭堅才足
繼承其衣鉢。詩云：

> 「東坡健筆挽千鈞，獨有涪翁許及門。尤愛斯人玉無玷，
> 儒林循史亦忠臣。」

也有論者將「健筆」分置於前後兩句來形容詩人之創作者，
如何一碧《論詩》以「摩天巨刃健於龍，七言自有昌黎筆」(注
138) 來稱贊韓愈的七言作的筆力。詩云：

> 「萬岫中間特起峰，摩天巨刃健於龍。七言自有昌黎筆，
> 排奡盤空立大宗。」

或單用一個「縱」字以形容詩運用詩筆創作的，如錢謙益《姚叔
祥過明發堂論近代詞人戲作絕句十六首》云：「當宴縱筆曹能
始。」(注139) 贊揚曹學佺能夠當筵「縱筆」創作的才華，并借此
贊頌曹學佺與尹伸對閩、蜀兩地詩壇的貢獻。全詩爲：

> 「當筵縱筆曹能始，簾閣焚香尹子求。蜀道閩山難接席，
> 眼中二老幷風流。」

吳德旋 (1767－1840)《雜著示及門諸子》亦云：「餘事何妨縱筆
成。」(注140) 言韓愈本以詩作爲餘事，只是「縱筆」寫成，原不
擬以詩名，并反對孫鑛對韓氏的批評。全詩爲：

> 「退之《琴操》邁西京，餘事何妨縱筆成。爲遣誰人語孫
> 子，大儒原不以詩名。」

詩後有注云：

> 「明孫鑛云：退之於詩本無所得，宋人目爲大家，直是勢
> 力他耳。近時名人亦多有此説。」

　　或單用一個「橫」字以形容詩「筆」，如胡煥《論西江詩派
絕句十五首》之一云：「南豐才筆九州橫。」（注141）以一「橫」
字稱贊曾鞏詩作「才筆」，并突出與蘇軾對曾氏詩的不同看法。
全詩爲：

> 「南豐才筆九州橫，坡語流傳欠定評。莫謂贛人情韵減，
> 略嫌文字掩詩名。」

詩後有注云：

> 「東坡語少游曰：子固詩少韵致，惜爲文所掩耳。趙甌北
> 亦曰：廬山合似西江人，大抵少肉多骨筋。」

林楓《論詩仿元遺山體》云：「卓絕迦陵彩筆橫。」（注142）以
「橫」字贊揚陳維崧之「彩筆」。詩云：

> 「馬周五十始功名，卓絕迦陵彩筆橫。一卷琤琤《湖海
> 集》，反將駢儷掩生平。」

　　也有單用「縱橫」一詞，或形容詩人的創作的運作，或形容詩人
議論的發揮的，如：楊夢信《題亞愚江浙紀行集句詩》云：「妙
用縱橫自一機。」（注143）以詩妙在縱橫運用胸中詩興，不須多
管杜、韓到底是驚還是泣。詩云：

> 「胸中歷歷古人詩，妙用縱橫自一機。管得杜、韓驚且泣，
> 斕斑要作百家衣。」

元好問《論詩三十首》：「縱橫誰似玉川盧？」（注144）以「縱橫」
贊揚盧同文章氣勢奔馳。全詩爲：

> 「萬古文章有坦途，縱橫誰似玉川盧。眞書不入今人眼，
> 兒輩從教鬼畫符。」

張之傑《讀明詩五十二首》云：「百出縱橫第一流。」(注 145) 贊
美高啓詩作之「百出縱橫」，「首開《大雅》」，可與唐初的燕國
公、許國公相比。詩云：

> 「百出縱橫第一流，首開《大雅》是青丘。若從唐代論詩
> 品，穠麗清新燕、許儔。」

張氏在同絕句組詩中云：「縱橫變化渺無窮。」(注 146) 以「縱橫」
之無窮「變化」稱贊李夢陽之作。全詩爲：

> 「一朝宗匠李空同，掃盡浮華復古風。鵬翮摩天龍戲海，
> 縱橫變化渺無窮？」

潘曾綬《感舊詩》：「議論縱橫不可當。」(注 147) 贊許湯海秋酒酣
創作時議論縱橫的氣勢也對他所寫的忠孝事迹表示高度的贊賞。
詩云：

> 「酒酣下筆吐光芒，議論縱橫不可當。托興每關忠孝事，
> 金聲劍氣共軒昂。」

而有些論者以「凌雲」形容「氣」字，如：張祥河《論楚詩
十二首》：「飄飄眞有氣凌雲。」(注 148) 以飄飄之凌雲氣來形容
車以遵的作品。全詩爲：

> 「初抗鍾、譚繼出群，飄飄眞有氣凌雲。高霞山上讀書處，
> 鄰女澆花中夜聞。」

毛國翰《暇日偶閱近人詩各繫一絕》亦云：「凌雲奇氣髣星星。」
(注 149) 贊計改亭之「奇氣」，也是作此用法。詩之前兩句爲：

> 「苦憶吳江計改亭，凌雲奇氣髣星星。」

而馬長海《效元遺山論詩絕句四十七首》云：「凌雲逸氣謫
仙人。」(注 150) 以「凌雲」與「逸氣」并贊揚李白。詩云：

> 「凌雲逸氣謫仙人，泚筆淋灕氣格新。秋水芙蓉去雕飾，
> 天然一語足傳神。」

有些論者以「凌雲」形容「語」字，如吳祖修《書黃戶部尤檢討詩》云：「凌雲天語誇榮遇。」（注 151）以「凌雲」盛讚尤侗作品的語言。詩云：

> 「近代誰追正始風？《酉陽雜俎》世云工。凌雲天語誇榮遇，今古詩家無此翁。」

孫鄂《岳村懷吳天章先生三絕》：「卻憐空有凌雲賦。」（注 152）以「凌雲」言吳天章的賦作。全詩爲：

> 「白首騎驢到上京，一時洛下最知名。卻憐空有凌雲賦，難得君王識長卿。」

其他用及「縱橫」一詞以形容或描述詩人與詩作與創作原則或創作時的狀況的，還有：元好問《論詩三十首》：「燈前山鬼淚縱橫。」（注 153）以「縱橫」寫屈原《九歌》中之「山鬼」之作所表露哀愁之淚。全詩爲：

> 「切切秋蟲萬古情，燈前山鬼淚縱橫。鑑湖春好無人賦，岸夾桃花錦浪生。」

謝啓昆《論明詩絕句九十六首》：「丹青餘事復縱橫。」（注 154）以「縱橫」表示文徵明在繪畫以外的詩歌創作情況。全詩爲：

> 「妙筆清詞傾一代，丹青餘事復縱橫。碧漪坊北人高臥，卷幔風來春水生。」

彭蘊章《題元人詩十二首》：「縱橫米老醉吟時。」（注 155）言米芾酒醉作畫「縱橫」的情景。全詩爲：

> 「蘭溪州判擅清詞，寒雨殘燈寄友詩。題畫千秋留翰墨，縱橫米老醉吟時。」

戴森《論詩絕句》：「誰令奇節縱橫士。」（注 156）用「奇節縱橫士」稱譽杜牧，但是憐惜他太早在「江湖落拓」，以致詩篇中滿是「傷別與傷春」。全詩爲：

「誰令奇節縱橫士，早作江湖落拓身。獨抱《罪言》揮涕
　　泪，卻來傷別與傷春。」

戴森在同論詩組詩中又云：「《更盛齋集》突縱橫。」(注 157) 以
「縱橫」形容黄亮吉的《更生齋集》。全詩爲：

「《坿鮚軒詩》嚴節制，《更生齋集》突縱橫。就中自有書
　　三昧，眞面廬山到眼明。」

陳書（1838－1905）《效少陵戲爲六絕句元韵》云：「先須體淨次
縱橫。」(注 159) 表示作詩無論是祖唐或宗宋，主要繫於詩體須
「淨」，詩筆須「縱橫」，并且指出這是杜甫對後學的一片苦心規
勸。全詩爲：

「禰宋宗唐止要成，先須體淨次縱橫。前賢苦心分明在，
　　敢信才難阻後生。」

　　有僅取杜詩「凌雲」一詞加以應用的，例如馮繼聰《論唐詩
絕句》云：「見説凌雲載酒游。」(注 159) 意在説明岑參行徑之瀟
灑，并説明岑氏面對不盡江山時之無窮情興。全詩爲：

「見説凌雲載酒游，青峰葳薛戴朱樓。放眼江山吟未盡，
　　眼看峨眉波上游。」

至於吳鎮（1723－1798）《戲跋集唐絕句》爲寫集句詩全用「凌
雲健筆意縱橫」句 (注 160)，那又是另一例。

三、後人取用「今人嗤點流傳賦」的情況

　　後人取用杜甫「今人嗤點流傳賦」者，變化不大。有沿用
「嗤點流傳」四字的，如：屈復《論詩絕句三十四首》云：《從他
嗤點流傳在。》(注 161) 以「嗤點流傳」來説明後人妄意批評六
朝詩，致使六朝詩的價值爲之淹没。全詩爲：

> 「江左風流事已遙，當時金粉尚魂消。從他嗤點流傳在，
> 畢竟何人見六朝。」

張九鏜《戲爲六絕句》云：「嗤點流傳是昔人。」（注162）有感於
江西詩派與孟郊、賈島之牛鬼蛇神詩習充斥於世，而言「嗤點流
傳是昔人。」全詩爲：

> 「共道西江火色新，寒郊瘦島步清塵。或看牛鬼蛇神出，
> 嗤點流傳是昔人。」

「嗤點流傳」在此卻具有正面之意義。

不過，多數論者只沿用「嗤點」二字以議論詩壇問題。如：
錢謙益《姚叔祥過明發堂論近代詞人戲作絕句十六首》：

> 「一代詞章孰建鑣？近從萬歷數今朝。挽回大雅還誰事？
> 嗤點前賢豈我曹。」（注163）

用「嗤點前賢」來指出從萬歷至當時，挽回大雅是眾人之事，而
申論嗤點前人并不應只是「我曹」的事。黄承吉（1771－1842）
《偶題滄浪詩話》則用「嗤點」二字表示他對錢謙益批評《滄浪
詩話》而稱譽王士禎，而王士禎反而高贊嚴羽之說的意見，從而
認爲由此可知錢、王二人詩見之深淺。詩云：

> 「虞山嗤點笑詩魔，彼自聲聞淺渡河。到得新城緣覺果，
> 賞心偏道愛君多。」（注164）

詩後有注云：

> 「牧齋極詆滄浪，以譽漁洋。而漁洋論詩乃云最喜《滄浪
> 詩話》，固知所造有淺深矣。」

張九鏜在另一首論詩絕句《又戲爲絕句效杜老》中表示：「他年
嗤點關何事？」（注165）對「健筆盤挐」的寫作手法給予肯定，并
認爲可以不理會他人的他年嗤點。「嗤點」二字表示後人之批評。
全詩爲：

「健筆盤挐不肯直，費人懸解是吾師。他年嗤點關何事？
且復相逢千載期。」

傅玉書《論詩十二首》云：

「藻躍滄溟鳳羽修，弇州雕鶚氣盤秋。今人好勝頻嗤點，
野雀寒鴉噪未休」（注166）

則盛贊後七子中的李攀龍與王世貞的文采與氣勢，而批評當時人
之因好勝而妄加嗤點，噪噪不休。吳應奎《讀明人詩戲效遺山論
詩絕句三十五首》中之一首云：

「門戶紛爭嘆未忘，問誰傾倒耦耕堂？竭來嗤點溪南老，
又見毘陵邵子湘。」（注167）

則感嘆當時門戶之爭紛紜，而邵長衡之嗤點李商隱詩作，又進入
這些紛正的行列。而一些論者則針對當時後人之胡亂批評前人之
作表示他們的不滿，也用「嗤點」一辭來表示他們的不平。沈德
潛《戲爲絕句》云：

「端明學士渭南伯，兩宋才華此獨優。後人嗤點太容易，
滄海何妨有橫流。」（注168）

抨擊後人之「嗤點」陸游詩。郭曾炘《雜題國朝諸名家詩集後》：

「宵燭依光等可憐，子湘只解笑松圓。壽陵故步何曾失，
嗤點還須畏前賢。」（注169）

則表示不滿後人之「嗤點」邵長蘅（1637-1693）。詩後有注云：

「邵青門之依漫堂，猶賢於程孟陽之托牧齋，後人以不滿
於宋，幷加詆毀。漫堂雖起貴介，頗能提倡風雅，開府吳
中，亦多政績可紀，青門詩格不高，然視《綿津集》亦未
多讓，何至於亦步亦趨耳食相沿，隨聲附和，竊所不取。
若其刪補施注，私心自用，則誠無可解說也。」

彭兆蓀《近日刊詩集者紛紛予心非之而友人中有許出資以佐費者

恐异日不能堅持初志料檢之餘漫題四詩於後》中也用「任人嗤點任人詼」(注 170) 來說明不理會人們批評的心態。詩云：

> 「便道詩工豈是才，任人嗤點任人詼。此中不作堅城守，敵騎何妨八面來。」

宮爾鐸《讀元遺山王漁洋論詩絕句愛其文詞之工惜其所言尚非第一義漫成此作以質知音》云：「嗤點譏評一任他。」(注 171) 這是宮氏在寫成上述論詩絕句組詩之後的感言，表示所寫的各首論詩絕句，是感謂「難已」之作，寫完之後就不理會他人的嗤評了。全詩爲：

> 「極目滔滔可奈何？滿腔熱血托嘔歌。憂虞感喟情難已，嗤點譏評一任他。」

陳衍 (1856－1937)《戲用上下平韵作論詩絕句三十首》云：「來樊榭遭嗤點。」(注 172) 用「嗤點」來表示屬鸝的作品遭受當時批評的情形。全詩爲：

> 「蘀石齋頭二千首，頗從詰屈見縱橫。竭來樊榭遭嗤點，敬禮遺文果定評。」

而用及單一個「嗤」字者尤其多，如：李必恒《論詩絕句十三首》云：「時人裂眼嗤奇字。」(注 173) 批評後人之知「嗤」《蕪城集》與《雄雉齋集》中之奇字，而未識前人之用心。詩云：

> 「二妙同時列禁林，覺堂一去失知音。時人裂眼嗤奇字，誰識陰、何苦用心。」

謝啓昆《論明詩絕句九十六首》：「少谷休嗤學少陵。」(注 174) 表示後人「休嗤」鄭善夫之學杜甫，從而贊美鄭氏之成就。全詩爲：

> 「盤空硬語自峻嶒，少谷休嗤學少陵。聞道河東車駕出，離宮拜賀涕沾膺。」

謝氏在《讀中州集仿元遺山論詩絕句六十首》云：「嗤他芍藥薔薇句。」（注175）稱讚王中立之詩作之超凡越俗，而嘲笑那些徒工於「芍藥薔薇」句者，只是花費工夫學婦人之作罷了。全詩爲：

> 「遮斷黃塵五百春，翛然云鶴認天眞。嗤他芍藥薔薇句，枉把工夫學婦人。」

謝氏在《讀全唐詩仿元遺山論詩絕句一百首》中亦云：「宮詞薄艷嗤承吉。」（注176）贊揚徐凝之妙語天然，又言他在宮詞上不滿黃承吉之薄艷。詩云：

> 「界破青山瀑布懸，與公妙語本天然。宮詞薄艷嗤承吉，村老吟花契樂天。」

徐以坤（1722－1792）《戲爲絕句》有句云：「獨嗤蒙叟愛松圓？」（注177）用「嗤」字嘲笑錢謙益之推崇程嘉燧。全詩爲：

> 「秀州一老腹便便，博物研經取次專。詩史一朝公論在，獨嗤蒙叟愛松園。」

張九鏞《戲爲六絕句》云：「何事近來嗤李、杜。」（注178）不滿當時人之學西崑體，而漫嗤李白、杜甫詩。全詩爲：

> 「便將帖括比詩論，仰見王、錢格律尊。何事近來嗤李、杜，破衣狂舞學西崑。」

孫星衍《游隨園贈袁太史》：「劉叉多謝世人嗤。」（注179）以此句感謝袁枚對其詩作之批評。詩云：

> 「愛士人猶似昔時，劉叉多謝世人嗤。卻懷知己生平語，無復才奇氣尚奇。」

張晉《仿元遺山論詩絕句六十首》云：「義山獺祭未容嗤。」（注180）表示李商隱之多用典故，有其特色，未容後人妄加嗤點。全詩爲：

> 「雪嶺松州聚亦奇，義山獺祭未容嗤。後人只愛緣情作，
> 誰解韓碑鑄偉詞。」

張詩在同一論詩組詩中又云：「談龍輕薄亦堪嗤。」（注 181）不滿
趙執信《談龍錄》之嗤點王士禎。全詩爲：

> 「路入蠶叢造語奇，《談龍》輕薄亦堪嗤。如何耳食紛紛
> 者，艷誦明湖《秋柳》詩？」

邵堂《論詩六十首》亦云：「廣微好事略堪嗤。」（注 182）批評束
廣微好事。詩云：

> 「廣微好事略堪嗤，陵黍陰蘭絕妙詞。爭說《補亡》追正
> 始，六篇仍是晉人詩。」

吳仰賢《論詩》云：「已嗤七子欠風流。」（注 183）批評後代詩人
只是讀過袁枚數首詩，就嗤點後七子。全詩爲：

> 「弇山、歷下亦千秋，後輩雌黃未肯休。解誦隨園詩幾首，
> 已嗤七子欠風流。」

廖鼎聲《補作論國朝人七十八首》亦云：「莫嗤郊、島原寒瘦。」
（注 184）以不要「嗤點」孟郊與賈島之詩風寒與瘦來表示對廖銘
祥詩句的肯定。全詩爲：

> 「群季汪洋總惠連，一官南徼老青氈。莫嗤郊、島原寒瘦，
> 綠雪紅冰句亦仙。」

許奉恩《蘭苕館論詩》云：「庶子多才人共嗤。」（注 185）世多嗤
點李益之多才，并表示在詩情深摯上，李益不如韓翃。全詩爲：

> 「庶子多才世共嗤，傷心鸚鵡喚人時。情深莫及韓員外，
> 終香章臺折柳枝。」

張佩綸（1848－1903）《論閨秀詩二十四首》：「元豐、元祐互相
嗤。」（注 186）言元豐與元祐期間主持文壇之王安石與蘇軾，相
互嗤點，作者在此詩中意在調和兩家。全詩爲：

> 「元豐、元祐互相嗤，壇坫王、蘇迭主持。願借同安春月
> 夜，無風無雨會西池。」

詩後有注云：

> 「北宋詩斷以半山、眉山爲兩大家。坡公黃州歸後，與荊
> 公有唱和，而荊公亦嘗和其義字韵。惜《辯姦論》出，兩
> 家竟不能通好耳。此詩姑作調人，亦余生平持論如此，非
> 僅爲閩人説法也。」

徐兆豐《題秦淮海集後》云：「女郎詩漫後人嗤。」（注 187）言秦
觀之「女郎詩」遭受後人譏評。全詩爲：

> 「國士名曾當代奉，女郎詩漫後人嗤。也應光焰分莘老，
> 覽社湖中月上時。」

黃小魯《楚北論詩詩》也用「漫嗤」來當時批評者學步不成，而
漫評他人作品的情況：「漫嗤鬼語唱秋墳。」（注 188）全詩爲：

> 「偏師何意下長城，摩壘誰從假冠軍？自爲壽陵難學步，
> 漫嗤鬼語唱秋墳。」

朱應庚《論詩三十首》云：「漫嗤長吉是嘔心。」（注 189）也用
「漫嗤」來批評當時譏評李賀詩者。全詩爲：

> 「終古《離騷》有嗣音，漫嗤長吉是嘔心。東風已遠衰蘭
> 晚，古劍懸空天爲陰。」

朱彭年《仿元遺山論詩絕句》：「詞繁意盡嗤坡老。」（注 190）贊同
毛大可嗤點蘇軾詩之詞繁意盡。全詩爲：

> 「經術湛深毛大可，獨將吟筆繼《風》、《騷》。詞繁意盡嗤
> 坡老，細味詩評思自高。」

徐繼畬（1795－1861）《題吳梅村詩集四首》云：「東門報怨嗤秋
谷。」（注 191）以「嗤秋谷」、「笑子才」爲例，批評後人之肆意詆
毀前人，并嘲笑這些批評者爲「撼樹蚍蜉」，不能寫出絕妙的篇

章。全詩爲：

> 「東門報怨嗤秋谷，南部爭強笑子才。撼樹蚍蜉空費力，
> 問誰彈指現樓臺。」

楊深秀《仿元遺山論詩絕句五十首》也說：「輕薄嗤人太詬囂。」
(注 192) 批評後人之肆意嗤點李商隱及溫庭筠，而認爲他們兩人
仍是千古功臣。詩云：

> 「輕薄嗤人太詬囂，《金荃》浮艷玉溪佻。千年論定功臣
> 在，顧秀野同程午橋。」

李遐齡《跋謂南集》也說：「晚謬曾嗤綺用乖。」(注 193) 批評後
人之妄意批評陸游，認爲如果陸氏不寫作《南園記》，其成就高
於楊萬里。全詩爲：

> 「晦翁道義久相濟，晚謬曾嗤綺用乖。若使南園休作記，
> 未須頭地讓誠齋。」

陳芸《小黛軒論詩詩》：「莫向蟬鳴嗤《小草》。」(注 194) 江瑞芝，
字天香。靜寧人。著有《蟬鳴小草》。陳氏於此乃謂勿批評江氏
《蟬鳴小草》之作。

四、後人取用「不覺前賢畏後生」的情況

後人在取用杜詩「不覺前賢畏後生」上，有種種不同的變
化。或直用杜甫詩句中「前賢畏後生」之語，如：屈復《論詩絕
句三十四首》：「從此前賢畏後生。」(注 195)，即用杜詩語批評鍾
惺與譚元春死後，錢謙益謾罵前人的文人相輕的情況。全詩爲：

> 「三代而還盡好名，文人自古善相輕。鍾譚死後虞山出，
> 從此前賢畏後生。」

彭光澧《論國朝人仿元遺山三十六首》云：「得不前賢畏後生。」

（注196），則用杜詩語比較杜氏的《石犀行》與馮大木的《鐵犀
行》，從而肯定後者的成就。全詩爲：

> 「《鐵犀行》比《石犀行》，得不前賢畏後生。杜老厭奇君
> 厭正，公然千載鬥心兵。」

宋湘（1756－1820）《與人論東坡詩》云：「縱不前賢畏後生。」
（注197），以縱使不是前賢畏後生，但在山水之感召下，後代之
創作仍是以不規模前人爲貴。詩云：

> 「縱不前賢畏後生，名山勝水本無形。唐翻晉案顏家帖，
> 幾首唐詩守六經。」

鮑桂星（1764－1826）《得姬傳先生書因寄管异之》云：「頓使前
賢畏後生」（注198），是寫他在接到姚鼐書信後，以姚氏認爲管
异之的來日成就，將高於黃景仁，乃以此致賀勖勉管氏。原詩
爲：

> 「記室賦因皇甫重，彥和名籍沈公成。爭如管子才難及，
> 頓使前賢畏後生。」

原詩題下誌姚鼐之來書云：

> 「近求得武進黃仲則詩讀之，固亦有才，然未爲絕出，若
> 管生異日所就，當或過之。」

朱庭珍《論詩》：「敢道前賢畏後生。」（注199），則以後生自居，
以他的詩論，連元好問亦將生畏。原詩爲：

> 「文苑榛蕪失老成，誰扶大雅主齊盟？持衡竊比遺山叟，
> 敢道前賢畏後生。」

方履籛《偶與外甥幼心先生論詩泛及近人篇什因作絕句六首》中
之「料得前賢畏後生」（注200），用杜詩語來稱贊申耆之成就高
於周伯恬與周祁生。原詩爲：

> 「料得前賢畏後生，周郎陸弟氣縱橫。一篇自解天衣縫，

近見青蓮語最精。」

沈金藻《周中讀近代諸先生詩各題一絕》:「始覺前賢畏後生。」
(注201) 爲批評俞芷彬論郭頻伽之語。原詩爲:

> 「早共徐、王負盛名,祧唐祖宋主詩盟。有人搜摘《靈芬
> 集》,始覺前賢畏後生。」

詩後有注云:

> 「同邑俞芷彬不服先生詩,刊《讀郭摘瑕》一卷。」

　　杜甫「不覺前賢畏後生」,乃用反語,可是後人取用時,除
了屈復的「從此前賢畏後生」,與沈金藻的「始覺前賢畏後生」,
語帶譏刺,是爲反用之外,其餘各家,則是以正語取用的。

　　王十朋《游東坡十一絕》:「但覺前賢畏後賢。」(注202),取
用杜詩語時,變換「後生」之「生」字爲「賢」字,也是以正語
取用,來稱贊蘇軾名因白居易傳,而又高於白氏。原詩爲:

> 「出處平生慕樂天,東坡名自樂天傳。文章均得江山助,
> 但覺前賢畏後賢。」

　　有些論者在取用杜甫「前賢畏後生」語時易「畏」字爲他
字。如葉方藹易「畏」字爲「避」字。《自題獨賞集》云:「自古
前賢避後生。」(注203) 來説明宛陵代有才人出,舊人讓新人。
原詩爲:

> 「宛陵風土擅詩名,自古前賢避後生。近日施家新體好,
> 無人更道謝宣城。」

鍾廷瑛易「畏」字爲「跨」字。《讀詩絕句十二首》云:「終覺前
賢跨後生。」(注204) 則以之來肯定前代詩人王世貞、李攀龍、
高叔嗣、邊貢的成就。原詩爲:

> 「王、李堂堂冠古英,千金買骨見崢嶸。蘇門儁永華泉秀,
> 終覺前賢跨後生。」

宋繩先易「畏」字爲「累」字。《論詩絕句》云：「豈是前賢累後
生。」(注 205) 爲白居易申辯，以白居易詩如《秦中吟》、《長恨
歌》，都具有正聲與風情，「輕俗」的言論雖然影響後人對白詩的
看法，這絕不是白氏傑出之作的所在。全詩爲：

> 「十首《秦吟》寄正聲，漫誇《長恨》有風情。只因輕俗
> 斯言誤，豈是前賢累後生。」

林昌彝《論本産朝人詩一百五首》云：「可是前賢誤後生。」(注
206) 則批評袁枚、趙翼爲查愼行所誤。全詩爲：

> 「怕拾揚、劉但舒情，略抛健筆出眞清。後來袁、趙沿詩
> 派，可是前賢誤後生？」

從以上數例，可以知道當後代的論者將杜詩「前賢畏後生」
易「畏」字爲他字時，不但沒有杜詩之譏刺的味道，而且多是以
此來進行說明、申論或批評。

有些論者則只取杜詩中前賢與後生之字眼。如周劼《書江西
詩徵後》：「後生何必讓前賢。」(注 207) 以江西詩派圖中之詩人
與江西詩徵中之詩人，同樹一幟，前後不分軒輊，亦無須相讓。
全詩爲：

> 「《西江詩派圖》曾繪，更見《詩徵》次第編。五十四人同
> 樹幟，後生何必讓前賢。」

諸如此類的例子還有王若虛《王子端云近來陸覺無佳思縱有
詩詩成似樂天其小樂天甚矣予亦嘗和四絕》的「後生未可議前
賢」，(注 208) 王若虛在此詩中言時代變動與人物興衰極大，在
這些變化中的詩人寫作亦屬可憐之事，乃規勸後生不要隨意批評
前人。詩云：

> 「東塗西抹鬥新妍，時世梳妝亦可憐。人物世衰如鼠尾，
> 後生未可議前賢。」

　　而錢謙益與陳書則將「後生」與「前賢」分置兩句運用，如錢謙益《姚叔祥過明發堂論近代詞人戲作絕句十六首》云：「何事後生饒筆舌，偏將詩律議前賢。」(注 209) 稱贊湯顯祖的小賦與新詞，而不滿後生之肆意批評。全詩爲：

> 「嶙嶸湯義出臨川，小賦新詞許并傳。何事後生饒筆舌，
> 偏將詩律議前賢。」

陳書《效少陵戲爲六絕句元韵》：「前賢心苦分明在。」(注 210) 贊許前代詩論者（最可能是杜甫）所提倡之寫詩亦注意「體淨」與意「縱橫」。全詩爲：

> 「禰宋宗唐止要成，先須體淨次縱橫。前賢心苦分明在，
> 敢信才難阻後生。」

　　有些論者只獨用「前賢」。或以「前賢」特指某一個前代詩人，或某一些前代詩人。例如王昶《題沈秀才安成靖琢詩圖》云：「明湖精舍識前賢。」(注 211) 稱沈子大爲「前賢」，并稱譽沈子大與沈大成祖孫。詩云：

> 「明湖精舍識前賢，彈指分明四十年。最喜文孫能繼武，
> 才名今已偏江壖。」

張玉穀《論古詩四十首》云：「幾經注解表前賢。」(注 212) 用「前賢」稱孔子。詩云：

> 「夫子刪存三百篇，幾經注解表前賢。更於此外窮源委，
> 敢軼無邪兩字詮。」

李呈祥《憶與復陽論詩途次口占卻寄》云：「欲向前賢尋意旨。」(注 213) 以「前賢」指沈約、謝朓、曹植、劉楨、王勃、楊炯、盧照鄰、駱賓王等人。詩云：

> 「沈、謝、曹、劉各自工，王、楊、盧、駱偶然用。欲向
> 前賢尋意旨，鏗然鼓瑟領春風。」

吳應奎《讀明人詩戲效遺山論詩絕句三十五首》：「競談開、寶傲前賢。」(注214) 言李夢陽之推崇開元、天寶詩人。「前賢」指李夢陽。詩之前兩句爲：

> 「北地鷹揚孰占先？競談開、寶傲前賢。」

章鶴齡《讀布衣諸老詩各書一絕》云：「非徒面目襲前賢。」(注215) 以蔡芝衫雖承自袁枚，但能以「浩氣」運「新意」，非徒抄襲前人面目而已。「前賢」指袁枚。詩云：

> 「隨園衣鉢幾人傳？惟有芝衫詣力堅。浩氣運將新意出，
> 非徒面目襲前賢。

張九鏷《戲爲六絕句》云：「眼明字順服前賢。」(注216)「前賢」指錢謙益、艾南英等人。詩云：

> 「評選當年自艾、錢，眼明字順服前賢。沈吟萬遍堪頭白，
> 一第工夫盡可憐。」

黃維申《論詩絕句》評韓愈之稱贊孟郊云：「想見前賢愛士心。」(注217) 言韓愈之愛護孟郊。「前賢」指韓愈。詩云：

> 「千古難磨《游子吟》，其餘用意太艱深。橫空硬語昌黎
> 重，想見前賢愛士心。」

馮煦《論六朝詩絕句仿元遺山體》：「曹、王、班、賈愧前賢。」(注218)「前賢」指曹植、王粲、班固、賈誼。詩云：

> 「綺合星稠繁褥篇，曹、王、班、賈愧前賢。池塘昨夜生
> 春草，得句端因夢阿連。」

許愈初《論詩絕句》云：「可憐嚼蠟愧前賢。」(注219)「前賢」指李白。詩云：

> 「若以才華較謫仙，可憐嚼蠟愧前賢。《胡笳》一曲偏工
> 絕，更有寒山二十篇。」

蔡壽臻在《論詩絕句十首》論及陶淵明時云：「風情突過晉人

賢。」(注 220) 言其歸隱風情過於晉代賢人陶淵明。「晉人賢」指
陶淵明。詩云：

> 「論詩何必義熙前，我與陶公獨有緣。三徑就荒且歸隱，
> 風情突過晉人賢。」

　　或以「前賢」泛指前代詩人。例如元好問《論詩三十首》
云：「唱酬無復見前賢。」(注 221) 以「前賢」泛指前代傑出的詩
人，并批評當時缺乏獨創風格的創作行爲。全詩爲：

> 「窘步相仍死不前，唱酬無復見前賢。縱橫正有凌雲筆，
> 俯仰隨人亦可憐。」

錢謙益《姚叔祥過明發堂論近代詞人戲作絕句十六首》云：「嗤
點前賢豈我曹。」(注 222) 申言爲「挽回《大雅》」，嗤點前人乃不
得已之事。以「前賢」泛指所嗤點之前人。詩云：

> 「一代詞章孰減鑣？近從萬歷數今朝。挽回《大雅》還誰
> 事？嗤點前賢豈吾曹。」

吳德旋 (1767－1840)《雜著示及門諸子》：「《國風》好色倚前
賢。」(注 223) 以《國風》依據前人之創作而得其成就。詩云：

> 「佳麗才情許騁妍，《國風》好色倚前賢。貞觀不廢南朝
> 體，可要《關雎》尚德篇。」

張晉《仿元遺山論詩絕句六十首》云：「故應斂手到前賢。」(注
224) 表示對前代詩人的景仰。「前賢」亦泛指前代詩人。詩云：

> 「平生心折兩當軒，風骨稜稜似謫仙。前後《觀潮》推絕
> 作，故應斂手到前賢。」

高錫恩 (1804－1869)《論詩有感作三絕句》云：「俳優轉欲謗前
賢。」(注 225) 評嚴羽提倡詩有別才與妙悟之說，遂造成後人之
誤解，并轉而毀謗前代詩人。「前賢」指前代詩人。詩云：

> 「別才妙悟本從天，謂不觀書語太偏。遂使庸奴成誤解，

俳優轉欲謗前賢。」

姚瑩《論詩絕句六十首》中「尚惜前賢枉用心」(注226) 之「前賢」，亦指前代詩人。詩云：

「闢道周盧句格深，漢廷老吏字千金。何當更說無聲妙，尚惜前賢枉用心。」

朱琦（1803－1861）《論詩五絕句》：「陵夸前賢氣太粗。」(注227) 「前賢」亦泛指前代傑出詩人。詩云：

「古人難到嫌才弱，陵跨前賢氣太粗。用法須窺法外意，漢、唐一脈本同符。」

王允晢（1867－1929）《昌江道中懷人》：「句法前賢欲逼真。」(注228) 言元好問之句法仿前代詩人。「前賢」泛指前代詩人。詩云：

「句法前賢欲逼真，幾從苦澀得鮮新？遺山強對知多少？滿眼江西社里人。」

胡煥《論西江詩派絕句十五首》：「歌哭前賢較有情。」(注229) 「前賢」指能夠抒發內心哀痛的前代詩人。詩云：

「優孟衣冠久見輕，雕蟲門戶各爭鳴。由來《風》、《雅》根天性，歌哭前賢較有情。」

　　或易「前賢」為「昔賢」。吳祖修《示漢荀玉文舒文旭初觀文》云：「昔賢寶貴過懸黎。」(注230)「昔賢」指能表露天然語意的前代詩人。詩云：

「語意天然絕町畦，昔賢寶貴過懸黎。道衡《昔昔鹽》中句，只有空梁落燕泥。」

洪亮吉（1746－1809）《道中無事偶作論詩截句二十首》論陳恭尹與梁佩蘭詩云：「尚有昔賢英雄氣。」(注231)「昔賢」指前代有「英雄氣」之詩人。詩云：

「藥亭、獨漉許相參，吟苦時同佛一龕，尚有昔賢英雄氣，嶺南猶似勝江南。」

姚瑩《論詩絕句六十首》贊明代四皇甫兄弟作品時云：「昔賢應畏後來人。」(注 232)「昔賢」指唐代之皇甫冉、皇甫曾兄弟。詩云：

「冉、曾兄弟稱前代，水部、司勛嘆積薪。一種清才屬皇甫，昔賢應畏後來人。」

吳應奎《讀明人詩戲仿遺山論詩絕句三十五首》論公安評李攀龍、王世貞云：「未許中郎傲昔賢。」(注 233)「昔賢」指李、王。詩云：

「文采風流近百年，弇州、歷下盡堪傳。別裁僞體關公道，未許中郎傲昔賢。」

況澄《仿元遺山論詩三十首》論江淹《雜體》詩云：「擬古新詩肖昔賢。」(注 234)「昔賢」指江淹。詩云：

「擬古新詩肖昔賢，江淹《雜體》至今傳。規模正好追前軌，俯仰隨人語太偏。」

江瀚（1852－1933）《讀白香山詩集》云：「強健還堪傲昔賢。」(注 235)「昔賢」指前代傑出詩人。詩云：

「洛下分司娛暮年，優游黨外獨超然。無官我亦能行樂，強健還堪傲昔賢。」

或作「古賢」。蔡環黼《偶成》云：「賴有青門辨古賢。」(注 236)「古賢」指前代傑出詩人，如何景明、李夢陽。詩云：

「論詩往往愛憎偏，賴有青門辨古賢。何、李諸家光焰在，騷壇無地列松園。」

錢世錫《論宋人絕句十二首和陳檢齋司馬》評朱熹論陶淵明與蘇軾詩云：「彭澤田園是古賢。」(注 237)「古賢」指陶淵明。詩云：

　　「彭澤田園是古賢，惠州細和謫居年。晦翁豈忘雌黃下，
　　筆力雖高欠自然。」

　　論者由於多崇拜唐代詩人，因此在言及唐代詩人時，時以
「前賢」表之，有時更特用「唐賢」之詞表之。尹嘉年《論國朝
人仿遺山體》即稱唐代詩人爲「唐賢」：「晚年詩律近唐賢。」(注
238) 以尤侗晚年詩律近唐代詩人，在提及唐代詩人時，尹氏即
用及「唐賢」一詞。詩云：

　　「《法曲》飄零處處傳，晚年詩律近唐賢。九重自識眞才
　　子，知遇還過李謫仙。」

錢世錫《論宋人絶句十二首和陳檢齋司馬》：「不盡唐賢作典型。」
(注 239)「唐賢」泛指唐代詩人。詩云：

　　「不盡唐賢作典型，歐、梅、蘇、陸各門庭。盛時詩律從
　　經出，深識無如戴石屏。」

彭光澧《論國朝人仿元遺山三十六首》評葉燮云：「恐宗南宋掩
唐賢。」(注 240) 言擔心葉氏之推崇南宋詩會掩蓋唐人之成就。
「唐賢」指有成就之唐代詩人。詩云：

　　「獨著《原詩》內外篇，恐宗南宋掩唐賢。吳兒有喙長千
　　尺，不及新城一扎傳。」

姚瑩《論詩絶句六十首》：「苦與唐賢論戶庭。」(注 241) 譏刺王士
禎苦苦爲唐代詩人分高下。「唐賢」指唐代詩人。詩云：

　　「海內談詩王阮亭，拈花妙諦入空冥。他人笑煞長州老、
　　昔與唐賢論戶庭。」

袁翼《論金詩》云：「仲經詩派出唐賢。」(注 242) 言詩出唐人。
「唐賢」指唐代詩作。詩云：

　　「好語如珠顆顆圓，仲經詩派出唐賢。悟儂攜向花間讀，
　　口頰能生五色蓮。」

梁梅《論詩絕句》云:「唐賢風格最風華。」(注243) 贊許唐代詩
人之風格。「唐賢」亦指唐代詩人。詩云:

> 「海國詞壇第一家,唐賢風格最風華。品題誰復如朱十,
> 翠羽明珠種種誇。」

張之傑《讀明詩五十二首》評林鴻時表示:「恰似唐賢臨晉帖。」
(注244) 以此語譏刺唐代詩人之模仿晉人。「唐賢」亦指唐代詩
人。詩云:

> 「詩才亦是冠群英,模仿開元少性情。恰似唐賢臨晉帖,
> 微嫌形貌不分明。」

張鴻基《論本朝各家詩二十首》論蔣士銓云:「自把唐賢格律
參。」(注245) 言蔣氏學習模仿唐人之格律。「唐賢」亦指唐人之
作。詩云:

> 「自把唐賢格律參,蔣侯才望壓東南。千秋樂府開生面,
> 前有西涯後悔庵。」

馮繼聰《論唐詩絕句》評周樸云:「晚唐偶似盛唐賢。」(注246)
更以「賢」稱盛唐傑出詩人。詩云:

> 「烏石山頭僧寺間,晚唐偶似盛唐賢。曾經月鍛還年煉,
> 未及成章人已傳。」

沈景修《讀國朝詩集一百首》論陸費瑔云:「格守唐賢氣息真。」
(注247) 言陸氏能尊奉唐人詩風。「唐賢」指唐代詩人。詩云:

> 「平泉、綠野乞吟身,格守唐賢氣息真。範水模山詩有畫,
> 五言開府最清新。」

宮爾鐸《讀元遺山王漁洋論詩絕句愛其文詞之工惜其所言尚非第
一義漫成此作以質知音》云:「衣冠徒襲唐賢貌。」(注248)「唐
賢」亦指唐代傑出之詩人。詩意譏笑就形式上模仿唐代詩人者。
詩云:

「南渡宗祊社稷荒，新朝侍從擅詞章。衣冠徒襲唐賢貌，
　　敗絮塡胸笑子昂。」

謝章鋌（1819－1903）《論詩絕句三十首》評林鴻時亦云：「正音
原不愧唐賢。」（注249）言閩中十子所倡導之正音，不愧唐代詩
人。詩云：

「煌煌十子獨開先，流派於今五百年。比似裁縫工熨貼，
　　正音原不愧唐賢。」

何維棟《論詩》云：「已爲唐賢暗度鍼。」（注250）言鮑照之縱橫
詩句對唐代詩人之影響。「唐賢」亦泛指唐代詩人。詩云：

「五字淸吟正始音，注家誰悟阮、陶心？參軍獨擅縱橫句，
　　已爲唐賢暗度鍼。」

蔣士超《淸朝論詩絕句》論吳喬時云：「《唐賢三昧》豈曾參？」
（注251）《唐賢三昧》指王士禎所編的《唐賢三昧集》。「唐賢」
於王氏心目中爲唐代之傑出詩人。詩云：

「信陽、北地譏彈遍，旁及婁東更濟南。一卷《圍爐詩話》
　　在，《唐賢三昧》豈曾參？」

陳融《讀嶺南人詩絕句》：「不慕唐賢弁華冕。」（注252）「唐賢」
泛指唐代詩人，與下句「宋哲」所指之宋代詩人對，詩云：

「不慕唐賢弁華冕，。不爲宋哲近枯禪。簡編燈火靑衿伴，
　　晚季元音別有天。」

同上云：「溯自唐賢多別意。」（注253）言唐代詩人多送別詩。詩
云：

「芝山寒夜雪澌澌，送客郊原例有詩。溯自唐賢多別意，
　　人生難道是臨歧。」

同上：「頗近《唐賢三昧》意。」（注254）「唐賢三昧」亦指王士禎
之《唐賢三昧集》。詩云：

> 「繼興王、顧選《英華》，絕句元音數百家。頗近《唐賢三
> 昧》意，阮翁無怪向人誇。」

同上：「唐賢尚有孟山人。」(注255)「唐賢」指唐代傑出詩人。詩
云：

> 「散律得吟供奉外，唐賢尚有孟山人。一靈詩膽能傳響，
> 數世風吹到兩君。」

鄧鎔《論詩三十絕句》云：「不讀唐賢以後書。」(注256)「唐賢」
代表「唐代」。詩云：

> 「名滿中州前七子，何郎雋逸有誰知？法門一喝當頭棒，
> 不讀唐賢以後書。」

　　而言及宋代詩人時，亦有如用「唐賢」以稱唐代詩人之例，
作「宋賢」之用者，但詩例很少。如彭光澧《論國朝人詩仿元遺
山三十六首》評邵子湘云：「幕府新詩仿宋賢。」(注257)「宋賢」
指宋代詩人。詩云：

> 「幕府新詩仿宋賢，雅人風致亦翩翩。平心細按《青門
> 集》，領袖詞壇是壯年。」

　　論者亦有稱「前賢」爲「前輩」或「老輩」者，前者有如郭
麐（1767－1831）《續懷人詩十二首》所説的：「時人莫漫輕前
輩。」(注258)「前輩」指方子雲。詩云：

> 「抉摘微情入渺茫，閬仙丁卯重三唐。時人莫漫輕前輩，
> 此是當年盛孝章。」

潘曾綬《途中遇朱小雲觀察以詩稿見贈即題其後》云：「前輩風
流留妙句。」(注259)「前輩」指宋芷灣與顧南雅。詩云：

> 「星軺萬里紀清游，桃李新陰次第搜。前輩風流留妙句，
> 海心亭外早知秋。」

詩後有注云：

> 「海心亭壁間有宋芷灣、顧南雅兩丈題句。」

張晉《仿元遺山論詩絕句六十首》云：「偏是後人輕老輩。」（注
260）「老輩」指李東陽。詩中對後人輕視李東陽表示強烈的不
滿。詩云：

> 「湘江春草綠茫茫，莫忘茶陵一瓣香。偏是後人輕老輩，
> 翻教比作夥頤王。」

論者也常用「後生」一詞以言後人對前人的批評，或是說明
前人對後代的影響。查慎行（1650－1729）《戲爲四絕句呈西桐
野兩前輩》：「後生不自量才力。」（注261）批評後人不自量力，竊
比杜甫與玉川。詩云：

> 「碧海鯨鯢杜陵老，虛空騄駬玉川翁。後生不自量才力，
> 卻道同游羿彀中」

沈壽榕《檢朱家詩集信筆各題短句》：「後生何用輕軒輊。」云：
（注262）批評後人不須在厲鶚與杭世駿之間分高低，厲、杭二人
都曾在當時齊名，或用典，或言情，各有擅長。詩云：

> 「樊榭齊名道古堂，當初高蹈盛文章。後生何用輕軒輊，
> 數典言情各擅場。」

朱庭珍《論詩》則是從前人影響後人的角度用及「後生」一詞。
詩句云：「竊恐梅村誤後生。」（注263）以吳偉業之「西崑詞藻香
山體」，會誤及後生。詩云：

> 「悱惻纏綿見至情，誰將芝麓許齊名？西崑詞藻香山體，
> 竊恐梅村誤後生。」

翁方剛《漁洋先生五七言詩鈔重訂本鋟板成賦寄粵東葉花溪十二
首》云：「崑體功夫熟後生。」（注264）言後生接受崑體之作的情
形。詩云：

> 「撥鐙逆筆誠懸溯，崑體功夫熟後生。者舊襄陽爭識得，

槎頭縮項有前盟。」

臧壽恭《讀南宋雜事詩題後》云:「後生已晚殷勤甚。」（注 265）
「後生」爲臧氏自己之謙稱。詩云:

> 「樊榭曾編《紀事》詩,詞人疏放史裁遲。後生已晚殷勤
> 甚,舊作龍州試管窺。」

郭曾炘《雜題國朝諸名家詩集後》論朱彝尊云:「稍惜《風懷》
惑後生。」（注 266）言其爲朱彝尊之《風懷》詩對後人之錯誤影
響而惋惜。詩云:

> 「貪多何損竹垞名,稍惜《風懷》惑後生。私印自鐫老年
> 作,故應得失寸心明。」

李希聖《論詩絕句四十首》評謝朓云:「玉石終嫌誤後生。」（注
267)「後生」指後代之詩人。詩云:

> 「青蓮低首謝宣城,玉石終嫌誤後生。柳色梨花多累句,
> 須知謝朓似陰鏗。」

陳銳《題伯嚴近集》亦云:「錯被人呼作後生。」（注 268)言伯嚴
於十年前已具盛名,而今竟被人錯認爲「後生」。「後生」之意爲
年輕之一輩。詩云:

> 「山海珊枝一世驚,陸離長劍曼胡纓。十年前已稱名輩,
> 錯被人呼作後生。」

孫雄《論詩絕句》評沈德潛云:「後生何事苦訾謷?」（注 269)孫
雄爲沈德潛辯護,不滿後人抨擊沈氏《別裁》之作,就稱這些後
人爲「後生」。詩云:

> 「別裁鉅集匯《風》、《騷》,敦厚溫柔取義高。雅望耆年天
> 錫嘏,後生何事苦訾謷。」

論者也常用「後賢」稱「後生」,其義與「後生」近同。如:王
昶《舟中無事偶作論詩絕句四十六首》評江淹云:「後賢從此參

流別。」（注270）以「娥眉芳草論原通」，而參流別者，自後代詩人才開始。詩云：

「《雜擬》成來字字工，蛾眉芳草論原通，後賢從此參流別莫向詩壇妄異同。」

張晉《仿元遺山論詩絕句六十首》云：「阿好何能賺後賢。」（注271）言只是一味贊揚不能賺取後人之支持。詩中張氏批評了錢謙益之傾倒程嘉燧。詩云：

「詩才詩筆總難全，阿好何能賺後賢。底事虞山老宗伯，一生傾倒獨松圓？」

查揆《舟中與積堂論詩得八絕句》云：「橫使才情誤後賢。」（注272）譏笑後人之「橫使才情」。詩云：

「橫使才情誤後賢，古詩不古強名篇。太羹元酒無多味，枉費何曾十萬錢。」

馬長海《效元遺山論詩絕句四十七首》云：「後賢苦效竟難工。」（注273）後人苦心學習謝靈運之「池塘生春草」句，而無法使所寫之詩句「工」。詩云：

「春草池塘羨謝公，後賢苦效竟難工。白雲綠篠何駘蕩？綽有天機在夢中。」

蔡瑒黼《偶成》云：「范、陸皮毛誤後賢。」（注274）言范成大與陸游之「皮毛」之作，貽誤後代寫作者。詩云：

「范、陸皮毛誤後賢，正聲已斷雅琴弦。狂瀾砥柱中流在，四卷《原詩》內外篇。」

張玉穀《論古詩四十首》評竟陵詩派：「不道後賢沈著少。」（注275）言後代沉著的詩人少，不理解竟陵之妙處。詩云：

「竟陵詩派接公安，爝火愀然夜雨寒。不道後賢沈著少，風流無字盡人看。」

沈德潛《遣興》云:「後賢排擊日紛綸。」(注 276) 言後代論者紛紛批評何景明與李夢陽之情形。詩云:

> 「何、李詩篇復古人,後賢排擊日紛綸。憐渠但識虞山派,
> 恐與松圓作後塵。」

洪占銓《賈溪師命作論詩三昧絕句》:「不是橫流誤後賢。」(注 277) 言後人不明「精微」之語,非關潮流之影響。詩云:

> 「珍重河西猛士篇,矩衣匹馬祖鐙傳。精微一語無人會,
> 不是橫流誤後賢。」

王省山《拙稿編成呈孫賓華校正得斷句四首》云:「 跌翻虞笑後賢。」(注 278) 言因學步唐人,反爲後人所取笑。詩云:

> 「千古元音本自然,要從弦指悟眞詮。只因願學唐人步,
> 蹉跌翻虞笑後賢。」

袁翼《論元詩》云:「只恐昌黎畏後賢。」(注 279) 言韓愈亦畏後來者。詩云:

> 「英主求才三十年,荒山一鶴逝蹁躚。辮香曾奉西江社,
> 只恐昌黎畏後賢。」

張崇蘭 (1864 - 1907)《懷國朝京口詩人絕句》評章江蘺云:「別派終愁誤後賢。」(注 280) 言章氏之「新語」貽誤後人。詩云:

> 「老去江蘺名譽傳,舊時壇坫莫能先。祧唐祖宋多新語,
> 別派終愁誤後賢。」

黃維申《論詩絕句》云:「刀圭豈誤後來賢。」(注 281) 言其師歧農并没有貽誤學習者,他之所以以杜甫爲師,實有其因。「後來賢」蓋作者自謂。詩云:

> 「睥睨詞場已十年,刀圭豈誤後來賢。辮香今爲何人供?
> 工部文章願執鞭。」

詩後有注云:

「吾師歧農夫子時，詞淺意深，曲折不盡，與香山同。香山忠君愛國，遇事托諷，與少陵同，特以平易近人，變少陵之沈雄渾厚，不襲其貌而得其神也。然則小子今日學詩，當以杜工部爲鼻祖。」

陳融《讀嶺南人詩絕句》云：「群雅彬彬數後賢。」（注282）言黃沃揩、黃沃棠、黃謙、黃芝等數位年青詩人「群雅彬彬」。後賢指黃氏從兄弟等人。詩云：

「群雅彬彬數後賢，汪洋自讓海無邊。能存面目傳人物，先導楚庭耆舊篇。」

此詩上一首後有注云：

「黃沃揩，式芳、香山。諸生紹統子。有《松谷詩草》。黃沃棠，薩方、護亭。紹統從子。有《楚游草》。黃謙，子牧，紹統從子，有《虛谷詩鈔》。黃芝，子皓，紹統從子。有《瑞谷詩鈔》。時人謂其詩似白沙。」

徐繼畬《題吳梅村詩集四首》云：「未必前賢勝後賢。」（注283）以吳偉業的《圓圓曲》，不遜於唐代的元稹與白居易。「後賢」指吳偉業。詩云：

「長慶新辭入管弦，歌殘《簫史》唱《圓圓》。千秋才調推元、白，未必前賢勝後賢。」

徐繼畬《題吳梅村詩集四首》中另一首云：「供奉、龍標讓後賢。」（注284）贊許王士禎的七言絕句精妙，連李白、王昌齡也要讓步。「後賢」指王士禎。詩云：

「七言絕句妙如仙，供奉、龍標讓後賢。煮茗焚香吟一遍，冷冷天半七條弦。」

郭曾炘《雜國朝諸名家詩集後》：「嗤點還須畏後賢。」（注285）以此句批評後人之「嗤點」宋犖與邵青門。「後賢」指後來之嗤點

宋、邵二人者。有關郭氏此詩之意，本章前則有說。此不贅。

而王士禎與蔣士超均有「刀圭誤後賢」之語。王士禎《戲仿元遺山論詩絕句》：「莫逐刀圭誤後賢。」(注286) 以何景明謂初唐《明月篇》之作，高於李白、杜甫，是可令後人誤解的論調。後賢指後來學習者。詩云：

> 「接迹風人《明月篇》，何郎妙悟本從天。王、楊、盧、駱
> 當時體，莫逐刀圭誤後賢。」

蔣士超《清朝論詩絕句》云：「不逐刀圭誤後賢。」(注287) 用字顯然本於王士禎，唯意在贊揚葉燮的《原詩》，論見精確，得詩之三昧，不會令後人誤解。「後賢」指後來讀至葉燮《原詩》者。詩云：

> 「四卷《原詩》內外篇，此中三昧得眞詮。允爲八代起衰
> 手，不逐刀圭誤後賢。」

或作「後學」。錢振鍠 (1875－1944)《論詩》表示：「不教後學費疑猜。」(注288) 言論詩之寫作應直接向學習者表示「文貴清通」的重要性，不要讓學習者費猜疑。詩云：

> 「文貴清通始是才，不教後學費疑猜。莫將遺恨吞聲句？
> 苦待東坡說夢來。」

言及近代詩人者，則用「近賢」。張塤《論詩答慈伯四首》表示：「近賢風雅獨存君。」(注289)「近賢」謂近代詩人。詩云：

> 「李陵、蘇武，雲卿比，絕代心餘是可人。那見小詩傳畢
> 曜，近賢風雅獨存君。」

又在言明當時的詩人時，論詩絕句作者更有將「前賢」之詞語易爲「時賢」使用者。沈德潛《戲爲絕句》中云：「時賢不識楚《騷》體。」(注290) 言當時詩人不解《離騷》體制。詩云：

> 「興寄那如奉禮詩，女蘿山鬼是吾師。時賢不識楚《騷》

體，只賞天驚石破辭。」

林昌彝《論本朝人詩一百五首》論方正澍時表示：「江東歌席抗時賢。」（注291）言方氏之詩作可比當時傑出之詩人。詩云：

> 「又見詩人賈浪仙，江東歌席抗時賢。揮毫盡化雲烟去，
> 一一鶴聲飛上天。」

林蒼《論詩六首與拙廬》云：「翻留疵點與時賢。」（注292）以在寫作前重「渲染工夫」之論會影響當時作者在創作上留下疵點。「時賢」指當時詩作者。詩云：

> 「渲染工夫在筆先，翻留疵點與時賢。海棠不是無香者，
> 奪盡佳名坐太妍。」

黃培芳《論粵東詩十絕》評屈大均時云：「區、鄺諸賢迥絕塵。」（注293）「諸賢」指區大相、鄺露等詩人。言區大相與鄺露之作，雖然已這眾人之上，但數南方詩人，還以屈大均爲首。詩云：

> 「盛唐風格數何人？區、鄺諸賢迥絕塵。五字長城才蓋代，
> 南中還首屈靈均。」

此外亦有用作「名賢」者，如毛國翰《暇日偶閱近人詩各系一絕》云：「論交海內盡名賢。」（注294）「名賢」指當時聞名之賢才。詩云：

> 「論交海內盡名賢，竹素長吟思渺然。鐵嶺尚書有深意，
> 蕪城偏識杜樊川。」

孫雄《論詩絕句》論葉澧《敦夙好齋初集》、《續集》時云：「名賢生日詩篇富。」（注295）「名賢」指歷代聞名之詩人，詩言歷代聞名詩人謝生日詩篇眾多。詩云：

> 「敗壁留取掃綠苔，江亭龍樹屢徘徊。名賢生日詩篇富，
> 《續筆》容齋待後來。」

詩後有注云：

> 「二集中香山、東坡、潁濱、山谷、放翁生日詩甚多。余
> 輯取名賢生日事實，僅見初集，故未寫入，他日當補輯
> 之。」

也有變換作「大賢」者。宮爾鐸《讀元遺山王漁洋論詩絕句
愛其文詞之工惜其所言未盡尚非第一義漫成此作以質知音》云：
「孝友曾經許大賢。」(注296) 言朱熹曾以「孝友」贊黃庭堅。「大
賢」指黃庭堅。詩云：

> 「品似青蓮與仲連，涪翁氣骨孰爭先？少陵不愧傳衣鉢，
> 孝友曾經許大賢。」

孫雄《論詩絕句》論翁同龢云：「天意蒼茫惜大賢。」(注297)「大
賢」指翁同龢。詩云：

> 「天意蒼茫惜大賢，不教留名看桑田。七年盧墓時流涕，
> 草服黃冠夢日邊。」

此詩上一首有注云：

> 「(翁) 立朝數十年，矢誠矢敬，有古大臣風。顧以秉性正
> 直，爲小人忌，遭讒罪廢，朝野惜之。」

【註 釋】

(注 1) 陳廷慶，字兆同。江蘇奉賢人。乾隆辛庚進士。改庶吉士，授編
修. 歷官辰州知府。著有《古華詩鈔》。引詩見《萬首論詩絕句》，
頁 616。

(注 2) 高靜，字慎荇，寧河人。著有《慎荇古近體詩》。引詩見《萬首論
詩絕句》，頁 1194。

(注 3) 李必恆簡歷見本書第四章注 36。引詩參見《萬首論詩絕句》，頁
329。

(注　4) 李希聖，字亦元，號臥公。湖南湘鄉人。光緒壬辰進士。官刑部
　　　　 主事。著有《雁影齋詩存》。引詩見《萬首論詩絕句》，頁 1581。

(注　5) 張問陶，字仲冶，號船山。四川遂寧人。乾隆庚戌進士。官萊州
　　　　 知府。著有《船山詩草》。引詩參見《萬首論詩絕句》，頁 644。

(注　6) 楊深秀，原名毓秀，字漪春。山西聞喜人。光緒己丑進士。歷任
　　　　 刑部主事、郎中後，官監察御史，參與新政，加四品卿銜。有
　　　　 《雪虛聲堂詩鈔》、「楊漪春侍御奏稿」。引詩見《萬首論詩絕句》，
　　　　 頁 1558。

(注　7) 廖鼎聲，字金甫。廣西臨桂人。有《多榮堂集》、《味蔗軒詩話》。
　　　　 引詩見《萬首論詩絕句》，頁 1354。

(注　8) 謝啓昆，字蘊山，號蘇潭。江西南康人。乾隆辛巳進士，官至廣
　　　　 西巡撫。著有《樹經堂詩集》、《粵西金石略》、《小學考》、《小學
　　　　 韻補考》、《西魏書》、《廣西通志》。引詩參見《萬首論詩絕句》，
　　　　 頁 530。

(注　9) 徐嘉，字賓華，號胅弇。江蘇山陽人。光緒間諸生，官崑山教諭。
　　　　 著有《味靜齋詩存》。引詩見《萬首論詩絕句》。

(注 10) 黃道讓，字歧農。湖南安福人。咸豐庚申進士，官部主事。有
　　　　 《雪竹樓詩稿》。引詩見《萬首論詩絕句》，頁 1283。

(注 11) 姚永概，字叔節、號幸村。安徽桐城人。光緒戊子解元、民國後
　　　　 先後任北京大學教授，文科學長、正志學校教務長、清史館編修。
　　　　 有《慎宜軒集》。引詩見《萬首論詩絕句》，頁 1549。

(注 12) 趙翼，字云崧，一字耘松，號甌北。江蘇陽湖人。乾隆辛巳探花。
　　　　 授編修，歷官貴西兵備道。後辭官家居，主講於安定書院。著有
　　　　 《甌北集》、《甌北詩話》、《皇朝武功紀盛》、《廿二史扎記》、《粵滇
　　　　 雜記》、《平定臺灣述略》、《陔餘叢考》等。引詩見《萬首論詩絕
　　　　 句》，頁 454。

(注 13) 張際亮，字亨甫，號松寥山人、華胥大夫。福建建寧人。道光戊戌舉人。有《婁光堂藁》、《松寥山人集》、《南來錄》、《南浦秋波錄》、《思伯子堂詩集》。引詩見《萬首論詩絕句》，頁 981。

(注 14) 張際亮簡歷見上注。引詩見《萬首論詩絕句》，頁 1270。

(注 15) 袁枚，字子才，號簡齋、隨園。浙江錢塘人。乾隆丙辰薦舉博學鴻詞，乾隆己未進士。官江寧知縣。辭官後居江寧，築園於小倉山，號隨園。著有《小倉山房集》、《隨園詩話》、《隨園隨筆》、《子不語》、《摘纂隨園史論》、《隨園八十壽言》等。引詩參見《萬首論詩絕句》，頁 388。

(注 16) 徐嘉簡歷見本章注 9。引詩參見《萬首論詩絕句》，頁 1591。

(注 17) 朱庭珍，字筱園、一字小園。石屏人。光緒舉人。著有《穆清堂詩鈔》、《筱園詩話》。引詩見《萬首論詩絕句》，頁 1050。

(注 18) 王昶簡歷見本書第四章注 43。引詩見《萬首論詩絕句》，頁 428。

(注 19) 姚瑩，字石甫，一字明叔，號展和、幸翁。安徽桐城人。嘉慶戊辰進士、授福建平和縣知縣、後調臺灣，署噶瑪蘭通判，擢臺灣道，加按察使。著有《東溟奏稿》、《桐城姚氏先德錄》、《臺北道里記》、《埔里社記略》、《前藏三十一城考》《東槎記略》、《卞倫形勢記》、《察木多西諸部考》《康輶紀行》、《庫倫記》、《乍丫圖說》、《游白鶴峰記》、《游檄山記》、《寸陰叢錄》、《識小錄》、《心說》、《東溟詩文集》、《中復堂全集》。引詩見《萬首論詩絕句》，頁 762。

(注 20) 吳衡照，字夏治，號子津。浙江仁和人。嘉慶辛未進士。官金華教授。著有《辛卯生詩》。引詩參見《萬首論詩絕句》，頁 797。

(注 21) 馮繼聰，字易泉。山東任城人。道、咸間人。著有《論唐詩絕句二卷》。引詩見《萬首論詩絕句》，頁 1138。

(注 22) 袁嘉穀，字樹五，別號樹圃。雲南石屏人。光緒戊戌進士，由庶常授編修，官至浙江提學使、布政使等官。民國後曾任參議院議

員、清史館編修，雲南鹽政使等職。著有《臥雪堂詩草》。引詩見
《萬首論詩絕句》，頁 1687。

(注 23) 方于穀，字石伍，號拳莊。安徽桐城人。著有《稻花齋詩鈔》。引
詩見《萬首論詩絕句》，頁 674。

(注 24) 李綺靑，字漢父。歸善人。著有《倦齋吟稿》。引詩見《萬首論詩
絕句》，頁 1310。

(注 25) 楊深秀生平見本章注 6。引詩見《萬首論詩絕句》，頁 1553。

(注 26) 同上。引詩見《萬首論詩絕句》，頁 1557。

(注 27) 方廷楷，字瘦坡。安徽太平人。著有《習靜齋詩話正續編》。引
見《萬首論詩絕句》，頁 1274。

(注 28) 陳融，字協之，號顒庵，別署松齋。廣東番禺人。著有《黃梅花
屋詩稿》、《顒園詩話》以及《論嶺南人詩絕句》。引詩見《萬首論
詩絕句》，頁 1788。

(注 29) 廖鼎聲簡歷見本章注 7。引詩見《萬首論詩絕句》，頁 1356。

(注 30) 宮爾鐸，字農山。鳳陽懷遠人。有《思無邪齋詩存》。引詩見《萬
首論詩絕句》，頁 1459。

(注 31) 黃小魯。漢陽人。著有《魯叟詩存》。引詩見《萬首論詩絕句》，
頁 1623。

(注 32) 張之傑，字古愚，號小陶。浙江諸暨人。貢生。有《學福齋詩
鈔》、《搜錦集》。引詩見《萬首論詩絕句》，頁 962。

(注 33) 黃任，字莘田。福建永福人。康熙壬午舉人。官四會知縣。著有
《香草齋集》。引詩見《萬首論詩絕句》，頁 290。

(注 34) 陳維崧，字其年，號伽陵。江蘇宜興人。明副榜貢生。康熙己未
舉博學宏詞科，授翰林院檢討。著有《湖海樓集》、《兩晉南北集
珍》、《儷體文集》、《陳檢討四六》、《伽陵文集》、《伽陵詞》、《湖
海樓尺牘》、《湖海樓集拾遺》。引詩參閱《萬首論詩絕句》，頁

260。

(注 35) 屈大均簡歷見本書第四章注 19。，引詩見《萬首論詩絕句》，頁 219。

(注 36) 翁方剛，字正三，號覃溪。河北大興人。乾隆壬申進士，授編修，官至內閣學士。著有《復初齋詩集》、《石洲詩話》、《春秋分年系傳表》、《詩附記》、《禮記附記》、《論語附記》、《孟子附記》、《十三經注疏姓氏》、《漢石經殘字考》、《經義考補正》、《蘇米齋南亭考》、《通志堂經解目錄》、《樓霞小稿》、《王雅宜年譜》、《元遺山年譜》等等。引詩見《萬首論詩絕句》，頁 407。

(注 37) 柯振嶽，字罍青。浙江慈溪人。諸生。有《蘭雪集》。引詩見《萬首論詩絕句》，頁 779。

(注 38) 許愈初，字慎之。黃岡人。著有《肅肅館詩集》。引詩見《萬首論詩絕句》，頁 1648。

(注 39) 黃小魯簡歷見本章注 31。引詩見《萬首論詩絕句》，頁 1623。

(注 40) 陳融簡歷見本章注 28。引詩參見《萬首論詩絕句》，頁 1797。

(注 41) 錢曾，字遵王，號也是翁。常熟人。有《遵王詩稿》。詩見引《萬首論詩絕句》，頁 227。

(注 42) 謝啓昆簡歷見本章注 8。引詩見《萬首論詩絕句》，頁 523。

(注 43) 陸學欽，字子若，太倉人。嘉慶庚辛舉人。著有《蘊眞居詩集》。引詩見《萬首論詩絕句》，頁 714。

(注 44) 夏葆彝，字子琴，號文宿。黃岡人。光緒丙戌進士。浙江即用知縣。著有《井字山人詩存》。引詩見《萬首論詩絕句》，頁 1540。

(注 45) 蔡環黼，字拱其，號漫叟。浙江德清人。貢生。有《細萬齋集》。引詩見《萬首論詩絕句》，頁 445。

(注 46) 方履籛，字彥聞，一字術民。河北大興人。嘉慶戊寅舉人。官閩縣知縣。有《萬善花室文稿》、《萬善花室駢體文鈔》、《伊闕訪碑

錄)、《金石萃編補正》、《衡齋碑目》等。引詩見《萬首論詩絕句，頁 830。

(注 47) 王楷，字雁峰。湖南長沙人。同治庚午進士，官至云南普洱知府。著有《聽園詩鈔》。引詩參見《萬首論詩絕句》，頁 1406。

(注 48) 吳嵩梁，字子山，號蘭雪。江西東鄉人。嘉慶更申舉人。先任內閣中書，歷官黔西知州。著有《香蘇山館詩集》。引詩見《萬首論詩絕句》，頁 708。

(注 49) 張晉，字雋三。山西陽城人。諸生。有《艷雪堂詩集》。引詩見《萬首論詩絕句》，頁 665。

(注 50) 張之傑簡歷見本章注 32。引詩見《萬首論詩絕句》，頁 942。

(注 51) 方廷楷生平見本章注 26。引詩參見《萬首論詩絕句》，頁 1269。

(注 52) 毛國翰，字大宗，號青垣。湖南長沙人。諸生。有《蘗園詩鈔》、《青湘樓傳奇》等。引詩見《萬首論詩絕句》，頁 973。

(注 53) 吳仰賢，字牧驤。浙江嘉興人。咸豐壬子進士。官至云南曲靖府知府，護理迤東道。著有《小匏庵詩存》、《詩話》、《南湖百詠》等。引詩見《萬首論詩絕句》，頁 1229。

(注 54) 朱庭珍簡歷見本章注 17。引詩見《萬首論詩絕句》，頁 1044。

(注 55) 同上。引詩見《萬首論詩絕句》，頁 1049。

(注 56) 姚福均，字屺瞻，一字瑤仙。江蘇常熟人。貢生。著有《補籮遺稿》。引詩見《萬首論詩絕句》，頁 1434。

(注 57) 馮繼聰簡歷見本章注 21。引詩見《萬首論詩絕句》，頁 1120。

(注 58) 陳芸，字蘩仙，號淑宜。福建侯官人。陳壽彭之女。著有《小黛軒集》。引詩見《萬首論詩絕句》，頁 1712。

(注 59) 葉紹本，字仁甫，號筠潭。浙江歸安人。嘉慶辛酉進士。改庶吉士，授編修，歷官山西布政使，降鴻臚寺卿。有《白鶴山房詩鈔》。引詩見《萬首論詩絕句》，頁 729。

（注 60）李玉州，江蘇人。引詩見《萬首論詩絕句》，頁 688。

（注 61）錢鈞伯，字訥蓬。無錫人。著有《靜妙山房遺集》。引詩見《萬首論詩絕句》，頁 1064。

（注 62）邵堂，字無斁。江蘇青浦人。嘉慶丁丑進士。官氾水知縣。著有《大小雅堂集》。引詩見《萬首論詩絕句》，頁 821。

（注 63）宮爾鐸簡歷見本章注 30。引詩見《萬首論詩絕句》，頁 1459。

（注 64）斌良，字備卿，又字笠耕，號梅舫。滿州旗人。由主事官至刑部侍郎，駐藏大臣。著有《抱冲齋詩集》。引詩見《萬首論詩絕句》，頁 773。

（注 65）查揆，又名初揆，字梅史。浙江海寧人。嘉慶甲子舉人。官蘇州知府。著有《筼谷詩鈔》。引詩參見《萬首論詩絕句》，頁 736。

（注 66）戴復古，字式之。天臺黃岩人。著有《石屏集》。引詩見《萬首論詩絕句》，頁 119。

（注 67）張玉穀，字蔭嘉。江蘇吳縣人。諸生。有《樂圃詩鈔》、《樂圃詞》、《古詩賞析》。引詩見《萬首論詩絕句》，頁 564。

（注 68）陳經禮，字慶旋。浙江秀水人。乾隆丁丑進士。官至辰州府同知，署常德府事。著有《檢齋詩集》。引詩參見《萬首論詩絕句》，頁 443。

（注 69）林昌彝，字惠常，號薌溪。福建侯官人。道光甲辰進士。著有《衣襆山房詩集》、《射鷹樓詩話》、《小石渠閣文集》、《三禮通釋》、《海天琴思錄》、《續錄》，等等。引詩見《萬首論詩絕句》，頁 1016。

（注 70）虞鈖，字畯民。錢塘人。諸生。引詩見《萬首論詩絕句》，頁 1057。

（注 71）沈景修，字汲民，一字蒙叔，晚號寒柯。浙江秀水人。同治乙丑補行辛酉科拔貢，官分水教諭。著有《蒙廬詩存》、《井華詞》。引

　　　　詩見《萬首論詩絕句，頁 1392。

(注 72) 蕭重，字遠村。靜海人。著有《剖瓠存稿》。引詩參見《萬首論詩
　　　　絕句，頁 1054。

(注 73) 孫雄，原名同康，字師鄭，號鄭齋，別號樸庵。江蘇常熟人。光
　　　　緒甲午進士，官至吏部主事，曾任分科大學文科監督。民國後任
　　　　國史館編修。著有《詩史閣壬癸詩存》、《師鄭堂集》等。引詩見
　　　　《萬首論詩絕句》，頁 1652。

(注 74) 尹嘉年，乾隆時人。引詩見《萬首論詩絕句》，頁 396。

(注 75) 元好問簡歷見本書第四章注 7。引詩見《萬首論詩絕句》，頁 157。

(注 76) 梁梅，字錫仲，號子春。廣東順德人。道光戊子優貢。有《寒木
　　　　齋集》。引詩見《萬首論詩絕句》，頁 922。

(注 77) 元好問簡歷見本書第四章注 7。引詩參見《萬首論詩絕句》，頁
　　　　160。

(注 78) 司空圖，字表聖。虞鄉人。咸通進士。官至禮部郎中。避亂隱居
　　　　王官谷，號耐辱居士。入梁，召爲禮部尙書，不起。著有《司空
　　　　表聖文集》。引詩參見《萬首論詩絕句》，頁 36。

(注 79) 趙蕃，字昌父，號章泉。信州人。官直秘閣，謚文節。有《乾道
　　　　稿》、《淳熙稿》、《章泉稿》。引詩見《萬首論詩絕句》，頁 112。

(注 80) 楊恩壽，字鶴儔，號蓬海。湖南長沙人。同治庚午舉人。湖北候
　　　　補知府。著有《坦園詩錄》。引詩見《萬首論詩絕句》，頁 1407。

(注 81) 陳融簡歷見本章注 28。引詩參見《萬首論詩絕句》，頁 1807。

(注 82) 段成式，字柯古。河南人。歷尙書郎、太常少卿。連典九江、縉
　　　　雲、盧陵三郡。存詩一卷。引詩參見《萬首論詩絕句》，頁 33。

(注 83) 吳祖修，字愼思，號柳塘。吳江人。貢生。著有《柳塘詩集》。引
　　　　詩見《萬首論詩絕句》，頁 338。

(注 84) 方廷楷生平見本章注 26。引詩參見《萬首論詩絕句》，頁 1271。

（注 85）沈兆澐，字雲巢。直隸天津人。嘉慶丁丑進士，改庶吉士，授編
修，咸豐間以江安督糧道代理河南布政使，諡文和。著有《織簾
書屋詩鈔》。引詩見《萬首論詩絕句》，頁 819。

（注 86）傅玉書，字素餘，一字竹莊。貴州甕安人。乾隆乙酉舉人。選安
福知縣。著有《竹莊詩草》。引詩參見《萬首論詩絕句》，頁 550。

（注 87）吳應奎，字文伯，一字蘅皋。浙江孝豐人。諸生。著有《讀書樓
詩集》。引詩見《萬首論詩絕句》，頁 785。

（注 88）王庚言，字簀山。山東諸城人。乾隆癸丑進士。授吏部主事，歷
官江安督糧道。著有《簀山堂詩鈔》。引詩見《萬首論詩絕句》，
頁 652。

（注 89）張之傑生平見本章注 32。引詩參見《萬首論詩絕句》，頁 941。

（注 90）金葆楨，字實齋。河南祥符人。光緒癸巳舉人。官內閣中書。有
《實齋詩存》、《論詩絕句》、《論醫絕句》。引詩見《萬首論詩絕
句》，頁 1600。

（注 91）汪由敦，字師茗，號謹堂。休寧人。雍正甲辰進士，改庶吉士，
官至禮部尚書，贈太子太師，諡文端。有《松泉詩集》。引詩見
《萬首論詩絕句》，頁 342。

（注 92）錢世錫，字慈伯，號百泉。浙江嘉興人。乾隆戊戌進士，改庶吉
士，授編修。有《麂山老屋詩集》。引詩見《萬首論詩絕句》，頁
603。

（注 93）釋齊己，名得生，俗姓胡。益陽人。自號衡岳沙門。有《白蓮
集》。引詩見《萬首論詩絕句》，頁 51。

（注 94）元好問簡歷見本書第四章注 7。引詩參見《萬首論詩絕句》，頁
159。

（注 95）彭蘊章，原名琮達，字詠茂，一字詠茂。江蘇長洲人。道光乙未
進士，官至武英殿大學士，乞休，旋起署兵部尚書，兼左都御史，

諡文敬。著有《松花閣詩鈔》、《四照堂詩文集》。引詩見《萬首論詩絕句》，頁 949。

(注 96) 郭曾炘，字春楡。福建侯官人。光緒庚辰進士，改庶吉士，授禮部主事，官至典禮院掌院學士。著有《匏廬詩存》。引詩見《萬首論詩絕句》，頁 1486。

(注 97) 潘曾綬，字紱庭。江蘇吳縣人。道光庚子舉人，官內閣侍讀，贈三品卿銜。有《陔南書屋詩集》。引詩見《萬首論詩絕句》，頁 994。

(注 98) 謝啓昆簡歷見本章注 8。引詩參見《萬首論詩絕句》，頁 535。

(注 99) 張之傑簡歷見本章注 50。引詩見《萬首論詩絕句》，頁 940。

(注 100) 楊夢信，廬陵人。慶元二年進士。官朝議大夫，行國子監丞，端平乙未知興化軍。引詩見《萬首論詩絕句》，頁 142。

(注 101) 姚瑩簡歷見本章注 19。引詩參見《萬首論詩絕句》，頁 761。

(注 102) 謝啓昆生平本章注 8。引詩參見《萬首論詩絕句》，頁 488。

(注 103) 姚瑩簡歷見本章注 19。引詩參見《萬首論詩絕句》，頁 762。

(注 104) 馮繼聰簡歷見本章注 21。引詩見《萬首論詩絕句》，頁 1087。

(注 105) 戴森，字柘庵，號肅齋。鎮江人。監生。著有《瑞芝山房詩鈔》。引詩見《萬首論詩絕句》，頁 1197。

(注 106) 馮繼聰簡歷見本章注 21。引詩見《萬首論詩絕句》，頁 1156。

(注 107) 吳騏，字日千。松江華亭人。崇禎諸生。著有《顧頷集》。引詩見《萬首論詩絕句》，頁 216。

(注 108) 袁枚簡歷見本章注 15。引詩參見《萬首論詩絕句》，頁 389。

(注 109) 謝啓昆生平見本章注 8。引詩見《萬首論詩絕句》，頁 539。

(注 110) 同上。引詩見《萬首論詩絕句》，頁 511。

(注 111) 同上。引詩見《萬首論詩絕句》，頁 539。

(注 112) 同上。引詩見《萬首論詩絕句》，頁 526。

（注 113）張晉簡歷見本章注 49。引詩參見《萬首論詩絕句》，頁 671。

（注 114）黃培芳，字子實，號香石。廣東香山人。嘉慶甲子副貢，官武英
　　　　　殿校錄、內閣中書、陵水敎諭。著有《嶺海樓詩文鈔》、《浮山小
　　　　　志》、《粵嶽詩話》、《香石詩鈔》。引詩見《萬首論詩絕句》，頁
　　　　　738。

（注 115）邵堂簡歷見本章注 62。引詩參見《萬首論詩絕句》，頁 823。

（注 116）同上。引詩見《萬首論詩絕句》，頁 824。

（注 117）袁翼，字谷廉。江蘇寶山人。道光壬午舉人。官玉山知縣。著有
　　　　　《邃懷堂詩集》。引詩見《萬首論詩絕句》，頁 889。

（注 118）梁梅簡歷見本章注 76。引詩見《萬首論詩絕句》，頁 922。

（注 119）張鴻基，字儀祖，號硯孫。江蘇吳縣人。諸生。有《傳硯堂詩
　　　　　集》。引詩見《萬首論詩絕句》，頁 976。

（注 120）同上。引詩見《萬首論詩絕句》，頁 977。

（注 121）張際亮簡歷見本章注 13。引詩見《萬首論詩絕句》，頁 981。

（注 122）韓印，字伯符，號介孫。江浦人。著有《尚簡堂詩稿》。引詩見
　　　　　《萬首論詩絕句》，頁 1004。

（注 123）林昌彝簡歷見本章注 69。引詩見《萬首論詩絕句》，頁 1024。

（注 124）同上。引詩見《萬首論詩絕句》，頁 1013。

（注 125）同上。引詩見《萬首論詩絕句》，頁 1016。

（注 126）朱庭珍簡歷見本章注 17。引詩見見《萬首論詩絕句》，頁 1050。

（注 127）蕭重簡歷見本章注 72。引詩見《萬首論詩絕句》，頁 1056。

（注 128）方廷楷簡歷見本章注 26。引詩見《萬首論詩絕句》，頁 1274。

（注 129）許奉恩，字叔平。安徽桐城人。著有《蘭苕館論詩》。引詩見《萬
　　　　　首論詩絕句》，頁 1380。

（注 130）馮煦，字夢華，號蒿庵。江蘇金壇人。光緒丙戌一甲三名進士，
　　　　　授編修，曾任四川布政使、安徽鳳陽縣知府、山西按察使，官至

安徽巡撫。著有《蒿盦類稿》、《蒿庵詞》、《蒿庵詞話》、《蒿庵隨
筆》，編有《宋十一家詞選》等。引詩見《萬首論詩絕句》，頁
1534。

(注131) 宮爾鐸簡歷見本章注30。引詩見《萬首論詩絕句》，頁1460。

(注132) 章鶴齡，生平不詳。引詩見《萬首論詩絕句》，頁1314。

(注133) 李慈銘，字悉伯，號蓴客。浙江會稽人。光緒庚辰進士，官至監
察御史。有《越縵堂集》、《白華絳跗閣詩集》、《杏花香雪齋詩》。
引詩見《萬首論詩絕句》，頁1479。

(注134) 張祥河，字詩舲。江蘇婁縣亭人。嘉慶庚辰進士。歷任內閣中書、
軍機章京、戶部郎中，官至工部尚書。謚文和。著有《小重山房
集》、《詩舲詩錄》、《得天居士集》、《朝天集》等。引詩見《萬首
論詩絕句》，頁831。

(注135) 黃維申，字笏堂。湖南善化人。著有《報暉堂詩集》。引詩見《萬
首論詩絕句》，頁1299。

(注136) 林思進，字山腴，四川華陽人。著有《清寂堂詩》。引詩見《萬首
論詩絕句》，頁1674。

(注137) 袁嘉谷簡歷見本章注22。引詩見《萬首論詩絕句》，頁1687。

(注138) 何一碧，生平不詳。引詩見《萬首論詩絕句》，頁1321。

(注139) 錢謙益簡歷見本書第四章注11。引詩參見《萬首論詩絕句》，頁
195。

(注140) 吳德旋，字仲倫。江蘇宜興人。諸生。有《初月樓聞見錄》、《續
錄》、《初月樓論書隨筆》、《古文緒錄》、《初月樓文鈔》、《詩鈔》、
《續鈔》等。引詩見《萬首論詩絕句》，頁658。

(注141) 胡煥，生平不詳。引詩見《萬首論詩絕句》，頁1679。

(注142) 林楓，字沛庭。咸豐、同治間福建侯官人。著有《聽秋山館詩
鈔》。引詩見《萬首論詩絕句》，頁1361。

（注 143）楊夢信簡歷見本章注 101。引詩見《萬首論詩絕句》，頁 142。

（注 144）元好問簡歷見本書第四章注 7。引詩參見《萬首論詩絕句》，頁 159。

（注 145）張之傑簡歷見本章注 32。引詩見《萬首論詩絕句》，頁 938。

（注 146）同上。引詩見《萬首論詩絕句》，頁 940。

（注 147）潘曾綬簡歷見本章注 97。引詩見《萬首論詩絕句》，頁 994。

（注 148）張祥河簡歷見本章注 134。引詩見《萬首論詩絕句》，頁 832。

（注 149）毛國翰簡歷見本章注 52。引詩見《萬首論詩絕句》，頁 967。

（注 150）馬長海，姓那蘭，字匯川，號清痴。滿州人。自號雷溪居士。著有《雷溪草堂集》。引詩見《萬首論詩絕句》，頁 355。

（注 151）吳祖修簡歷見本章注 83。引詩見《萬首論詩絕句》，頁 336。

（注 152）孫諤，字一士，號在原。嶧縣人。雍正壬子優貢。著有《在原詩草》。引詩見《萬首論詩絕句》，頁 348。

（注 153）元好問簡歷見本書第四章注 7。引詩參見《萬首論詩絕句》，頁 159。

（注 154）謝啓昆簡歷見本章注 8。引詩見《萬首論詩絕句》，頁 539。

（注 155）彭蘊章簡歷見本章注 96。引詩見《萬首論詩絕句》，頁 949。

（注 156）戴森簡歷見本章注 105。引詩見《萬首論詩絕句》，頁 1197。

（注 157）同上。引詩見《萬首論詩絕句》，頁 1199。

（注 158）陳書，字伯初，號俶玉，又號木庵。福建侯官人。光緒乙亥舉人。官直隸博野縣知縣。著有《木庵先生詩》。引詩見《萬首論詩絕句》，頁 1439。

（注 159）馮繼聰簡歷見本章注 21。引詩見《萬首論詩絕句》，頁 1109。

（注 160）吳鎮，字信辰，號松崖。狄道人。乾隆己丑舉人。歷官沅州知府。著有《松花庵詩草》。引詩見《萬首論詩絕句》，頁 572。

（注 161）屈復，字見心，號悔翁、又號金粟道人。蒲城人。乾隆丙辰舉博

學鴻詞，不赴。著有《弱水集》。引詩見《萬首論詩絕句》，頁
372。

(注162) 張九鐸，字竹南，號蓉湖。湖南湘潭人。乾隆戊戌進士，改庶吉
士，授編修。著有《笙雅堂集》。引詩見《萬首論詩絕句》，頁
604。

(注163) 錢謙益簡歷見本書第四章注7。

(注164) 黃承吉，字謙牧，號春谷。江蘇江都人。嘉康乙丑進士。官廣西
興安知縣。調知岑溪。著有《夢陔堂詩集》。引詩見《萬首論詩絕
句》，頁744。

(注165) 張九鐸簡歷見本章注164。引詩見《萬首論詩絕句》，頁604。

(注166) 傅玉書簡歷見本章注86。引詩見《萬首論詩絕句》，頁550。

(注167) 吳應奎簡歷見本章注87。引詩見《萬首論詩絕句》，頁604。

(注168) 沈德潛，字確士，號歸愚，又號峴山。江南長洲人。乾隆己未進
士。由編修官至禮部侍郎。謚文慤。著有《歸愚詩文鈔》。編有
《古詩源》、《唐詩別裁》、《明詩別裁》、《國朝詩別裁》。另有評注
有《杜詩評鈔》。引詩見《萬首論詩絕句》，頁382。

(注169) 郭曾炘簡歷見本章注96。引詩見《萬首論詩絕句》，頁1487。

(注170) 彭兆蓀，字湘涵，號甘亭。江蘇鎮洋人。諸生。有《小謨觴館
集》。引詩見《萬首論詩絕句》，頁656。

(注171) 宮爾鐸簡歷見本章注30。引詩見《萬首論詩絕句》，頁1462。

(注172) 陳衍，小名尹昌，字叔伊，號石遺、匹園、石遺老人。福建侯官
人。光緒壬午舉人，官學部主事。民國後出任北京師大學堂講席，
廈門大學、無錫國專學校教授。著有《石遺室集》、《石遺詩話》。
編有《近代詩鈔》、《遼詩紀事》等。引詩見《萬首論詩絕句》，頁
1510。

(注173) 李必恆簡歷見本書第四章注36。引詩參見《萬首論詩絕句》，頁

330。

（注 174）謝啓昆簡歷見本章注 8。引詩見《萬首論詩絕句》，頁 538。

（注 175）同上。引詩見《萬首論詩絕句》，頁 510。

（注 176）同上。引詩見《萬首論詩絕句》，頁 471。

（注 177）徐以坤，字含章，號谷庵。浙江德清人。乾隆戊子舉人。官國子
　　　　　監博士，四庫館書成叙議，以主事用。引詩參見《萬首論詩絕
　　　　　句》，頁 560。

（注 178）張九鐸簡歷見本書第四章注 56。引詩參見《萬首論詩絕句》，頁
　　　　　604。

（注 179）孫星衍，字淵如，一字季述。江蘇陽湖人。乾隆丁未榜眼。官至
　　　　　山東督糧道。著有《芳茂山人詩錄》、《問字堂集》、《五松園文
　　　　　集》、《續古文苑》、《芳茂山人文集》、《外集》、《岱南閣集》、《平
　　　　　津館鑒藏書畫記》、《雨粟樓詩》、《孫淵如詩文集》、《孫淵如先生
　　　　　文遺》、《嘉谷堂集》，等等。引詩見《萬首論詩絕句》，頁 620。

（注 180）張晉簡歷見本章注 49。引詩參見《萬首論詩絕句》，頁 668。

（注 181）張晉簡歷見本章注 49。引詩參見《萬首論詩絕句》，頁 670。

（注 182）邵堂簡歷見本章注 62。引詩參見《萬首論詩絕句》，頁 821。

（注 183）吳仰賢簡歷見本章注 53。引詩見《萬首論詩絕句》，頁 1230。

（注 184）廖鼎聲簡歷見本章注 7。引詩見《萬首論詩絕句》，頁 1355。

（注 185）許奉恩簡歷見本章注 129。引詩見《萬首論詩絕句》，頁 1380。

（注 186）張佩綸，字繩叔，又字幼樵，簣齋。直隸豐潤人。同治辛未進士，
　　　　　改庶吉士，授編修。歷官候補四品京堂。有《澗于集》、《澗于日
　　　　　記》。引詩見《萬首論詩絕句》，頁 1415。

（注 187）徐兆豐，字乃秋。江都人。同治甲戌進士官至延津邵道。著有
　　　　　《香雪巢詩鈔》。引詩參見《萬首論詩絕句》，頁 1428。

（注 188）黃小魯簡歷見本章注 31。引詩見《萬首論詩絕句》，頁 1626。

(注 189) 朱應庚，字恢元，號菊坡。湘鄉人。諸生。著有《菊坡詩存》。引詩見《萬首論詩絕句》，頁 1630。

(注 190) 朱彭年，字仲鑒，號莘潛。浙江富陽人。同治丁卯解元，歷官江西興國、貴溪知縣。著有《春渚草堂詩文集》。引詩見《萬首論詩絕句》，頁 1403。

(注 191) 徐繼畬簡歷見本章注 192。引詩見《萬首論詩絕句》，頁 916。

(注 192) 楊深秀簡歷見本章注 6。引詩見《萬首論詩絕句》，頁 1556。

(注 193) 李遐齡，字芳健。香山人。著有《勺園詩鈔》。引詩見《萬首論詩絕句》，頁 1071。

(注 194) 陳芸簡歷見本章注 58。引詩參見《萬首論詩絕句》，頁 1726。

(注 195) 屈復簡歷見本章注 163。引詩見《萬首論詩絕句》，頁 372。

(注 196) 彭光澧，字止翁。石陽人。著有《皪根山房詩存》。引詩見《萬首論詩絕句》，頁 691。

(注 197) 宋湘，字煥襄，號芷灣。廣東嘉應人。嘉慶己未進士。曾以編修典試川、貴，知云南曲靖府，署廣南永昌，官至湖北糧道。著有《紅杏山房詩鈔》。引詩見《萬首論詩絕句》，頁 703。

(注 198) 鮑桂星，字雙五，一字覺生。安徽歙縣人。嘉慶己未進士，改庶吉士，授編修，官至工部侍郎，降詹事。著有《覺生詩鈔》、《詠史詩》、《懷人詩》。引詩見《萬首論詩絕句》，頁 704。

(注 199) 朱庭珍簡歷見本章注 17。引詩見《萬首論詩絕句》，頁 1050。

(注 200) 方履籛簡歷見本章注 46。引詩見《萬首論詩絕句》，頁 830。

(注 201) 沈金藻，字石生，號蘭卿。平湖人。諸生。官嘉定巡檢。著有《紫茜山房詩草》。引詩見《萬首論詩絕句》，頁 1290。

(注 202) 王十朋簡歷見本書第四章注 4。引詩參見《萬首論詩絕句》，頁 80。

(注 203) 葉方藹，字子吉，號訒庵。江南昆山人。同治己亥進士。官至禮

部尙書，諡文敏。著有《讀書齋偶存稿》。引詩見《萬首論詩絕句》，頁 242。

(注 204) 鍾廷瑛簡歷見本書第四章注 53。引詩參見《萬首論詩絕句》，頁 579。

(注 205) 宋繩先，原名繩祖，字步武，號宋澗。山東膠州人。乾隆甲寅舉人，官嘉祥敎諭。著有《宋澗詩稿》。引詩見《萬首論詩絕句》，頁 653。

(注 206) 林昌彝簡歷見本章注 69。引詩見《萬首論詩絕句》，頁 1013。

(注 207) 周劼，字獻臣。彭澤人。道光乙巳進士。官息縣知縣。著有《甑城山館詩鈔》。引詩見《萬首論詩絕句》，頁 1035。

(注 208) 王若虛簡歷見本書第四章注 9。引詩參見《萬首論詩絕句》，頁 154。

(注 209) 錢謙益簡歷見本書第四章注 11。引詩參見《萬首論詩絕句》，頁 195。

(注 210) 陳書簡歷見本章注 159。引詩見《萬首論詩絕句》，頁 1439。

(注 211) 王昶簡歷見本書第四章注 11。引詩見《萬首論詩絕句》，頁 437。

(注 212) 張玉穀簡歷見本章注 67。引詩見《萬首論詩絕句》，頁 561。

(注 213) 李呈祥，字其旋，又字吉津。霑化人。明崇禎癸未進士。改庶吉士。入淸，官詹事府少詹事，兼侍講學士。著有《東村集》。引詩見《萬首論詩絕句》，頁 205。

(注 214) 吳應奎簡歷見本章注 87。引詩見《萬首論詩絕句》，頁 786。

(注 215) 章鶴齡生平不詳。引詩見《萬首論詩絕句》，頁 1315。

(注 216) 張九鐸簡歷見本書第四章注 56。引詩參見《萬首論詩絕句》，頁 604。

(注 217) 黃維申簡歷見本章注 135。引詩見《萬首論詩絕句》，頁 1298。

(注 218) 馮煦簡歷見本章注 130。引詩見《萬首論詩絕句》，頁 1534。

(注 219) 許愈初簡歷見本章注 38。引詩見《萬首論詩絕句》，頁 1649。

(注 220) 蔡壽臻，字鶴君，桐鄉人。著有《潮居詩括》。引詩見《萬首論詩絕句》，頁 1636。

(注 221) 元好問簡歷見本書第四章注 7。引詩參見《萬首論詩絕句》，頁 160。

(注 222) 錢謙益簡歷見本書第四章注 11。引詩參見《萬首論詩絕句》，頁 195。

(注 223) 吳德旋簡歷見本章注 141。引詩見《萬首論詩絕句》，頁 657。

(注 224) 張晉簡歷見本章注 49。引詩參見《萬首論詩絕句》，頁 671。

(注 225) 高錫恩，原名學淳，字古民。仁和人。貢生。著有《友石齋詩集》。引詩見《萬首論詩絕句》，頁 934。

(注 226) 姚瑩簡歷見本章注 19。引詩參見《萬首論詩絕句》，頁 758。

(注 227) 朱琦，字濂甫，號伯韓。廣西臨桂人。道光乙未進士。由翰林改官御史，後以道員守杭州。著有《怡志堂詩》、《倚雲樓詩》、《怡志堂文集》等。引詩見《萬首論詩絕句》，頁 950。

(注 228) 王允晳，字又點，號碧棲。福建長樂人。光緒乙酉舉人。官安徽婺源縣知縣。著有《碧棲詩》、《碧棲詞》。引詩見《萬首論詩絕句》，頁 1533。

(注 229) 吳德旋簡歷見本章注 141。引詩見《萬首論詩絕句》，頁 1681。

(注 230) 吳祖修簡歷見本章注 83。引詩見《萬首論詩絕句》，頁 337。

(注 231) 洪亮吉，字君直，一字稚存，號北江、更生。江蘇陽湖人。乾隆庚戌榜眼。官翰林院編修，督學貴州。嘉慶時以上書指斥時政，戍伊犁。赦還後，自號更生居士。著有《卷施閣文甲集》、《乙集》、《詩集》、《詩餘》、《更生齋文錄》、《洪稚存先生尺牘》、《洪北江詩文集》、《北江詩話》、《伊犁日記》、《塞外紀聞》、《天山客話》、《玉塵集》，等等。引詩見《萬首論詩絕句》，頁 632。

（注 232）姚瑩簡歷見本章注 19。引詩參見《萬首論詩絕句》，頁 760。

（注 233）吳應奎簡歷見本章注 87。引詩見《萬首論詩絕句》，頁 789。

（注 234）況澄，字少吳。廣西臨桂人。道光壬午進士。官至河南鹽糧道。
　　　　著有《西舍詩鈔》。引詩見《萬首論詩絕句》，頁 883。

（注 235）江瀚，字叔海。福建長汀人。官開、歸、陳、許道。著有《慎所
　　　　立齋稿》、《北游》、《東游》等集。引詩見《萬首論詩絕句》，頁
　　　　1548。

（注 236）蔡環黼簡歷見本章注 45。引詩見《萬首論詩絕句》，頁 447。

（注 237）錢世錫簡歷見本章注 92。引詩見《萬首論詩絕句》，頁 602。

（注 238）尹嘉年簡歷見本章注 74。引詩見《萬首論詩絕句》，頁 395。

（注 239）錢世錫簡歷見本章注 93。引詩見《萬首論詩絕句》，頁 602。

（注 240）彭光澧簡歷見本章注 197。引詩見《萬首論詩絕句》，頁 690。

（注 241）姚瑩簡歷見本章注 19。引詩參見《萬首論詩絕句》，頁 762。

（注 242）袁翼簡歷見本章注 117。引詩見《萬首論詩絕句》，頁 893。

（注 243）梁梅簡歷見本章注 76。引詩參閱《萬首論詩絕句》，頁 922。

（注 244）張之傑簡歷見本章注 50。引詩見《萬首論詩絕句》，頁 947。

（注 245）張鴻基簡歷見本章注 119。引詩見《萬首論詩絕句》，頁 977。

（注 246）馮繼聰簡歷見本章注 210。引詩見《萬首論詩絕句》，頁 1189。

（注 247）沈景修簡歷見本章注 71。引詩見《萬首論詩絕句》，頁 1397。

（注 248）宮爾鐸簡歷見本章注 30。引詩見《萬首論詩絕句》，頁 1460。

（注 249）謝章鋌，字枚如。福建長樂人。光緒丁丑進士。官內閣中書。著
　　　　有《賭棋山莊集》。引詩見《萬首論詩絕句》，頁 1467。

（注 250）何維棣，字褏孫。道州人。光緒壬午舉人。官四川候補道。著有
　　　　《潛穎詩》。引詩參見《萬首論詩絕句》，頁 1515。

（注 251）蔣士超，字萬里。江蘇無錫人。諸生。著有《振素盦詩鈔》。引詩
　　　　見《萬首論詩絕句》，頁 1779。

（注 252）陳融簡歷見本章注 28。引詩參見《萬首論詩絕句》，頁 1784。

（注 253）同上。引詩見《萬首論詩絕句》，頁 1785。

（注 254）同上。引詩見《萬首論詩絕句》，頁 1799。

（注 255）同上。引詩見《萬首論詩絕句》，頁 1822。

（注 256）鄧鎔，字守瑕，一字忍堪。四川成都人。著有《荃察余齋詩存》。引詩見《萬首論詩絕句》，頁 1700。

（注 257）彭光澧簡歷見本章注 197。引詩見《萬首論詩絕句》，頁 692。

（注 258）郭麐，字祥伯，號頻伽。江蘇吳江人。嘉慶間貢生。著有《靈芬館全集》、《國史蒙拾》、《唐文萃補遺》、《金石例補》、《江行日記》、《縣竹枝詞自注》、《靈芬館詩初集》、《二集》、《三集》、《四集》、《續集》、《靈芬館集外詩》、《靈芬館詞》、《靈芬館雜著》、《續編》、《三編》，等等。引詩見《萬首論詩絕句》，頁 724。

（注 259）潘曾綬簡歷見本章注 97。引詩見《萬首論詩絕句》，頁 989。

（注 260）張晉簡歷見本章注 49。引詩參見《萬首論詩絕句》，頁 669。

（注 261）查愼行，初名嗣璉，字夏重，後更今名，字悔餘，號初白，又號查田。浙江海寧人。少時爲諸生，參軍貴州。康熙癸未進士，官翰林院編修。著有《周易玩辭集解》、《易說》、《人海記》、《得樹樓雜鈔》、《補注東坡編年詩》、《敬業堂集》、《敬業堂集補遺》、《初白庵詩評》、《初白詩鈔》，等等。引詩見《萬首論詩絕句》，頁 293。

（注 262）沈壽榕，字朗山，號意文。浙江海寧人。歷官廣東布政使。著有《玉笙樓詩錄》。引詩見《萬首論詩絕句》，頁 1220。

（注 263）朱庭珍簡歷見本章注 17。引詩見《萬首論詩絕句》，頁 1048。

（注 264）翁方剛簡歷見本章注 36。引詩見《萬首論詩絕句》，頁 416。

（注 265）臧壽恭，原名耀，字眉卿。浙江長興人，嘉慶丁卯舉人。引詩見《萬首論詩絕句》，頁 749。

（注266）郭曾炘簡歷見本章注96。引詩見《萬首論詩絕句》，頁1486。

（注267）李希聖簡歷見本章注4。引詩見《萬首論詩絕句》，頁1578。

（注268）陳銳，字伯弢，又字伯韜。湖南武陵人。光緒癸巳舉人。官江蘇試用知縣。著有《袌碧齋詩集》。引詩見《萬首論詩絕句》，頁1602。

（注269）孫雄簡歷參見本章注73。引詩見《萬首論詩絕句》，頁1651。

（注270）王昶簡歷見本書第四章注43。引詩見《萬首論詩絕句》，頁428。

（注271）張晉簡歷見本章注49。引詩參見《萬首論詩絕句》，頁670。

（注272）查揆簡歷見本章注65。引詩參見《萬首論詩絕句》，頁737。

（注273）馬長海簡歷見本章注151。引詩見《萬首論詩絕句》，頁355。

（注274）蔡環黼簡歷見本章注45。引詩見《萬首論詩絕句》，頁446。

（注275）張玉穀簡歷見本章注67。引詩見《萬首論詩絕句》，頁569。

（注276）沈德潛簡歷見本章注169。引詩見《萬首論詩絕句》，頁385。

（注277）洪占銓，號介亭。嘉慶壬戌進士。官編修。著有《小容齋詩鈔》。引詩見《萬首論詩絕句》，頁733。

（注278）王省山，字宋坪。山西沁州人。嘉慶癸酉拔貢，由教諭官至江蘇昆山知縣。著有《茶根軒詩鈔》。引詩見《萬首論詩絕句》，頁804。

（注279）袁翼簡歷見本章注117。引詩見《萬首論詩絕句》，頁894。

（注280）張崇蘭，字猗谷。江蘇丹徒人。著有《悔廬詩鈔》。引詩見《萬首論詩絕句》，頁1214。

（注281）黃維申簡歷見本章注135。引詩見《萬首論詩絕句》，頁1299。

（注282）陳融簡歷見本章注28。引詩參見《萬首論詩絕句》，頁1820。

（注283）徐繼畬簡歷見本章注195。引詩見《萬首論詩絕句》，頁916。

（注284）同上注。

（注285）郭曾炘簡歷見本章注96。引詩見《萬首論詩絕句》，頁1487。

(注 286) 王士禎簡歷見本書第四章注 22。引詩參見《萬首論詩絕句》，頁235。

(注 287) 蔣士超簡歷見本章注 251。引詩見《萬首論詩絕句》，頁 1778。

(注 288) 錢振鍠，字夢鯨，號名山。江蘇陽湖人。康熙癸卯進士，官刑部主事。著有《名山集》。引詩參見《萬首論詩絕句》，頁 1690。

(注 289) 張塤，字商言，號瘦銅。吳縣人。乾隆己丑進士。官內閣中書。著有《竹葉庵集》。引詩見《萬首論詩絕句》，頁 570。

(注 290) 沈德潛簡歷見本章注 160。引詩見《萬首論詩絕句》，頁 382。

(注 291) 林昌彝簡歷見本章注 69。引詩見《萬首論詩絕句》，頁 1017。

(注 292) 林蒼，字耕煤，號天遺。福建閩縣人。光緒甲辰進士。官江西知縣。著有《天遺詩集》。引詩見《萬首論詩絕句》，頁 1692。

(注 293) 黃培芳簡歷見本章注 115。引詩見《萬首論詩絕句》，頁 739。

(注 294) 毛國翰簡歷見本章注 52。引詩見《萬首論詩絕句》，頁 973。

(注 295) 孫雄簡歷參見本章注 73。引詩見《萬首論詩絕句》，頁 1663。

(注 296) 宮爾鐸簡歷見本章注 30。引詩見《萬首論詩絕句》，頁 1459。

(注 297) 孫雄簡歷參見本章注 73。引詩見《萬首論詩絕句》，頁 1666。

第六章 後人取用
杜詩《戲為六絕句》第二首論析

一、後人取用「楊王盧駱當時體」的情況

杜詩「楊、王、盧、駱當時體」，以四姓連排，來說明初唐楊炯、王勃、盧照鄰和駱賓王四人的詩作，「楊、王、盧、駱」，本或作「王、楊、盧、駱」。後代論詩絕句的作者，在言及初唐四傑時，有本於「楊、王、盧、駱」者，早在宋代徐瑞的《書懷五首》其中一首，即作「楊、王、盧、駱哂未休」(注1)，以此來抒發學習前代詩人的內心困惑。全詩爲：

> 「曹、劉、沈、謝易摸索，楊、王、盧、駱哂未休。眼底輪囷能有幾？蛛絲塵網百尺樓。」

不過以作「王、楊、盧、駱」者居多。其中有直接取用杜氏「王、楊、盧、駱當時體」之句者，如王士禛《戲仿元遺山論詩絕句》其中一首就直取「王、楊、盧、駱當時體」(注2) 之句，但所用之意與杜甫不同，王氏乃以何景明《明月篇》仿初唐風格，遂批評何氏欲以四傑取代杜甫的地位，而此舉將會造成對後人錯誤影響。全詩爲：

> 「接迹風人《明月》篇，何郎妙悟本從天。王、楊、盧、駱當時體，莫逐刀圭誤後賢。」

詩後有注云：

> 「何大復謂初唐《明月篇》諸作，得風人遺意，其源高於

李、杜。」

許奉恩《蘭苕館論詩》中也有句云：「王、楊、盧、駱當時體。」
(注3) 直引杜詩句來批評後人之「輕薄相譏」。全詩爲：

> 「文藝無如器識先，裴公品藻得眞詮。王、楊、盧、駱當
> 時體，輕薄相輕亦可憐。」

黃之雋（1668－1748）《自題香奩卷末十二首》也全用杜詩「王、
楊、盧、駱當時體」之句，然而由於這是一首集句詩，取用的性
質不同，這里也不加以贅述。吳騫《論詩絕句》則取用杜句而變
換其中的一個字：「盧、王、楊、駱當日體。」(注4) 但主在慨嘆
詩人「有才無命」。全詩爲：

> 「輕浮衒露皆非福，品藻裴公語足多。盧、駱、楊、王當
> 日體，有才無命欲如何？」

　　絕句詩取用「王、楊、盧、駱」四字者，早在宋代，王質
《題竇伯玉小隱詩六首》言及初唐四傑時，其中即有詩句云：
「王、楊、盧、駱青冥上」(注5)。本句及詩中其他詩句，重在針
對杜氏的「楊、王、盧、駱當時體，輕薄爲文哂未休。爾曹身與
名俱滅，不廢江河萬古流」，提出他的看法，并肯定四傑的成就。
全詩爲：

> 「瘦水微皺漸復槽，秋風脱葉下江皋。王、楊、盧、駱青
> 冥上，不廢江河廢爾曹。」

李呈祥《憶與復陽論詩途次口占卻寄》之「王、楊、盧、駱偶然
同」(注6)，則在説明前代詩人各有特色，從而强調學習前人的
重要性。全詩爲：

> 「沈、謝、曹、劉各自工，王、楊、盧、駱偶然同。欲向
> 前賢尋意旨，鏗然鼓瑟領春風。」

洪亮吉（1746－1803）《道中無事偶作論詩截句二十首》：「王、

楊、盧、駱信難　。」(注7) 用以批評當時的詩風。全詩爲：

　　「鬼簿算經雖在佩，王、楊、盧、駱信難訶。近來海內詩
　　家少，一半人誇記誦多。」

林昌彝《論本朝人詩一百五首》云：「王、楊、盧、駱亦家難。」
(注8) 用以高贊楊蓉裳的詩作，直承李商隱與杜甫，遠遠高於初
唐四傑。全詩爲：

　　「絕艷驚才接玉溪，王、楊、盧、駱亦家雞。千言記事追
　　工部，鐵馬金戈字字凄。」

「千言記事追工部」句後有注云：

　　「蓉裳《伏羌記事詩》百韵，力追浣花。」

「鐵馬金戈字字凄」句後有句云：

　　「蓉裳令伏羌，值回民構亂，烽火連天，蓉裳嚴守孤城，
　　授刁傳餐，獨當豕突。詩有誓死孤城在之句。」

李兆元《論詩絕句》云：「王、楊、盧、駱只相因。」(注9) 稱詩
至齊、梁經已變新，初唐四傑只不過因隨罷了，從而批評白居易
雖然自稱創立元和體，其實也和初唐四傑一樣，并無新意。全詩
爲：

　　「詩到齊、梁已變新，王、楊、盧、駱只相因。香山自詡
　　元和體，又與初唐步後塵。」

　　而葉紹本《仿遺山論詩得絕句廿四首》，獨異其他各家，作：
「王、駱、盧、楊派不同。」(注10) 意在突出王昌齡的成就。詩
前兩句爲：

　　「王、駱、盧、楊派不同，龍門腹稿最稱工。」

　　後代論者常用杜甫《戲爲六絕句》將四姓連排以漫論前代詩
人的手法。徐瑞《雪中夜坐雜詠十首》中談及云：「曹、劉、沈、
謝易摸索。」(注11) 曹指曹植、劉指劉禎、沈爲沈約、謝爲謝

胱，意在表示只是模仿前人，或是議論前人，并無助於詩之寫作。全詩爲：

　　「曹、劉、沈、謝易摸索，楊、王、盧、駱哂未休。眼底
　　輪囷能有幾？蛛絲塵網百尺樓。」

李呈祥《憶與復陽論詩途次口占卻寄》由於詩律的平仄關係，雖然也是將沈約、謝胱、曹植、劉禎并列，但是秩序顛倒，作：「沈、謝、曹、劉各自工。」（注12）先舉沈約、謝胱，然後舉曹植與劉禎，并認爲這四位詩人的作品，各有其成就，從而鼓勵後代的作者向這四位詩人學習。全詩爲：

　　「沈、謝、曹、劉各自工，王、楊、盧、駱偶然同。欲向
　　前賢尋意旨，鏗然鼓瑟領春風。」

錢謙益《姚叔祥過明發堂論近代詞人戲作絕句十六首》云：「高、楊、文、沈久沈埋。」（注13）將高啓、楊基、文徵明、沈周四詩人并排，感慨高啓等四人傑出的成就已久不可再，唯有王百穀的今體，尚可以流傳百年。全詩爲：

　　「高、楊、文、沈久沈埋，溢縹盈緗糞土堆。今體尚餘王
　　百穀，百年香艷未成灰。」

王士禛《戲仿元遺山論詩絕句》則并列元稹、白居易、張籍、王建云：「元、白、張、王皆古意。」（注14）高贊杜甫之能哀吟時世，寄托感興，元稹等四人之能具有古意。全詩爲：

　　「草堂樂府擅驚奇，杜老哀時托興微。元、白、張、王皆
　　古意，不曾辛苦學妃稀。」

田雯《論詩絕句》云：「世無沈、宋、曹、劉輩。」（注15）將沈佺期、宋之問、曹植、劉禎并列，也是慨嘆詩創作界只會模擬探索，從而盛贊徐陵之能善忘。全詩爲：

　　「世無沈、宋、曹、劉輩，摸索何難暗得之。作者滿前一

丘貉，徐陵善忘是吾師。」

鍾廷瑛與錢世錫則并列歐陽修、梅堯臣、蘇軾與陸游。鍾廷瑛
《讀詩絕句十二首》云：「歐、梅、蘇、陸皆龍象。」(注16) 盛贊
歐陽修等四人之能開闢乾坤，賀鑄之能力挽唐音。全詩爲：

> 「歐、梅、蘇、陸皆龍象，玉斧乾坤特地開。力挽唐音近
> 《騷》、《雅》，無人知有賀方回。」

錢世錫《論宋人絕句十二首和陳檢齋司馬》云：「歐、梅、蘇、
陸各門庭。」(注17) 認爲歐陽修等四人能夠自立門户，不讓唐
人；并且稱贊戴復古能夠認識到宋詩亦由「經出」的卓越見解。
全詩爲：

> 「不盡唐賢作典型，歐、梅、蘇、陸各門庭。盛時詩律從
> 經出，深識無如戴石屏。」

詩後有注云：

> 「或語戴復古：宋詩不及唐。復古曰：不然，本朝詩出於
> 經。此人所未識，而復古獨心知之者也。」

張晉并列王維、儲光羲、韋應物、柳宗元。《仿元遺山論詩絕句
六十首》云：「王、儲、韋、柳終難肖。」(注18) 盛贊陶淵明之
奇趣天然，不由人力；縱使王維等四人如何學習，也無法達到陶
詩的境地。全詩爲：

> 「五柳先生趣本奇，不關人力動天隨。王、儲、韋、柳終
> 難肖，絕後空前見此詩。」

柯振嶽則易柳宗元爲孟浩然。《論詩》云：「王、孟、儲、韋多妙
悟。」(注19) 意在盛贊陶淵明詩作洗盡鉛華，自成一家；王維等
四人詩作多妙悟，其實也逃脱不過陶詩的影響。全詩爲：

> 「陶公字字洗鉛華，淡月和風自一家。王、孟、儲、韋多
> 妙悟，依然五柳舊萌芽。」

　　從這些論詩絕句中，令人感到驚奇的是，過去的論者經常將
虞集、楊載、范梈與揭溪斯并列在一起。如顧嗣立《題元百家詩
集後十首》云：「虞、楊、范、揭出群雄。」(注 20) 李必恒《論
詩七絕句》云：「范、揭、虞、楊彼一時。」(注 21) 丁咏淇《論
詩絕句》云：「虞、楊、范、揭莫能逾。」(注 22) 屈復《論詩絕
句三十四首》：「虞、楊、范、揭當時體。」(注 23) 況澄《仿元遺
山論詩三十首》：「虞、楊、范、揭四家稱。」(注 24) 楊深秀《仿
元遺山論詩絕句五十首》：「范、揭、虞、楊何足論。」(注 25) 而
其排列次序先後，多爲虞集、楊載、范梈，最後爲揭溪斯。而作
范、揭、虞、楊之排列者，當也是由於詩律平仄的需要而顛倒處
理。

　　然而上述各家，除了況澄與屈復之外，都是把所舉詩人當爲
負面看待的。況澄云：

　　　「虞、楊、范、揭四家稱，壯似髯翁竟未能。秀色可餐情
　　　韵好，似從溫李得元燈。」

盛贊虞等四人詩作之秀色情韵；并認爲此四人詩作之所以能夠有
傑出之成就，乃受到溫庭筠、李商隱的影響。屈復云：

　　　「虞、楊、范、揭當時體，一代清規伯仲間。忘卻雷溪有
　　　眞隱，尹、邢心自愧朱顏。」

以虞集等四人有一定的詩作成就，但不能因此忘卻雷溪的眞隱
者，他的成就連尹洙、郝天挺也感到汗顏。

　　而顧嗣立云：

　　　「彷彿唐人面目同，虞、楊、范、揭出群雄。縱然不作涪
　　　翁社，難脫風沙氣習中。」

以虞集等四人雖然能夠不入江西詩社，然而仍然不能脫離追隨唐
詩的氣習。李必恒《論詩七絕句》云：

　　「范、揭、虞、楊彼一時，裕之、淵穎各稱奇。」

以范梈等四人雖然能夠稱譽一時，但是在詩歌創作上有奇特表現的，還數郝挺之與吳萊。丁詠淇云：

　　　　「承旨才華比李、蘇，虞、楊、范、揭莫能逾。閨聯才偶
　　　　眞同調，坐對賢兄悵異趨。」

以趙松雪的才華可以直比李白與蘇軾，虞集等四人都不能逾越。楊深秀云：

　　　　「范、揭、虞、楊何足論，豪如太白麗如溫。中州萬古英
　　　　雄氣，又產才人薩雁門。」

以范氏等四人的詩風，或粗豪如李白，或婉麗如溫庭筠，但是談到具有中州英雄氣的，還數薩都剌。

　　以上諸位，都在不同程度上，貶低了虞集等四人之作。

　　王維、岑參、高適、李頎也常受到論者并排羅列。如姚瑩《論詩絕句六十首》云：「王、李、高、岑競一時。」（注26）譚宗浚（1846－1888）《讀杜詩絕句》云：「王、岑、高、李共追陪。」（注27）陳衍《招梅峰飲以長句來謝并餽飴豉米粉餻油各物報以小詩三首》中一首：「岑、高、王、李變初唐。」（注28）

　　和提及虞集、楊載、范梈、揭溪斯的情況不同，論者在連舉王維、岑參、高適、李頎時，都是以正面的態度對待的。姚瑩云：

　　　　「王、李、高、岑競一時，盛唐興趣是吾師。」

以王維等人所構成的盛唐興趣的詩致是他師事的對象。譚宗浚云：

　　　　「一代詞壇特盛開，王、岑、高、李共追陪。」

感嘆在杜甫的努力之下，并有王維等四人的追陪，唐代詩壇出現繁盛的氣象。陳衍云：

> 「岑、高、王、李變初唐，長慶鋪張又擅場。若要橫空盤
> 硬語，元龍百尺先潮陽。」

於漫評唐代詩人時，先贊賞岑參等四人之能改變初唐詩風，再贊
揚白居易之鋪張寫作長篇樂府，後贊許韓愈的橫空盤語的詩作風
格。

李白、杜甫、韓愈、蘇軾也是常受論者并提的四位詩人。如
陳啓疇《與晴峰鰲論詩十首》云：

> 「詩家第一俗難醫，烟月文章語太卑。李、杜、韓、蘇牆
> 數仞，涪翁崛強亦肩隨。」（注29）

強調詩作不能流於低俗，因此李白等人之牆雖然高數仞，連崛強
的黃庭堅也要努力學習。金蓉鏡《論詩絕句寄李審言》亦云：

> 「一回新勝一回新，賣貨兒郎日日貧。李、杜、韓、蘇都
> 道了，願君翻轉自家身。」（注30）

規勸李審言詩作求新的重要性，而這一點李白等四人都是一致強
調的。

其他論者將詩人四姓并列的詩句尚有：王昶《舟中無事偶作
論詩絕句四十六首》：「杜、韓、蘇、陸蟠胸次。」（注31）并列杜
甫、韓愈、蘇軾、陸游，以詩作者能具有象杜甫等四人的胸次，
筆下自然會出現波瀾壯闊的詩篇。全詩爲：

> 「學問由來輔性情，不須雕琢費經營。杜、韓、蘇、陸蟠
> 胸次，定有波瀾筆下生。」

史承豫《論詩絕句》：「徐、蔣、儲、陳疊唱喁。」（注32）并列徐
瑤、蔣錫震、儲雄文、陳枋，旨在宣揚同鄉前輩喜愛風雅者的情
況。全詩爲：

> 「吾鄉前輩耽風雅，徐、蔣、儲、陳疊唱喁。更喜蕭莊謝
> 香祖，五言宛似輞川圖。」

方于穀《仿王漁洋論詩絕句四十首》并列邢子願、鄺露、邊貢與
高叔嗣，表示云：「邢、鄺、邊、高句亦工。」(注33) 意在批評
王士禎的《論詩絕句》。王氏論詩重韋應物與孟浩然，其實明代
的邢子願等人的詩也有相當高的成就；而由於王氏的論詩絕句是
倉促寫成，因此有不少的缺漏。方氏連舉邢氏四人就是在說明王
氏論詩的不足。全詩爲：

> 「漁洋大旨推韋、孟，邢、鄺、邊、高句亦工。忘卻昌黎
> 和玉局，論詩馬上太匆匆。」

詩後有注云：

> 「《漁洋詩話》：如象馬上成《論詩絕句》。」

黃承吉（1771－1842）《再題杜集》表示：「未識曹、劉、阮、謝
詩。」(注34) 并列曹植、劉楨、阮籍、謝靈運，意在表示杜甫精
讀《文選》，取得高度的詩作成就，卻不能讓時輩認識到曹植等
四人詩的佳處。全詩爲：

> 「北斗南懸華岳馳，熟精《文選》草堂詩。卻教時輩窺繩
> 墨，未識曹、劉、阮、謝詩。」

姚瑩《論詩絕句六十首》：「盧、王、沈、宋未爲雄。」(注35) 并
列盧照鄰、王勃、沈　期、宋之問，將陳子昂與初唐之盧照鄰等
四人相比，來突出陳氏的成就，也盛贊朱熹欣賞陳氏《感遇》之
作的眼光。全詩爲：

> 「力振衰淫伯玉功，盧、王、沈、宋未爲雄。考亭異代真
> 知己，特識曾推《感遇》工。」

郭書俊《論詩》云：「蘇、黃、范、陸競新裁。」(注36) 并列蘇
軾、黃庭堅、范石湖、陸游，表示在唐代詩歌高度發展之後，宋
代蘇軾等四人仍能「競新裁」，寫出傑出的作品，郭氏乃慨嘆後
人只會「媚初祖」，無法寫出好的作品來。全詩爲：

> 「開、寶聲華大歷才，蘇、黃、范、陸競新裁。紛紛兒輩
> 初媚祖，土偶終難成聖胎。」

殷兆鏞《讀曝書亭集》：「辛、柳、姜、張體各宜。」(注37) 并列
辛棄疾、柳永、姜夔、張文英，意在肯定辛氏等四人詞作之成
就，來突出他所認爲能夠與四人匹敵的郭頻伽的詞集。全詩爲：

> 「辛、柳、姜、張體各宜，集成衆響奏金絲。古無其匹誰
> 能繼？只許《浮眉蘅夢詞》。」

林昌彝《論本朝人詩一百五首》中有兩首連用四姓排列法。其中
一首并列施閏章、宋琬、朱彝尊、王士禎云：「施、宋、朱、王
壁壘開。」(注38) 意在說明於施閏章等四人壁壘矗立的情況下，
顏修來猶能有突出的表現，來贊許顏氏的成就。全詩爲：

> 「施、宋、朱、王壁壘開，中原旗鼓孰相摧。考工長鑱堪
> 橫海，筆底鯨魚跋浪來。」

另一首云：「范、陸、歐、梅伯仲看。」(注39) 并列范石湖、陸
游、歐陽修、梅堯臣，旨在說明盛子履的詩作初師宋代范石湖等
四人，晚年則師事韓愈，從而贊賞他的成就。全詩爲：

> 「范、陸、歐、梅伯仲看，老來詩筆又韓旌。詩情華曜歸
> 盤礴，誰辨珊瑚與木難？」

馮繼聰《論唐詩絕句》云：「誰繼方、羅、吳、鄭後？」(注40)
并列晚唐詩人方干、羅隱、吳融、鄭谷，指出在晚唐氣運衰殘的
詩壇上，能夠繼承方干等四人的，實屬韓偓。全詩爲：

> 「從來千古盛文章，氣運衰殘嗟晚唐。誰繼方、羅、吳、
> 鄭後，風流才子屬冬郎。」

廖鼎聲《補作論國朝詩人七十八首》亦云：「王、楊、金、葉句
全收。」(注41) 并列王維新、楊立元、金立瀛與葉藻四位詩人，
并贊揚他們的作品。詩云：

> 「汗馬無功且汗牛，王、楊、盧、駱句全收。海棠笛譜夸
> 容管，一集清風半柳州。」

黎維樅《讀杜詩絕句》云：「後來鄭、郭、王、譚輩。」（注 42）
并列鄭善夫、郭子章、王慎中、譚元春，表示歷代注杜詩的偏
差，以及鄭善夫等四人苦學杜詩的窘況。全詩爲：

> 「妄肆譏評楊大年，虞山箋注亦多偏。後來鄭、郭、王、
> 譚輩，苦學蚍蜉亦可憐。」

郭曾炘《雜題國朝諸名家詩集後》并列王世貞、李攀龍、鍾惺、
譚元春云：「王、李、鍾、譚變已窮。」（注 43）説明在王世貞與
鍾惺等詩人之後，詩的發展已處在變窮的情況下，嶺南三家與江
左六家的表現情況。全詩爲：

> 「王、李、鍾、譚變已窮，嶺南江左各宗風。六家詩繼三
> 家起，盛世元音便不同。」

郭氏也在同一組詩絕句中并列向秀、郭象、錢謙益與盧世㴶，
云：「向、郭、錢、盧擬不倫。」（注 44）言在箋注工作上，以錢
謙益與盧世㴶比擬向秀與郭象是不妥當的。詩云：

> 「向、郭、錢、盧擬不倫，正夫差識杜亭真。鈍吟墓下稱
> 私淑，爭及南村灑掃人。」

詩後有注云：

> 「盧德水築亭注杜，覃溪因求其注本不得，疑未成書。其
> 實，德水人品甚高，絳雲并稱，猶嫌噲伍。漁洋初不重其
> 詩，《感舊集》只錄一首。秋谷、山薑，皆與漁洋異趣，
> 秋谷崇拜二馮，山薑獨服德水，有南村若有先生在，小子
> 甘爲灑掃人之句。」

蔣士超《清朝論詩絕句》：「李、何、王、李四家尊。」（注 45）并
列李夢陽、何景明、王世貞、李攀龍，表示對錢謙益妄意雌黄前

後七子的不滿。詩的前兩句爲：

> 「李、何、王、李四家尊，瞽識虞山世俗論。」

謝章鋌《讀全閩詩話雜感》并列曹植、謝靈運、鍾惺、譚元春云：「曹、謝、鍾、譚總兩歧。」（注46）叙述當年閩詩派別藩籬的情況。詩的前兩句爲：

> 「曹、謝、鍾、譚總兩歧，當年閩派盛藩籬。」

路朝霖《夏夜讀船山詩》：「袁、洪、王、趙訂知音。」（注47）并列袁枚、洪亮吉、王士禎、趙執信，意在指出張問陶受到袁氏等四人贊賞的情況。全詩爲：

> 「門第烏衣愛苦吟，袁、洪、王、趙訂知音。功名畢竟承平好，人說神仙是翰林。」

曾習經（1867－1926）《壬子八九月間所讀書題詞十五首》并列沈佺期、宋之問、王維、岑參：「沈、宋、王、岑誇格韵。」（注48）舉沈、宋來概括初唐傑出詩人，舉王、岑來概括盛唐傑出詩人，意在肯定初唐四傑對後人影響的功績。全詩爲：

> 「梁、陳藻麗入唐初，四子雍容語甚都。沈、宋、王、岑誇格韵，若論絢素此權輿。」

詩後有注論初唐四傑云：

> 「初唐四子，承六代藻麗之制，陳、杜、沈、宋繼起，乃漸工體格。至王、孟、高、岑，加以神韵而已。椎輪之功，四子不可沒矣。」

陳得善《書帶經堂詩話後》：「李、杜、蘇、黃各擅長。」（注49）與王守恂《讀簡齋詩》：「吸來李、杜、蘇、黃髓。」（注50）都是并列李白、杜甫、蘇軾、黃庭堅。前者借此表示詩人各有其擅長，但是詩歌的發展主要還繫於「王氣」。全詩爲：

> 「李、杜、蘇、黃各擅長，千秋時會有滄桑。由來風氣隨

王氣，爭得詩人自主張。」

後者以此表示他學詩寫詩的經驗，以李白等四人爲吸取精髓的對象。詩句云：

「吸來李、杜、蘇、黃髓，老來焚香拜簡齋。」

馮繼聰《論唐詩絕句》：「馬、費、殷、張圭臬在。」(注51)，并列馬戴、費冠卿、殷堯藩、張籍，言姚合以此四人爲範。全詩爲：

「詩中誰是射雕手？爲取王維廿餘人。馬、費、殷、張圭臬在，《極玄集》里獨含眞。」

孫雄《論詩絕句》：「何、曾、鄭、莫相追逐。」(注52)并列何子貞、曾滌笙、鄭子尹、莫子偲，贊許祁寯藻、程春海與何、曾、鄭、莫等人在嘉慶、道光以來詩壇的成就。全詩爲：

「榆、柳桑槐已百年，卜鄰春海和詩篇。何、曾、鄭、莫相追逐，衣鉢遙承秀水錢。」

詩後引陳衍之言云：

「有清一代，詩宗杜、韓，嘉、道以前推錢擇石侍郎，嘉、道以來則程春海侍郎、祁春圃相國。而何子貞編修、鄭子尹大令皆出程門，益以莫子偲大令、曾滌笙相國諸公，率以開元、天寶、元和、元祐諸大家爲職志，不規規於王文簡之標舉神韵，沈文慤之主持溫柔敦厚，蓋合學人詩人二而一之也。」

孫雄在同一絕句組詩中也曾并列嶺南詩人陳恭尹、屈大均、梁佩蘭與程周量四人，云：「陳、屈、梁、程堪嗣響。」(注53)以黎簡之詩作，在上述四人之後，實爲嗣響。全詩爲：

「狻猊鬱怒飲溪流，語不驚人死不休。陳、屈、梁、程堪嗣響，搞毫字字欲縋幽。」

詩後有注云：

> 「洪北江云：黎明經詩，如怒猊抉石，激電搜林。符南樵
> 云：二樵詩生澀結峭，少陵所謂語不驚人死不休者。粤東
> 詩人，向推屈、梁、陳三家，程周量可與頡頑。得二樵山
> 人詩，上與諸公爲繼響矣。」

蘇念禮《仿遺山絶句》云：「韓、孟、歐、梅一例工。」（注54）
并列韓愈、孟浩然、歐陽修、梅堯臣，嘲笑頭腦冬烘之沈德潜之
主唐詩。全詩爲：

> 「九十詩人際遇隆，可憐頭腦太冬烘。宗唐祧宋何爲者？
> 韓、孟、歐、梅一例工。」

歐陽述《雜題國朝人事迹各一首》：「把臂錢、劉、盧、李間。」
（注55）并列錢起、劉長卿、盧綸、及李嘉祐，贊揚施愚山之五
言律詩，師事錢起等詩人，得到較個的成就。全詩爲：

> 「愚山五律師中、晚，把臂錢、劉、盧、李間。平地樓臺
> 原自好，何須彈指説神山。」

楊浚《論次閩詩》云：「楊、方、徐、廖重閩南。」（注56）并列
楊蟠、方子春、徐大正、廖正一，稱許楊蟠等四人在閩南的地
位，并認爲他們可以追陪蘇軾。全詩爲：

> 「楊、方、徐、廖重閩南，曾與髯翁一席談。合向騷壇陳
> 俎豆，四先生配子瞻龕。」

同詩又云：「曹、劉、屈、宋是吾師。」（注57）并列曹植、劉禎、
屈原、宋玉，稱贊黃銖如朱熹一樣，師事曹植等四位前代詩人，
同時也贊賞他在古調之外，書、琴的成就。全詩爲：

> 「曹、劉、屈、宋是吾師，曾共朱公上下隨。餘事琴、書
> 尤卓絶，不惟古調近《騷》詞。」

後來的論者，更在這基礎上，進一步并列至六位詩人的。如

袁翼《論金詩》并列李白、杜甫、白居易、韓愈、蘇軾、陸游六位詩人云：「李、杜、白、韓、蘇、陸後。」(注58) 認爲元好問是六位詩人之後的一位大家。全詩爲：

> 「興亡閱歷百年間，斗北詩壇峻莫攀。李、杜、白、韓、蘇、陸後，大家一席待遺山。」

或在四姓間插入另一人名者，也甚奇特。如李濂《論詩》云：「高、楊、袁凱及張、徐。」(注59) 言洪武時期之詩人，以高啓、楊基、袁凱、張羽、徐賁著稱。詩云：

> 「洪武詩人稱數子，高、楊、袁凱及張、徐。後來英俊崢嶸甚，興趣溫平似勿如。」

或將四個朝代并列論述的，如劉大觀《與人論詩四絕句》云：「齊、梁、漢、魏同歸冶。」(注60) 并列齊、梁、漢、魏四朝，意在強調必須全面學習漢、魏、齊、梁之作，融而爲詩之「骨」，才可以避免詩作猶如生花之缺乏生氣。而這樣的處理，從另一方面來說，就有如「真金」之「鑄莫邪」。詩云：

> 「有識有才須有骨，不然竟是象生花。齊、梁、漢、魏同歸冶，別有眞金鑄莫邪。」

李書吉《論詩雜咏》云：「魏、晉、齊、梁體漸卑。」(注61) 并列魏、晉、齊、梁四朝，意在表示《郊廟》與《房中》等之作，雖然聱牙詰屈，卻是具有《雅》、《頌》之遺風。後人只從文字通順以求詩，而這就是魏、晉、齊、梁詩體漸卑的由來。詩云：

> 「《郊廟》、《房中》，《雅》、《頌》遺，聱牙詰屈古人詞。若從字必從文順，魏、晉、齊、梁體漸卑。」

張問陶《頗有謂余詩學隨園者笑而賦此》云：「漢、魏、晉、唐猶不學。」(注62) 并列漢、魏、晉、唐四朝，意在説明詩之寫作，重在放筆寫心胸之所欲言。漢、魏、晉、唐四朝代之詩作，

他尚且不學，更不用談及學習袁枚之作了。詩云：

> 「詩成何必問淵源，放筆剛如所欲言。漢、魏、晉、唐猶
> 不學，誰能有意學隨園？」

方于穀《仿王漁洋論詩絕句四十首》：「元、明、唐、宋且休論。」
（注63）并列元、明、唐、宋四朝，意在表示他不重視元、明、
唐、宋等前代之作，而強調是否有「新篇」之作。詩云：

> 「元、明、唐、宋且休論，每有新篇送到門。太息白頭空
> 谷里，尚有短句爲招魂。」

林昌彝《論本朝人詩一百五首》云：「漢、魏、齊、梁儼一家。」
（注64）并列漢、魏、齊、梁四代，意在贊揚吳谷人詩作之能表
現漢、魏、齊、梁之風。全詩爲：

> 「漢、魏、齊、梁儼一家，佳人臨鏡笑拈花。千秋如定詩
> 中譜，不是琴音是琵琶。」

袁嘉穀《春日下晚小飲薄醉尚論古詩人漫成十二首》亦云：「規
摹漢、魏、隋、唐體。」（注65）并列漢、魏、隋、唐四朝。意在
說明李夢陽與何景明在「正風騷」的貢獻，以及他們雖然同是規
模漢、魏、隋、唐之詩作，而李夢陽之詩格要比何景明來得高。
詩云：

> 「明代詩聲習叫囂，李、何崛起正風騷。規摹漢、魏、隋、
> 唐體，北地雄渾格更高。」

范溶《論蜀詩絕句》云：「漢、魏、宋、唐俱不學。」（注66）并
列漢、魏、宋、唐四朝，旨在指出他寫詩重在性靈之抒發，而不
學漢、魏、宋、唐之作。詩云：

> 「漢、魏、宋、唐俱不學，性靈自喜碎虛空。阿連縱解生
> 春草，格韻終須讓謝公。」

　　或將四個地名并列論述，如孫雄《論詩絕句》：「徐、克、

江、淮彳亍行。」(注67) 并列徐、兗、江、淮四地，意在叙述申
涵光行經以上四地，寫了不少作品。詩中也頌揚申氏的作品充滿
「正聲」。全詩爲：

> 「徐、兗、江、淮彳亍行，蘆中澤畔雁悲鳴。攣鬐屬纊今
> 無極，忠孝從來有正聲。」

馮繼聰《論唐詩絶句》云：「夏、蜀、青、徐俱廓清。」(注68)
并列夏、蜀、青、徐四州，以此表示當時社會安定，國家太平，
從而贊揚韓愈的《元和頌》。全詩爲：

> 「夏、蜀、青、徐俱廓清，當陽天子正英明。優游彬鬱元
> 和頌，雨雨暘暘歌太平。」

或將四種詩體并列論述，如張維屏 (1780－1859)《論詩絶
句》：「《南》、《豳》、《雅》、《頌》逐篇求。」(注69) 言他細讀
《詩經》中各體詩的情形，詩中也對孔子能夠容納多方面的詩作
予以贊揚。詩云：

> 「《南》、《豳》、《雅》、《頌》逐篇求，三百詩中體不侔。至
> 聖尼山眞巨眼，短長濃淡一齊收。」

或將四家詩經學派并列，如虞景璜《讀葩經雜咏四十二首》
云：「齊、魯、燕、趙早著名。」(注70) 並舉齊、魯、燕、趙四
家學説。詩云：

> 「齊、魯、燕、趙早著名，毛詩晚出獨遵行。證諸他傳多
> 能合，宗派西河語語精。」

或將四種詩的不同要素并列，如孫雄《論詩絶句》云：「才、
學、氣、聲兼四美。」(注71) 稱贊王昶詩作兼有此四種詩要素之
美。詩云：

> 「盍簪取法顧、王、朱，立儒廉頑德未孤。才、學、氣、
> 聲兼四美，藍田采玉海探珠。」

或將四個不同詩的時期并列說明，如吳仰賢《論詩》云：「盛、初、中、晚辯斷斷。」(注72) 批評高棅之將連貫發展的三百年唐詩分爲初、盛中、晚四期。全詩爲：

> 「盛、初、中、晚辯斷斷，廷禮編詩例自新。三百年來唐一統，可憐割據付詩人。」

或將四個不同地區并列說明，如謝肇淛《漫興》云：「鍾、李、湖、湘非吾鄰。」(注73) 自言其詩與同里徐興公與陳振狂相親，而不與竟陵派相近。詩云：

> 「徐、陳里閈久相親，鍾、李、湖湘非吾鄰。丸泥久已封函谷，怕見江東一片塵。」

詩後注引《靜志居詩話》云：

> 「徐指孝廉惟和山人興公，陳謂文學汝大孝廉幼孺山人振狂。是時竟陵派已盛行，而在杭能拒之。

或將四種宇宙現象并列者，如許奉恩《蘭苕館論詩》云：「日、月、星、辰四序和。」(注74) 以日、月、星、辰之和諧比喻漢武帝君臣之相處融洽。詩之前兩句云：

> 「日、月、星、辰四序和，君臣同唱《柏梁》歌。」

而將兩姓一名并列的，也可以視爲四姓并列的變格。這類例子在論詩絕句組詩中也不少。如張晉《仿元遺山論詩絕句六十首》：「別從李、杜、昌黎外。」(注75) 并列李、杜二姓與昌黎一名。詩中對蘇軾能在唐代大家李白、杜甫、韓愈之外，寫出動人的作品，表示高度的贊嘆。詩云：

> 「長句吾尤愛東坡，風流絕世古無多。別從李、杜、昌黎外，更發驚才浩浩歌。」

張玉穀《論古詩四十首》：「韋孟、王嬙著四言。」(注76) 并列韋孟與王嬙名。則是一姓一名＋一姓一名之格。詩中言及韋孟、王

嫦等之四言詩，乃從《風》、《雅》探淵源，同時也對陶淵明之四言詩，予以高度之贊揚，并痛惜《文選》遺收陶氏詩作。詩云：

> 「韋孟、王嬙著四言，直從《風》、《雅》探淵源。踵興最數陶元澤，《文選》遺收可是冤。」

至於錢陳群（1686－1774）《宋百家詩存題詞》云：

> 「游、楊、張、范足師資，誰唱劉郎芳草詩？」（注77）

游指陸游，楊指楊萬里，張指張孝祥，范指范石湖。以一名與三姓連舉，又是特例。　至於許奉恩《蘭莟館論詩》論孟郊、盧同、李賀、賈島四人的時候，將四人姓名，分別置於四句之中論述，也是非常特別，而這也可能是受到杜詩將四姓并列啓發的結果。詩云：

> 「清奇世有孟東野，變怪人稱盧玉川，嘔心突兀李昌谷，瘦骨嶒峻賈浪仙。」（注78）

杜詩「王、楊、盧、駱當時體」中的「當時體」，也受到後人的取用，唯情況沒有「王、楊、盧、駱」的熱烈。陳啓疇《與晴峰鏊論詩十首》云：「江河萬古當時體。」（注79）（注79）以此語盛贊元代虞集、楊載、范梈與揭溪斯等四位詩人之詩作。全詩爲：

> 「百戰健兒漢庭史，何妨美女亦簪花。江河萬古當時體，藉甚虞、楊有四家。」

李希聖《論詩絕句四十首》云：「玉臺應悔當時體。」（注80）一方面表揚庾信的晚年作品，一方面表示不滿《玉臺》體詩。全詩爲：

> 「蕭瑟生平庾子山，暮年詞賦動江關。《玉臺》應悔當時體，《七夕》詩成已自刪。」

張塤《論明詩絕句十六首》：「仍然長慶當時體。」（注81）批評何

景明自詡《明月篇》源自初唐四傑，高於杜詩之見。全詩爲：

> 「詩序何郎《明月篇》，顯跨絕迹少陵前。仍然長慶當時
> 體，不枉開元、天寶先。」

二、後人取用「輕薄爲文哂未休」的情況

杜句「輕薄爲文哂未休」，後人取用的以「輕薄」一詞居多，其中更有直仿「輕薄爲文」四字者。

取用「輕薄」一詞的，如許廷鑠《江郭即事雜詩》云：」輕薄王、楊奈爾何。」(注82) 直接運用杜甫批評後生輕薄初唐四傑的句來慨嘆當時的詩風，從而稱贊毛西河的獨排時風的逸調。全詩爲：

> 「盤空硬語已成窩，輕薄王、楊奈爾何！逸調今來傳欲絕，
> 不知世乃有西河。」

楊度汪《詠初唐四傑》云：「就中輕薄未全無。」(注83) 更是多用杜甫詩句，來說明以初唐四傑之中并非人人都是傑出的，因此有人會就其中一、二人加以「輕薄」，自屬難免。全詩爲：

> 「誰將王、駱并楊、盧，四傑齊名半欲辜。不廢江河流萬
> 古，就中輕薄未全無。」

李憲喬《手校韋廬詩集畢書後》：「眼前輕薄知多少？」(注84) 主在表露不理會眾人之輕薄，一味從事詩歌創作事業耕耘的決心。全詩爲：

> 「一卷清奇結習深，未妨改吧自長吟。眼前輕薄知多少，
> 獨抱江河萬古心。」

而方于穀《仿王漁洋論詩絕句四十首》云：「盆山亦是相輕薄。」(注85) 用「輕薄」一詞來批評盆山議論濟南詩人時，重王士禎，

而輕李攀龍。全詩爲：

> 「濟南文獻自滄溟，白雪樓空失典型。盒山亦是相輕薄，
> 只説山東王阮亭。」

王昶《舟中無事偶作論詩絕句四十六首》：「琵琶盲女終輕薄。」
(注86) 於論吳偉業詩時，引汪琬評吳氏詩語，支持論者對汪氏
的攻擊。全詩爲：

> 「家國滄桑泪眼中，《青門》、《簫史》、《永和宮》。琵琶盲
> 女終輕薄，莫怪清言詆鈍翁。」

詩後有注云：

> 「汪鈍翁謂梅村詩如盲女彈琵琶，唱蔡中郎者。葉訒庵短
> 之，以爲鈍翁直不如白家老嫗。見《葉文敏公清語》。」

柳商賢 (1894－1900)《擬杜戲爲六絕句》云：「後來輕薄何須
數。」(注87) 用「輕薄」一詞非議後來者批評庾信詩，爲庾氏抱
不平。全詩爲：

> 「麗句纏綿絕點塵，獨憐開府擅清新。後來輕薄何須數，
> 只許輿臺役古人。」

宮爾鐸《讀元遺山王漁洋論詩絕句愛其文詞之工惜其所言尚非第
一義漫成此作以質知音》云：「掃盡世間輕薄習。」(注88) 贊潘
德輿《養一齋詩話》等論詩之作在廓清「輕薄」詩風的貢獻。全
詩爲：

> 「邇來海內數名流，養一堂堂論最優。掃盡世間輕薄習，
> 古今才士盡低頭。」

詩後有注云：

> 「潘四農先生著有《養一齋詩話》及詩古文集。憶庚午年
> 間王霞舉比部、謝枚如舍人、林穎叔方伯宿韋曲杜祠，予
> 偶言及近數十年海內名流，著述誰爲第一？僉推四農先生

無異詞。」

郭曾炘《雜題國朝諸名家詩集後》云:「輕薄爭傳《香草箋》。」
(注89) 批評當時輕薄之士爭傳《香草箋》, 不理會高格調的《秋
江》之作。全詩爲:

> 「詩酒徜徉吏亦仙, 歸裝十硯伴嬋娟。《秋江》神韵無人
> 會, 輕薄爭傳《香草箋》。」

楊深秀《仿元遺山論詩絕句五十首》云:「輕薄嗤人太踘囂。」
(注90) 以「輕薄」一詞批評嗤點李商隱與溫庭筠詩者過於喧囂,
而贊美顧秀野與程午橋對李、溫二人之論定。全詩爲:

> 「輕薄嗤人太踘囂, 《金荃》浮艷玉溪姚。千年論定功臣
> 在, 顧秀野同程午橋。」

張晉《仿元遺山論詩絕句六十首》:「談龍輕薄亦堪嗤。」(注91)
用「輕薄」一詞批評趙執信之嗤點王士禎, 而認爲王氏詩「造語
奇特」。詩之前兩句爲:

> 「路入蠶叢造語奇, 《談龍》輕薄亦堪嗤。」

郭六芳《論詩》云:「桃花輕薄梅花冷。」(注92) 以「輕薄」形
容桃花, 以「冷」形容梅花, 又在下一句以「占盡春風」來歌頌
牡丹, 意在說明詩人欲具有多方面詩作風格之困難。全詩爲:

> 「今古才人一例看, 端莊流麗幷兼難。桃花輕薄梅花冷,
> 占盡春風是牡丹。」

許奉恩《蘭茗館論詩》云:「輕薄相譏亦可憐。」(注93) 以「輕
薄相譏」來菲薄人們對初唐四傑的非議, 從而強調文章當以器識
爲先。全詩爲:

> 「文藝無如器識先, 裴公品藻得眞詮。王、楊、盧、駱當
> 時體, 輕薄相輕亦可憐。」

傅玉書《論詩十二首》則將「輕薄」二字拆開, 分置於上下二句

之中，云：「結習相輕議總偏，五言無古薄唐賢。」（注94）漫論
前後七子對唐人的批評，一方面不滿他們結集議論前人，一方面
表示他們的言論如唐代沒有五言古詩過於偏激。全詩爲：

> 「結習相輕議總偏，五言無古薄唐賢。百篇雅意追蘇、李，
> 那到韶州伯玉前。」

取用「輕薄爲文」的，如單可惠《題國朝六家詩抄後》：「輕
薄爲文與道妨。」（注95）直用杜詩「輕薄爲文」四字，來批評趙
執信之爲人「傲物振奇」，又無端寫作《談龍錄》，妄意嗤點他
人。全詩爲：

> 「傲物振奇未免狂，罷官不獨爲歌場。《談龍錄》又無端
> 作，輕薄爲文與道妨。」

論者亦有只用「輕」字或「薄」字來代表「輕薄」之意的，
只用「輕」字的，如郭麐的《續懷人詩十二首》云：「時人莫漫
輕前輩。」（注96）以此句來贊揚方子雲之作。全詩爲：

> 「抉摘微情入渺茫，閬仙丁卯重三唐。時人莫漫輕前輩，
> 此是當年盛孝章。」

楊深秀《仿元遺山論詩絕句五十首》云：「漫因綺語輕溫、潞。」
（注97）而勸導時人不可輕視文彥博、司馬光之作。只用「薄」
字的，如茹綸常的《題朱竹垞詩後》：「未許錢、吳薄後賢。」（注
98）來強調朱彝尊之詩作，并贊揚朱詩之流傳江左。全詩爲：

> 「七品官如殘夢短，布衣詩已眾人傳。只今江左留風雅，
> 未許錢、吳薄後賢。」

而陳玉鄰《書蓮洋集後八首》云：「悠悠薄俗任相輕。」（注99）
將「輕」字與「薄」字拆開，分置於同一句之中，更強調「輕」
字，來說明至寶之作，難以名狀，因此可以不理世俗之相輕。全
詩爲：

> 「至寶心知不可名，悠悠薄俗任相輕。輸他狡獪麻姑爪，
> 故遣丹沙擲米成。」

　　論者也用及杜詩「哂未休」，或據此變化應用的。徐瑞《雪中夜坐雜詠十首》云：「楊、王、盧、駱哂未休。」(注100) 明顯的是摘集杜詩「王、楊、盧、駱當時體，輕薄爲文哂未休」二句爲一句而成。徐氏此詩在抒發學習前代詩人時的內心困惑。說見本章前文。葉紹本《仿遺山論詩得絕句廿四首》云：「何、李詩篇哂未休。」(注101) 僅取杜句「哂未休」三字，來批評後人對何景明與李夢陽詩篇的肆意攻擊，也對這種攻擊給予刻薄的嘲笑。全詩爲：

> 「何、李詩篇哂未休，紛紛撼樹總蚍蜉。蓬頭攣耳登徒婦，
> 翻妒東家眉黛修。」

　　其他論者則本於杜語變化應用，有作「詆未休」者，如李兆元《論詩絕句》：「翻惹《談龍》詆未休。」(注102) 稱贊王士禎在清代的詩壇地位，同時惋惜他由於一些小小的恩怨事，招來趙執信的不盡指責。全詩爲：

> 「縹紗仙人十二樓，詩壇圭臬自千秋。卻緣些子恩仇事，
> 翻惹《談龍》詆未休。」

或作「笑未休」，如沈德潛《戲爲絕句》：「一任兒曹笑未休。」(注103) 批評與諷刺後人嘲笑杜甫爲「村夫子」，顛倒是非。全詩爲：

> 「杜陵豈是村夫子，一任爾曹笑未休。崑崙河源不挂眼，
> 轉道黃河是濁流。」

或作「誦未休」。許愈初《論詩絕句》云：「逸思清音誦未休。」(注104) 贊張問陶詩作以「虛靈」勝，充滿「逸思清音」，其達到之境界，甚至超越前代之趙翼。詩云：

> 「船山純以虛靈勝，逸思清音誦未休。遠過前人趙甌北，
> 自卑詩格學齊謳。」

或作「逐未休」。程恩澤（1758－1837）《仿遺山絕句答徐廉峰仁
弟》云：「無本相隨逐未休。」（注105）全詩爲：

> 「賦才雄纍合低頭，無本相隨逐未休。爲問坡仙與元子，
> 漫老辛苦謗詩囚。」

或作「噪不休」。傅玉書於《論詩十二首》中云：「野雀寒鴉噪不
休。」（注106）不但以「噪」字替代「哂」字，連「未休」也變爲
「不休」了。詩在批評時人妄意嗤點李攀龍與王世貞之作。詩中
也給予李、王二人之作高度的評價。全詩爲：

> 「藻躍滄溟鳳羽脩，弇州雕鶚氣盤秋。今人好勝頻嗤點，
> 野雀寒鴉噪不休。」

或作「吟不休」。馮繼聰《論唐詩絕句》評陸龜蒙云：「應倩徐、
任吟不休。」（注107）詩後有注云：

> 「陸初號天隨子，徐參卿多書，任公有園林，皮日休因作
> 《游詩》，陸和之，題曰徐詩任詩。」

即指此事。全詩爲：

> 「書籍園林號二游，詩傳襲美古風流。和章自有天隨子，
> 應倩徐、任吟不休。」

或作「語不休」。汪曾本《仿稼亭讀詩恍若有悟歸作八絕句奉柬》
云：「嘆老嗟卑語不休。」（注108）以「語不休」來形容詩人好發
牢愁的情形。詩中對詩人這種詩作態度表示了強烈的不滿。詩
云：

> 「詩人下筆動牢愁，嘆老嗟卑語不休。昌黎文筆平原字，
> 鼎足同探造化奇。」

或作「夜不休」。此與上述諸例不同的，上述諸例之結構爲：「動

詞＋未休（或不休）」，此則爲「名詞＋不休」。謝啓昆《讀〈中州集〉仿元遺山論詩絕句六十首》：「仙語琅琅夜不休。」（注109）言王渥游玉華、嵩嶺諸山時勤於作詩之情形。詩云：

> 「玉華、嵩嶺記同游，仙語琅琅夜不休。試與遺山論舊事，
> 浮雲盼斷古幽州。」

至於有些論者作「不少休」，那又是「X＋不休」結構的變換。如馮繼聰《論唐詩絕句》論白居易云：「傳誦紛紛不少休。」（注110）以「不少休」言白居易與元稹、劉禹錫唱和之作，受到紛紛傳誦的情況。詩云：

> 「當時唱和有元、劉，傳誦紛紛不少休。更入鷄林行賈手，
> 一詩美得一金酬。」

三、後人取用「不廢江河萬古流」的情況

杜甫這一首詩的第三句爲「爾曹身與名俱滅」，後人用至此句者，多取「爾曹」二字，唯下章也將會涉及後人取用「爾曹」的情形，此不重複。本則將集中論析後人取用此章第四句「不廢江河萬古流」的情況。

從後世的論詩絕句中，可以見及這些論者相當喜愛取用杜詩此句。特別是元好問在《論詩三十首》之中，七次取用「萬古」一詞之後，更影響後代論者，多用此語。

論者在取用「不廢江河萬古流」句時，有七字不變而顛倒次序應用的，如楊度汪《詠初唐四傑》云：「不廢江河流萬古。」（注111）簡直可以說是根據杜詩字句來議論杜詩所涉及的關於初唐四傑的問題。全詩爲：

> 「誰將王、駱幷楊、盧，四傑齊名半欲辜。不廢江河流萬

古，就中輕薄未全無。」

鄧鎔《論詩三十絕句》作：「萬古江河流不廢。」（注112）也是在
贊許初唐四傑的成就，萬古流傳。詩之後兩句爲：

「萬古江河流不廢，終存盧、駱與王、楊。」

祁寯藻（1793-1866）的《讀唐四家詩》，取杜甫此句中之
六字，只將「廢」字易爲「盡」字，但顚倒次序運用，如云：
「萬古江河流不盡。」（注113）贊揚杜甫與韓愈的詩章，感嘆後代
缺乏「手擎」「鯨魚」的詩人。全詩爲：

「退之《山石》句嶙峋，杜老秋風筆有神。萬古江河流不
盡，鯨魚手擎更何人？」

也有只取「不廢江河」四字的，例如王質《題寶伯玉小隱詩
六首》云：「不廢江河廢爾曹。」（注114）強調嗤點初唐四傑者，
終隨時間而淘汰。詩之後兩句爲：

「王、楊、盧、駱青冥上，不廢江河廢爾曹。」

范罕《冲寒雜句四十首》云：「不廢江河地上行。」（注115）説明
杜甫寫詩，并無意創立唐人體，但是其作品卻如江河，在地上萬
古奔流。全詩爲：

「杜老平生本好名，尋常一字使人驚。當時未必唐人體，
不廢江河地上行。」

詩後有注云：

「末句贊杜，仍用杜句換數字。」

秦瀛（1743-1821）《題宋牧仲先生抄本詩集》：「江河不廢蘇、
黃派。」（注116）以蘇軾、黃庭堅詩作能夠經過事件的考驗，來
回應曾賓谷對宋犖奚落宋韵的批評。全詩爲：

「大雅如公亦我師，南城底事有微辭？江河不廢蘇、黃派，
況有文章替左司。」

　　唯更多論者取用杜甫此句的後半:「江河萬古流」或「江河
萬古」。取用「江河萬古流」的,早在宋代,黄庭堅已有「文字
江河萬古流」(注117) 之句。《病起荆江亭即事十首》中一首云:

> 「張子耽酒語蹇吃,聞道穎州又陳州。形模彌勒一布袋,
> 文字江河萬古流。」

田雯《論詩絕句》中亦云:「可并江河萬古流。」(注118) 意在說
明阮籍的《詠懷》、陳子昂的《感遇》、柳宗元與韋應物等人的五
言之作,可以流傳萬古。全詩爲:

> 「阮子《詠懷》陳《感遇》,柳州一派又蘇州。讀來五字成
> 眞實,可并江河萬古流。」

葉紹本《仿遺山論詩得絕句廿四首》亦云:「自有江河萬古流。」
(注119) 說明臺閣體的詩作也有其價值,如錢惟演、劉筠詩風,
變爲歐陽修、梅堯臣體制之後,仍然可以流傳萬古。全詩爲:

> 「名畫難將院體求,艷詞莫但説錢、劉。君看格變歐、梅
> 後,自有江河萬古流。」

　　只取用「江河萬古」的,如王昶《舟中無事偶作論詩絕句四
十六首》云:「江河萬古望星虹。」(注120) 不滿批評李東陽詩爲
「篝火狐鳴」者,認爲李詩與劉健與謝遷之作,可以流傳萬古。
全詩爲:

> 「長沙亦是出群雄,篝火狐鳴比未公。若使竟同劉、謝去,
> 江河萬古望星虹。」

陳啓疇《與晴峰鳌論詩十首》:「江河萬古當時體。」(注121) 以此
語盛贊元代虞集、楊載、范梈與揭溪斯等四位詩人之詩作。虞、
楊、范、揭四人,本章前文已有説明,此不贅述。李憲喬《手效
韋廬詩集畢後》云:「獨抱江河萬古心。」(注122) 主在表露不理
會衆人輕薄,而決定一心從事詩歌創作事業耕耘的決心。孫雄

《沈文慤公生日詩》云：「日月江河萬古新。」(注123) 贊許沈德潛提倡流傳萬古的溫柔敦厚之詩教，而不滿同治、道光之後之新體。全詩爲：

> 「溫柔敦厚尼山敎，日月江河萬古新。風氣轉移關世運，
> 同、光新體拜黃、陳。」

詩後有注云：

> 「近人力駁溫柔敦厚之敎之說，謂如《相鼠》、《鶉奔》、
> 《北門》、《北山》、《繁霜》、《谷風》以迄《民勞》、《板》、
> 《蕩》諸詩，皆不盡溫柔敦厚，而孔子皆存而不刪。又謂
> 詩人之言，當與學人之言合爲一，若規規於溫柔敦厚及
> 神韻之說，則離而爲二矣。余謂有韻之文，既與無韻之
> 筆析爲兩戒，自當以溫柔敦厚爲歸。若質直鏡薄，空疏
> 破碎，何以爲詩？況《北門》、《北山》、《民勞》、《板》、
> 《蕩》諸作，怨而不怒，婉而多風，雖變而不失其正，仍
> 無庚於溫柔敦厚也。同、光以降，風氣一變，噍殺之音，
> 遂亡柏社。此事自關國運，若近日旅行之白話詩，更不
> 足道矣。」

而查揆，在其詩中易「江河萬古流」之「河」字爲「湖」字，其作品《舟中與積堂論詩得八絕句》云：「齒冷江湖萬古流。」(注124) 全詩爲：

> 「七字長城屹上游，單詞儷句若爲優。道人天眼分明在，
> 齒冷江湖萬古流。」

詩在贊揚錢擇石對七言詩詩格的見解，詩後有注云：

> 「擇石先生謂韓、杜、蘇、黃七古皆一氣單行，二晁以外
> 多用偶句，看似工整，其實力弱，藉此爲撐柱。一經拈
> 出，便覺有上下床之別。漁洋《古詩選》尚未能睹破也。」

又是變用杜句「江河萬古流」所呈現的另一特色。徐嘉則易「江河萬古」之「河」字爲「風」字。《論詩絕句五十七首》云：「海月江風萬古春。」(注125) 意在贊美張亨甫之詩作，認爲他是繼承圭峰之後的閩南第一人。全詩爲：

> 「踏盡仙霞嶺畔塵，閩南第一果何人？圭峰謝去松寥在，海月江風萬古春。」

　　而單是用及「萬古」一語者，有不少論者和杜甫一樣，將此兩字置於該句的第五與第六字的位置，而後如杜氏，加一動詞，或易加一名詞或形容詞。於「萬古」之後加一動詞的，如：嚴允肇《絕句》云：「落落星辰萬古垂。」(注126) 在「萬古」之後接一個「垂」字，以寫「星辰」長久存在的情況。詩云：

> 「吏部文章工部詩，前人矩步後人師。世間燼火同消隕，落落星辰萬古垂。」

或作「萬古傳」。高篑《論宮閨詩十三首》中云：「一句詩成萬古傳。」(注127) 言郗女詩成可傳萬古。詩云：

> 「郗女才華竟啓捐，可憐門第誤姻緣。妒他柳絮因風起，一句詩成萬古傳。」

毓俊《論詩》：「《雅》、《頌》、《風》詩萬古傳。」(注128) 以《詩三百》萬古長傳，呼吁人們必須領悟思無邪之旨，方能長期領袖詩壇。詩云：

> 「《雅》、《頌》、《風》詩萬古傳，陶情理性徹中邊。無邪一語如能悟，許領騷壇數百年。」

或作「萬古聞」。蔣師轍《青州論詩絕句》贊崔信明「楓落吳江」之五言詩句，能流傳萬古時表示：「五字單行萬古聞。」(注129) 全詩爲：

> 「流傳楓落吳江句，五字單行萬古聞。饒把餘篇付流水，

賞音終屬鄭參軍。」

或作「萬古存」。蔣士超《清朝論詩絕句》表示：「太白流風萬古存。」(注130)贊李澄之《羅浮歌》如李白之《夢游天姥山吟》，其流風亦如李白可以萬古長存。詩云：

> 「《羅浮歌》如《夢天姥》，太白流風萬古存。五老峰頭接星漢，海陵曾欲去高捫。」

於「萬古」之後加一名詞或形容詞的，如：元好問《論詩三十首》云：「一語天然萬古新。」(注131)於「萬古」之後接一形容詞「新」字。詩云：

> 「一語天然萬古新，豪華落盡見眞淳。南窗白日羲皇上，未害淵明是晉人。」

徐以坤《戲爲絕句》也作「萬古新」，云：「百態牢籠萬古新。」(注132)全詩爲：

> 「誰識廬山面目眞，雌黃商榷苦陳陳。司空拈出無多語，百態牢籠萬古新。」

汪由敦《題元遺山集》亦云：「平淡天然萬古新。」(注133)贊陶淵明與韋應物之詩筆淳厚、平淡、天然。詩之前兩句爲：

> 「陶、韋詩筆最眞厚，平淡天然萬古新。」

或加一名詞「情」字，作「萬古情」，如呂履恒《漫題六首》云：「白露蒼葭萬古情。」(注134)言李夢陽之作如過白露、蒹葭傳達了「萬古情」，而不滿公安之批評李氏，影響後人接受李說。詩云：

> 「秦風能大亦淒清，白露蒹葭萬古情。一自公安開小苑，今人不采舊菁英。」

詩後有注云：

> 「秦風謂北地。」

或作「萬古心」。王昶《舟中無事偶作論詩絕句四十六首》：「總是柴桑萬古心。」（注135）「萬古心」指陶淵明所流傳之「田園春日」之恬淡心境。詩云：

> 「沉痛由來數《谷音》，詩留天地亦哀吟。田園春日寧無謂？總是柴桑萬古心。」

或作「萬古青」。謝啓昆《讀全唐詩仿元遺山論詩絕句一百首》：「秋色蒙蒙萬古青。」（注136）「萬古青」形容慈恩塔周遭歷久不變的「秋色蒙蒙」的景色。詩之前兩句爲：

> 「秋色蒙蒙萬古青，慈恩塔勢倚瓏璁。」

或作「萬古愁」。謝啓昆在同一論詩絕句組詩中論李白豪放之氣概云：「笑傲能消萬古愁。」（注137）全詩爲：

> 「興酣落撥戲滄州，笑傲能消萬古愁。風月何須一錢買，春江變酒築糟邱。」

范溶《論蜀詩絕句》亦云：「自寫湘纍萬古愁。」（注138）言呂潛寫「湘纍」，抒發萬古之愁懷。詩云：

> 「桂水、灕江滿目秋，瞿唐烟月幾行舟？西風立盡鄉心冷，自寫湘纍萬古愁。」

或作「萬古深」。謝氏在《讀全宋詩仿元遺山論詩絕句二百首》又云：「嚼鐵冤銜萬古深。」（注139）用「萬古深」來形容岳珂之「嚼鐵冤銜」。詩云：

> 「嚼鐵冤銜萬古深，《金陀》、《玉楮》自編吟。緝熙殿里春芽錫，御扎淋灘感寸心。」

或作「萬古心」。謝啓昆在《論元詩絕句七十首》又云：「寸簡千秋萬古心。」（注140）以「萬古心」言張翥之忠義。詩云：

> 「病鶴昂藏帶雨深，朱簾十里晝陰陰。不甘草詔存忠義，寸簡千秋萬古心。」

或作「萬古同」。張問陶《歲暮懷人作論詩絕句》云:「詞客支離
萬古同。」(注141) 言詞客支離,今古皆然。詩云:

> 「霜花雪片賦哀鴻,詞客支離萬古同。老去西籬聊中酒,
> 瓣香長酹杜陵翁。」

或作「萬古名」。袁翼《論元詩》論徐威卿時云:「絕唱流傳萬古
名。」(注142) 言徐氏痛哭文天祥的題詩,流傳萬古,取得盛名。
詩云:

> 「中統元年宣撫使,滄桑閱到宋、元、明。題詩痛哭文丞
> 相,絕唱流傳萬古名。」

或作「萬古荒」。孫雄《論詩絕句》贊夢麟之才華云:「天縱才開
萬古荒。」(注143) 全詩爲:

> 「天縱才開萬古荒,錯疑雷雨助昆陽。東南衣鉢傳錢、趙,
> 湖海蘭泉最擅場。」

詩後有注云:

> 「王蘭泉云:先生樂府力追漢、魏,五古取則盛唐,七言
> 於李、杜、韓、蘇無所不效,如昆陽夜戰,雷雨皆驚。雖
> 係才多,實由天縱。法梧門《懷舊》詩云:優曇花偶現,
> 三十便徂亡。詩到無人愛,才開萬古荒。」

或作「萬古明」。孫雄在同一論詩絕句組詩中又云:「北斗經天萬
古明。」(注144) 以「北斗經天」,「萬古明亮」來贊許曾國藩。詩
云:

> 「俗儒閣閣息蛙鳴,北斗經天萬古明。跌宕江山仗詩句,
> 茲仁槐柏助秋聲。」

至於其他論者用及「萬古」一詞者也甚多,因爲這是常用的詞
語,不一定是杜句的影響,謹錄列於下,以便參考,不加論述。

元好問《論詩三十首》:「中州萬古英雄氣。」(注145) 又云:

「萬古文章有坦途。」(注 146) 又云:「切切秋蟲萬古情。」(同上)
又:「江南萬古潮陽筆。」(注 147) 又:「萬古幽人在澗阿。」(注
148) 又:「萬古千秋五字新。」(注 149)

　　同　上《自題中州集後五首》:「萬古騷人嘔肺肝。」(注 150)

　　方孝孺《論詩》:「萬古乾坤此道存。」(注 151)

　　吳景旭《言詩十絕句》:「萬古風騷一笑中。」(注 152)

　　屈　復《論詩絕句三十四首》:「萬古無名十九篇。」(注 153)
又云:「萬古崔、劉居上頭。」(注 154)

　　張際亮《懷人詩》:「詩名萬古一秋毫。」(注 155)

　　翁方剛《藥洲冬日讀諸集七首和王文簡公韵》:「萬古悲歌
燕、趙氣。」(注 156)

　　黃培芳《論粵東詩十絕》:「嶕嶢萬古寂人踪。」(注 157)

　　邵　堂《論詩六十首》:「萬古何人續楚騷。」(注 158)

　　高　簡《論宮閨詩十三首》:「只餘萬古風人愁。」(注 159)

　　汪　端《論宮閨詩十三首和高湘筠女史》云:「龍沙萬古無
春色。」(注 160)

　　貝青喬《涪江懷黃文節公》:「萬古西江派有圖。」(注 161)

　　王宗嶧《讀邵堯甫擊壤集二首》亦云:「萬古千秋見此人。」
(注 162)

　　蘇時學《詩箴四首》云:「萬古詩人眼界開。」(注 163)

　　何家琪《論詩絕句》云:「元亮胸襟高萬古。」(注 164)

　　楊深秀《仿元遺山論詩絕句五十首》:「中州萬古英雄氣。」
(注 165)

　　毛翰豐《論蜀詩絕句》:「萬古騷壇止二仙。」(注 166)

　　彭　旭《論詩二首》:「文章萬古振頹唐。」(注 167)

　　馮　开《論詩示天嬰》:「萬古歐、梅各著稱。」(注 168)

鄧　鎔《論詩三十絕句》:「中州萬古一英雄。」(注169)

陳　融《讀嶺南人詩絕句》:「英風萬古不能磨。」(注170)
又云:「千秋萬古塡胸憤。」(注171) 又云:「寂寞張侯風萬古。」
(注172)

　　亦有一些論者只取用「不廢」二字的, 如元好問的《論詩三
十首》:「風流初不廢齊梁。」(注173) 說明沈佺期與宋之問的詩
作仍受齊、梁的影響。詩前兩句爲:

　　　「沈、宋橫馳翰墨場, 風流初不廢齊、梁。」
錢陳群 (1686－1774) 的《宋百家詩存題詞》亦云:「不廢吟詩
爲政日。」(注174) 言俞桂勤於作詩的情況, 詩中也標舉俞氏的
精句, 并加贊美。全詩爲:

　　　「不廢吟詩爲政日, 冷然風骨謝痴肥。月明最愛垂虹句,
　　　只照漁溪一舸歸。」
楊深秀《仿元遺山論詩絕句五十首》云:「立誠仍不廢修辭。」
(注175) 贊薛瑄爲詩, 既「立誠」, 又重視「修辭」。詩云:

　　　「立誠仍不廢修辭, 盡識文清百世師。誰見河東三鳳集?
　　　晉溪、虎谷、白岩詩。」
吳德旋《雜著示及門諸子》云:「貞觀不廢南朝體。」(注176) 以
貞觀諸詩人沒有忽視南朝體, 來強調學習前代作品, 特別是《關
雎》篇的重要性。詩云:

　　　「佳麗才情許騁妍, 國風好色倚前賢。貞觀不廢南朝體,
　　　可要《關雎》尚德篇。」
　　與「不廢」相反的, 有些論者則只取「廢」字。李希聖《論
詩絕句》評趙松雪時云:「要爲王孫廢《楚辭》。」(注177) 詩云:

　　　「水淺蓬萊鬢有絲, 永和書法盛唐詩。國香零落冬青死,
　　　要爲王孫廢《楚辭》。」

郭綏之《偶述六絕句》云:「爲君盡廢意何如?」(注178) 嘲笑詩人之「不讀《春秋》以後書」,言如果這說法可成立,二十二朝國史則可「盡廢」。詩云:

> 「詩人巧覓藏拙處,不讀《春秋》以後書。二十二朝有國
> 史,爲君盡廢意何如?」

【註　釋】

(注　1) 徐瑞簡歷見本書第四章注 6。引詩見《萬首論詩絕句》,頁 149。

(注　2) 王士禎簡歷見本書第四章注 22。引詩參見《萬首論詩絕句》,頁 235。

(注　3) 許奉恩簡歷見本書第五章注 129。引詩見《萬首論詩絕句》,頁 1375。

(注　4) 黃之雋,初名兆霖,字若木,一字石牧,號唐堂。華亭人。康熙辛丑進士,改庶吉士,授編修,遷中允。乾隆丙辰舉博學鴻詞。著有《唐堂集》。引詩見《萬首論詩絕句》,頁 323。

(注　5) 王質簡歷見本書第四章注 5。引詩見《萬首論詩絕句》,頁 99。

(注　6) 李呈祥簡歷見本書第五章注 213。引詩見《萬首論詩絕句》,頁 205。

(注　7) 洪亮吉簡歷本書見第五章注 231。引詩見《萬首論詩絕句》,頁 633。

(注　8) 林昌彝簡歷見本書第五章注 69。引詩參閱《萬首論詩絕句》,頁 1019。

(注　9) 李兆元簡歷見本書第四章注 59。引詩參見《萬首論詩絕句》,頁 654。

(注 10) 葉紹本簡歷見本書第五章注 59。引詩參閱《萬首論詩絕句》,頁 727。

(注 11)　徐瑞簡歷見本書第四章注 6。引詩見《萬首論詩絕句》，頁 149。

(注 12)　李呈祥簡歷見本書第五章注 213。引詩見《萬首論詩絕句》，頁
　　　　205。

(注 13)　錢謙益簡歷見本書第四章注 11。引詩參見《萬首論詩絕句》，頁
　　　　195。

(注 14)　王士禛簡歷見本書第四章注 22。引詩參見《萬首論詩絕句》，頁
　　　　233。

(注 15)　田雯簡歷見本書第四章注 26。引詩見《萬首論詩絕句》，頁 245。

(注 16)　鍾廷瑛簡歷見本書第四章注 53。引詩參見《萬首論詩絕句》，頁
　　　　578。

(注 17)　錢世錫簡歷見本書第五章注 92。引詩參閱《萬首論詩絕句》，頁
　　　　602。

(注 18)　張晉簡歷見本書第五章注 49。引詩見《萬首論詩絕句》，頁 665。

(注 19)　柯振嶽簡歷見本書第五章注 37。引詩參閱《萬首論詩絕句》，頁
　　　　779。

(注 20)　顧嗣立，字俠君。江南長州人。康熙壬辰進士。官翰林院庶吉士，
　　　　改補中書舍人。有《秀林集》、《閭邱集》。引詩見《萬首論詩絕
　　　　句》，頁 298。

(注 21)　李必恆簡歷見本書第四章注 36。引詩參見《萬首論詩絕句，頁
　　　　331。

(注 22)　丁詠淇，字慕濱。錢塘人。有《論詩絕句》五十首。引詩見《萬
　　　　首論詩絕句》，頁 340。

(注 23)　屈復簡歷見本書第五章注 162。引詩參閱《萬首論詩絕句》，頁
　　　　372。

(注 24)　況澄簡歷見本書第五章注 234。引詩參閱《萬首論詩絕句》，頁
　　　　886。

(注 25) 楊深秀簡歷見本書第五章注 6。引詩參閱《萬首論詩絕句》，頁
　　　　1558。

(注 26) 姚瑩簡歷見本書第五章注 19。引詩見《萬首論詩絕句》，頁 755。

(注 27) 譚宗浚，原名懋安，字叔裕。廣東南海人。同治甲戌一甲二名進
　　　　士，授編修，後官四川學政。歷任國史館協修、纂修、總纂。著
　　　　有《荔村草堂詩鈔》、《于滇集》、《希古堂詩總集》、《希古堂詩外
　　　　集》、《遼史紀事本末》等。引詩見《萬首論詩絕句》，頁 1420。

(注 28) 陳衍簡歷見本書第五章注 172。引詩參閱《萬首論詩絕句》，頁
　　　　1513。

(注 29) 陳啓疇，字叙齋，楚攸人。著有《麻田詩草》。引詩見《萬首論詩
　　　　絕句》，頁 1207。

(注 30) 金蓉鏡，字香岩，號闇伯。浙江秀水人。光緒己丑進士，官湖南
　　　　永順府知府。著有《潛廬詩》、《滮湖遺老集》。引詩見《萬首論詩
　　　　絕句》，頁 1560。

(注 31) 王昶簡歷見本書第四章注 43。引詩見《萬首論詩絕句》，頁 437。

(注 32) 史承豫，字衍存，號蒙溪。江蘇宜興人。諸生。有《蒼雪齋詩文
　　　　集》、《蒙溪詩話》等。引詩見《萬首論詩絕句》，頁 559。

(注 33) 方于穀簡歷見本書第五章注 23。引詩參閱《萬首論詩絕句》，頁
　　　　673。

(注 34) 黃承吉，字謙牧，一字春谷。江蘇江郡人。嘉慶乙丑進士。官興
　　　　安知縣。著有《夢陔堂詩集》。引詩見《萬首論詩絕句》，頁 742。

(注 35) 姚瑩簡歷見本書第五章注 19。引詩見《萬首論詩絕句》，頁 755。

(注 36) 郭書俊，字蓼莪，山東濰縣人。舉人。歷官河東監掣同知。著有
　　　　《蓼莪詩存》。引詩見《萬首論詩絕句》，頁 836。

(注 37) 殷兆鏞，字序伯，號譜經。江蘇吳江人。道光庚子進士，改庶吉
　　　　士，授編修，官至禮部侍郎。著有《齋莊中正堂詩鈔》。引詩見

《萬首論詩絕句》，頁 989。

(注 38) 林昌彝簡歷見本書第五章注 69。引詩參閱《萬首論詩絕句》，頁 1011。

(注 39) 同上注。引詩見《萬首論詩絕句》，頁 1026。

(注 40) 馮繼聰簡歷見本書第五章注 27。引詩參閱《萬首論詩絕句》，頁 1185。

(注 41) 廖鼎聲簡歷見本書第五章注 7。引詩參閱《萬首論詩絕句》，頁 1348。

(注 42) 黎維樅，廣東人。引詩見《萬首論詩絕句》，頁 1425。

(注 43) 郭曾炘簡歷見本書第五章注 96。引詩參閱《萬首論詩絕句》，頁 1480。

(注 44) 同上。引詩見《萬首論詩絕句》，頁 1482。

(注 45) 蔣士超簡歷見本書第五章注 251。引詩見《萬首論詩絕句》，頁 1778。

(注 46) 謝章鋌簡歷見本書第五章注 250。引詩見《萬首論詩絕句》，頁 1463。

(注 47) 路朝霖，字訪岩。畢節人。光緒丙子進士，改庶吉士，授東鄉知縣，歷官河南候補道。著有《紅鵝館詩鈔》。引詩見《萬首論詩絕句》，頁 1453。

(注 48) 曾習經，字剛甫，號蟄庵。廣東揭陽人。光緒庚寅進士，官戶部主事。引詩見《萬首論詩絕句》，頁 1570。

(注 49) 陳得善，字慧齋。浙江象山人。著有《石壇山房詩集》。引詩見《萬首論詩絕句》，頁 1602。

(注 50) 王守恂，字仁安，號阮南。天津人。光緒二十四年進士。歷任刑部主事，巡警部員外郎、郎中，民政部郎中，河南巡警道等官。民國後任內務僉事，參事，浙江會稽、錢塘等道道尹。有《王仁

安績集》、《詩續稿》。引詩見《萬首論詩絕句》，頁1202。

(注 51) 馮繼聰簡歷見本書第五章注21。引詩參閱《萬首論詩絕句》，頁
1167。

(注 52) 孫雄簡歷見本書第五章注73。引詩見《萬首論詩絕句》，頁1661。

(注 53) 同上。引詩見《萬首論詩絕句》，頁1657。

(注 54) 蘇念禮，字敬庵。廣東藤縣人。引詩參見《萬首論詩絕句》，頁
1638。

(注 55) 歐陽述，字伯績，號笠儕。彭澤人。光緒甲午舉人。歷官江蘇候
補道。著有《浩山詩集》。引詩見《萬首論詩絕句》，頁1675。

(注 56) 楊浚，字雪滄。福建侯官人。咸豐壬子舉人，官內閣中書。著有
《冠悔堂詩鈔》。引詩參見《萬首論詩絕句》，頁1239。

(注 57) 同上注。引詩見《萬首論詩絕句》，頁1242。

(注 58) 袁翼簡歷見本書第五章注117。引詩參閱《萬首論詩絕句》，頁
893。

(注 59) 李濂，字川父。祥符人。正德甲戌進士。官至山西安察僉事。著
有《嵩渚集》。引詩見《萬首論詩絕句》，頁186。

(注 60) 劉大觀，字松嵐，斥丘人。拔貢。歷官山西河東道。署布政使。
著有《玉馨山房詩稿》。引詩見《萬首論詩絕句》，頁609。

(注 61) 李書吉，字小雲。江蘇常熟人。乾隆庚子舉京兆，歷官欽縣知縣。
著有《寒翠軒詩鈔》。引詩見《萬首論詩絕句》，頁613。

(注 62) 張問陶簡歷見本書第五章注58。引詩參閱《萬首論詩絕句》，頁
638。

(注 63) 方于穀簡歷見本書第五章注23。引詩參閱《萬首論詩絕句》，頁
679。

(注 64) 林昌彝簡歷見本書第五章注69。引詩參閱《萬首論詩絕句》，頁
1019。

（注 65）袁嘉穀簡歷見本書第五章注 22。引詩參閱《萬首論詩絕句》，頁
　　　　1687。

（注 66）范溶，生平不詳。引詩見《萬首論詩絕句》，頁 1612。

（注 67）孫雄簡歷見本書第五章注 73。引詩見《萬首論詩絕句》，頁 1652。

（注 68）馮繼聰簡歷見本書第五章注 21。引詩參閱《萬首論詩絕句》，頁
　　　　1150。

（注 69）張維屏，字子樹，一字子曙，號南山，又號松心子、樹心子、珠
　　　　海老漁。廣東番禺人。道光壬午進士。歷官湖北黃梅、廣濟知縣，
　　　　江西南康知府。著有《國朝詩人徵略》、《松心詩集》、《松心文
　　　　鈔》、《松心詩錄》、《松心雜詩》、《經典异同》、《聽松廬駢體文
　　　　鈔》、《學海堂文集》、《國朝詩人征略初編》、《二編》、《桂游日
　　　　記》、《花中閑談》，等等。引詩參閱《萬首論詩絕句》，頁 880。

（注 70）虞景璜，字澹初。人稱溶園先生。浙江鎮海人。光緒壬午舉人。
　　　　南宮報罷後，居家不出。著有《澹園文集》、《澹園詩集》。引詩見
　　　　《萬首論詩絕句》，頁 1516。

（注 71）孫雄簡歷見本書第五章注 73。引詩見《萬首論詩絕句》，頁 1657。

（注 72）吳仰賢簡歷見本書第五章注 53。引詩參閱《萬首論詩絕句》，頁
　　　　1229。

（注 73）謝肇淛，字在杭。福建長樂人。萬歷壬辰進士。官至廣西布政使。
　　　　著有《小草齋集》。引詩參見《萬首論詩絕句》，頁 191。

（注 74）許奉恩簡歷見本書第五章注 129。引詩見《萬首論詩絕句》，頁
　　　　1369。

（注 75）張晉簡歷見本書第五章注 49。引詩見《萬首論詩絕句》，頁 668。

（注 76）張玉穀簡歷見本書第五章注 67。引詩參閱《萬首論詩絕句》，頁
　　　　562。

（注 77）錢陳群，字子敬，一字集齋，又號柘南居士。嘉興人。康熙辛丑

進士，官至刑部侍郎，加刑部尚書銜太子太傅，卒贈太傅。諡文
端。引詩見《萬首論詩絕句》，頁 314。

(注 78) 許奉恩簡歷見本書第五章注 129。引詩見《萬首論詩絕句》，頁
1378。

(注 79) 陳啓疇簡歷見本章注 29。引詩見《萬首論詩絕句》，頁 1208。

(注 80) 李希聖簡歷見本書第五章注 4。引詩參閱《萬首論詩絕句》，頁
1578。

(注 81) 張塤簡歷見本書第五章注 289。引詩參閱《萬首論詩絕句》，頁
568。

(注 82) 許廷鑅，字子遜。長州人。康熙庚子舉人，官武平知縣。著有
《竹素園詩集》。引詩參見《萬首論詩絕句》，頁 305。

(注 83) 楊度汪，字勖齋。無錫人。拔貢。乾隆丙辰召試博學鴻詞，授庶
吉士，改德興知縣。著有《云逗樓集》。引詩見《萬首論詩絕句》，
頁 376。

(注 84) 李憲喬，字少鶴。山東高密人。乾隆丙辰召試舉人，官歸順知州。
著有《少鶴詩鈔》、《鶴再南飛集》、《龍城集》、《賓山續集》。引詩
見《萬首論詩絕句》，頁 597。

(注 85) 方于穀簡歷見本書第五章注 23。引詩參閱《萬首論詩絕句》，頁
673。

(注 86) 王昶簡歷見本書第四章注 43。引詩見《萬首論詩絕句》，頁 432。

(注 87) 柳商賢，字質卿。元和人。同治庚午舉人，官寧海知縣。著有
《蓮盫詩鈔》。引詩見《萬首論詩絕句》，頁 1411。

(注 88) 宮爾鐸簡歷見本書第五章注 30。引詩參閱《萬首論詩絕句》，頁
1461。

(注 89) 郭曾炘簡歷見本書第五章注 96。引詩參閱《萬首論詩絕句》，頁
1488。

（注　90）楊深秀簡歷見本書第五章注 6。引詩參閱《萬首論詩絕句》，頁
1556。

（注　91）張晉簡歷見本書第五章注 49。引詩見《萬首論詩絕句》，頁 670。

（注　92）郭六芳，字漱玉。湖南湘潭人。著有《綉珠軒詩鈔》。引詩見《萬
首論詩絕句》，頁 873。

（注　93）許奉恩簡歷見本書第五章注 129。引詩見《萬首論詩絕句》，頁
1375。

（注　94）傅玉書簡歷見本書第五章注 86。引詩參閱《萬首論詩絕句》，頁
550。

（注　95）單可惠，字芥舟。高密人。諸生。有《白草山房詩鈔》。引詩見
《萬首論詩絕句》，頁 587。

（注　96）郭麐簡歷見本書第五章注 258。引詩參閱《萬首論詩絕句》，頁
724。

（注　97）楊深秀簡歷見本書第五章注 6。引詩參閱《萬首論詩絕句》，頁
1557。

（注　98）茹綸常，字文靜，號容齋，一號簶蠶小樵。山西介休人。監生。
著有《容齋詩集》。引詩見《萬首論詩絕句》，頁 588。

（注　99）陳玉鄰，字庶康，一字樾齋。江蘇下相人。乾隆乙酉舉人。官太
原府同知。潞安知府。有《秦晉詩存》、《琴海集》、《南墅集》。引
詩參見《萬首論詩絕句》，頁 549。

（注 100）徐瑞簡歷見本書第四章注 6。引詩見《萬首論詩絕句》，頁 149。

（注 101）葉紹本簡歷見本書第五章注 59。引詩參閱《萬首論詩絕句》，頁
729。

（注 102）同上。引詩見《萬首論詩絕句》，頁 655。

（注 103）沈德潛簡歷見本書第五章注 168。引詩見《萬首論詩絕句》，頁
381。

(注 104) 許愈初簡歷見第五章注 38。引詩見《萬首論詩絕句》，頁 1650。

(注 105) 程恩澤，字雲芬，號春海。安徽歙縣人。嘉慶辛未進士。官至戶部右侍郎。著有《程侍郎遺集》。引詩見《萬首論詩絕句》，頁794。

(注 106) 傅玉書簡歷見第五章注 86。引詩見《萬首論詩絕句》，頁 550。

(注 107) 馮繼聰簡歷見第五章注 21。引詩見《萬首論詩絕句》，頁 1175。

(注 108) 汪曾本，字子養，號養雲，又號鈍庵。仁和人。咸豐辛亥舉人，廣東知縣。著有《千頑仙廣吟草》。引詩參閱《萬首論詩絕句》，頁 1226。

(注 109) 謝啓昆簡歷見第五章注 8。引詩見《萬首論詩絕句》，頁 507。

(注 110) 馮繼聰簡歷見第五章注 21。引詩見《萬首論詩絕句》，頁 1159。

(注 111) 楊度汪簡歷見本章注 83。引詩見《萬首論詩絕句》，頁 376。

(注 112) 鄧鎔簡歷見第五章注 256。引詩見《萬首論詩絕句》，頁 1698。

(注 113) 祁寯藻，字叔穎，一字淳甫，避諱改實甫，號春圃、春浦。山西壽陽人。嘉慶甲戌進士。官至體仁閣大學士。謚文端。著有《馎餥亭集》。引詩見《萬首論詩絕句》，頁 806。

(注 114) 王質簡歷見本書第四章注 5。引詩見《萬首論詩絕句》，頁 99。

(注 115) 范罕，字彥殊。江蘇南通人。著有《蝸牛舍詩集》。引詩見《萬首論詩絕句》，頁 1703。

(注 116) 秦瀛，字凌滄，號小峴。江蘇無錫人。乾隆甲午舉人。官至刑部侍郎。著有《小峴山人集》。引詩見《萬首論詩絕句》，頁 575。

(注 117) 黃庭堅，字魯直，號涪翁，自號山谷道人。洪州分寧人。治平丁未進士，官秘書丞，國史編修官，出知宜、鄂等州。私 文節先生。著有《山谷內外集》。引詩見《萬首論詩絕句》，頁 63。

(注 118) 田雯簡歷見本書第四章注 26。引詩見《萬首論詩絕句》，頁 245。

(注 119) 葉紹本簡歷見第五章注 59。引詩見《萬首論詩絕句》，頁 728。

（注120）王昶簡歷見本書第四章注43。引詩見《萬首論詩絕句》，頁431。

（注121）陳啓疇簡歷見本章注29。引詩見《萬首論詩絕句》，頁1208。

（注122）李憲喬簡歷見本章注84。引詩見《萬首論詩絕句》，頁597。

（注123）孫雄簡歷見第五章注73。引詩見《萬首論詩絕句》，頁1669。

（注124）查揆簡歷見第五章注65。引詩見《萬首論詩絕句》，頁735。

（注125）徐嘉簡歷見第五章注9。引詩見《萬首論詩絕句》，頁1593。《萬
　　　　首論詩絕句》，頁1445。

（注126）嚴允肇，字修人，號石樵。浙江歸安人。順治戊戌進士。官壽光
　　　　知縣。著有《宜雅堂集》。引詩見《萬首論詩絕句》，頁240。

（注127）高�，字湘筠。元和人。朱綬之妻。著有《綉籢小集》。引詩見
　　　　《萬首論詩絕句》，頁869。

（注128）毓俊，字贊臣。滿州長白人。光緒已卯舉人。官陝西候補道。著
　　　　有《友松吟館詩鈔》。引詩參見《萬首論詩絕句》，頁1477。

（注129）蔣師轍，字紹由。上元人。著有《青谿詩集》。引詩見《萬首論詩
　　　　絕句》，頁1455。

（注130）蔣士超簡歷見本書第五章注251。引詩見《萬首論詩絕句》，頁
　　　　1776。

（注131）元好問簡歷見本書第四章注7。引詩參見《萬首論詩絕句》，頁
　　　　157。

（注132）徐以坤簡歷見本書第五章注177。引詩見《萬首論詩絕句》，頁
　　　　559。

（注133）汪由敦簡歷見本書第五章注91。引詩參閱《萬首論詩絕句》，頁
　　　　343。

（注134）呂履恆，字元素。河南新安人。康熙甲辰進士。官至戶部侍郎。
　　　　著有《夢月岩集》。引詩見《萬首論詩絕句》，頁274。

（注135）王昶簡歷見本書第四章注43。引詩見《萬首論詩絕句》，頁430。

(注 136) 謝啓昆簡歷見本書第五章注 8。引詩參閲《萬首論詩絕句》，頁
　　　　463。

(注 137) 同上。引詩見《萬首論詩絕句》，頁 464。

(注 138) 范溶，見本章注 66。引詩見《萬首論詩絕句》，頁 1610。

(注 139) 謝啓昆簡歷見本書第五章注 8。引詩參閲《萬首論詩絕句》，頁
　　　　500。

(注 140) 同上。詩見《萬首論詩絕句》，頁 524。

(注 141) 張問陶簡歷見本書第五章注 5。引詩參閲《萬首論詩絕句》，頁
　　　　645。

(注 142) 袁翼簡歷見本書第五章注 117。引詩參閲《萬首論詩絕句》，頁
　　　　900。

(注 143) 孫雄簡歷見本書第五章注 73。引詩見《萬首論詩絕句》，頁 1655。

(注 144) 同上。引詩見《萬首論詩絕句》，頁 1662。

(注 145) 元好問簡歷見本書第四章注 7。引詩參見《萬首論詩絕句》，頁
　　　　158。

(注 146) 同上。引詩見《萬首論詩絕句》，頁 159。

(注 147) 同上。

(注 148) 同上。

(注 149) 同上。引詩見《萬首論詩絕句》，頁 161。

(注 150) 同上。引詩見《萬首論詩絕句》，頁 163。

(注 151) 方孝孺，字希直，寧海人。官至侍講學士，學者稱正學先生。福
　　　　王時，追諡文正。著有《遜志齋集》。引詩見《萬首論詩絕句》，
　　　　頁 180。

(注 152) 吳景旭，字旦生，號仁山。浙江歸安人。明諸生。著有《歷代詩
　　　　話》。引詩見《萬首論詩絕句》，頁 223。

(注 153) 屈復簡歷見本書第五章注 162。引詩參閲《萬首論詩絕句》，頁

370。

(注 154) 同上注。

(注 155) 張際亮簡歷見本書第五章注 13。引詩參閱《萬首論詩絕句》，頁 983。

(注 156) 翁方剛簡歷見本書第五章注 13。引詩參閱《萬首論詩絕句》，頁 406。

(注 157) 黃培芳簡歷見本書第五章注 114。引詩見《萬首論詩絕句》，頁 739。

(注 158) 邵堂簡歷見本書第五章注 62。引詩見《萬首論詩絕句》，頁 820。

(注 159) 高筍簡歷見本章注 127。引詩見《萬首論詩絕句》，頁 868。

(注 160) 汪端，字允莊，號小韞。浙江陳裴之之妻。著有《自然好學齋詩鈔》。引詩見《萬首論詩絕句》，頁 870。

(注 161) 貝青喬，字子木。江蘇吳縣人。諸生。道光辛丑參揚威將軍奕經幕。著有《半行庵詩存稿》。引詩見《萬首論詩絕句》，頁 1039。

(注 162) 王宗嶧，字桐山。吳房人。著有《桐山詩集》。引詩見《萬首論詩絕句》，頁 1065。

(注 163) 蘇時學，字爻山。廣西藤縣人。著有《寶墨樓詩》。引詩見《萬首論詩絕句》，頁 1212。

(注 164) 何家琪，字吟秋，號天根。封邱人。光緒乙亥舉人。歷官汝寧教授。著有《天根詩鈔》。引詩見《萬首論詩絕句》，頁 1442。

(注 165) 楊深秀簡歷見本書第五章注 6。引詩參閱《萬首論詩絕句》，頁 1558。

(注 166) 毛國翰簡歷見本書第五章注 52。引詩參閱《萬首論詩絕句》，頁 1606。

(注 167) 彭旭，字暄鄔。新化人。著有《珂溪山房詩草》。引詩見《萬首論詩絕句》，頁 1646。

（注 168）馮幵，字君木。浙江慈溪人。光緒丁酉拔貢，官麗水縣學訓導。
著有《回風堂詩文集》。引詩見《萬首論詩絕句》，頁 1684。

（注 169）鄧鎔簡歷見本書第五章注 256。引詩參閱《萬首論詩絕句》，頁
1700。

（注 170）陳融簡歷見本書第五章注 28。引詩見《萬首論詩絕句》，頁 1794。

（注 171）同上。引詩見《萬首論詩絕句》，頁 1800。

（注 172）同上。引詩見《萬首論詩絕句》，頁 1801。

（注 173）元好問簡歷見本書第四章注 7。引詩參見《萬首論詩絕句》，頁
158。

（注 174）錢陳群簡歷見本章注 77。引詩見《萬首論詩絕句》，頁 313。

（注 175）楊深秀簡歷見本書第五章注 6。引詩參閱《萬首論詩絕句》，頁
1558。

（注 176）吳德旋簡歷見本書第五章注 140。引詩見《萬首論詩絕句》，頁
657。

（注 177）李希聖簡歷見本書第五章注 4。引詩參閱《萬首論詩絕句》，頁
1580。

（注 178）郭綏之，字靖侯。濰縣人。官江蘇知縣。著有《滄江詩集》。引詩
見《萬首論詩絕句》，頁 1596。

第七章　後人取用
杜詩《戲為六絕句》第三首論析

一、後人取用「縱使盧、王操翰墨」的情況

　　後世論者取用杜詩句「縱使盧、王操翰墨」者并不多。其中取用較多的，爲「翰墨」一詞。如元好問《論詩三十首》的「沈、宋橫馳翰墨場。」錢謙益的《姚叔祥過明發堂論近代詞人戲作絕句十六首》云：「玄宰天然翰墨香。」（注1）謝啓昆《讀全唐詩仿元遺山論詩絕句一百首》云：「不因翰墨掩詩篇。」（注2）特別是在元好問《論詩三十首》詩句「沈、宋橫馳翰墨場」（注3）出現之後，「翰墨場」三字，更是論者紛紛取用的對象，如李玉洲《與張支百研江話隨筆九首》云：「李、杜橫馳翰墨場。」（注4）不僅盡用及「翰墨場」三字，整句的格式顯然也是依據元氏的處理，只是將沈、宋易爲李、杜而已。而顧嗣立在《題元百家詩集後二十首》中云：「碑版穹窿翰墨場。」（注5）也是本於元氏。

　　元好問《論詩三十首》的「沈、宋橫馳翰墨場。」意在説明沈佺期與宋之問在初唐的活躍情況，但也表示兩人仍受齊、梁詩風的影響，直至陳子昂，才開啓唐風，其功卓著。全詩爲：

　　　「沈、宋橫馳翰墨場，風流初不廢齊、梁。論功若準平吳例，合着黃金鑄子昂。」

謝啓昆《讀全唐詩仿元遺山論詩絕句一百首》中的「不因翰墨掩

詩篇」，意在說明虞世南之詩作不爲「翰墨」所掩，從而稱贊其詩作之成就。詩爲：

> 「不因翰墨掩詩篇，飲露高桐夏日蟬。差勝游韶洛隄上，
> 野風閑詠月明天。」

錢謙益的《姚叔祥過明發堂論近代詞人戲作絕句十六首》：「玄宰天然翰墨香。」全詩之意在贊揚玄宰與半庵的詩作天然與博雅。詩爲：

> 「玄宰天然翰墨香，半庵博雅擅青箱。殘膏賸馥依然在，
> 約略流風近子昂。」

李玉州《與張支百研江話隨筆九首》云：「李、杜橫馳翰墨場。」說明韓愈的詩歌成就，可比美李白與杜甫。詩前兩句爲：

> 「李、杜橫馳翰墨場，如椽韓筆頗相當。」

顧嗣立（1669－1722）《題元百家詩集後二十首》云：「碑版穹窿翰墨場。」言歐陽修之碑文在當時文壇響徹一時。全詩爲：

> 「雄文大册奏鏗鏘，碑版穹窿翰墨場。若問當年大手筆，
> 瓣香未散是歐陽。」

其他用及「翰墨」一詞的，例如謝啓昆在另一首《讀全宋詩仿元遺山論詩絕句二百首》云：「桐木韓家翰墨香。」（注6）取用「翰墨香」來稱贊弘維的詩作。詩云：

> 「桐木韓家翰墨香，酝釀浪説冠詞場。綠樽紅雨芳菲節，
> 又濕春衫賦海棠。」

謝氏在同一論詩組詩絕句中亦用及「翰墨新」來稱道韓葵的作品。其言雲：

> 「兩朝將相推南仲，事業還兼翰墨新。避暑猶嫌團扇弱，續
> 詩婢子憶紅塵。」（注7）

一些論者則用「翰墨馳」或「馳翰墨」來形容寫作者運筆揮毫的情狀。如林昌彝《論本朝人詩一百五首》論潘耒云：「天馬行空翰墨馳。」(注8) 意在贊許潘耒作詩如天馬行空。全詩爲：

「天馬行空翰墨馳，神龍變幻入新詩。黃山雲海同胸次，三十六峰挺立奇。」

張佩綸《論閨秀詩二十四首》：「豈恃門風馳翰墨。」(注9) 意在說明王叔英妻所作《吳歌》十首，非恃門風之作。全詩爲：

「《婕好怨》較《昭君怨》，自合清才讓令嫻。豈恃門風馳翰墨，《吳歌》十曲遍人間。」

其他論者或以「翰墨」代表「詩作」，如袁翼《論金詩》云：「翰墨流傳惜未多。」(注10) 惋惜黃華山主的詩作流傳不多。「翰墨」指黃華山主的作品。全詩爲：

「黃華山主即東坡，翰墨流傳惜未多。遭際明昌全盛日，朝陽鳴鳳詠《卷阿》。」

袁氏在《論元詩》中云：「翰墨文章四海傳。」(注11) 「翰墨」亦指「詩作」。詩云：

「風流人物玉堂仙，翰墨文章四海傳。天語侍臣稱七絕，詩才最似李青蓮。」

彭蘊章《題元人詩十二首》：「題畫千秋留翰墨。」(注12) 「翰墨」指的是米芾的「題畫詩」。全詩爲：

「蘭溪州判擅清詞，寒雨殘燈寄友詩。題畫千秋留翰墨，縱橫米老醉吟時。」

黃小魯《楚北論詩詩》：「從知翰墨有淵源。」(注13) 全詩爲：

「朗詠翩躚超鳳翮，從知翰墨有淵源。天門詄蕩名初唱，忠孝人間第一元。」

取用杜句中「縱使」一詞者尤少，如朱儁瀛《與客論詩示二

絶句》云：「縱使雄才推一世。」(注14) 意在強調性情於詩之寫作的重要性。没有真性情，縱然才雄一世，也不能成爲成功詩人。

全詩爲：

> 「洲翻鸚鵡競奇新，閒詠於今亦少眞。縱使雄才推一世，不關性情豈詩人。」

又許奉恩《蘭苕館論詩》詩句也曾用及「縱使」二字。如云：「縱使連波能悔過。」(注15) 全詩爲：

> 「回文織錦嘆奇才，文一回時腸一回。縱使連波能悔過，不應虛待趙陽臺。」

沈景修《讀國朝詩集一百首》云：

> 「縱使《冬花》題句好，成家終合讓《松壺》。」(注16)

意謂奚剛《冬花館集》之題句雖好，但不如錢杜《松壺畫贊》之同類作品。徐嘉《論詩絶句五十七首》評田雯時亦云：「縱使談詩持論確。」(注17) 意謂田雯論詩雖正，可惜《古歡集》中之詩作深受莊子的影響。詩云：

> 「古歡何處訪絢霞，江海淵源溯百家。縱使談詩持論確，宏詞曾悔讀《南華》。」

　　也有單用一個「縱」字者，如宋湘《與人論東坡詩》：「縱不前賢畏後生。」(注18) 此詩全首爲：

> 「縱不前賢畏後生，名山勝水本無形。唐翻晉案顏家帖，幾首唐詩守六經。」

意謂縱使前賢不畏後生，但後人在山水感召下，亦重表露自身之個性，創造自己的詩風。何栻 (1816－1872)《偶成》云：

> 「臺閣山林異性天，瓣香各自有因緣。縱饒李洞黃金在，未得閒情鑄閬仙。」(注19)

意謂創作是一門特殊性質的藝術活動，縱使有黃金也不能產生傑出的詩人。許標《書劍南詩集後》云：

> 「當年縱作《南園記》，猶見低回言外箴。若使告翁家祭日，厓門君國負臣心。」（注20）

意在爲陸游申辯，以其當年寫作《南園記》，仍有言外箴勸之意。楊光儀《論詩五首》云：

> 「興到揮毫一寫之，奈何強作擬人詩。縱教摹得鬚眉肖，畢竟悲歡屬阿誰？」（注21）

言作詩重在寫興，而反對擬人詩作，認爲縱使寫得維妙維肖，亦非自己之情感。蔡邦甸《詠唐人詩仿元遺山論詩絕句》云：「劉郎縱許詩豪士。」（注22）意在說明劉禹錫雖許稱爲詩壇豪士，但心曲更在政壇活動上。詩云：

> 「門戶原因黨錮分，謫邊貽恨累同群。劉郎縱許詩豪士，不近香山近叔文。」

夏葆彝《論湖北詩絕句二十首專論湖北詩家流寓不與》：「長卿縱有長城在。」（注23）表示劉長卿雖然被譽爲五字長城，其實與郎士元相似。全詩爲：

> 「南國宗規各主持，盛唐詩律是吾師。長卿縱有長城在，爭似郎官五字詩。」

范溶《論蜀詩絕句》亦云：「阿連縱解生春草。」（注24）以謝惠連縱然能理解謝靈運「池塘生春草」之意，但格韵終究不如大謝爲喻，批評張問陶自抒性靈，不學前代作品，其格韵仍遜他人一籌。詩云：

> 「漢、魏宋、唐俱不學，性靈自喜碎虛空。阿連縱解生春草，格韵終須讓謝公。」

陳鑑之（1668－？）《蔣實齋出示孟浩然畫像同賦二絕》中亦云：

「誦詩縱不忤龍顏。」（注24）言即使孟浩然不觸犯聖王，頂多也不過作個好官。不如一僮單馬，盡心於詩歌創作，使作品流傳千古。詩云：

> 「誦詩縱不忤龍顏，榮貴無過是好官。未必一僮隨瘦馬，
> 千年傳作畫圖看。」

二、後人取用「劣於漢魏近風騷」之情況

和上句相反，「劣於漢、魏近《風》、《騷》」句卻是經常受到後世論者的取用。黃之雋在他的集句詩《自題香奩卷末十二首》中曾經集取此句。（注25）其他論者在取用「近《風》、《騷》」之語或意上，或作「薄《風》、《騷》」，例如周必大《敷文閣學士李仁甫挽詞》云：「文章餘力薄《風》、《騷》。」（注26）這是周氏挽李仁甫詩中的一句，意在贊譽李仁甫文章的成就。全詩爲：

> 「經學淵源史筆高，文章餘力薄《風》、《騷》。紛紛小技誇
> 流俗，磨滅身名笑爾曹。」

譚宗浚《讀杜詩絕句》：「歌行餘事薄《風》、《騷》。」（注27）贊杜甫之歌行直逼《風》、《騷》。全詩爲：

> 「杜老詩才百代豪，歌行餘事薄《風》、《騷》。偶然涉筆皆
> 詩史，三百青銅酒價高。」

或作「溯《風》、《騷》」，王圖炳《邗溝旅夜讀綿津先生詩集賦呈五絕句》云：「直探墳索溯《風》、《騷》。」（注28）意在贊揚綿津學識之豐富與創作道路之正確。全詩爲：

> 「直探《墳》、《索》溯《風》、《騷》，傳寫宣城紫兔毫。
> 泰、華嵯峨凌絕頂，世間培　莫爭高。」

徐嘉《論詩絕句五十七首》云：「衆流橫截溯《風》、《騷》。」（注

29）贊沈德潛操選政，橫截衆流，直溯《風》、《騷》。詩云：

「尚論千秋操選政，衆流橫截溯《風》、《騷》。青鞵布襪歸愚老，才識崑崙汶阜高。」

或作「襲《風》、《騷》」。例如謝啓昆《論明詩絕句九十六首》表示：「伯賢感興襲《風》、《騷》。」（注 30）也是在贊譽朱右能夠直沿《風》、《騷》的道路來進行詩歌的創作。全詩爲：

「伯賢感興襲《風》、《騷》，《琴操》餘音味曲包。刻意公夔同好尚，《白雲稿》惜未全鈔。」

或作「繼《風》、《騷》」。如朱彭年《仿元遺山論詩絕句》表示：「獨將吟筆繼《風》、《騷》。」（注 31）意在贊揚經學精深的毛大可，其詩作也可以繼承《風》、《騷》。全詩爲：

「經術湛深毛大可，獨將吟筆繼《風》、《騷》。詞繁意盡嗤坡老，細味詩評思自高。」

亦有作「繼楚《騷》」者。如焦袁熙（1660－1725）《論詩絕句五十二首》：「杜甫篇章繼楚《騷》。」（注 32）言杜甫詩章繼承楚辭之優良傳統，同時也稱贊李商隱詩作的表現。詩云：

「杜甫篇章繼楚《騷》，玉溪晚出亦稱豪。微辭漫道詩人體，忠愛何人有一毫。」

或作「必《風》、《騷》」。如宋湘《論杜詩二絕句》：「少陵家法必風騷。」（注 33）意在贊許杜甫能在當時充斥綺麗詩風境況之中，堅持《風》、《騷》的傳統。同時也稱贊韓愈在這方面的成就。全詩爲：

「滿眼餘波爲綺麗，少陵家法必《風》、《騷》。千秋尚有昌黎老，流出崑崙第二條。」

或作「正《風》、《騷》」。如袁嘉穀《春日小飲薄醉尚論古詩人漫成十二首》云：「李、何崛起正《風》、《騷》。」（注 34）稱在明代

叫囂的詩壇習氣中，李夢陽與何景明起而端正《風》、《騷》的優良傳統。詩云：

> 「明代詩聲習叫囂，李、何崛起正《風》、《騷》。規摩漢、
> 魏、隋、唐體，北地雄渾格更高。」

或作「接《風》、《騷》。張元《讀杜詩十六絕句》云：「上宗兩漢接《風》、《騷》。」(注35) 全詩爲：

> 「上宗兩漢接《風》、《騷》，下括黃初逮六朝。截斷衆流包
> 萬象，扶輪終古麗重霄。」

稱譽杜甫詩上承兩漢，接《風》、《騷》，下影響黃初及六朝，以及它的傑出表現。王昶《舟中無事偶作論詩絕句四十六首》：「玉鈎搗素接風騷。」(注36) 稱贊曹來殷《玉鈎斜》與《搗衣曲》之能承接《風》、《騷》之傳統。全詩爲：

> 「玉鈎搗素接《風》、《騷》，擊鉢聯吟興更豪。十疊聚星堂
> 上韵，一時才氣冠詞曹。」

廖鼎聲之《補作國朝人七十八首》亦云：「又從元、白接《風》、《騷》。」(注37) 贊揚葛東昌既酷愛吳偉業詩，又從元稹與白居易處承接《風》、《騷》之傳統。全詩爲：

> 「酷愛梅村興亦豪，又從元、白接《風》、《騷》。文辭勁峭
> 獨相許，叢桂何知品第高。」

或作「祖《風》、《騷》」。姚文泰《論詩雜賦》云：「果然屈、宋祖《風》、《騷》。」(注38) 贊揚沈雪樵祖承《風》、《騷》。全詩爲：

> 「名重詞場沈雪樵，果然屈、宋祖《風》、《騷》。石頭又見
> 降幡豎，晦迹何辭賣卜勞。」

詩後有注云：

> 「沈爲何山司寇猶子，入江南鉅公之門。晚寓烏戍，賣卜

以給。」

或作「振《風》、《騷》」。邱晉成《論蜀詩絕句》云：「自怡軒畔振《風》、《騷》。」（注 39）贊劉子庵詩在歷盡艱辛後所呈現之豪氣，可謂使《風》、《騷》再振。全詩爲：

> 「歷盡艱虞氣尚豪，自怡軒畔振《風》、《騷》。《馬嵬》、
> 《岳廟》留題在，想見縱橫落彩毫。」

或作「主《風》、《騷》」，例如張之傑《讀明詩五十二首》云：「首開新運主《風》、《騷》。」（注 40）贊許劉基能以《風》、《騷》之傳統爲主，開創明詩之新頁。詩中也贊揚他在政治與詩文的成就。全詩爲：

> 「首開新運主《風》、《騷》，體制聲韵曲更高。不但功勳推
> 第一，詩文亦自冠諸曹。」

或作「當《風》、《騷》」。宮爾鐸《讀元遺山王漁洋論詩絕句愛其文詞之工惜其所言尚非第一義漫成此首以質知音》云：「競將聲氣當《風》、《騷》。」（注 41）批評曾國藩之規勸其四弟學袁枚。詩中也對袁枚提出嚴厲的斥責。全詩爲：

> 「乞得袁門賸馥膏，競將聲氣當《風》、《騷》。狂瀾難挽滔
> 天勢，作俑隨園罪曷逃？」

或作《擬《風》、《騷》」。鄒嘉來《逸社第四集奉題楊子勤雪橋詩話圖卷》云：「正聲自古擬《風》、《騷》。」（注 42）稱贊元好問之能擬《風》、《騷》。全詩爲：

> 「遺山野史一亭高，異代同稱著述豪。閱見十朝詩是史，
> 正聲自古擬《風》、《騷》。」

或作「似《風》、《騷》」。如江肇埰《讀詩》云：「但能真切似《風》、《騷》。」（注 43）強調詩之寫作主在「真切似《風》、《騷》」，詩中也強調自然成章的重要性，并且批評王士禛故作人

爲的聲律譜。全詩爲：

> 「但能眞切似《風》、《騷》，商、徵天然上口調。多事阮亭
> 聲律譜，只從喉齒按腔描。」

或作「總《風》、《騷》」。例如王昶《舟中無事偶作論詩絕句四十
六首》言李商隱詩：「清和瑟怨總《風》、《騷》。」（注44）以李氏
詩作之「清和瑟怨」，都能夠秉承《風》、《騷》之傳統。全詩爲：

> 「幕職何緣辱俊豪？清和瑟怨總《風》、《騷》。打鐘晚約清
> 涼去，肯爲諸狐奉太牢。」

或作「誦《風》、《騷》」。如張燁《簡趙眞休》云：「至今湖海誦
《風》、《騷》。」（注45）「《風》、《騷》」於此指趙眞休之詩作。詩
云：

> 「曾向詩壇奪錦袍，至今湖海誦《風》、《騷》。何如放下渾
> 無事，句不驚人意更高。」

或作「闕《風》、《騷》」。如趙蕃《簡徐季孟》云：「生令梅賦闕
《風》、《騷》。」（注46）言徐季孟出山之後，疏於寫作，致使詠梅
詩欠缺。詩云：

> 「南山最數月臺高，曾著能詩何水曹。略計出山今幾載，
> 生令梅賦闕《風》、《騷》。」

或作「更《風》、《騷》」。陳維崧《鈔唐人七言律竟輒題數端句楮
尾》：「體當拗處更《風》、《騷》。」（注47）言杜甫詩句在拗處更
表現出《風》、《騷》的詩味。全詩爲：

> 「三唐作者細如毛，杜老波瀾一代豪。吟到安時殊細膩，
> 體當拗處更《風》、《騷》。」

或作「附《風》、《騷》」。例如李欣榮《拙集刻成自題八絕句於
後》云：「不才何敢附《風》、《騷》。」（注48）謙稱《風》、《騷》、
魏、晉、三唐格調高，不敢攀附，只敢抒寫肺腑情感。詩云：

> 「不才何敢附《風》、《騷》，魏、晉、三唐格調高。我自沈
> 吟原寫意，憑將肺腑命霜毫。」

或作「匯《風》、《騷》」。孫雄《論詩絕句》云：「《別裁》鉅集匯
《風》、《騷》。」(注49) 贊沈德潛各種《別裁》之作，匯集《風》、
《騷》之精神。全詩為：

> 「《別裁》鉅集匯《風》、《騷》，敦厚溫柔取義高。雅望耆
> 年天錫嘏，後生何事苦訾謷？」

詩後有注云：

> 「公年至九十有七，有清一代詩人，享大年者無出其右。
> 王蘭泉云：《別裁》諸集，匯千古之《風》、《騷》，聚一時
> 之壇坫，年屆期頤而卒，蓋得於天者厚矣。或有反唇相譏
> 者，真昌黎所謂群兒耳。」

其他作「步武《風》、《騷》」，「接迹《風》、《騷》」，「上迫《風》、
《騷》」，「上薄《風》、《騷》、者，也是取用杜句及句中之意。如
姚福均《書各家詩集後》贊蔣士銓云：

> 「天才亮特骨崢嶸，步武《風》、《騷》見性情。曲折幽深
> 難達意，只消一語便分明。」(注50)

楊光儀《論詩五首》云：

> 「接迹《風》、《騷》寄興深，國初諸老費沈吟。自從袁、
> 趙翻瀾後，弦外餘音何處尋？」(注51)

林昌彝《論本朝人詩一百五首》云：

> 「上迫《風》、《騷》瞰李、何，筆翻鸚鵡瀉黃河。不知誰
> 樹中原幟？烟月消沈可奈何！」(注52)

許奉恩《蘭苕館論詩》云：

> 「淵源膳部有文孫，上薄《風》、《騷》道獨尊。若例尼山
> 論詩派，大成集自浣花村。」(注53)

　　而姚瑩作「遠《風》、《騷》」，其《論詩絕句六十首》云：
「不知何故遠《風》、《騷》。」(注54) 與以上各家之説不同的是，
他借此來檢討自己十年來只是模擬漢、魏詩作的形式，而遠棄
《風》、《騷》的傳統。全詩爲：

　　　　「辛苦十年摹漢、魏，不知何故遠《風》、《騷》。而今悟得
　　　　興觀旨，枉向凡禽乞鳳毛。」

朱琦《論詩五絕句》也是如此；「雖多奚補遠《風》、《騷》。」(注
55) 亦以作品如果遠離《風》、《騷》之傳統，雖多亦無補。全詩
爲；

　　　　「愈少可珍思漢、魏，雖多奚補遠《風》、《騷》。我知聖處
　　　　眞難到，虛擲黃金亦太勞。」

而柯振嶽則作「異《風》、《騷》」，《論詩》云：「采薇何必異
《風》、《騷》。」(注56) 亦強調在衰世時也不能違反《風》、《騷》
之精神。全詩爲：

　　　　「放翁情韵石湖豪，未許庭堅奪錦袍。梟羽龔黃衰世志，
　　　　采薇何必異《風》、《騷》。」

　　有些論者則將「《風》、《騷》」易爲《騷》、《雅》」而加取用。
例如鍾廷瑛《讀詩絕句十二首》云：「力挽唐音近《騷》、《雅》。」
(注57) 以此盛贊賀鑄的成就。全詩爲：

　　　　「歐、梅、蘇、陸皆龍象，玉斧乾坤特地開。力挽唐音近
　　　　《騷》、《雅》，無人知有賀方回。」

　　以上乃就後人取用杜詩語「近《風》、《騷》」者加以論析。
後代詩句中用及《風》、《騷》之詞的，也不少。與「近《風》、
《騷》」之意有關的，如蔣師轍《青州論詩絕句》云：「《風》、
《騷》幾輩解窮源。」（注58）言多代以來人們都在窮解《風》、
《騷》這詩的源頭，有得也有失，詩中於此進而稱贊趙進美之説

詩。詩云：

> 「《風》、《騷》幾筆解窮源，得失紛紜已見存。能使新城眞頫首，説詩獨有趙黃門。」

焦袁熙《論詩絕句五十二首》所説的：「祖述《風》、《騷》事已訛。」（注59）「祖述《風》、《騷》」，也是基於由「祖《風》、《騷》」衍述而成。詩中之意在不滿戴復古等之仿襲杜甫，從而強調祖述《風》、《騷》的重要性。詩云：

> 「祖述《風》、《騷》事已訛，流傳衣鉢竟如何？少陵不是村夫子，那有兒孫得許多。」

詩後有注云：

> 「如戴石屛之流，乃眞粗俗，眞村鄙耳。」

而作「近《楚騷》」或作「近《騷》、《雅》」，甚至作「續《離騷》」者，也是「近《風》、《騷》」之變用。

其他取用《風》、《騷》一詞的，有：

鄭　谷《續前集二首》云：「《風》、《騷》如線不勝悲。」（注60）

李　中《叙吟二首》云：「欲把《風》、《騷》繼古風。」（注61）

釋齊己《寄鄭谷郎中》云：「人間近遇《風》、《騷》匠。」（注62）

同　上《寄賓匡圖兄弟》：「《風》、《騷》作者爲商榷。」（注63）

張　耒《讀吳怡詩卷二首》云：「休學《風》、《騷》窮事業。」（注64）

戴復古《昭武太守王子文曰與李賈嚴羽共觀前輩一兩家詩及晚唐詩因有論詩十絕子文見之謂無甚高論亦可作詩家小學須知》：

「變盡《風》、《騷》到晚唐。」(注 65)

吳景旭《言詩十絕》云:「萬古《風》、《騷》一笑中。」(注 66)　朱彝尊《題吳蓮洋詩卷》:「三晉《風》、《騷》雜偽真。」(注 67)

胡天游《風詩》:「屈指《風》、《騷》增感激。」(注 68)

齊召南《讀香樹齋續集高妙不可思議即集其句奉題八絕句》:「廣大《風》、《騷》真不忝。」(注 69)

王　昶《舟中無事偶作論詩絕句四十六首》:「百代《風》、《騷》主盛唐。」(注 70)

趙　翼《論詩》:「各領《風》、《騷》五百年。」(注 71)

謝啓昆《讀全唐詩仿元遺山論詩絕句一百首》:「日月《風》、《騷》百代新。」(注 72)

同　上《書周松靄遼詩話後二十四首》:「千古《風》、《騷》尚待論。」(注 73)

同　上《論元詩七十首》:「《風》、《騷》一代見真裁。」(注 74)

鮑倚雲《題聽奕軒詩詞八絕句》:「《風》、《騷》遺緒爲君長。」(注 75)

茹綸常《題山石詩存十七首》:「《風》、《騷》體格本來寬。」(注 76)

章學誠《題隨園詩話》云:「誣枉《風》、《騷》誤後生。」(注 77)

黃承吉《春遲暇日懷涉頗繁雜成絕句十二首並書之無次第》:「千古《風》、《騷》一掃空。」(注 78)

柯振嶽《論詩》:「一代《風》、《騷》王阮亭。」(注 79)

王省山《論詩》:「千古《風》、《騷》此一燈。」(注 80)

張維屏《論詩絕句》云：「《風》、《騷》兩種爲詩祖。」(注81)

張之傑《讀明詩五十二首》：「一代《風》、《騷》典型在。」(注82)

毛國翰《暇日偶閱近人詩各系一絕》：「矻矻《風》、《騷》入選新。」(注83)

張鴻基《論本朝各家二十首》云：「一代《風》、《騷》變《雅》聲。」(注84)

張際亮《懷人詩》：「百代《風》、《騷》有正聲。」(注85)

何 栻《題陶集後四首》：「千載《風》、《騷》絕此才。」(注86)

馮繼聰《論唐詩絕句》云：「一代《風》、《騷》誰作主?」(注87)

盛樹基《答友人問詩法》：「《風》、《騷》而降幾凌遲。」(注88)

方廷楷《習靜齋論詩百絕句》云：「三晉《風》、《騷》未盡荒。」(注89)

林 楓《論詩仿元遺山體》：「一代《風》、《騷》鼎足身。」(注90)

許奉恩《蘭笤館論詩》云：「《風》、《騷》典午孰維持?」(注91)

程秉釗《國朝名人集題詞》云：「骨是《風》、《騷》律漢、唐。」(注92)

林思進《論蜀詩絕句》云：「便有《風》、《騷》變李唐。」(注93)

歐陽述《雜題國朝人詩集各一首》：「一代《風》、《騷》屬老成。」(注94)又：「苦向《風》、《騷》守正聲。」(注95)

陳延燁《論詩絕句二十首》：「始變《風》、《騷》是建安。」
（注96）

柳棄疾《盛湖竹枝詞題辭十二首爲沈秋凡作》：「一代《風》、
《騷》賴主持。」（注97）

同　上《後論詩五絕示昭懿》云：「一代《風》、《騷》失主
持。」（注98）

陳　融《讀嶺南人詩絕句》：「漢、魏、《風》、《騷》惜未
傳。」（注99）

三、後人取用「龍文虎脊皆君馭」的情況

後文取用杜句「龍文虎脊皆君馭」者極少。有取之者，也只
是集中在「龍文虎脊」四字而已。傅玉書《論詩十二首》云：
「虎脊龍文未易方。」（注100）取「虎脊龍文」四字，言繹堂之
「才力縱橫」，非「虎脊龍文」所可衡量。詩云：

> 「壇坫當時有繹堂，時看秀朗似王、揚。若論才力縱橫處，
> 虎脊龍文未易方。」

宋弼《題蓮洋山人集》云：「虎氣龍身豈久藏？」（注101）變易
「虎脊龍文」爲「虎氣龍身」，吾蓮洋「龍虎」之才，不能久藏，
終將充分表現出來。詩云：

> 「虎氣龍身豈久藏？華陰赤土拭干將。當時夜夜豐城色，
> 曾掩星文北斗旁。」

黃正維《門人問詩學字學口占示之》則作：「乃知筆虎文龍貴。」
（注102）將「龍文虎脊」易爲「筆虎文龍」，言若詩能在性情上
「追李、杜」，字體上「得顏、歐」，則可有突出之成績，非「春
蚓秋蛇」所能比。詩云：

「詩向性情追李、杜，字從筋骨得顏、歐。乃知筆虎龍文
貴，春蚓秋蛇不是儔。」

吳嵩梁《余有山水癖念昔賢多同調者輒紀以詩》云：「健筆鬱蟠
龍虎氣。」（注103）只取「龍」與「虎」二字，形容王安石之豪壯
氣魄。詩云：

「嶺雲江月句誰能？一代雄才管廢興。健筆鬱蟠龍虎氣，
看山只合住金陵。」

黃培芳《論粵東詩十絕》評莫宣卿之作云：「莫子龍文健筆扛。」
（注104）則只取「龍文」二字，贊揚莫宣卿之「健筆」。詩云：

「莫子龍文健筆扛，南人初數士無雙。更看風度三唐冠，
璞玉渾金有曲江。」

夏葆彝《舊作論湖北詩絕句二十首》云：「虎渡龍舟繫我思。」
（注105）雖在詩句中用及「虎＋Ｘ＋龍＋Ｙ」之格式，但結構不
同於「龍文虎脊」之處理。

四、後人取用「歷塊過都見爾曹」的情況　後人在取用杜句
「歷塊過都見爾曹」上，取用「歷塊過都」者非常之少。例如錢
謙益《姚叔祥過明發堂論近代詞人戲作絕句十六首》云：「過都
歷塊皆神駿。」（注106）即取「歷塊過都」四字。詩云：

「楚國三袁季絕塵，白眉誰與介良倫？過都歷塊忠神駿，
秋駕何當與細論？」

取用較多的，是「見爾曹」三字，後代論者在取用這三字
時，有著眾多的變化。吳衡照易「見爾曹」爲「看爾曹」。《冬夜
讀詩偶有所觸輒志斷句非效遺山論詩也得十五首》云：「世上紛
紛看爾曹。」（注107）全詩爲：

「百福老人官自達，得來清氣品尤高。瓜皮帽子吟肩，世
上紛紛看爾曹。」

或作「廢爾曹」。如王質《題竇伯玉小隱詩六首》云:「不廢江河廢爾曹。」(注108) 言初唐四傑王勃、楊炯、盧照鄰與駱賓王之詩作經得起時代的考驗,如江河之不廢,會被時代廢棄者,反而是那些嗤點他的「爾曹」。詩云:

> 「瘦水微皺漸固槽,秋風脫葉下江梟。王、楊、盧、駱青
> 冥上,不廢江河廢爾曹。」

或作「笑爾曹」。如周必大《敷文閣學士李仁甫挽詞》云:「磨滅身名笑爾曹。」(注109) 言李仁甫無論經學或文章,都有高超的成就。那些「誇流俗」者,只會令後人嘲笑。詩云:

> 「經學淵源史筆高,文章餘力薄《風》、《騷》。紛紛小披誇
> 流俗,磨滅身名笑爾曹。」

吳騫《論詩絕句》也作:「死較尊卑笑爾曹。」(注110) 詩言杜甫云:

> 「盛衰升降任推敲,死較尊卑笑爾曹。夕殿揮毫宰相,寧
> 甘北面《鬱輪袍》。」

或作「效爾曹」。田雯《論詩絕句》:「前輩東坡效爾曹。」(注111) 以韓愈絕不遜於孟郊,故表示後人應效仿蘇軾。「前輩東坡效爾曹」,爲「倒裝」句,以「爾曹」當效「前輩」。詩云:

> 「韓老何當遜孟郊?寒蟲偏不厭寒號。涪翁別是西江體,
> 前輩東坡效爾曹。」

或作「冠爾曹」。如王昶評曹來殷《舟中無事偶作論詩絕句四十六》云:「一時才氣冠詞曹。」(注112) 言曹氏才氣在當時眾詩人之上。詩云:

> 「玉鉤搆素接《風》、《騷》,擊鉢聯吟興更豪。十疊聚星堂
> 上韻,一時才氣冠詞出曹。」

或作「課爾曹」。如謝啓崑《讀中州集仿元遺山論詩絕句六十首》

評宗端修云：「了吾官事課兒曹。」(注113) 詩云：

　　「清風鐵面宗平叔，日食三升歲一袍。問事客來無別語，
　　了吾官事課兒曹。」

或作「示爾曹」。如鮑倚雲《題敬業堂詩集後》云：「天全晚節示
兒曹。」(注114) 言查慎行之晚節可作爲「兒曹」模仿之對象。詩
云：

　　「淋灘歟薄是詩豪，玉粹尤欽植品高。蘊藉磨礱歸大雅，
　　天全晚節示兒曹。」

　　論者也有將「爾曹」反用之而作「吾曹」者，如王敬之《戊
戌歲前三日半窩同詠詩債》云：「詩材宏富盡吾曹。」(注115) 言
作詩者皆求「詩才宏富」。全詩爲：

　　「詩材宏富盡吾曹，儉腹偏看悉索勞。歲暮齒衰才亦盡，
　　豈徒支詘是錢刀。」

　　在用及「吾曹」一詞上，論者除了用「盡吾曹」之外，也有
作作「教吾曹」者，如如汪曾本《訪稼亭讀詩恍若有悟歸作八絕
句奉柬》云：「溫柔敦厚教吾曹。」(注116) 言「溫柔敦厚」之詩
教與「比興」手法對詩創作之重要性。詩云：

　　「溫柔敦厚教吾曹，比興幽深調更高。香草美人微旨在，
　　試看二十五《離騷》。」

或作「涸吾曹」，如陳書《仿少陵戲爲六絕句元韻》云：「肯容流
派涸吾曹。」(注117) 説明白居易「體物」「精煉」，不容讕言來影
響「吾曹」。詩云：

　　「樂天體物精千煉，下況盧同僕命《騷》。可怪讕言宗竈
　　嫗，肯容流派涸吾曹。」

亦有作「諸曹」者。如張之傑《讀明詩五十二首》贊劉基云：
「詩文亦有冠諸曹。」(注118) 以劉氏不但在開國創業上居功第

一，所作詩文也領先衆詩人。詩云：

> 「首開新運主風騷，體制聲韻曲更高。不但功勛推第一，
> 詩文亦自冠諸曹。」

或作「冠詞曹」。張際亮《入都浹旬故人多以詩相示各綴一絕》
論蔣笙陔云：「歸來得句冠詞曹。」(注 119) 以蔣氏在桂海歸來之
後，所寫詞章，領先衆詩人。詩云：

> 「桂海仙雲上錦袍，歸來得句冠詞曹。黃岡當日無詩筆，
> 一代科名獨讓豪。」

而錢謙益更易「爾曹」爲「我曹」，《姚叔祥過明發堂論近代
凳人戲作絕句十六首》云：「嗤點前賢豈我曹。」(注 120) 言彼論
詩蓋爲「挽回大雅」，「嗤點前賢」，並非原本之意。詩云：

> 「一代詞章孰建鑣？近從萬歷數今朝。挽回大雅還誰事？
> 嗤點前賢豈吾曹。」

以上各說，多是將「爾曹」、「吾曹」、「我曹」、「諸曹」、「兒
曹」、「詞曹」，等等置於一句之最後兩字，與杜句「歷塊過都見
爾曹」之處理相同。但也有些論者將「X＋曹」置於句中之首二
字，或第三、第四字之位置者，如李必恒《論詩絕句三十首》
云：「試爲兒曹覓初祖。」(注 121) 即將「爾曹」置於句中之第三
與第四的位置。詩云：

> 「蠶叢獨力闢榛菅，瘦硬清新見一斑。試爲兒曹覓初祖，
> 的應澆酒酹平山。」

方于穀《仿王漁洋論詩絕句四十首》亦云：「爾曹不演生公法。」
(注 122) 將「爾曹」置於詩句中的首兩字的位置。詩云：

> 「葉令稱詩吳下日，江河手爲挽橫流。爾曹不演生公法，
> 爭唱丁家《白燕樓》。」

【註　釋】

(注　1) 錢謙益簡歷見本書第四章注 11。引詩參閱《萬首論詩絕句》，頁 195。

(注　2) 謝啓昆簡歷見本書第五章注 8。引詩參閱《萬首論詩絕句》，頁 461。

(注　3) 元好問簡歷見本書第四章注 7。引詩參閱《萬首論詩絕句》，頁 158。

(注　4) 李玉州簡歷見本書第五章注 60。引詩參閱《萬首論詩絕句》，頁 688。

(注　5) 顧嗣立簡歷見本書第六章注 20。引詩參閱《萬首論詩絕句》，頁 299。

(注　6) 謝啓昆簡歷見本書第五章注 8。引詩參閱《萬首論詩絕句》，頁 485。

(注　7) 同上注。

(注　8) 林昌彝簡歷見本書第五章注 69。引詩參閱《萬首論詩絕句》，頁 1013。

(注　9) 張佩綸簡歷見本書第五章注 88。引詩見《萬首論詩絕句》，頁 1414。

(注　10) 袁翼簡歷見本書第五章注 117。引詩參閱《萬首論詩絕句》，頁 893。

(注　11) 同上注。引詩見《萬首論詩絕句》，頁 895。

(注　12) 彭蘊章簡歷見本書第五章注 96。引詩參閱《萬首論詩絕句》，頁 949。

(注　13) 黃小魯簡歷見本書第五章注 1。引詩參閱《萬首論詩絕句》，頁 1624。

(注　14) 朱儁瀛，字芷青。大興人。同治壬戌舉人。歷官河南知府。著有

《金粟山房詩鈔》、《佛岡宦轍詩》、《汴游永玉藥》、《周濱集》、《陳州集》、《素園晚藥》、《上瑞堂集》。引詩參閱《萬首論詩絕句》，頁 1384。

(注 15) 許奉恩簡歷見本書第五章注 129。引詩見《萬首論詩絕句》，頁 1372。

(注 16) 沈景修簡歷見本書第五章注 71。引詩參閱《萬首論詩絕句》，頁 1394。

(注 17) 徐嘉簡歷見本書第五章注 9。引詩見《萬首論詩絕句》，頁 1589。

(注 18) 宋湘簡歷見本書第五章注 197。引詩參閱《萬首論詩絕句》，頁 703。

(注 19) 何杙，字廉昉，號悔餘。江陰人。道光辛丑進士。官江西吉安知府。著有《悔餘庵詩稿》。引詩見《萬首論詩絕句》，頁 1007。

(注 20) 許標字赤城。彭澤人。引詩見《萬首論詩絕句》，頁 1073。

(注 21) 楊光儀，字香吟。天津人。咸豐壬子舉人。著有《碧琅玕館詩鈔》。引詩見《萬首論詩絕句》，頁 1235。

(注 22) 蔡邦甸，字篆青。合肥人。光緒明經，戊寅卒。有《晚香亭詩鈔》。引詩見《萬首論詩絕句》，頁 1448。

(注 22) 夏葆彝簡歷見本書第五章注 44。引詩參閱《萬首論詩絕句》，頁 1538。

(注 23) 范溶簡歷見本書第六章注 66。引詩見《萬首論詩絕句》，頁 1612。

(注 24) 陳鑒之，原名璟，字剛父。三山人。著有《東齋小集》。引詩見《萬首論詩絕句》，頁 136。

(注 25) 黃之雋簡歷見本書第六章注 4。引詩參閱《萬首論詩絕句》，頁 24。

(注 26) 周必大簡歷見本書第四章注 10。引詩參閱《萬首論詩絕句》，頁 98。

(注 27) 譚宗浚簡歷見本書第六章注 27。引詩參閱《萬首論詩絕句》，頁
1419。

(注 28) 王圖炳，字麟照，號澄川。江南華亭人。康熙壬辰進士，改庶吉
士，授編修，歷官禮部侍郎。著有《櫻香書屋集》。引詩見《萬首
論詩絕句》，頁 302。

(注 29) 徐嘉簡歷見本書第五章注 9。引詩見《萬首論詩絕句》，頁 1593。

(注 30) 謝啓昆簡歷見本書第五章注 8。引詩參閱《萬首論詩絕句》，頁
531。

(注 31) 朱彭年簡歷見本書第五章注 190。引詩見《萬首論詩絕句》，頁
1403。

(注 32) 焦袁熙，字廣期。江蘇常州人。康熙丙子舉人。有《此木軒詩》。
引詩見《萬首論詩絕句》，頁 278。

(注 33) 宋湘簡歷見本書第五章注 197。引詩參閱《萬首論詩絕句》，頁
703。

(注 34) 袁嘉穀簡歷見本書第五章注 22。引詩參閱《萬首論詩絕句》，頁
1687。

(注 35) 張元，字殿傳，號楡村。淄州人。雍正丙年舉人，官魚臺教諭。
著有《綠筠軒詩》。引詩見《萬首論詩絕句》，頁 344。

(注 36) 王昶簡歷見本書第四章注 43。引詩見《萬首論詩絕句》，頁 434。

(注 37) 廖鼎聲簡歷見本書第五章注 7。引詩參閱《萬首論詩絕句》，頁
1348。

(注 38) 姚文泰，字鎭卿，號荃汀。浙江歸安人。貢生。《蕉綠映書竇稿》、
《雙溪漁唱集》。引詩見《萬首論詩絕句》，頁 769。

(注 39) 邱晉成，字雲颿，宜賓人。著有《古苔精室詩存》。引詩見《萬首
論詩絕句》，頁 1617

(注 40) 張之傑簡歷見本書第五章注 32。引詩參閱《萬首論詩絕句》，頁

937。

(注 41) 宮爾鐸簡歷見本書第五章注 3。引詩參閱《萬首論詩絕句》，頁
　　　　1461。

(注 42) 鄒嘉來，字紫東。江蘇吳縣人。引詩參閱《萬首論詩絕句》，頁
　　　　1548。

(注 43) 江肇塽，字退谷。浙江桐廬人。道光丁酉副貢。著有《瀛碧樓雜
　　　　錄》。引詩見《萬首論詩絕句》，頁 959。

(注 44) 王昶簡歷見本書第四章注 43。引詩見《萬首論詩絕句》，頁 429。

(注 45) 張煒，字子明，本名燥。永年人。大定進士。官至安國軍節度使。
　　　　著有《芝田小詩》。引詩見《萬首論詩絕句》，頁 164。

(注 46) 趙蕃簡歷見本書第五章注 79。引詩見《萬首論詩絕句》，頁 108。

(注 47) 陳維崧簡歷見本書第五章注 34。引詩參閱《萬首論詩絕句》，頁
　　　　259。

(注 48) 李欣榮，字陶村。南武人。著有《寸心堂集外詩》。引詩見《萬首
　　　　論詩絕句》，頁 1621。

(注 49) 孫雄簡歷見本書第五章注 73。引詩見《萬首論詩絕句》，頁 1655。

(注 50) 姚福均簡歷見本書第五章注 56。引詩參閱《萬首論詩絕句》，頁
　　　　1434。

(注 51) 楊光儀簡歷見本章注 21。引詩見《萬首論詩絕句》，頁 1235。

(注 52) 林昌彝簡歷見本書第五章注 69。引詩參閱《萬首論詩絕句》，頁
　　　　1027。

(注 53) 許奉恩簡歷見本書第五章注 129。引詩見《萬首論詩絕句》，頁
　　　　1377。

(注 54) 姚瑩簡歷見本書第五章注 19。引詩見《萬首論詩絕句》，頁 754。

(注 55) 朱琦簡歷見本書第五章注 227。引詩參閱《萬首論詩絕句》，頁
　　　　951。

（注　56）柯振嶽簡歷見本書第五章注 37。引詩參閱《萬首論詩絕句》，頁
　　　　　780。

（注　57）鍾廷瑛簡歷見本書第五章注 53。引詩參見《萬首論詩絕句》，頁
　　　　　578。

（注　58）蔣師轍簡歷見本書第六章注 129。引詩見《萬首論詩絕句》，頁
　　　　　1446。

（注　59）焦袁熙簡歷見本章注 32。引詩見《萬首論詩絕句》，頁 283。

（注　60）鄭谷，字守愚。袁州人。光啓丁未擢第，官至部官郎中。著有
　　　　　《雲臺》編三卷、《宜陽集》三卷、《外集》三卷。引詩見《萬首論
　　　　　詩絕句》，頁 42。

（注　61）李中，字有中。隴西人。仕唐爲淦陽宰。著有《碧雲集》。引詩見
　　　　　《萬首論詩絕句》，頁 48。

（注　62）釋齊己簡歷見本書第五章注 93。引詩參閱《萬首論詩絕句》，頁
　　　　　51。

（注　63）同上注。引詩見《萬首論詩絕句》，頁 52。

（注　64）張耒，字文潛，號柯山。人稱宛丘先生。楚州淮陰人。官至房州
　　　　　別駕。著有《張右史集》。引詩見《萬首論詩絕句》，頁 65。

（注　65）戴復古簡歷見本書第五章注 66。引詩參閱《萬首論詩絕句》，頁
　　　　　119。

（注　66）吳景旭簡歷見本書第六章注 152。引詩見《萬首論詩絕句》，頁
　　　　　223。

（注　67）朱彝尊，字錫鬯，號竹垞，又號鷗航，晚號小長蘆釣師。浙江秀
　　　　　水人。康熙己未召試博學宏詞科，官翰林院授檢討。著有《潛采
　　　　　堂宋人集目錄》、《金石文字跋尾》、《元人集目錄》、《全唐未備書
　　　　　目》、《明詩綜采輯書目》、《曝書亭書畫跋》、《說硯》、《曝書亭詩
　　　　　注》、《曝書亭詞注》、《曝書亭文稿》、《竹垞文鈔》、《竹垞詩妙》、

《曝書亭集外詩》、《曝書亭集》、《附錄》，等等。編有《明詩綜》、《明詞綜》。引詩見《萬首論詩絕句》，頁 258。

(注 68) 胡天游，一名騤，字稚威，一字雲持。持江山陰人。雍正己酉貢生。雍正乙卯薦試博學鴻詞。乾隆辛未再薦經學，皆不遇。著有《石笥山房文集》、《補遺》、《詩集》、《春秋夏正》、《龍母洞記》，等等。引詩見《萬首論詩絕句》，頁 350。

(注 69) 齊召南，字次風，號瓊臺，晚號息園。浙江天臺人。雍正己酉副貢，乾隆丙辰召試博學鴻詞，授庶吉士，散館授檢討，官至禮部右侍郎。著有《水道提綱》、《歷代帝王年表》、《明鑒前記》、《黃河編》、《運河水道編》、《江道編》、《入江巨川編》、《天臺山方外志要》、《賜硯堂詩文集》、《寶綸堂詩鈔》、《文鈔》、《外集》、《續集》，等等。引見《萬首論詩絕句》，頁 376。

(注 70) 王昶簡歷見本書第四章注 43。引詩見《萬首論詩絕句》，頁 432。

(注 71) 趙翼簡歷見第五章注 12。引詩見《萬首論詩絕句》，頁 453。

(注 72) 王昶簡歷見本書第四章注 43。引詩見《萬首論詩絕句》，頁 471。

(注 73) 同上注。引詩見《萬首論詩絕句》，頁 519。

(注 74) 同注 73。引詩見《萬首論詩絕句》，頁 529。

(注 75) 鮑倚雲，字薇省，號退余。安徽歙縣人。優貢。有《壽藤齋詩集》。引詩見《萬首論詩絕句》，頁 581。

(注 76) 茹綸常簡歷見本書第六章注 98。引詩參閱《萬首論詩絕句》，頁 594。

(注 77) 章學誠，字實齋。浙江會稽人。乾隆戊戌進士。官國子監典籍。著有《實齋扎記鈔》、《閱書隨禮》、《乙卯扎記》、《丙辰扎記》、《知非日記》、《實齋文集》、《外集》、《補遺》、《章實齋文鈔》、《章氏遺書內編》、《外編》，等等。引詩見《萬首論詩絕句》，頁 599。

(注 78) 黃承吉簡歷見本書第六章注 34。引詩參閱《萬首論詩絕句》，頁

744。

(注 79) 柯振嶽簡歷見本書第五章注 37。引詩參閱《萬首論詩絕句》，頁
782。

(注 80) 王省山簡歷見本書第五章注 78。引詩見《萬首論詩絕句》，頁
803。

(注 81) 張維屛簡歷見本書第六章注 69。引詩參閱《萬首論詩絕句》，頁
880。

(注 82) 張之傑簡歷見本書第五章注 32。引詩參閱《萬首論詩絕句》，頁
944。

(注 83) 毛國翰簡歷見本書第五章注 52。引詩參閱《萬首論詩絕句》，頁
971。

(注 84) 張鴻基簡歷見本書第五章注 119。引詩參閱《萬首論詩絕句》，頁
978。

(注 85) 張際亮簡歷見本書第五章注 13。引詩參閱《萬首論詩絕句》，頁
983。

(注 86) 何栻簡歷見本章注 19。引詩參閱《萬首論詩絕句》，頁 1005。

(注 87) 馮繼聰簡歷見本書第五章注 21。引詩參閱《萬首論詩絕句》，頁
1184。

(注 88) 盛樹基，字艮山。江蘇打元和人。諸生。著有《艮山詩錄》。引詩
見《萬首論詩絕句》，頁 1254。

(注 89) 方廷楷簡歷見本書第五章注 27。引詩參閱《萬首論詩絕句》，頁
1274。

(注 90) 林楓簡歷見本書第五章注 142。引詩參閱《萬首論詩絕句》，頁
1361。

(注 91) 林楓簡歷見本書第五章注 129。引詩見《萬首論詩絕句》，頁
1370。

（注 92）程秉釗，字公勳，號蒲孫。安徽績溪人。光緒庚寅進士，改庶吉
　　　　　士。著有《瓊州雜事詩》。引詩見《萬首論詩絕句》，頁 1573。

（注 93）林思進簡歷見本書第五章注 136。引詩見《萬首論詩絕句》，頁
　　　　　1670。

（注 94）歐陽述簡歷見本書第六章注 55。引詩參閱《萬首論詩絕句》，頁
　　　　　1676。

（注 95）同上注。引詩見《萬首論詩絕句》，頁 1677。

（注 96）陳延韡，字含光，號㢱孫。江蘇儀徵人。引詩見《萬首論詩絕
　　　　　句》，頁 1756。

（注 97）楅棄疾，初名慰高，字安如，改字亞廬、亞子。江蘇吳江人。清
　　　　　末南社組織者之一。有《磨劍室詩集》、《詞集》、《文集》、《救亞
　　　　　子詩詞選》。引詩見《萬首論詩絕句》，頁 1771。

（注 98）同上注。引詩見《萬首論詩絕句》，頁 1772。

（注 99）陳融簡歷見本書第五章注 28。引詩見《萬首論詩絕句》，頁 1796。

（注 100）傅玉書簡歷見本書第五章注 86。引詩參閱《萬首論詩絕句》，頁
　　　　　550。

（注 101）宋弼簡歷見本書第四注 40。引詩見《萬首論詩絕句》，頁 399。

（注 102）黃正維，字萊堂。錢塘人。官四川榮縣知縣。著有《觳音集》。引
　　　　　詩見《萬首論詩絕句》，頁 339。

（注 103）吳嵩梁簡歷見第五章注 48。引詩見《萬首論詩絕句》，頁 708。

（注 104）黃培芳簡歷見第五章注 114。引詩見《萬首論詩絕句》，頁 738。

（注 105）夏葆彝簡歷見第五章注 44。引詩見《萬首論詩絕句》，頁 1543。

（注 106）錢謙益簡歷見本書第四章注 11。引詩參見《萬首論詩絕句》，頁
　　　　　195。

（注 107）吳衡照簡歷見第五章注 20。引詩見《萬首論詩絕句》，頁 798。

（注 108）王質簡歷見本書第四章注 5。引詩見《萬首論詩絕句》，頁 99。

(注 109) 周必大簡歷見本書第四章注 10。引詩參見《萬首論詩絕句》，頁 98。

(注 110) 吳騫，字槎客，號兔床。浙江海寧人。諸生。著有《拜經樓詩
集》、《續集》、《哀蘭絕句》、《愚谷文存》、《粵東懷古》、《桃溪客
語》、《南宋方墟題咏》，等等。引詩見《萬首論詩絕句》，頁 685。

(注 111) 田雯簡歷見本書第四章注 26。引詩見《萬首論詩絕句》，頁 245。

(注 112) 王昶簡歷見本書第四音注 43。引詩見《萬首論詩絕句》，頁 434。

(注 113) 謝啓昆簡歷見本書第五章注 8。引詩參閱《萬首論詩絕句》，頁
509。

(注 114) 鮑倚雲簡歷見本章注 76。引詩見《萬首論詩絕句》，頁 582。

(注 115) 王敬之，字寬甫，一字仲恪。江蘇高郵人。咸豐貢生。著有《小
言集》、《三十六坡漁唱》。引詩見《萬首論詩絕句》，頁 856。

(注 116) 汪曾本，字子養，號養雲，又號鈍庵。仁和人。咸豐辛亥舉人。
廣東知縣。著有《千頑仙廣吟草》。引詩參閱《萬首論詩絕句》，
頁 1225。

(注 117) 陳書簡歷見本書第五章注 158。引詩參見《萬首論詩絕句》，頁
1439。

(注 118) 張之傑簡歷見本書第五章注 32。引詩參見《萬首論詩絕句》，頁
937。

(注 119) 張際亮簡歷見本書第五章注 13。引詩參見《萬首論詩絕句》，頁
981。

(注 120) 錢謙益簡歷見本書第四章注 11。引詩參見《萬首論詩絕句》，頁
195。

(注 121) 李必恆簡歷見本書第四章注 36。引詩參見《萬首論詩絕句》，頁
330。

(注 122) 方于穀簡歷見本書第五章注 23。引詩參見《萬首論詩絕句》，頁
677。

第八章　後人取用
杜詩《戲爲六絕句》第四首論析

一、後人取用「才力應萑跨數公」的情況

　　杜甫《戲爲六絕句》其四首句「才力應難跨數公」，後世論詩絕句作者有直接取用「跨數公」者，如吳應奎《補論詩五首》云：「氣節尤當跨數公。」（注1）贊吳峻伯之氣節，在眾詩人之上。詩云：

> 「不獨文場號俊雄，師心師古總稱工。姓名不挂《鈐山
> 集》，氣節尤當跨數公。」

詩後有注云：

> 「中丞始爲郎，吏部尚書熊公浹請以吳郎調吏部，坐不拜。
> 嚴相國議格。嚴相國屬公序《鈐山集》，公固辭，留山東
> 不調。客以行間說公，公曰：僕待罪儒宗，終不以善仕而
> 間相國。見汪伯玉《行狀》。《狀》又云：當是時，濟南、
> 江東並以追古稱作者，先生即逡巡師古，尤以師心爲能。
> 其持論宗毘陵，其獨造有足多者。」

其他論者或作「見數公」，如張九鐸《戲爲六絕句》云：「勝國遺編見數公。」（注2）「數公」指那些具有「節義」與「詞章」的遺老。詩云：

> 「詞章節義兩從容，勝國遺編見數公。剩卻商山老芝客，
> 百年江漢有雄風。」

或作「繼數公」。如顏君猷《論嶺南國朝人詩絕句》云：「才力焉
能繼數公。」(注3)「數公」指當時有特出表現的詩人。詩云：

> 「才力應難繼數公，災梨禍棗古今同。自箋詩話吳山帶，
> 不滿他人一笑中。」

或作「有數公」。徐嘉《論詩絕句五十七首》云：「抗手田、曹有
數公。」(注4)「數公」指長安十子。詩言長安十子能繼承婁東的
路線，與田綸霞、曹頌嘉抗衡，並盛贊顏修來的傑出成就。詩
云：

> 「長安十子繼婁東，抗手田、曹有數公。我羨修來眞巨擘，
> 大荒吞吐品司空。」

或作「尚數公」。陸游《觀渡江諸人詩》：「南渡詩人尚數公。」
(注5)「數公」指那些宋室南遷後之詩人。詩云：

> 「中朝文有漢、唐風，南渡詩人尚數公。正使詞源有深淺，
> 病懷羈思亦相同。」

其他論者，在用及「數公」一詞時，或置於句前，如田雯
《讀元人詩各賦絕句十六首》云：「數公枉用說黃蒼。」(注6) 詩
云：

> 「曾見種松書百行，數公枉用說黃蒼。發踪便爾多時輩，
> 不折支離一叟強。」

詩後有注云：

> 「鮮于樞有種松齋。尚賴三數公，發踪黃與蒼。支離叟卷
> 中詩也。」

或置於句中，如翁方剛《藥洲冬日讀諸集七首和王文簡公韻》
云：「蘇門未及數公游。」(注7)「數公」指元好問等數人，詩言
此數人未及游蘇軾之門。詩云：

> 「蘇門未及數公游，只合西園倚暮愁。萬古悲歌燕、趙氣，

空山掩淚集《中州》。」

至於張晉《仿元遺山論詩絕句六十首》所說的「都傍當時數巨公」(注8)將「數公」兩字拆開，中補入一「巨」字加有運用，又是另一種取用法。張氏在此句中表示對當時詩人依傍名詩人的失望。詩中也贊頌楊慎能自成一隊。詩云：

> 「幾人草際泣秋蟲？都傍當時數巨公。偏是升庵羞附會，
> 自成一隊不雷同。」

此外，有些論者用及「跨」字者，似有取用杜語之痕跡。惟用及此字者，或作「跨」、或作「誇」。如吳應奎《讀明人詩戲效遺山詩絕句三十五首》云：「艷絕難將漢、魏跨。」(注9)評楊維禎樂府文字聱牙，在「艷絕」上難以超越漢、魏之作，並提出李夢陽何以會繼承楊氏的疑問。詩云：

> 「鐵崖樂府自聱耳，艷絕難將漢、魏跨。底事風騷愛前輩，
> 繼他踪跡李西涯。」

謝啓昆《論元詩絕句七十首》論揭溪斯詩《新婦吟》時云：「《新婦吟》成漫自誇。」(注10)全詩為：

> 「奎章政要進重華，《新婦吟》成漫自誇。御墨忽從天上
> 降，月壇夢賜橘林花。」

方汝謙《讀感舊集五首》云：「水繪名園誇雉水。」(注11)高度推許「水繪」園林。詩中也欣賞王士禎等人在紅橋舉行社集時的盛事。詩云：

> 「水繪名園誇雉水，冶春詩社傍紅橋。品題處處留佳話，
> 多少新詞譜竹簫。」

張玉轂《論古詩四十首》云：「梁、陳爭誇幼婦辭。」(注12)言梁、陳時《秋胡詩》與《木蘭詩》所取得的稱譽情形。詩云：

> 「《秋胡詩》與《木蘭詩》，梁、陳爭誇幼婦辭。妒殺東南

飛孔雀，已傳絕作建安時。」

黃維申《論詩絕句》評左思云：「當世只誇三賦貴。」(注13) 言
左思《三都賦》在當時受到歡迎的情形。詩中對人們不知欣賞左
氏的《詠史》詩感到惋惜。詩云：

> 「秘書少小博群書，柔翰揮成錦不如。當世只誇三賦貴，
> 豈知《詠史》駕黃初。」

也有一些論者單只取用「才力」一詞。其中有少數人如杜甫
一樣，將「才力」一詞置於詩句之首兩句。如顏君猷《論嶺南國
朝人詩絕句》：「才力焉能繼數公。」(注14) 全詩爲：

> 「才力焉能繼數公，災梨禍棗古今同。自箋詩話吳山帶，
> 不滿他人一笑中。」

朱炎《讀明人詩絕句三十首》也作此用法：「才力終當勝萬人。」
(注15) 言王世貞與李攀龍雖然受到後人的抨擊，仍然表示他們
的「才力」在萬人之上。詩云：

> 「晉帖唐臨太逼眞，後來掊擊欲推陳。縱然匍匐羞餘子，
> 才力終當勝萬人。」

多數論者將「才力」置於詩句中，特別是在第三、第四字與
第五、第六字的位置。置於三、四字的位置者，如方士淦
(1787-1849)《讀隨園集四絕》云：「自矜才力任千秋。」(注16)
言袁枚好作驚人之語，以才力自負。實際上，袁氏不一定能勝過
方苞之文與王士禎之。詩云：

> 「語不驚人死不休，自矜才力任千委。望溪文字漁洋律，
> 果否先生勝一籌？」

郭崑燾 (1823-1882)《論詩答龍樹棠即之其韻》云：「只知才力
分高下。」(注17) 詩中批評時風只知在詩人才力定出他們的高
下，而不能從前人所下之工夫來了解他們經營的苦心。詩云：

> 「撚斷髭鬚費苦吟，經營誰見古人心？只知才力分高下，
> 肯信工夫有淺深？」

馮繼聰《論唐詩絕句》評蘇渙云：「詩篇才力稱雄健。」(注18)
則盛贊蘇氏以「雄健」之「才力」所呈現的具有「金石聲」之詩
篇。詩云：

> 「少日曾薄白跕名，讀書登第過全更。詩篇才力稱雄健，
> 殷殷如聞金石聲。」

朱雋瀛《題漁洋山人詩集》：「倉山才力超千古。」(注19) 稱贊袁
枚「超千古」之「才力」。詩云：

> 「無限風情耐咀吟，移人琴調海天深。倉山才力超千古，
> 不薄漁洋正始音。」

陳書在《漁洋精華錄》中云：「不爭才力盡沈雄。」(注20) 言在
陳子昂崛起之後，唐代出現沈雄之才。之前兩句爲：

> 「化唐音起射洪，不爭才力盡沈雄。」

程秉釗《國朝名人集題詞》云：「司空才力勝東陽。」(注21) 言
楊夢麟之「才力」，在沈德潛之上。詩云：

> 「氣厚還應重朔方，司空才力勝東陽。長歌字字皆光焰，
> 骨是《風》、《騷》律漢、唐。」

詩後有注云：

> 「文子詩風骨高騫，氣體雄厚，樂府歌行，尤能窮極正變。
> 就乾隆中詩派論之，當在長州沈宗伯上。」

傅世洵《論蜀詩絕句》評岳襄勤時云：「容齋才力比龍驤。」(注
22) 以「龍驤」比岳氏之「才力」，詩中並謂其勛業掩蓋文章之
成就。詩云：

> 「容齋才力比龍驤，百戰重宣少保光。一事祖宗同得失，
> 總將勛業掩文章。」

陳融《讀嶺南人詩絕句》云：「正宗才力究如何？」(注 23) 批評
巧言刻薄之論詩者。全詩爲：

> 「正宗才力究如何？刻鵠寧輸畫狗多。巧舌瀾翻眞是薄，
> 平心立論未嘗苛。」

　　置於第五與第六位置的，如袁枚《仿山遺山論詩》云：「一
代正宗才力薄。」(注 24) 贊王士禎詩爲一代正宗。詩云：

> 「不相菲薄不相師，公道持論我最知。一代正宗才力薄，
> 望溪文集阮亭詩。」

徐時棟（1814-1873）《病後讀雨村詩話》云：「太贊此君才力
薄。」(注 25) 惋惜李調元的才力太薄，以致一生陷於受袁枚的影
響而不能自拔。詩云：

> 「熙朝詩老萃雍、乾，漢、魏三唐各本原。太息此君才力
> 薄，一生低首只隨園。」

蕭重《偶檢案頭國朝名人集及近人詩牋各題一截自竹泉觀察以下
則又兼懷人矣》評李容齋云：「格調卑卑才力薄。」(注 26) 以
「才力薄」來惋惜李氏之不能擺脫陸游的影響。詩云：

> 「平時俛首兩城，北宋南施共擅名。格調卑卑才力薄，放
> 翁門下小門生。」

鄧鎔《論詩三十絕句》云：「詩到貞元才力薄。」(注 27) 批評唐
詩發展至貞元間，出現詩人才力薄弱的狀況。詩中慶幸當時能有
韓愈以回瀾之筆挽救頹風。全詩爲：

> 「詩到貞元才力薄，幾人硬語獨盤空？昌黎特具迴瀾筆，
> 疏鑿龍門識禹功。」

只是很少論者將「才力」一詞置於句後兩字的位置上。

二、後人取用「凡今誰是出群雄」之情況

　　杜詩句「凡今誰是出群雄」，後代論詩絕句作者在取用「出群雄」三字上下功夫。其中直用「出群雄」三字的甚多，如汪應銓《絕句》云：「東坡居士出群雄。」（注 28）詩中贊許蘇軾無意爲文所達到的工妙境界。故稱他「出群雄」，同時也反對人們從蘇詩中的「險語」來評價他的作品。詩云：

> 「東坡居士出群雄，無意爲文文自工。萬斛明珠傾腕底，
> 欲從險語認蘇公。」

顧嗣立《題元百家詩集後二十首》：「虞、楊、范、揭出群雄。」（注 29）言虞集、楊載、范梈、揭溪斯雖在當時「出群雄」，但由於過於模仿唐人，以致難脫唐人氣習。全詩爲：

> 「仿佛唐人面目同，虞、楊、范、揭出群雄。縱然不作涪
> 翁社，難脫風沙氣習中。」

王昶《舟中無事偶作論詩絕句四十六首》：「長沙亦是出群雄。」（注 0）稱讚李東陽在當時的詩壇的突出表現，而反對人們以「篝火狐鳴」來比喻他的作品。詩云：

> 「長沙亦是出群雄，篝火狐鳴比未公。若使竟同劉、謝去，
> 江河萬古望星虹。」

馬長海《效元遺山論詩絕句四十七首》云：「眼前誰是出群雄？」（注 31）認爲當時出群雄者爲陳恭尹，詩中並贊揚陳詩。全詩爲：

> 「眼前誰是出群雄，嶺外稱詩獨漉翁。曾見羅浮香雪裡，
> 梅花開到六分中」

張際亮《入都浹旬故人多以詩相示各綴一絕》云：「登之意氣出群雄。」（注 32）贊許陳登之詩作意氣風發，在群雄之上。全詩

爲：

> 「登之意氣出群雄，詩思年來孰比工？不與時流競雕飾，
> 孤行要有古人風。」

馮繼聰《論唐詩絕句》云：「君詩亦首出群雄。」（注33）言當時
作《早朝大明宮》諸詩人中，首推杜甫所作的最壯麗，但王維詩
亦「出群雄」。全詩爲：

> 「早朝同和大明宮，壯麗當時屬杜公。萬國衣冠共雍拜，
> 君詩亦首出群雄。」

宋弼《題蓮洋山人集》云：「玉溪端是出群雄。」（注34）贊揚李
商隱詩「出群雄」，並贊揚臨川王安石能獨具慧眼，稱李商隱可
繼承杜甫之風。全詩爲：

> 「誰掣鯨魚碧海中？玉溪端是出群雄。臨川獨具千秋眼，
> 爲許樊南繼杜公。」

吳應奎《讀明人詩戲效遺山論詩絕句三十五首》云：「狂詞先撼
出群雄。」（注35）稱贊皇甫司直的五言之作「出群雄」。全詩爲：

> 「才名四甫盛吳中，五字終推司直工。曲學何能辨精理？
> 狂詞先撼出群雄。」

馮繼聰《唐詩絕句》云：「俊才寄藻出群雄。」（注36）評高駢之
才華與詞采在群英之上。詩云：

> 「俊才奇藻出群雄橫絕時流一世空。唐季勛臣論第一？霜
> 蹄千里踏長風。」

趙蕃《投曾秀州逢四首》云：「後來曾、呂出群雄。」（注37）言
北宋詩在江西詩派立爲正宗後，曾逢與呂本中更在諸詩人中崛
起，有特出之表現。全詩爲：

> 「詩到江西得正宗，後來曾、呂出群雄。大陽遺履歸何處，
> 端欲從公一破聾。」

論者在取用杜語「出群雄」時，有時易「出」字為「壓」
字，作「壓群雄」。如朱炎《書篋衍集後》云：「田間五字壓群
雄。」(注38) 指《篋衍集》首刊錢飲光作品，並贊揚這部選集具
有古風。全詩為：

> 「《篋衍》編詩有古風，田間五字壓群雄。知君下直西清
> 夜，心服東園芟刈工。」

毛國翰《暇日偶閱近人詩各繫一絕》表示：「九邊才思壓群雄。」
(注39) 也稱贊方殿元的才思在群雄之上。詩云：

> 「堂堂九谷粵雲東，東鶴高騫大海風。未絕淵源冀朔在，
> 九邊才思壓群雄。」

蔡邦情《書高青邱集後》云：「青邱風雅壓群雄。」(注40) 認為
高啟詩在明初高踞眾人之上，詩中也同情他後來的不幸遭遇。全
詩為：

> 「吳下文章開大國，青邱風雅壓群雄。才人枉自攖奇禍，
> 可恨詩篇播禁中。」

有時論者易「壓」字為「邁」字，作「邁群雄」。例如張雲
驤《論國朝詩人》評潘耒云：「稼堂健筆邁群雄。」(注41) 贊揚
潘耒之筆健，成就在眾人之上。詩云：

> 「稼堂健筆邁群雄，浩氣千尋接太痾。吟到南溟東海句，
> 碧天無際起秋風。」

者更有易「雄」字為「英」者，這又是取用「出群雄」格式
的進一步發展。錢樹本《讀國朝諸大家詩各繫絕句》云：「觀察
天才壓群英。」(注42) 贊許宋琬的天才在群人之上，也贊美他的
作品《安雅集》。全詩為：

> 「觀察天才壓群英，一編《安雅》獨錚錚。激昂排宕非關
> 杜，十載南冠氣未平。」

黃維申《論詩絕句》亦云：「元和碑版壓群英。」（注43）稱贊韓愈的作品，並認爲他可與前代的李白、杜甫，同時的白居易齊列。全詩爲：

> 「一片承平雅頌聲，元和碑版壓群英。先時李、杜時白，
> 光焰齊看萬丈橫。」

由此有些論者更由「壓群英」易作「冠群英」。張之傑《讀明詩五十二首》云：「詩才亦是冠群英。」（注44）批評林鴻雖然詩才「冠群英」，但是由於太過模擬盛唐以致缺少性情。詩云：

> 「詩才亦是冠群英，摹仿開元少性情。恰似唐賢臨晉帖，
> 微嫌形貌不分明。」

同組詩又云：「何郎特起冠群英。」（注45）稱贊何景明在弘治詩壇的領導地位。詩中也以精美的比喻來形容何詩之特出表現。詩云：

> 「何郎特起冠群英，弘治騷壇有正聲。瑤鳥嬋娟春月柳，
> 一般秀麗自天成。」

郭曾炘《雜題國朝諸名家詩集後》評彭羡門云：「《鶴徵》首錄冠群英。」（注46）贊賞彭氏詩作的成就，喻爲冠絕群倫。詩云：

> 「《延露詞》工近曼聲，《鶴徵》首錄冠群英。夕陽秋水尋
> 常語，方駕劉郎果定評。」

論者又有作「籠群英」者，也是取自「出群雄」而加變換。如沈德潛《論明詩十二斷句》云：「青邱詩筆籠群英。」（注47）言高啓之詩作籠罩群英，不過，也由於其才華之高，結果連累了他的一生。詩云：

> 「青邱詩筆籠群英，鸚鵡才高累此生。惟有性情能滅沒，
> 天教《瓦缶》到今銘。」

或作「領群英」，如馮繼聰《論唐詩絕句》云：「誦《詩》講

《易》領群英。」(注48) 說明張說學問之豐厚。詩云:

> 「豈惟記事紺珠明，麗正詩篇琢句精。東壁西圍書翰在，
> 誦《詩》講《易》領群英。」

或作「集群英」，例如馮繼聰《論唐詩絕句》云:「金陵懷古集群
英。」(注49) 言劉禹錫與一般詩人集會寫作金陵懷古詩事。詩中
也提及在眾詩人中，劉氏有卓絕表現，被喻爲驪珠獨得。詩云:

> 「金陵懷古集群英，記得劉浪詩早成。驪領珍珠獨探得，
> 使人閣筆寂無聲。」

或作「妙群英」。黃小魯《楚北論詩詩》云:「《錦帆》解脫妙群
英。」(注50) 贊許《錦帆》詩的傑出成就。詩云:

> 「排倒狂瀾有弟兄，《錦帆》解脫妙群英。世尊自爲拈花
> 笑，不礙摩登變態生。」

　論者也有將「冠群英」之「英」字，變換爲「臣」字，作
「冠群臣」者。如盧紛《論六朝人詩絕句仿遺山體》云:「論才亦
可冠群臣。」(注51) 贊隋煬帝之才華高於朝中諸臣。詩云:

> 「天外來龍若有神，論才亦可冠群臣。有時縱力追前古，
> 直與陳思作繼人。」

或易「英」字爲「公」字的，也是同一格式變換的處理。如沈汝
瑾 (1857-1931)《題李蓴客越縵堂詩集》云:「清才雅望冠群
公。」(注52) 贊許李慈銘的才華聲望在眾人之上。詩云:

> 「清才雅望冠群公，考訂蟲魚金石中。當日兩賢豈相厄?
> 未曾一字著瓶翁。」

　而林昌彝《論本朝人詩一百五首》云:「總持河朔壓群公。」
(注53) 則將「壓群雄」易爲「壓群公」，贊單可惠之作在河朔可
「壓群公」。詩云:

> 「石棧天梯萬象空，總持河朔壓群公。詩家妙旨無人悟，

　　盡在朱霞白鶴中。」

　　許多論者更取用杜語「出群雄」之「出群」二字。例如朱彭
年《仿元遺山論詩絶句》云：「子才自是出群才。」（注54）贊袁
枚之作在群才之上，但也指評其缺點。詩云：

　　　「八扇天門躈蕩開，子才自是出群才。微嫌格調多空滑，
　　　風氣靡然孰挽回？」

沈兆澐《濟南旅舍讀山左諸家詩各題一絶凡十四首》云：「惟讓
延之秀出群。」（注55）言長安十子中，顏修來英秀出群。詩之前
兩句爲：

　　　「長安十子鬥清新，惟讓延之秀出群。」

張祥河《論楚詩十二首》云：「初抗鍾、譚繼出群。」〗（注56）言
車以遵先抗拒鍾惺、譚元春竟陵之詩風，繼而能夠拔出群才，詩
中並説明車詩的特象。全詩爲：

　　　「初抗鍾、譚繼出群，飄飄眞有氣凌雲。高霞山上讀書處，
　　　鄰女澆花中夜閒。」

盧鈄《論六朝人詩絶句仿遺山體》云：「力挽獟瀾可出群。」（注
57）言任昉其時詩人各師心法，衆體紛紛，唯任氏力挽狂瀾，獨
出衆人。詩云：

　　　「海内文人夸制作，各師心法體紛紛。翩翩濁世佳公子，
　　　力挽狂瀾可出群。」

許愈初《論詩絶句》中亦云：「別有風流迴出群。」（注58）言袁
枚風格獨特，迴出群才，是白居易之後的一位新將。詩云：

　　「別有風流迴出群，隨園日日醉紅裙。直教白傳添新將，不許
　　　鉛山作冠軍。」

李書吉《論詩雜詠》亦云：「北郭才名迴出群。」（注59）言高啓
藻思翩翩，在北郭諸才子中最特出，也爲他因《上梁文》所遭致

之禍根表示痛惜。詩云：

> 「翩翩藻思入風雲，北郭才名迥出群。小犬隔花猶擬議，
> 一篇賈禍《上梁文》。」

沈彩《論婦人詩絕句四十九首》云：「妙筆文姬迥出群。」（注60）
言班文姬詩筆傑出，超越眾人。全詩爲：

> 「妙筆文姬朏出群，不知誰是鮑參軍？數枝碧色波中竹，
> 一片靈機溪口雲。」

李靖國《題潘蘭史夫人佩瓊居士飛素閣遺集》云：「選句天然妙
出群。」（注61）稱贊潘蘭史夫人佩瓊之詩句天然靈妙，超越群
人，有如齊朝之范雲。詩云：

> 「選句天然妙出群，奇情逸思太紛紛。傳來一卷紅鸚鵡，
> 今日人間有范雲。」

張崇蘭《懷國朝京口詩人絕句》：「吳體卑卑未出群。」（注62）認
爲在當時文藻紛紛的情況下，吳體之作並不特出，獨有鮑海門能
支持風雅。詩云：

> 「江山文藻日紛紛，吳體卑卑未出群。獨主吾鄉風雅席，
> 向來低首鮑徵君。」

或作「出群才」，如張鳴坷（1829-1908）《題沈元咸藉草譚
詩圖》云：「玉攀自是出群才。」（注63）贊沈銛之拔出群才。詩
云：

> 「束髮從軍賦大哀，玉攀自是出群才。九峰踏遍芒鞵破，
> 曾向祠堂薦芷來。」

詩有注云：

> 「癸未秋，偕沈約齋同年耿伯齋農部夏內史蕃祠。」

其他論者，在詩句中或者用「迥軼群」，或者用「制軼群」，
或者用「自超群」、「軼群倫」、「媲群雅」、「氣軼群」，當皆取自

杜語。例如鮑西岡《論詩絕句》云:「曹、李登壇迴軼群。」(注
64) 就相當近於「迴出群」之含意與格式,意在表示曹棟亭與李
梅崖詩作超越衆人。詩之前兩句爲:

> 「寥寥桑梓幾人閒?曹、李登壇迴軼群。」

謝啓昆《讀全唐詩仿元遺山論詩絕句一百首》論張説時則用「制
軼群」云:「燕、許同稱制軼群。」(注 65) 贊揚燕、許二公的詩
作表現。詩云:

> 「燕、許同稱制軼群,江山助我藻繽紛。淒涼益都三千里,
> 不記當時詠五君。」

汪遠孫 (1794-1836) 在《題仲耘輯詩圖》中作「自超群」,云:
「隨園才調自超群。」(注 66)「自超群」之意亦近於「妙出群」、
「秀出群」等,意在説明袁枚詩作獨領一軍,才調超越衆人。全
詩爲:

> 「別拓詩城張一軍,隨園才調自超群。生謏死謗尋常事,
> 後世須有子雲。」

許愈初《論詩絕句》亦云:「淵明詩思軼群倫。」(注 67) 以「軼
群倫」贊陶潛之詩思超越群人,並强調文章情真的重要性。詩
云:

> 「綺麗原來不足珍,淵明詩思軼群倫。澹然不復留塵滓,
> 始覺文章有性眞。」

朱祖謀 (1857-1931)《冬夜檢時賢詩集率綴短章》評潘耒詩作時
云:「亭林大筆嫭群雅。」(注 68) 以「嫭群雅」贊許顧炎武的文
筆。詩中也稱許潘耒像杜甫一樣能抒發胸中之憂愁。詩云:

> 「亭林大筆嫭群雅,清景富中天地秋。尚有吳江老都講,
> 一生長抱杜陵愁。」

屈復《論詩絕句三十四首》云:「語出賢豪氣逸群。」(注 69) 以

「氣逸群」贊許如劉琨之豪邁超群之氣魄。詩云：

> 「難將敗成論人文，語出賢豪氣逸群。若許幷州劉越石，
> 六朝誰不少風雲。」

　　與「出群雄」之處理接近的，還有「百代雄」、「蓋代雄」、「自稱雄」、「獨稱雄」、「獨推雄」、「又兩雄」、「筆力雄」、「格律雄」，等等之用。例如白胤謙《近代詩人大家七絕句》云：「北地元堪百代雄。」(注70) 不但贊許李夢陽在當時詩人之中的傑出地位，更許之爲「百代」之「豪雄」，甚至可之比美唐代的杜甫。全詩爲：

> 「牢籠川岳氣無終，北地元堪百代雄。不是少陵生較早，
> 後先詎筆許誰同？」

孫雄《論詩絕句》用「蓋代雄」贊舒位云：「橫絕詞壇蓋代雄。」(注71) 全詩爲：

> 「白虎紅羊屬對工，龍鬼小妹謝雌風。鄭虔兼擅詩書畫，
> 橫絕詞壇蓋代雄。」

詩後有注云：

> 「蔣霞竹云：鐵雲詩奇博創獲，橫絕一世。精音律，善書，
> 各體皆工。兼明畫理，山水花鳥人物草蟲，俱師青藤老
> 人，有奇氣。」

田雯《讀東坡集偶題》中用「自稱雄」贊蘇軾云：「泉源萬斛自稱雄。」(注72) 贊許蘇氏詩思之源源不絕，可自許爲一代之雄才。全詩爲：

> 「一代文章蘇長公，泉源萬斛自稱雄。前身直是昌黎子，
> 磨蠍由來守命宮。」

葉坤厚《讀錢牧齋詩集》中用「獨稱雄」贊錢謙益云：「騷壇牛耳獨稱雄。」(注73) 以「獨稱雄」說明錢氏在明末詩壇執牛耳的

狀況。詩中也爲錢氏之姓名没被沈德潛列入《國朝詩別裁》中而惋惜，詩中「論定千秋應自恨」一句又有批評錢氏之意。詩云：

> 「騷壇牛耳獨稱雄，江左才人拜下風。論定千秋應自恨，姓名不入《別裁》中。」

廖鼎聲《拙學齋論詩絕句一百九十八首》：「文章海内獨推雄。」(注74) 以「獨推雄」贊揚謝良琦之文章在海内超越眾人。詩云：

> 「作倅江南有鉅公，文章海内獨推雄。爲憐蕙以明珠謗，感舊漁洋恨不窮。」

李葆恂 (1859-1915)《論詩絕句》中用「又兩雄」來稱許宋琬與施閏章云：「北宋南施又兩雄。」(注75) 全詩爲：

> 「朱、王世並論風雅，北宋南施又兩雄。終覺萊陽氣豪邁，銅弦鐵板大江東。」

李覯 (1009-1059)《戲題玉臺集》用「筆力雄」贊許江友君臣之詩作云：「江右君臣筆力雄。」(注76) 全詩爲：

> 「江右君臣筆力雄，一言宮體便移風。始知姬旦無才思，只把《幽詩》詠女功。」

錢樹本《讀國朝諸大家詩各繫絕句》以「格律雄」稱許吳偉業近體之作云：「近體清華格律雄。」(注77) 詩中也言及他的七古之作。詩云：

> 「梅村七古宗元白，近體清華格律雄。頭白歸來説開、寶，銅駝玉馬泣西風。」

三、後人取用「或看翡翠蘭苕上」之情況

杜詩：「或看翡翠蘭苕上。」翡翠蘭苕，指的是那些徒工於文字形式，重視小巧之詩風。在詩中，杜甫對這一類的作品並不給

予好評，所以在下句才有「未掣鯨魚碧魚中」之語。後代論者取用「翡翠」或「翡翠蘭苕」，有據此義者，如王端《論宮閨詩十三首和高湘筠女史》：「翡翠鴛鴦寫艷情。」（注78）以這些艷情詩，所寫的盡是情愛與所著重盡是形式之美。全詩為：

> 「翡翠鴛鴦寫艷情，聯芳蘭蕙笑虛名。何如西子湖邊女，夜夜吹簫伴月明？」

馮煦《論六朝詩絕句房元遺山體》云：「翡翠蘭苕消歇盡。」（注79）也以「氣嶙峋」與「翡翠蘭苕」比對，來贊譽郭璞的作品。詩云：

> 「九垓游俠氣嶙峋，驂控雲螭未有因。翡翠蘭苕消歇盡，強將配食屈靈均。」

范溶《論蜀詩絕句》亦云：「翡翠蘭苕字字鮮。」（注80）表面上似在贊譽「字字鮮」的「翡翠蘭苕」的作品。實際上乃稱贊李以齡處於初唐充滿明麗的詩風與「翡翠蘭苕」作品「字字鮮」時，能不受影響寫出抒發哀怨的作品。全詩為：

> 「初唐明麗《錦城》篇，翡翠蘭苕字字鮮。自抱蜀桐寫哀怨，子規膏雨落花天。」

廖鼎聲《論國朝人七十四首》於評及陳繼昌之作時云：「未聆翡翠戲蘭苕。」（注81）即肯定「高飛黃鵠健凌霄」之風，而不滿只求形式美的「翡翠」之作。詩云：

> 「高飛黃鵠健凌霄，一代元燈眾律調。正《雅》淘沙羞自獻，未聆翡翠戲蘭苕。」

曹鑒成《冬日偶檢家集各附題一絕句》論及曹勛時云：「碧海蘭苕未易量。」（注82）以「未易量」來批評曹勛的創作道路取向。詩云：

> 「碧海蘭苕未易量，老來釣叟富篇章。爾儕番鼓空彈彈，

　　　　歸到黃鐘力未強。」
也有不但不反對這種詩風，反而予以肯定的，例如郭麐《病起懷
人詩三十首》：「蘭苕翡翠句新鮮。」(注83) 稱戈積堂的這類作品
「句新鮮」。詩云：

　　　　「旖旎風流自可憐，蘭苕翡翠句新鮮。無端催爾渡江去，
　　　　博得番番贈婦篇。」

伊都禮《論詩作寄彰吉表兄》云：「誰憐翡翠驚風雨。」(注84)
對世人之不會欣賞「翡翠」之作有異辭。詩云：

　　　　「春滿珠宮花自芳，華池波暖臥鴛鴦。誰憐翡翠驚風雨，
　　　　未趁輕紅上海棠。」

柳商賢《蘇州論詩絕句》云：「翡翠蘭苕異樣鮮。」(注85) 亦稱
贊展成「翡翠蘭苕」的作品「異樣鮮」。全詩爲：

　　　　「喁喁綺語觸纏綿，翡翠蘭苕異樣鮮。一曲編成新樂府，
　　　　似聞天上早流傳。」

黃維申《論詩絕句》也用「鮮」字以贊許「蘭苕翡翠」的作品。
詩句云：「蘭苕翡翠共相鮮。」(注86) 全詩爲：

　　　　「蘭苕翡翠共相鮮，塵廿安知龜鶴年。今日日中嗟命盡，
　　　　疊精從此果游仙。」

而汪端在《論宮閨詩十三首和高湘筠女史》另一首詩中云：「翡
翠蘭苕亦可憐。」(注87) 表示欣賞鮑令暉與劉令嫻「翡翠蘭苕」
之作。詩云：

　　　　「一序《玉臺》傳孝穆，劉娘妹句清妍。建安堂廡窺非易，
　　　　翡翠蘭苕亦可憐。」

徐嘉《論詩絕句五十七首》：「蘭苕翡翠玉溪生。」(注88) 也贊許
杜紫綸的「蘭苕翡翠」之作。詩云：

　　　　「常將古意鬥新聲，放浪林居有盛名。早向鈿崑求假道，

蘭苕翡翠玉溪生。」

也有論者取用「或看翡翠蘭苕上」之「或看＋Ｘ」之句式以論述的，但例子不多，其中如張九鐸《戲爲六絕句》云：「或看牛鬼蛇神出。」（注89）張氏在此詩中，批評當時詩壇之歪風。全詩爲：

> 「共道西江火色新，寒郊瘦島步清塵。或看牛鬼蛇神出，嗤點流傳是昔人。」

四、後人取用「未掣鯨魚碧海中」之情況

杜句：「未掣鯨魚碧海中。」言後生無法創作出「碧海鯨魚」之氣勢雄豪的作品。後代論者有直接取用「掣鯨魚碧海」之語者，如：袁壽齡《茅庵夜坐與贊文談詩》中云：「碧海鯨魚汝掣難。」（注90）以「碧海鯨魚」「難掣」，從而建議以「清淡」寫出「禪門遂」的作品。詩云：

> 「碧海鯨魚汝掣難，一花一葉盡堪觀。好將清淡禪門意，寫出新詩付我看。」

羅信南《小詩》云：「難從碧海掣鯨鯢。」（注91）也表示「碧海掣鯨」之難度，從而說明他的創作取向，只以短章抒發內心性情。詩云：

> 「難從碧海掣鯨鯢，病裡呻吟只小詩。揀取八音絲與竹，自家彈撼自家知。」

宋弼《題蓮洋山人集》也取「掣鯨魚碧海」之語寫出：「誰掣鯨魚碧海中？」（注92）肯定李商隱的成就，並贊揚王安石對李氏詩的評價，後者推許李氏繼承杜甫。詩云：

> 「誰掣鯨魚碧海中？玉溪端是出群雄。臨川獨具千秋眼，

為許樊南繼杜公。」

李兆元《論詩絕句》也用「掣鯨魚碧海」之語寫出:「掣鯨碧海更誰知?」（注93）批評袁枚老年談詩,只取鮮脆之聲味,忽略「掣鯨碧海」之氣勢。詩云:

> 「倉山垂老喜談詩,似錦才名震一時。味只居鮮聲取脆,
> 掣鯨碧海更誰知?」

王圖炳（1668-?）《邦溝旅夜讀綿津先生詩集賦呈五絕句》云:「掣鯨碧海氣舂容。」（注94）以「掣鯨碧海」稱譽吳雯詩作之氣勢。詩云:

> 「聲響如撞萬石鐘,掣鯨碧海氣舂容。中州此日雄壇坫,
> 北地、西江總附庸。」

袁翼在《論元論》中將「未掣鯨魚碧海中」易爲「未見鯨魚掣海來」（注95）批評元代一位詩人,只會寫「鶯啼燕語」,而未能體現「鯨魚掣海」之勢。詩云:

> 「詩酒風流一代才,草堂裙屐委蒿萊。鶯啼燕語笙簧脆,
> 未見鯨魚掣海來。」

沈壽榕《檢朱家詩集信筆各題短句》取「鯨魚」、「掣」、「海」四字,作:「掣海鯨魚安雅堂。」（注96）贊揚宋琬《安雅堂集》具有「鯨魚掣海」之風。詩云:

> 「掣海鯨魚《安雅堂》,先從平澹見精鋩。子規啼血猿啼
> 淚,蜀道哀吟總斷腸。」

姚瑩《論詩絕句六十首》則取「鯨」、「海」、「掣」三字,其言云:「掣海長鯨力自全。」（注97）對「掣鯨魚」於「碧海」之創作道路,予以肯定。全詩爲:

> 「渡河香象聲俱寂,掣海長鯨力自全。隨分阿難三種法,
> 簡中覓取經山禪。」

祁寯藻《讀唐四家詩》只取「鯨魚」「掣」三字，作:「鯨魚手掣更何人?」(注98) 表示在韓愈《山石》與杜甫詠秋風等之作能表現「手掣鯨魚」之氣的作品之後，已經沒有什麼作者可以達到這種境界的感慨。詩云:

> 「退之《山石》句嶙峋，杜老秋風筆有神。萬古江河流不盡，鯨魚手掣更何人?」

不少論者取用「碧海鯨魚」四字，或建議必須朝向這種創作道路而努力，如屈復《論詩絕句三十四首》之「鯨魚碧海更須參。」(注99) 詩中表示學詩者莫輕談李商隱與溫庭筠之新聲，應該具有黃庭堅詩作中扛鼎之力，從而朝向「鯨魚碧海」之方向。詩云:

> 「新聲溫、李莫輕談，面壁無功不易勘。安得涪翁扛鼎力，鯨魚碧海更須參。」

或稱讚這種磅礡的氣勢，例如王昶《舟中無事偶作論詩絕句四十六首》云:「碧海鯨魚一氣旋。」(注100) 高贊杜甫詩中之「碧海鯨魚」之氣勢，並批評後人不能見其佳處。詩云:

> 「少陵忠愛出天然，碧海鯨魚一氣旋。鼷鼠飲河才滿腹，幾曾窺見筆如椽。」

或說明某種意境。如孫雄《論詩絕句》云:「碧海鯨魚意境同。」(注101) 以王昶所主張的李商隱的孤忠，其意實與「碧海鯨魚」之意境相同。詩云:

> 「義山諷諭竭孤忠，碧海鯨魚意境同。新體西崑流傳誤，銅駝咳鶴怨秋風。」

而查慎行《戲為四絕句呈西厓桐野兩前輩》中的詩句「碧海鯨鯢杜陵老」，(注102) 則易「碧海鯨魚」為「碧海鯨鯢」，同樣的也晬在贊譽杜甫之作，及批評後人不自量力，欲與之比美。詩云:

「碧海鯨鯢杜陵老，虛空駥驅玉川翁。後生不自量才力，
卻道同游羿彀中。」

有些論者則變換「掣碧海鯨魚」中不少文字，但保存其意來
運用，如：胡天游《風詩》：「留借波瀾橋鯨海。」（注 103）只取
「鯨」與「海」字，以「鯨海」比喻波瀾更壯闊的氣勢。詩云：

「變窮天地出清新，自剖鑪錘卻鬼神。留借波瀾鑄鯨海，
攜歸玉局有仙人。」

謝啓昆《論明詩絕句九十六首》亦取「鯨」與「海」字，云：
「蛟門破浪海鯨降。」（注 104）喻唐順之作品，如蛟門之「海鯨」
破浪而降。詩云：

「薦牘何妨出甬江，蛟門破浪海鯨降。六編儒稗兼通貫，
咳吐元音健筆扛。」

翁方剛《海洋先生五七言詩鈔重訂本鋟板成賦寄粵東葉化谿十二
首》云：「金翅擘天鯨掣海。」（注 105）取「鯨」、「掣」、「海」三
字，言詩雖重有如杜甫之「掣」「鯨」「海」之氣勢，但也不妨具
有「玉琴」聲響之作。詩云：

「少陵尺璧重連城，挂角羚羊偶敢爭？金翅擘天鯨掣海降，
不妨中有玉琴聲。」

張鴻基《論本朝各家詩二十首》：「萬里滄溟浪跋鯨。」（注 106）贊
許王愓甫的天生奇才，使他能以「橫刀躍馬」的氣勢，創作「萬
里滄溟浪跋鯨」的作品。詩云：

「萬里滄溟浪跋鯨，奇才一種亦天生。橫刀躍馬桓桓氣，
如讀並州《老將行》。」

林昌彝《論本朝人詩一百五首》：「筆底鯨魚跋浪來。」（注 107）取
「鯨魚」二字，也是在贊許顏光敏詩作所展現的「鯨魚跋浪」的
氣勢。詩云：

「施、宋、朱、王壁壘開，中原旗鼓孰相摧？考工長鑱堪
橫海，筆底鯨魚跋浪來。」

林氏在同組詩的另一首中云：「墨浪飛騰萬丈鯨。」（注108）也以
「鯨」與「浪」江河來形容薩玉衡詩作的筆勢。

　　不少論者在取用杜句時，常結合「翡翠蘭苕」與「鯨魚碧
海」兩種詩風來進行論述。或在一句中說明。例如舒位（1765-
1815）《瓶水齋論詩絕句二十八首》：「鯨魚翡翠兩相尋。」（注109）
贊湯石湫之兼重「翡翠蘭苕」與「鯨魚碧海」兩種風格。詩云：

「一代清才萬里心，鯨魚翡翠兩相尋。西崖只合西湖住，
風月三千屬翰林。」

同樣的句子也見於許寶傳《論詩絕句》的一首詩中：

「一代清才萬里心，鯨魚翡翠兩相尋。合將青綠溪山比，
漸覺蒼然雲氣深。」（注110）

顯見許氏之詩，多本舒位處。詩在稱贊吳穀人之詩作。翁方剛
《論詩家三昧十二首》也有作此用法者。如云：「翡翠蘭苕漫掣
鯨。」（注111）全詩爲：

「芙蓉初日本天成，翡翠蘭苕漫掣鯨。多少六朝金粉句，
只言太白似陰鏗。」

　　或分兩句說明。如陳奉茲（1726-1799）《讀杜詩》云：「碧
海鯨魚掣實難，何如翡翠且樓蘭？」（注112）全詩爲：

「碧海鯨魚掣實難，何如翡翠且樓蘭？杜陵自有風雲手，
莫作任公釣具看。」

李必恒《論詩絕句十三首》云：「鯨魚碧海何人掣？翡翠蘭苕底
爾爲？」（注113）詩之後兩句並批評汪琬道：

「於今不解堯峰老，苦學山陰近體詩。」

　　亦有單取一「鯨」字者，如郭曾炘《雜題國朝諸名家詩集

後》評彭甘亭云：「蘭鯨早貴非同調。」(注114) 全詩爲：

> 「萬卷《諾饟》忝把斟，甘亭老未換青衿。蘭鯨早貴非同
> 調，只有頻伽共命禽。」

謝啓昆《論元詩絕句七十首》評宋無時詩作云：「鯨背高歌踏海
波。」(注115) 全詩爲：

> 「亂離骨立臥沈疴，鯨背高歌踏海波。天上自舒雲錦段，
> 空中謦語帶煙蘿。」

【註　釋】

(注　1) 吳應奎簡歷見本書第五章注 87。引詩參閱《萬首論詩絕句》，頁
792。

(注　2) 張九鐸簡歷見本書第五章注 162。引詩見《萬首論詩絕句》，頁
604。

(注　3) 顏君猷，南海人。舉人。引詩見《萬首論詩絕句》，頁 1216。

(注　4) 徐嘉簡歷見本書第五章注 9。引詩見《萬首論詩絕句》，頁 1589。

(注　5) 陸游，字務觀，號放翁。越州山陰人。孝宗初即位，賜進士出身。
官至寶章閣待制，封渭南伯。著有《劍南詩稿》。引詩見《萬首論
詩絕句》，頁 92。

(注　6) 田雯簡歷見本書第六章注 15。引詩見《萬首論詩絕句》，頁 249。

(注　7) 翁方剛簡歷見本書第五章注 36。引詩參閱《萬首論詩絕句》，頁
406。

(注　8) 張晉簡歷見本書第五章注 49。引詩見《萬首論詩絕句》，頁 669。

(注　9) 吳應奎簡歷見本書第五章注 87。引詩參閱《萬首論詩絕句》，頁
786。

(注 10) 謝啓昆簡歷見本書第五章注 8。引詩參閱《萬首論詩絕句》，頁
523。

（注 11）方汝謙，字敬承，號白雲山樵。江蘇白琅人。曾爲縣吏。著有《牧原詩集》。引詩見《萬首論詩絶句》，頁 547。

（注 12）張玉穀簡歷見本書第五章注 67。引詩參閱《萬首論詩絶句》，頁 563。

（注 13）黃維申簡歷見本書第五章注 135。引詩見《萬首論詩絶句》，頁 1294。

（注 14）顏君猷簡歷見本章注 3。引詩見《萬首論詩絶句》，頁 1216。

（注 15）朱炎，字桐川，號笠亭。浙江海鹽人。乾隆丙辰進士。官阜平知縣。著有《桐花集》。引詩參閱《萬首論詩絶句》，頁 556。

（注 16）方士淦，字蓮舫。江西安遠人。嘉慶戊辰召試舉人。歷官湖州知府。著有《啖蔗軒詩存》、《東歸日記》。引詩參閱《萬首論詩絶句》，頁 763。

（注 17）郭崑燾，字仲毅，號意城。湘陰人。道光甲辰舉人，候補京堂。著有《雲臥山莊詩集》。引詩見《萬首論詩絶句》，頁 1029。

（注 18）馮繼聰簡歷見本書第五章注 21。引詩參閱《萬首論詩絶句》，頁 1158。

（注 19）朱雋瀛簡歷見本書第七章注 14。引詩參閱《萬首論詩絶句》，1384 頁。

（注 20）陳書簡歷見本書第五章注 158。引詩參閱《萬首論詩絶句》，頁 1438。

（注 21）程秉釗簡歷見本書第七章注 92。引詩參閱《萬首論詩絶句》，頁 1573。

（注 22）傅世洵，生平不詳。引詩見《萬首論詩絶句》，頁 1609。

（注 23）陳融簡歷見本書第五章注 28。引詩見《萬首論詩絶句》，頁 1818。

（注 24）袁枚簡歷見本書第五章注 15。引詩見《萬首論詩絶句》，頁 386。

（注 25）徐時棟，字定宇，一字同叔，號柳泉。浙江鄞縣人。葚光丙午舉

　　人。官內閣中書。著有《煙嶼樓集》、《柳泉詩文集》、《四朝舊志
　　詩文鈔》、《山中學詩記》。引詩見《萬首論詩絶句》，頁 1041。

(注 26) 蕭重簡歷見本書第五章注 72。引詩見《萬首論詩絶句》，頁 1052。

(注 27) 鄧鎔簡歷見本書第五章注 256。引詩參閱《萬首論詩絶句》，頁
　　　　1699。

(注 28) 汪應銓簡歷見本書第四章注 33。引詩參閱《萬首論詩絶句》，頁
　　　　304。

(注 29) 顧嗣立簡歷見本書第六章注 2。引詩參閱《萬首論詩絶句》，頁
　　　　299。

(注 30) 王昶簡歷見本書第四章注 43。引詩見《萬首論詩絶句》，頁 431。

(注 31) 馬長海簡歷見本書第五章注 150。引詩見《萬首論詩絶句》，頁
　　　　360。

(注 32) 張際亮簡歷見本書第五章注 13。引詩參閱《萬首論詩絶句》，頁
　　　　982。

(注 33) 馮繼聰簡歷見本書第五章注 21。引詩參閱《萬首論詩絶句》，頁
　　　　1108。

(注 34) 宋弼簡歷見本書第四章注 40。引詩見《萬首論詩絶句》，頁 399。

(注 35) 吳應奎簡歷見本書第五章注 87。引詩參閱《萬首論詩絶句》，頁
　　　　788。

(注 36) 馮繼聰簡歷見本書第五章注 21。引詩參閱《萬首論詩絶句》，頁
　　　　1183。

(注 37) 趙蕃，字昌父，號章泉。信州人。官直秘閣。諡文簡。著有《乾
　　　　道各》、《淳熙稿》、《章泉稿》。引詩參閱《萬首論詩絶句》，頁
　　　　105。

(注 38) 朱炎簡歷見本章注 15。引詩參閱《萬首論詩絶句》，頁 558。

(注 39) 毛國翰簡歷見本書第五章注 52。引詩參閱《萬首論詩絶句》，頁

969。

(注 40) 蔡邦甸簡歷見本書第七章注 22。引詩參閱《萬首論詩絕句》，頁 1450。

(注 41) 張雲驤，字南湖。直隸文安人。著有《南湖詩集》、《芙蓉碣》、《水壺詞》。引詩見《萬首論詩絕句》，頁 1367。

(注 42) 錢樹本，字根堂。華亭人。監生。有《漱石軒詩草》。引詩見《萬首論詩絕句》，頁 1203。

(注 43) 黃維申簡歷見本書第五章注 135。引詩參閱《萬首論詩絕句》，頁 1298。

(注 44) 張之傑簡歷見本書第五章注 32。引詩參閱《萬首論詩絕句》，頁 938。

(注 45) 同上注。引詩見《萬首論詩絕句》，頁 940。

(注 46) 郭曾炘簡歷見本書第五章注 96。引詩參閱《萬首論詩絕句》，頁 1487。

(注 47) 沈德潛簡歷見本書第五章注 168。引詩參閱《萬首論詩絕句》，頁 383。

(注 48) 馮繼聰簡歷見本書第五章注 21。引詩參閱《萬首論詩絕句》，頁 1098。

(注 49) 同上注。引詩見《萬首論詩絕句》，頁 1135。

(注 50) 黃小魯簡歷見本書第五章注 31。引詩參閱《萬首論詩絕句》，頁 1626。

(注 51) 盧鈖，字畯民。浙江錢塘人。諸生。引詩參閱《萬首論詩絕句》，頁 1059。

(注 52) 沈汝瑾，字公周，一字石友，號鈍居士。常熟人。諸生。引詩見《萬首論詩絕句》，頁 1702。

(注 53) 林昌彝簡歷見本書第五章注 69。引詩參閱《萬首論詩絕句》，頁

1020。

(注 54) 朱彭年簡歷見本書第五章注 190。引詩參閱《萬首論詩絕句》，頁
1405。

(注 55) 沈兆澐簡歷見本書第五章注 85。引詩參閱《萬首論詩絕句》，頁
819。

(注 56) 張祥河簡歷見本書第五章注 134。引詩見《萬首論詩絕句》，頁
832。

(注 57) 盧鈖簡歷見本章注 51。引詩參閱《萬首論詩絕句》，頁 1058。

(注 58) 許愈初簡歷見本書第五章注 38。引詩參閱《萬首論詩絕句》，頁
1649。

(注 59) 李書吉簡歷見本書第六章注 61。引詩參閱《萬首論詩絕句》，頁
615。

(注 60) 沈彩，字虹屏。浙江平湖人。同縣陸烜側室。著有《春雨樓集》。
引詩見《萬首論詩絕句》，頁 860。

(注 61) 李靖國，字可亨。安徽合肥人。著有《宜春宜集》。引詩見《萬首
論詩絕句》，頁 1635。

(注 62) 張崇蘭簡歷見本書第五章注 280。引詩見《萬首論詩絕句》，頁
1214。

(注 63) 張鳴珂，字公束，一字玉珊。浙江嘉興人。咸豐辛酉拔貢。官至
江西奉新縣知縣。著有《寒松閣詩》。引詩見《萬首論詩絕句》，
頁 1285。

(注 64) 鮑西岡，字雲策。江蘇常熟人。引詩見《萬首論詩絕句》，頁 445。

(注 65) 謝啓昆簡歷見本書第五章注 8。引詩參閱《萬首論詩絕句》，頁
463。

(注 66) 江遠孫，字久也，號小米。浙江錢塘人。嘉慶丙子舉人。官內閣
中書。著有《借閑生詩》。引詩見《萬首論詩絕句》，頁 816。

（注 67）許愈初簡歷見本書第五章注 38。引詩參閱《萬首論詩絕句》，頁 1647。

（注 68）朱祖謀，原名孝威，字藿生，一字古微、古謀，號漚伊，又號彊村。浙江歸安人。光緒九年進士，改庶吉士，授編修，曾任侍講學士，官至禮部侍郎。著有《湖州詞徵》、《滄海遺音集》、《今詞綜》、《彊村叢書》等。引詩《萬首論詩絕句》，頁 1526。

（注 69）屈復簡歷見本書第五章注 161。引詩參閱《萬首論詩絕句》，頁 369。

（注 70）白胤謙，字子益，號東谷。陽城人。明崇禎癸未進士。改庶吉士。入清，官至刑部尙書，降通政使。著有《東谷集》、《桑楡集》。引詩參閱《萬首論詩絕句》，頁 207。

（注 71）孫雄簡歷見本書第五章注 73。引詩見《萬首論詩絕句》，頁。1659

（注 72）田雯簡歷見本書第六章注 15。引詩見《萬首論詩絕句》，頁 249。

（注 73）葉坤厚，原名法，郭湘筠。安徽懷寧人。道光丁酉拔貢。歷官河南汝光道。注有《江上小蓬萊吟舫詩存》。引詩朏《萬首論詩絕句》，頁 957。

（注 74）廖鼎聲簡歷見本書第五章注 7。引詩參閱《萬首論詩絕句》，頁 1336。

（注 75）李葆恂，原名恂，字寶卿，號文石。直隸易縣人。官直隸候補道。著有《紅螺山館詩鈔》。引詩見《萬首論詩絕句》，頁 1620。

（注 76）李覯，字泰伯。南城人。嘉祐中爲海門生簿。著有《　江集》。引詩見《萬首論詩絕句》，頁 56。

（注 77）錢樹本簡歷見本章注 42。引詩參閱《萬首論詩絕句》，頁 1203。

（注 78）汪端簡歷見本書第六章注 160。引詩參閱《萬首論詩絕句》，頁 871。

（注 79）馮煦簡歷見本書第五章注 136。引詩參閱《萬首論詩絕句》，頁

1534。

(注 80) 范溶簡歷見本書第六章注 66。引詩見《萬首論詩絕句》，頁 1610。

(注 81) 廖鼎聲簡歷見本書第五章注 7。引詩見《萬首論詩絕句》，頁 1344。

(注 82) 曹鑒咸，字少游。婁縣人。貢生。著有《香草居詩集》。引詩見《萬首論詩絕句》，頁 364。

(注 83) 郭麐簡歷見本書第五章章注 258。引詩參閱《萬首論詩絕句》，頁 723。

(注 84) 伊都禮，字立齋。著有《鶴鳴集》。引詩參閱《萬首論詩絕句》，頁 366。

(注 85) 柳商賢簡歷見本書第六章注 87。引詩參閱《萬首論詩絕句》，頁 1409。

(注 86) 黃維申簡歷見本書第五章注 135。引詩參閱《萬首論詩絕句》，頁 1294。

(注 87) 汪端簡歷見本書第六章注 87。引詩《萬首論詩絕句》，頁 870。

(注 88) 徐嘉簡歷見本書第五章注 9。引詩見《萬首論詩絕句》，頁 1591。

(注 89) 張九鐸簡歷見本書第四章注 56。引詩見《萬首論詩絕句》，頁 604。

(注 90) 袁壽齡，字仁輝。江西分宜人。諸生。著有《小袁山房詩集》。引詩見《萬首論詩絕句》，頁 680。

(注 91) 羅信南，字雲浦。湘鄉人。引詩見《萬首論詩絕句》，頁 1307。

(注 92) 宋弼簡歷見本書第四章注 40。引詩見《萬首論詩絕句》，頁 399。

(注 93) 李兆元簡歷見本書第四章注 59。引詩參閱《萬首論詩絕句》，頁 655。

(注 94) 王圖炳簡歷見本書第七章注 28。引詩參閱《萬首論詩絕句》，頁 302。

(注 95) 袁翼簡歷見本書第五章注 117。引詩參閱《萬首論詩絕句》，頁
　　　　898。

(注 96) 沈壽榕簡歷見本書第五章注 262。引詩參閱《萬首論詩絕句》，頁
　　　　1220。

(注 97) 姚瑩簡歷見本書第五章注 19。引詩見《萬首論詩絕句》，頁 762。

(注 98) 祁寯藻簡歷見本書第六章注 123。引詩見《萬首論詩絕句》，頁
　　　　806。

(注 99) 屈復簡歷見本書第五章注 161。引詩參閱《萬首論詩絕句》，頁
　　　　371。

(注 100) 王昶簡歷見本書第四章注 40。引詩見《萬首論詩絕句》，頁 428。

(注 101) 孫雄簡歷見本書第五章注 73。引詩見《萬首論詩絕句》，頁 1657。

(注 102) 查慎行簡歷見本書第五章注 261。引詩見《萬首論詩絕句》，頁
　　　　293。

(注 103) 胡天游簡歷見本書第七章注 19。引詩參閱《萬首論詩絕句》，頁
　　　　350。

(注 104) 謝啓昆簡歷見本書第五章注 8。引詩參閱《萬首論詩絕句》，頁
　　　　539。

(注 105) 翁方剛簡歷見本書第五章注 36。引詩參閱《萬首論詩絕句》，頁
　　　　415。

(注 106) 張鴻基簡歷見本書第五章注 119。引詩見《萬首論詩絕句》，頁
　　　　978。

(注 107) 林昌彝簡歷見本書第五章注 69。引詩參閱《萬首論詩絕句》，頁
　　　　1011。

(注 108) 同上注。引詩見《萬首論詩絕句》，頁 1022。

(注 109) 舒位，字立人，號鐵雲。直隸大興人。乾隆戊申擧人。著有《瓶
　　　　水齋詩集》。引詩參閱《萬首論詩絕句》，頁 628。

（注 110） 許寶傳，浙江杭州人。引詩參閱《萬首論詩絕句》，頁 1456。

（注 111） 翁方剛簡歷見本書第五章注 36。引詩參閱《萬首論詩絕句》，頁 417。

（注 112） 陳奉茲，字時若，號東浦。德化人。乾隆庚辰進士。歷官江寧布政使。著有《敦拙堂詩集》。引詩見《萬首論詩絕句》，頁 451。

（注 113） 李必恆簡歷見本書第五章注 3。引詩參閱《萬首論詩絕句》，頁 330。

（注 114） 郭曾炘簡歷見本書第五章注 96。引詩參閱《萬首論詩絕句》，頁 1498。

（注 115） 謝啓昆簡歷見本書第五章注 8。引詩參閱《萬首論詩絕句》，頁 524。

第九章　後人取用
杜詩《戲為六絕句》第五首論析

一、後人取用「不薄今人愛古人」的情況

杜甫詩句「不薄今人愛古人」，取用者多集中在「古今」的
關係，與「不薄」兩字的應用上。在取用「古」、「今」詞時，有
直取「薄古愛今」四字的，如祁寯藻《讀唐四家詩》：「薄古愛今
論非平。」(注1) 不滿人們「是古非今」的態度，顯然贊嘆杜甫
之不菲薄今人的意見。全詩爲：

> 「今月不如古月明，薄古愛今論非平。試看今夜團團月，
> 似此古時分外清。」

茹綸常《題山右詩存十七首》論胥燕亭時，也表示：「愛古薄今
原未可。」(注2) 批評「愛古薄今」的對待詩人的態度。詩云：

> 「一斑窺豹已驚人，正附何須着眼分。愛古薄今原未可，
> 幾番心折到胥君。」

柯振嶽《論詩》：「今人風調古人情。」(注3) 表示「今人」、「古
人」各有特色，宜公平對待對李商隱詩的評價。全詩爲：

> 「今人風調古人情，獺祭奚曾損性靈。有恨《無題》誰索
> 解？強將浮艷幷飛卿。」

張士傑《讀明詩五十二首》評公鼐時表示：「不摹古法不師今。」
(注4) 則強調不應「摹古法」，也不應該「師今」，重要的是在如
何抒發「心靈」。詩云：

「不摹古法不師今，斟酌中和運一心。極變窮工歸大雅，
居然唐代有遺音。」

葉坤厚《論詩七絕十首》也認爲：「談古議今敢荒唐。」(注5) 全
詩爲：

「談古議今敢荒唐，褒貶中存大主張。吟詠也須才學識，
豈徒作史具三長。」

吳仰賢《論詩》也説：「議古議今等蚍蜉。」(注6) 全詩爲：

「月旦諸家偏九州，議古議今等蚍蜉。君看百代遵槃敦，
獨有蕭梁文選樓。」

沈景修《讀國朝詩集一百首》雲：「新城選古體遺今。」(注7) 評
姚鼐時連帶批評王士禎的選詩缺點：「選古」而「遺今」。詩云：

「新城選古體遺今，補闕重編見苦心。三日繞梁餘韵在，
高山流水七弦琴。」

論者更從用「古今」一詞，可能亦受杜氏言古説今的影響，
如楊秀鷟《論詩絕句》評宋琬云：「滔滔河漢古今流。」(注8) 詩
云：

「滔滔河漢古今流，若箇千篇入選樓。不是青門善標榜，
無人解識宋黃州。」

顏君猷《論嶺南國朝人詩絕句》：「災梨禍棗古今同。」(注9) 全
詩爲：

「才力焉能誇數公，災梨禍棗古今同。自箋詩話吳山帶，
不滿他人一笑中。」

吳仰賢《偶論滇南詩》於論楊一清詩時云：「今古堪憐貉一丘。」
(注10) 全詩爲：

「平居陳郭稿難搜，今古堪憐貉一丘。賸有三南老居士，
野棠落日詠鄉愁。」

詩後有注云：

> 「楊遂庵太傅一清詩，爲滇南一大宗。晚號三南居士，謂生於滇南，長於湖南，老於江南，《舟中感興》起句云：微風動蘋花，落日照野棠。」

夏葆彝《論湖北詩絕句二十首專論湖北詩家流寓不與》言杜甫詩云：「獨振頹風聯古今。」(注11) 全詩爲：

> 「杜陵詩筆龍門史，獨振頹風聯古今。寄語後來諸作者，莫將淫響嗣徽音。」

林思進《論蜀詩絕句》論蘇軾云：「坡老文章擅古今。」(注12) 詩云：

> 「坡老文章擅古今，南荒九死尚長吟。何人解向黃州後，一讀《華嚴》辨淺深？」

歐陽述《雜題國朝人詩集各一首》評《船山詩集》云：「終覺今宜古未宜。」(注13) 詩云：

> 「天與生花筆一枝，性靈空處氣奔馳。不曾辛苦妃豨語，終覺今宜古未宜。」

論者用至「不薄」字者，也有多種取用的方式。沈兆澐《濟南旅舍讀山左諸家詩各題一絕凡十四首》評田雯時云：「尊唐不肯薄蘇、黃。」(注14) 言田雯之詩觀既尊唐也不菲薄宋代的蘇軾與黃庭堅。全詩爲：

> 「尊唐不肯薄蘇黃，壇坫新城與頡頏。麗句清詞工潤飾，縱橫排奡遜山薑。」

屈復《論詩絕句三十四首》云：「不敢隨風薄宋、元。」(注15) 則以他的詩觀爲不跟隨當時的詩壇風氣菲薄宋、元詩。詩云：

> 「萬紫千紅燦以繁，野花結子也堪殖。苦將心力成孤詣，不敢隨風薄宋、元。」

楊光儀《題于阿璞翠芝山房詩草》表示：「從今不敢薄齊、梁。」(注 16) 言在表現「桃李容華梅骨格」上，齊、梁有其特點，因此他「不敢薄齊、梁」之詩作。詩云：

「吟成一字九迴腸，鄉入溫柔夢亦香。桃李容華梅骨格，從今不敢薄齊、梁。」

郭尚先《徐廉峰庶常問詩圖》：「多師未敢薄陰、何。」(注 17) 言其本多師之原則，不排斥陰鏗與何遜之作。但表示不滿吳喬《圍爐詩話》以及賀黃裳《載酒園詩話》之觀點。詩云：

「詩評詩品汗牛多，《載酒》、《圍爐》語更訛。豈識陳芳佩天篆，多師未敢薄陰、何。」

柯振嶽《論詩》云：「西河未許薄東坡。」(注 18) 詩云：

「選體詩成賸粉多，西河未許薄東坡。海寧妙句憑誰摘，別有精神迴不磨。」

「不薄」、「不敢薄」與「未敢薄」的另一面，則為「敢薄」，「薄」，等等之用。歐陽述《雜題國朝人詩集各一首》云：「論詩敢薄虞山叟。」(注 19) 詩云：

「射雕之手譚天口，武庫捫胸無不有。古訓不以人廢言，論詩敢薄虞山叟。」

歐陽述《雜題國朝人詩集各一首》也表示：「廟堂誰敢薄琮珩?」(注 20) 詩云：

「苦向《風》、《騷》守正聲，廟堂誰敢薄琮珩。只因作意追韓、杜，轉覺光芒紙上平。」

馮幵《論詩示天嬰》云：「鉛華久已薄楊、劉。」(注 21) 詩云：

「鉛華久已薄楊、劉，但有霜聲接素秋。鶴背玲瓏鈎鏁骨，不煩露地載痴牛。」

陳融《讀嶺南人詩絕句》云：「巧舌瀾翻真是薄。」(注 22) 詩云：

> 「正宗才力究如何？刻鵠寧輸畫狗多。巧舌瀾翻眞是薄，
> 平心立論未嘗苛。」

夏葆彝《舊作論湖北詩絕句二十首》也說：「莒苢蘋蘩薄采之。」
(注23) 詩云：

> 「瀟瀟漢水碧如澌，莒苢蘋蘩薄采之。兒女亦能歌古調，
> 自來南國解聲詩。」

「薄采」取自《詩·苤莒》：「薄言采之。」「薄」爲語詞，是另一用
法。袁翼《論元詩》：「直教才調薄西崑。」(注24) 詩云：

> 「前生長吉錦囊存，重視曇花在雁門。慧業靈心兼俠骨，
> 直教才調薄西崑。」

廖鼎聲《論國朝人七十四首》雲：「翩躚才調薄風塵。」(注25)
詩云：

> 「翩躚才調薄風塵，淡泊盟心老倍純。又悵堂星弱一箇，
> 著書寒夜淚痕新。」

徐時棟《病後讀雨村詩話》云：「太息此君才力薄。」(注26) 詩
云：

> 「熙朝詩老萃雍乾，漢、魏三唐各本原。太息此君才力薄，
> 一生低首只隨園。」

二、後人取用「清詞麗句必爲鄰」的情形

杜甫「清詞麗句必爲鄰」詩句中的「清詞麗句」也引起後代
論者的興趣，并且經常取用。李友棠《題侯鯖集後八首》爲集句
詩，其中就全取杜詩此句。而鍾廷瑛《讀詩絕句十二首》論楊
億、劉筠表示：「清詞麗句楊、劉作。」(注27) 也取「清詞麗句」
四字以批評楊億與劉筠的詩作。詩云：

> 「不恨吾生後古人，古人應恨德無鄰。清詞麗句楊、劉作，
> 蜘蛛塵埋八百春。」

錢謙益《姚叔祥過明發堂論近代詞人戲作絕句十六首》則作：
「麗句清詞堪大嚼。」(注 28) 詩云：

> 「梁溪欣賞似南村，甲乙丹鉛靜夜論。麗句清詞堪大嚼，
> 老夫只合過屠門。」

沈兆澐《濟南旅舍讀山左諸家詩各題一絕凡十四首》也作「麗句
清詞」，評田霖時云：「麗句清詞工潤飾。」(注 29) 言王士禎只工
麗句清詞之潤飾，因此詩作在縱橫排奡上，不如田雯。詩云：

> 「尊唐不肯薄蘇、黃，壇坫新城與頡頏。麗句清詞工潤飾，
> 縱橫排奡遜山薑。」

蕭重《偶檢案頭國朝名人集及今人詩箋各題一截自竹泉觀察以下
則又兼懷人矣》亦作「麗句清詞」，其言云：「麗句清詞邁等倫。」
(注 30) 言沈夢塘詩之句詞超越同輩，可說是沈約之傳人。詩云：

> 「麗句清詞邁等倫，休文衣鉢得傳人。蕭齋種得千竿竹，
> 賞雨招君共買春。」

孫雄《論詩絕句》也作「麗句清詞」，云：「麗句清詞都入畫。」
(注 31) 言袁旭《漸西村人詩集》詩作之造詣。詩云：

> 「野塘飛鴨儔蘆花，隔水禪扉曉霧遮。麗句清詞都入畫，
> 簫聲宛轉出鄰家。」

馮繼聰《論唐詩絕句》也以「麗句清詞」來贊賞李商隱之作，
云：「麗句清詞人不及。」(注 32) 詩云：

> 「只今尚憶玉溪生，弱冠詩篇先有名。麗句清詞人不及，
> 同時早已過飛卿。」

王闓運（1832－1916）《論同人詩八絕句》評李伯元詩云：「麗句
清詞似女郎。」(注 33)

言曾以李氏詩似女郎，其後覺所評未當，其實李伯元詩「風情綿
渺骨堅蒼」。詩云：

> 「麗句清詞似女郎，風情綿渺骨堅蒼，如今江樹垂垂發，
> 懷舊傷春一斷腸。」

詩後有注云：

> 「李伯元詩專擬唐人，以神韻為主，下字矜慎，殆極爐錘。
> 嘗與論梅詩：枝高出手寒，未若：枝橫卻月觀二句，伯元
> 獨吟杜句云：江邊一樹垂垂發，此句最佳。余不悟其意，
> 今猶未契也。」

論者有各取杜句中之「清」與「麗」字而加運用的，例如張
玉轂《論古詩四十首》有「清新綺麗縱難能」(注34) 之句。也
有論者取杜句中之「清」與「麗」二字并組成一詞，以論詩人與
詩作的，如馮繼聰《論唐詩絕句》言唐高宗詩時云：「詞章清麗
逐時成。」(注35) 詩云：

> 「濟世安民讓乃翁，詞章清麗逐時成。林黃野白傳佳句，
> 還有烟霞斷續生。」

馮繼聰在同一論詩絕句組詩中於評何扶之作時，也表示：「玉蟾
金鳳詞清麗。」(注36) 以「玉蟾金鳳」形容何氏作品文字之清
麗。詩云：

> 「送妓迢遙歸閬州，懸知屋宇旁汀州。玉蟾金鳳詞清麗，
> 一氣吟成韻欲流。」

馮氏在同一組詩中評劉滄時亦云：「詩篇清麗更渾成。」(注37)
言劉氏之作，不但清麗，而且渾成，與許渾齊名。詩云：

> 「作令龍門劉蘊靈，詩篇清麗更渾成。齊名只有許丁卯，
> 浙水長洲懷古清。」

楊浚《論次閩詩》評莊希俊亦云：「清麗才名百寶天。」(注38)

高贊莊氏「清麗」之才。詩云：

> 「清麗才名百寶天，臨洮作吏富吟篇。風流競誦花王什，
> 一曲尊前問絳僊。」

吳仰賢《偶論滇南詩》論段昕云：「新詞清麗段曹郎。」(注39)
以「清麗」與「新」贊許段氏之詩歌文字。詩云：

> 「古筆崢琮王檢討，新詞清麗段曹郎。兩雄旗鼓原相敵，
> 師荔扉尤擅勝場。」

李希聖《論詩絕句四十首》云：「碧雲清麗無風骨。」(注40) 論
鮑照言及湯惠休時，就認爲湯氏詩「清麗無風骨」，不如鮑氏之
作。「清麗」於此具有貶義。詩云：

> 「一代孤鳴實寡儔，顏延毀譽欲相仇。碧雲清麗無風骨，
> 莫把參軍配惠休。」

汪應銓《絕句》云：「愛將清麗學前人。」(注41) 以杜甫文章之
能有高度之成就，乃在能學前人之「清麗」。由此進而批評今人
只會從「粗豪」方面學前人。詩云：

> 「工部文章萬劫新，愛將清麗學前人。今人劣得粗豪句，
> 錯道前生子美身。」

　　論者亦或只取「清詞」二字，或只取「麗句」二字。前者如
馮繼聰《論唐詩絕句》言杜荀鶴云：「翰林學士著清詞。」(注42)
全詩爲：

> 「九華山人杜彥之，翰林學士著清詞。而今剩有《唐風
> 集》，爾雅溫文冠一時。」

廖鼎聲《補作論國朝人七十八首》表示：「清詞褒許有朱、梅。」
(注43) 詩云：

> 「清詞褒許有朱、梅，龍璧情親亦愛才。爲擬騷原終自勝，
> 如何驚座漫相猜。」

後者如柳商賢《擬杜戲爲六絕句》言庾信云：「麗句纏綿絕點
塵。」(注44)而不滿後人之妄肆輕薄。詩云：

> 「麗句纏綿絕點塵，獨憐開府擅清新。後來輕薄何須數，
> 只許輿臺役古人。」

方廷楷《習靜齋論詩百絕句》云：「七言麗句更無儔。」(注45)
評黃任之七言詩，并羨慕他的生活與詩作的表現。詩云：

> 「氣似春蘭獨似秋，七言麗句更無儔。一生艷福兼清福，
> 可換人間萬戶侯？」

高彤《讀詩雜感》也有「廣微麗句晉清談」(注46)之句。全詩
爲：

> 「廣微麗句晉清談，僭補《笙詩》恐不堪。一例書生思復
> 古，井田官禮說醰醰。」

許奉恩《蘭苕館論詩》言元結云：「麗詞偶語力湔除。」(注47)
稱贊元氏之作品「寄托遙深」，力除「麗詞」。在此，許氏易杜句
所用之「麗句」爲「麗詞」。詩云：

> 「麗詞偶語力湔除，寄托遙深氣卷舒。不以冠纓驚野老，
> 瀼溪自願混樵漁。」

　　杜甫詩句「清詞麗句必爲鄰」中之「必爲鄰」，引起論者的
注意，并加取用。朱炎《讀明人詩絕句三十首》云：「山中木客
鬼爲鄰。」(注48)以「鬼爲鄰」形容謝在航詩作之「孤峭深幽」。
詩云：

> 「孤峭深幽派別新，山中木客鬼爲鄰。當年銀海波濤瀉，
> 也怕江東一片塵。」

詩後有注云：

> 「謝在航詩：若問老天成底事？雪山銀海瀉秋濤。又云：
> 怕見江東一片塵。」

林昌彝《論本朝人詩一百五首》評陳維崧云：「江湖風月誓為鄰。」(注49) 句後有注云：

> 「迦陵平生以徜徉湖山為志。」

詩云：

> 「浪卷前潮落筆新，江湖風月必為鄰。臨終驚座留佳句，
> 山鳥山花是故人。」

　　與「為鄰」意思接近的為「結鄰」。論者也用「結鄰」以言作者或作品的關係。蔣師轍《詠唐人仿元遺山論詩絕句》評李翱等人云：「湜、籍文章可結鄰。」(注50) 即以皇甫湜與張籍之文章關係密切。詩云：

> 「習之儒術極深醇，湜、籍文章可結鄰。不向韓門稱弟子，
> 未知宗法是何人？」

　　而與「為鄰」意思相反的，則為「無鄰」。鍾廷瑛《讀詩絕句十二首》論楊億、劉筠時表示：「古人應恨德無鄰。」(注51) 言古人重視文人之品德，以無品德為恨。全詩為：

> 「不恨吾生後古人，古人應恨德無鄰。清詞麗句楊、劉作，
> 蜘蛛塵埋八百春。」

或用「非＋×＋鄰」的格式，來表示不可與之「為鄰」者。例如謝肇淛《漫興》云：「鍾、李、湖、湘非吾鄰。」(注52) 謝氏反對竟陵詩派，所以才作此表示。全詩為：

> 「徐、陳里閈久相親，鍾、李、湖、湘非吾鄰。丸泥久已
> 封函谷，怕見江東一片塵。」

或用「未必＋×＋為鄰」的方式。阮文藻《編詩》云：「清詞未必肯為鄰。」(注53) 用「未必肯為鄰」來表示他從事詩選工作的選擇。詩云：

> 「一官一集說前人，著述如今空等身。我若當時求劇縣，

清詞未必肯爲鄰。」

用「爲鄰」而作詢問句出現的，或作「孰與鄰」。沈德潛《論明詩十二斷句》云：「君采風裁孰與鄰?」（注54）用「孰與鄰」帶出與薛君采詩風關係密切的高叔嗣。詩云：

> 「君采風裁孰與鄰? 蘇門清嘯并超塵。味無味處偏多味，不使才華見性眞。」

三、後人取用杜句「竊攀屈宋宜方駕」的情況

杜詩句「竊攀屈、宋宜方駕」，後人有取用「方駕」者，如鮑之芬《讀楚辭感賦》云：「風詩三百爲方駕。」（注55）強調掌握《詩三百》的重要性：能以「《風》詩三百爲方駕」，則可以使詩作「身後名」如「日月長懸」。詩云：

> 「陶鑄工深哭始成，何能瓦缶當鐘鳴。《風》詩三百爲方駕，日月長懸身後名。」

白永修《讀王少伯集題後》取杜句中之「攀」「駕」二字，表示：「駕《辯》攀《騷》語似經。」（注56）以王維之所以成功在能夠「駕」《九辯》，「攀」《離騷》。詩云：

> 「盛唐才子數江寧，駕《辯》攀《騷》語似經。秦月漢關推壓卷，可嘆多事李滄溟。」

虞鈵《論六朝人詩絕句仿遺山體》則表示：「欲駕何郎轉自猜。」（注57）詩云：

> 「回電驚瀾曠世才，發揮奇氣掃荒萊。此中風骨殊升降，欲駕何郎轉自猜。」

虞鈵在同一論詩絕句中亦云：「并駕盧、虞繼仲方。」（注58）詩云：

> 「行間字里細評量，幷駕虞、盧繼仲方。通體精神傳句眼，
> 此中風氣辟初唐。」

都是單取「駕」一字之例。

　　後人論詩絕句中用「屈、宋」二字者甚多，但必須指出，這不一定受到杜甫的影響。不過由於取用之多，也不能排開杜甫在《戲爲六絕句》中用及屈、宋之後，後人乃多用此二字的因素，這和後代論詩絕句之所以多用及「齊、梁」二字的原因一樣。有關後一點，下節會有詳細之説明。朱綏（1789－1840）在《論詩絕句》中云：「萬古空招屈、宋魂。」（注59）全詩爲：

> 「湘江渺渺長芳蓀，萬古空招屈、宋魂。省識美人香草意，
> 儘教評泊到西崑。」

李書吉《自題集後》云：「屈、宋悲哀也不生。」（注60）表示内心情感不易萌發的苦惱。詩云：

> 「難隨班、馬侍承明，屈、宋悲哀也不生。春鳥秋蟲鳴得
> 意，任他憎愛莫關情。」

黎簡（1748－1799）《讀漁洋山人集遂仿其體二絕句》云：「猶足《離騷》屈、宋心。」（注61）全詩爲：

> 「春水魚鰕未谷音，撚鬚側帽過行吟。相思古塞狂生在，
> 猶足《離騷》屈、宋心。」

姚文泰《論詩雜賦》云：「果然屈、宋祖《風》、《騷》。」（注62）言沈雪樵尊奉《風》、《騷》之傳統。全詩爲：

> 「名重詞場沈雪樵，果然屈、宋祖《風》、《騷》。石頭又見
> 降幡豎，晦迹何辭賣卜勞。」

詩後有注云：

> 「沈爲何山司寇猶子，入江南鉅公之門，晚寓烏戍，賣卜
> 以給。」

程恩澤《仿遺山絶句答徐廉峰仁弟》云：「探源屈、宋奇而艷。」
（注63）全詩爲：

> 「探源屈、宋奇而艷，古錦嘔心在謬悠。爲問少加名理處，
> 幾何不讓棄強劉？」

高簡《論宮閨詩十三首》云：「安識《離騷》屈、宋心？」（注64）
全詩爲：

> 「月露風雲幾度吟，誰從《大雅》溯元音？抱琴不作梅花
> 弄，安識《離騷》屈、宋心。」

馮繼聰《論唐詩絶句》云：「屈、宋文章得清深。」（注65）言李
白的文章能得屈原與宋玉詩作之精深。全詩爲：

> 「屈、宋文章得清深，河梁贈答嗣元音。廬山登眺還觀海，
> 驚句任華獨醉心。」

　　上述各論者，都用及「屈、宋」二字以論詩。而在提及屈、
宋時，又有一些論者常用及「衙官」「屈、宋」者，如林昌彝
《論本朝人詩一百五首》表示：「只在衙官屈、宋間。」（注66）評
吳偉業之作時，言吳氏與錢謙益、龔鼎孳之不同，如屈原與宋玉
之比較。詩云：

> 「杜老香山又義山，森嚴壁壘辟雄關。三家江左非同調，
> 只在衙官屈、宋間。」

茹綸常《題山右詩存十七首》：「何妨屈、宋作衙官。」（注67）詩
雲：

> 「披沙每覺揀金難，一集樗園獨耐看。漫説好人都在野，
> 何妨屈、宋作衙官。」

謝啓昆《讀全唐詩仿元遺山論詩絶句一百首》評杜審言云：「合
教屈、宋作衙官。」（注68）全詩爲：

> 「合教屈、宋作衙官，著作承恩土未干。不見替人君莫恨，

拾遺千古獨登壇。」

四、後人取用杜句「恐與齊梁作後塵」的情況

後代論詩絕句作者在取用杜句「恐與齊、梁作後塵」時，常着眼於「作後塵」三字。如錢謙益《姚叔祥過明發堂論近代詞人戲作絕句十六首》云：「肯與鍾、譚作後塵？」（注69）意言王微、楊宛決不肯爲「鍾、譚」之「後塵」。詩云：

> 「不服丈夫勝婦人，昭容一語是天眞。王微、楊宛爲詞客，
> 肯與鍾、譚作後塵。」

錢陳群《宋百家詩存題詞》：「理學游揚作後塵。」（注70）言呂本中於理學方面肯作游、揚之「後塵」。詩雲：

> 「詩篇蘇、陸爲年輩，理學游、揚作後塵。一自中書重被
> 命，相門清議屬斯人。」

王昶《題沈秀才安成琢詩圖》：「肯與西江作後塵。」（注71）言作者只是把詩歌寫作當「餘事」，并接受西江之影響。詩云：

> 「自愧詞場老斲輪，只將餘事作詩人。天風海水憑君說，
> 肯與西江作後塵。」

沈德潛《遣興》：「恐與松圓作後塵。」（注72）批評「後賢」排斥何景明與李夢陽之詩篇，但只接受識錢謙益詩派詩說的影響，沈氏：擔心這些人將淪爲程嘉燧「作後塵」。詩云：

> 「何、李詩篇復古人，後賢排擊日紛綸。憐渠但識虞山派，
> 恐與松圓作後塵。」

張之傑《讀明詩五十二首》：「可許熙、豐作後塵。」（注73）贊方孝孺之功業、學問、詩作，認爲熙、豐之詩人也要「作後塵」。詩云：

> 「稽古功深學業勤，詩成渾樸正如人。雖然未脫粗豪態，
> 可許熙、豐作後塵。」

吳德旋《雜著示及門諸子》云：「分與金陵作後塵。」（注74）全
詩爲：

> 「子美沈雄未易親，涪翁練骨得清眞。南人愛說江西派，
> 分與金陵作後塵。」

　　而不少論者變換作「步後塵」加以運用。如謝啓昆《讀全唐
詩仿元遺山論詩絕句一百首》評杜甫時云：「未信齊、梁步後
塵。」（注75）全詩爲：

> 「清夜高歌泣鬼神，長鑱托命蜀江濱。餘波綺麗飛騰入，
> 未信齊、梁步後塵。」

謝啓昆《讀中州集仿元遺山論詩絕句六十首》評趙秉文云：「未
信低頭步後塵。」（注76）全詩爲：

> 「長句鑪錘字字珍，屠沽敢與聖賢倫。出藍尚有遺山叟，
> 未信低頭步後塵。」

李兆元《論詩絕句》亦云：「又與初唐步後塵。」（注77）言詩到
齊、梁經已變新，初唐四傑也無法開創新道路，即使白居易所自
詡的元和體，也和初唐詩人一樣，依然無法有所突破。詩云：

> 「詩到齊、梁已變新，王、楊、盧、駱只相因。香山自詡
> 元和體，又與初唐步後塵。」

袁翼《論金詩》：「康樂終難步後塵。」（注78）批評詩壇文人相輕
情況之嚴重，李獻甫不滿李獻能，但終究無法步謝靈運之後塵。
詩云：

> 「欲用時時意出新，翻嫌欽叔未推陳。夢中春草池塘句，
> 康樂終難步後塵。」

楊秀鷥《論詩絕句》表示：「更逐山陰步後塵。」（注79）評查初

白云：

> 「不放坡詩百態新，遺山早卜後來人。欲翻北宋爲南宋，
> 更逐山陰步後塵。」

毛翰豐《暇日偶日近人詩各繫一絕》亦云：「持論紛紛步後塵。」
(注80) 言持論者紛紛互相效仿，沒有新見。詩云：

> 「持論紛紛步後塵，相輕自古在文人。維摩室里廣長古，
> 一散天花白著身。」

林慶銓《自題詩草寄張金秀茂才》云：「敢向隨園步後塵。」(注
81) 言作者欲追正始之風派，而不向袁枚步後塵。詩云：

> 「蔽帚千金笑自珍，敢云險語必驚人。欲將正始追風派，
> 敢向隨園步後塵。」

柳商賢《蘇州論詩絕句》：「未許鍾、譚步後塵。」(注82) 言徐元
嘆不步鐘惺與譚友夏之後塵。詩云：

> 「曾識當年劫後身，滿山落木嘆沈淪。泠泠逸響誰同調？
> 未許鍾、譚步後塵。」

陳書《效少陵戲爲六絕句元韵》：「更許吾宗步後塵。」(注83) 詩
云：

> 「聖處工夫獨此人，向來都邑不成鄰。韓潮蘇海依稀似，
> 更許吾宗步後塵。」

謝章鋌《論詩絕句三十首》：「閩派何曾步後塵。」(注84) 言在披
陳「輪囷肝膽」上，閩派不曾「步後塵」。詩云：

> 「輪囷肝膽自披陳，閩派何曾步後塵。感事憤時長太息，
> 海濱首宿有微臣。」

　　或作「躡後塵」。其意實與「步後塵」同。如王士禎《戲仿
元遺山論詩絕句》雲：「未許傳衣躡後塵。」(注85) 詩云：

> 「涪翁掉臂自清新，未許傳衣躡後塵。卻笑兒孫媚初祖，

強將配享杜陵人。」

楊浚《論次閩詩》:「栗里愚溪躡後塵。」(注86) 詩云:

> 「栗里、愚溪躡後塵,勞勞足爾遍齊、秦。四檐明月茅亭夜,獨對秋風思故人。」

亦有論者將「躡後塵」變換爲「躡後踪」者,例如柯振嶽《論詩》云:「未許齊、梁躡後踪。」(注87) 詩云:

> 「魏武風懷一代雄,陳思長劍倚無端。仲宣、公幹皆儒雅,未許齊、梁躡後踪。」

或作「拜後塵」。如顧嗣立《題元百家詩集後二十首》表示:「還向江西拜後塵。」(注88) 詩云:

> 「大德、元貞老遺民,剡源、石屋句清新。論詩笑殺方虛谷,還向江西拜後塵。」

王昶《長夏懷人絕句》又雲:「定向詞壇拜後塵。」(注89) 贊夢文子之詩作筆力,其五言詩作更爲清新。如果魯翀與康里與之同世,也會向他低頭。詩云:

> 「筆陣公然掃萬人,五言微妙更清新。魯翀、康里如同世,定向詞壇拜後塵。」

或作「落後塵」。楊士雲《詠史》云:「只恐元劉落後塵。」(注90) 詩云:

> 「吟醉先生幾石樽,香山居士半桑門。誰言元、白還劉白,只恐元劉落後塵。」

或作「逐後塵」。敖興南《論詩》:「不向蘇、黃逐後塵。」(注91) 詩云:

> 「昂首西江百態新,餘波能蕩兩朝人。中州只有遺山老,不向蘇、黃逐後塵。」

有些論者則將「前塵」作爲「後塵」之反義詞而加取用的,

如沈大成（1762－1799）《王蘭泉舍人三泖漁莊圖》表示：「風流
陳夏已前塵。」（注92）詩云：

> 「風流陳、夏已前塵，吟社壬申斷問津。眼底橫刀誰健者？
> 回瀾端合屬斯人。」

　　至於其他用法如「撲俗塵」之類，爲數不多，也與杜氏用法
距離較遠。茲舉一例，以加說明。陳融《讀嶺南人詩絕句》云：
「一點何曾撲俗塵。」（注93）詩云：

> 「張、吳、洪、趙道相親，一點何曾撲俗塵。聊付閑評北
> 江語，高峰終望嶺頭雲。」

而用及「竊恐」者，爲數極少，如朱庭珍《論詩》：「竊恐梅村誤
後生。」（注94）言他擔心吳偉業之重西崑體與白居易體，會貽誤
後人。詩云：

> 「悱惻纏綿見至和，誰將芝麓許齊名。西崑辭藻香山體，
> 竊恐梅村誤後生。」

　　論詩絕句作者用及「齊、梁」二字的，不少依據杜甫之處理
方式，常將「齊、梁」二字置於詩句之第三與第四字的位置。例
如陳僅《與友人談詩偶成七首》：「寄語齊、梁後塵者。」（注95）
不但置「齊、梁」於第二與第三字的位置，而且「後塵」二字，
也是取自同一杜句「恐與齊、梁作後塵」。詩云：

> 「芙蓉楊柳蘭陵什，木葉秋雲柳惲詩。寄語齊、梁後塵者，
> 枉拋心力畫胭脂。」

呂廷輝《江子穀見示弄翰惆悵諸集爲題三絕句》表示：「更效齊、
梁藻思繁。」（注96）言他作詩經驗，既從漢、魏探得淵源，也從
齊、梁取得「藻思繁」。詩云：

> 「遙探漢、魏得詩源，更效齊、梁藻思繁。詠到杜陵新樂
> 府，始知模擬是陳言。」

王昶《舟中無事偶作論詩絕句四十六首》也表示：「詩到齊、梁
麗更淫。」(注97) 詩云：

> 「詩到齊、梁麗更淫，微茫哀怨總難任。南朝宮體終徐、
> 庾，又啓溫、邢變雅音。」

王昶《舟中無事偶作論詩絕句四十六首》表示：「若向齊、梁論
作手。」(注98) 言齊、梁時期之詩人中如范雲、沈約、何遜、王
筠都有突出的表現，但如要在齊、梁眾詩人中推誰是「作手」，
稱爲「巨擘」的，要推謝朓。詩云：

> 「范雲、沈約詞皆雋，何遜、王筠世亦稱。若向齊、梁論
> 作手，要知巨擘是元暉。」

謝啓昆《讀全唐詩仿元遺山論詩絕句一百首》評杜審言時云：
「一洗齊、梁藻麗濃。」(注99) 言陳子昂改變齊、梁之風氣。詩
云：

> 「《感遇》佳篇本嗣宗，丹砂金碧實希逢。愴然淚下幽州
> 客，一洗齊、梁藻麗濃。」

謝啓昆《論明詩絕句九十六首》云：「艷摘齊、梁稿欲焚。」(注
100) 詩云：

> 「艷摘齊、梁稿欲焚，揚州烟月句銷魂。嘉禾好景無人道，
> 斜日看桑過石門。」

洪亮吉《道中無事偶作論詩截句二十首》表示：「一卷齊、梁體
格同。」(注101) 詩云：

> 「虞山文筆比詩工，一卷齊、梁體格同。贊善學韓王學杜，
> 愛才兼有古人風。」

李兆元《論詩絕句》云：「詩到齊、梁已變新。」(注102) 言白居
易雖然自稱他的詩作爲香山體，其實不能跳脫初唐的影響。詩
云：

> 「詩到齊、梁已變新，王、楊、盧、駱只相因。香山自詡
> 元和體，又與初唐步後塵。」

白永修《答友人論詩》云：「綽有齊、梁矩矱存。」（注103）詩云：

> 「悟興才子趙王孫，綽有齊、梁矩矱存。獨惜肉多風骨弱，
> 西臺書法好同論。」

楊深秀《仿元遺山論詩絕句五十首》論柳惲云：「艷到齊、梁詩
可焚。」（注104）詩云：

> 「女郎袨靚太紛紅，艷到齊、梁詩可焚。絕代高情柳文暢，
> 亭皋木葉下秋雲。」

曾習經《壬子八九月間所讀書題詞十五首》云：「我愛齊、梁遺
制在。」（注105）詩云：

> 「少年卓犖頗經奇，老去爲文多素詞。我愛齊、梁遺制在，
> 凝香晝戟《郡齋》詩。」

詩後有注云：

> 「蘇州少作多豪縱，餘清澹似張曲江。晚學陶，世稱韋、
> 柳，其不及柳州者，少一峭耳。然《郡齋燕集》一篇，固
> 與儀曹南㵎爭俊也。」

陳融《讀嶺南人詩絕句》云：「不廢齊、梁世所趨。」（注106）詩
云：

> 「不廢齊、梁世所趨，一生讀《選》得師模。崢嶸壇坫歐
> 禎伯，李、杜相推適當無？」

但將「齊、梁」置於末兩字的也有不少。如楊光儀《論詩》
五首

> 「哇聲淫色竟登場，大雅扶輪屬李唐。誰識鴻溝分界後，
> 個中古意讓齊、梁。」

黃維申《論詩絕句》：「歌行字字壓齊、梁。」（注108）詩云：

「君王雅好逞文章，故把蕪詞積滿箱。豈識參軍才未盡，
歌行字字壓齊、梁。」

詩後有注云：……

楊光儀《題于阿璞翠芝山房詩草》表示：「從今不敢薄齊、梁。」
（注109）詩云：

「吟成一字九迴腸，鄉入溫柔夢亦香。桃李容華梅骨格，
從今不敢薄齊、梁。」

陳熾（1855－1910）《效遺山論詩絕句十首》：「尚沿風格事齊、
梁。」（注110）詩云：

「才筆青廉冠四唐，尚沿風格事齊、梁。長歌自足空千古，
大海回波紫電光。」

韓印《論白門近日詩人戲仿元遺山》云：「風規直欲陋齊、梁。」
（注111）詩云：

「一卷離憂彬雅堂，風規直欲陋齊、梁。力除摹擬存眞面，
水部文章日月光。」

馮繼聰《論唐詩絕句》云：「詩詞婉麗似齊、梁。」（注112）詩云：

「天寶秘書名姓香，詩詞婉麗似齊、梁。野花春水傳佳句，
送別風情屬二王。」

吳德旋《雜著示及門諸子》云：「那將蟬噪等齊、梁。」（注113）
詩云：

「异體何嫌各擅場，那將蟬噪等齊、梁。高談競拾韓公唾，
欲與黃初較短長。」

陳融《讀嶺南人詩絕句》：「品流終不落齊、梁。」（注114）詩云：

「偶然一作斂芬芳，才命回頭刻意傷。魏什漢謠無意似，
品流終不落齊、梁。」

程恩澤《仿遺山絕句答徐廉峰仁弟》：「頹波橫制掃齊、梁。」（注

115) 詩云：

> 「頹波橫制掃齊、梁，合著黃金鑄子昂。爲問宣陽文百軸，
> 何緣續以慶雲章。」

也有將「齊、梁」二字置於首二字的位置的，但爲數不多，
如唐仁壽《論六朝詩絕句仿元遺山體》云：「齊、梁宮體劇風
流。」(注 116) 詩云：

> 「齊、梁宮體劇風流，《玉樹》歌殘處處秋。江令歸來頭白
> 盡，不曾著句已生愁。」

朱應庚《論詩三十二首》云：「齊、梁烟月劫灰紅。」(注 117) 詩
云：

> 「齊、梁烟月劫灰紅，風骨鯅鯅數射洪。《感遇》無端三十
> 首，秋林寒雨喚征鴻。」

另有一些論者置於詩句中之第五與第六字之位置的，爲數也
不多。如李兆元《論詩絕句》云：「如何知有齊、梁體。」(注 118)
詩云：

> 「《小石帆亭著錄》詳，覃溪詩法成漁洋。如何知有齊、梁
> 體，猶自源流昧漢、唐。」

潘德輿（1785－1839）《仿遺山論詩絕句論遺山二首》也表示：
「評論正體齊、梁上。」(注 119) 詩云：

> 「評論正體齊、梁上，慷慨歌謠字字遒。新態無端學坡谷，
> 未須滄海說橫流。」

潘飛聲（1837－1934）《題易哭厂丁戊之間行卷後》：「沈、任以
後齊、梁筆。」(注 120) 詩雲：

> 「鬱鬱心香作麝薰，《騷》愁腕底出靈均。沈、任以後齊、
> 梁筆，艷過江南蔣劍人。」

【註　釋】

（注　1）祁寯藻簡歷見本書第六章注 113。引詩見《萬首論詩絕句》，頁
　　　　814。

（注　2）茹綸常簡歷見本書第六章注 98。引詩參閱《萬首論詩絕句》，頁
　　　　595。

（注　3）柯振嶽簡歷見本書第五章注 37。引詩參閱《萬首論詩絕句》，頁
　　　　780。

（注　4）張士傑簡歷見本書第五章注 32。引詩參閱《萬首論詩絕句》，頁
　　　　943。

（注　5）葉坤厚簡歷見本書第八章注 73。引詩參閱《萬首論詩絕句》，頁
　　　　958。

（注　6）吳仰賢簡歷見本書第五章注 53。引詩參閱《萬首論詩絕句》，頁
　　　　1229。

（注　7）沈景修簡歷見本書第五章注 71。引詩參閱《萬首論詩絕句》，頁
　　　　1393。

（注　8）楊秀鷺，字紫卿。寧遠人。監生。著有《春星閣詩鈔》。引詩見
　　　　《萬首論詩絕句》，頁 962。

（注　9）顏君猷簡歷見本書第八章注 3。引詩參閱《萬首論詩絕句》，頁
　　　　1216。

（注 10）吳仰賢簡歷見本書第五章注 53。引詩參閱《萬首論詩絕句》，頁
　　　　1228。

（注 11）夏葆彝簡歷見本書第五章注 44。引詩參閱《萬首論詩絕句》，頁
　　　　1539。

（注 12）林思進簡歷見本書第五章注 136。引詩見《萬首論詩絕句》，頁
　　　　1671。

（注 13）歐陽述簡歷見本書第六章注 55。引詩參閱《萬首論詩絕句》，頁

1678。

(注　14)　沈兆澐簡歷見本書第五章注 85。引詩參閱《萬首論詩絕句》，頁
　　　　　819。

(注　15)　屈復簡歷見本書第五章注 161。引詩參閱《萬首論詩絕句》，頁
　　　　　373。

(注　16)　楊光儀簡歷見本書第七章注 21。引詩參閱《萬首論詩絕句》，頁
　　　　　1235。

(注　17)　郭尙先，字蘭石。福建蒲田人。嘉慶己巳進士，改庶吉士，授編
　　　　　修。官至禮部侍郎。著有《增默庵詩遺集》。
　　　　　引詩見《萬首論詩絕句》，頁 767。

(注　18)　柯振嶽簡歷見本書第五章注 37。引詩參閱《萬首論詩絕句》，頁
　　　　　782。

(注　19)　歐陽述簡歷見本書第六章注 55。引詩參閱《萬首論詩絕句》，頁
　　　　　1675。

(注　20)　同上注。引詩見《萬首論詩絕句》，頁 1677。

(注　21)　馮玕簡歷見本書第五章注 28。引詩見《萬首論詩絕句》，頁 1683。

(注　22)　陳融簡歷見本書第五章注 28。引詩見《萬首論詩絕句》，頁 1818。

(注　23)　夏葆彝簡歷見本書第五章注 44。引詩參閱《萬首論詩絕句》，頁
　　　　　1541。

(注　24)　袁翼簡歷見本書第五章注 117。引詩參閱《萬首論詩絕句》，頁
　　　　　896。

(注　25)　廖鼎聲簡歷見本書第五章注 7。引詩參閱《萬首論詩絕句》，頁
　　　　　1338。

(注　26)　徐時棟簡歷見本書第八章注 25。引詩參閱《萬首論詩絕句》，頁
　　　　　1041。

(注　27)　鍾廷瑛簡歷見本書第五章注 204。引詩見《萬首論詩絕句》，頁

578。

（注 28）錢謙益簡歷見本書第四章注 11。引詩參閱《萬首論詩絕句》，頁 197。

（注 29）沈兆澐簡歷見本書第五章注 85。引詩參閱《萬首論詩絕句》，頁 819。

（注 30）蕭重簡歷見本書第五章注 72。引詩見《萬首論詩絕句》，頁 1055。

（注 31）孫雄簡歷見本書第五章注 73。引詩見《萬首論詩絕句》，頁 1667。

（注 32）馮繼聰簡歷見本書第五章注 21。引詩參閱《萬首論詩絕句》，頁 1170。

（注 33）王闓運，初名開運。字壬秋。湖南湘潭人。咸豐壬子舉人。賜翰林院檢討。太平天國時，曾依曾國藩軍中，後講學四川等地。辛亥革命後任清史館館長，兼任參政院參政。著有《湘綺樓文集》、《詩集》、《湘綺樓駢體文鈔》、《湘綺樓全書》，等等。引詩見《萬首論詩絕句》，頁 1250。

（注 34）張玉穀簡歷見本書第五章注 67。

（注 35）馮繼聰簡歷見本書第五章注 21。引詩參閱《萬首論詩絕句》，頁 1085。

（注 36）同上注。引詩見《萬首論詩絕句》，頁 1149。

（注 37）同注 35. 引詩見《萬首論詩絕句》，頁 1178。

（注 38）楊浚簡歷見本書第六章注 56。引詩見《萬首論詩絕句》，頁 1245。

（注 39）吳仰賢簡歷見本書第五章注 53。引詩參閱《萬首論詩絕句》，頁 1228。

（注 40）李希聖簡歷見本書第五章注 4。引詩參閱《萬首論詩絕句》，頁 1578。

（注 41）汪應銓簡歷見本書第八章注 28。引詩參閱《萬首論詩絕句》，頁 304。

(注　42)　馮繼聰簡歷見本書第五章注 21。引詩參閱《萬首論詩絕句》，頁
　　　　　1179。

(注　43)　廖鼎聲簡歷見本書第五章注 7。引詩參閱《萬首論詩絕句》，頁
　　　　　1353。

(注　44)　柳商賢簡歷見本書第六章注 87。引詩參閱《萬首論詩絕句》，頁
　　　　　1411。

(注　45)　方廷楷簡歷見本書第五章注 27。引詩參閱《萬首論詩絕句》，頁
　　　　　1270。

(注　46)　高彤，字凌宵。天津人。著有《過江集》。引詩見《萬首論詩絕
　　　　　句》，頁 1303。

(注　47)　許奉恩簡歷見本書第五章注 129。引詩見《萬首論詩絕句》，頁
　　　　　1377。

(注　48)　朱炎簡歷見本書第八章注 15。引詩見《萬首論詩絕句》，頁 557。

(注　49)　林昌彝簡歷見本書第五章注 69。引詩參閱《萬首論詩絕句》，頁
　　　　　1014。

(注　50)　蔣師轍簡歷見本書第六章注 129。引詩見《萬首論詩絕句》，頁
　　　　　1447。

(注　51)　鍾廷瑛簡歷見本書第五章注 204。引詩見《萬首論詩絕句》，頁
　　　　　578。

(注　52)　謝肇淛簡歷見本書第六章注 73。引詩參閱《萬首論詩絕句》，頁
　　　　　191。

(注　53)　阮文藻，字侯亨。安福人。道光壬午進士。官安徽寧國知縣。著
　　　　　有《聽松濤館詩鈔》。引詩參閱《萬首論詩絕句》，頁 887。

(注　54)　沈德潛簡歷見本書第五章注 168。引詩參閱《萬首論詩絕句》，頁
　　　　　384。

(注　55)　鮑之芬，字佩芳，一字浣雲。江蘇丹徒人。引詩見《萬首論詩絕

句》，頁 695。

(注 56) 白永修，字澄泉。平度人。光緒乙酉拔貢。著有《曠廬詩集》。引
　　　　詩見《萬首論詩絕句》，頁 1531。

(注 57) 虞紛簡歷見本書第五章注 70。引詩見《萬首論詩絕句》，頁 1058。

(注 58) 同上注。引詩見《萬首論詩絕句》，頁 1059。

(注 59) 朱綬，字仲潔。江蘇元和人。道光辛卯舉人。著有《知止堂詩
　　　　錄》。引詩見《萬首論詩絕句》，頁 945。

(注 60) 李書吉簡歷見本書第六章注 61。引詩參閱《萬首論詩絕句》，頁
　　　　613。

(注 61) 黎簡，字簡民，號二樵。廣東順德人。乾隆己酉貢生。工山水畫。
　　　　著有《五百四峰堂詩鈔》、《續鈔》。引詩見《萬首論詩絕句》，頁
　　　　631。

(注 62) 姚文泰，字鎮卿，號荃汀。浙江歸安人。著有《蕉綠映書齋稿》、
　　　　《雙溪漁昌集》。引詩見《萬首論詩絕句》，頁 769。

(注 63) 程恩澤簡歷見本書第六章注 125。引詩參閱《萬首論詩絕句》，頁
　　　　794。

(注 64) 高篃簡歷見本書第六章注 127。引詩見《萬首論詩絕句》，頁 869。

(注 65) 馮繼聰簡歷見本書第五章注 21。引詩參閱《萬首論詩絕句》，頁
　　　　1125。

(注 66) 林昌彝簡歷見本書第五章注 69。引詩參閱《萬首論詩絕句》，頁
　　　　1010。

(注 67) 茹綸常簡歷見本書第六章注 98。引詩參閱《萬首論詩絕句》，頁
　　　　595。

(注 68) 謝啓昆簡歷見本書第五章注 8。引詩參閱《萬首論詩絕句》，頁
　　　　462。

(注 69) 錢謙益簡歷見本書第四章注 11。引詩參閱《萬首論詩絕句》，頁

196。

(注 70) 錢陳群簡歷見本書第六章注 77。引詩參閱《萬首論詩絕句》，頁 311。

(注 71) 王昶簡歷見本書第四章注 40。引詩見《萬首論詩絕句》，頁 437。

(注 72) 沈德潛簡歷見本書第五章注 168。引詩參閱《萬首論詩絕句》，頁詩 385。

(注 73) 張之傑簡歷見本書第五章注 32。引詩參閱《萬首論詩絕句》，頁 939。

(注 74) 吳德旋簡歷見本書第五章注 140。引詩見《萬首論詩絕句》，頁 658。

(注 75) 謝啓昆簡歷見本書第五章注 8。引詩參閱《萬首論詩絕句》，頁 465。

(注 76) 同上注。引詩見《萬首論詩絕句》，頁 504。

(注 77) 李兆元簡歷見本書第六章注 9。引詩參閱《萬首論詩絕句》，頁 654。

(注 78) 袁翼簡歷見本書第五章注 117。引詩參閱《萬首論詩絕句》，頁 892。

(注 79) 楊秀鸞簡歷見本章注 8。引詩參閱《萬首論詩絕句》，頁 963。

(注 80) 毛國翰簡歷見本書第五章注 52。引詩參閱《萬首論詩絕句》，頁 974。

(注 81) 林慶銓，字衡甫。福建侯官人。著有《雲鶴山人詩鈔》。引詩見《萬首論詩絕句》，頁 986。

(注 82) 柳商賢簡歷見本書第六章注 87。引詩參閱《萬首論詩絕句》，頁 1409。

(注 83) 陳書簡歷見本書第五章注 158。引詩參閱《萬首論詩絕句》，頁 1440。

（注 84）謝章鋌簡歷見本書第五章注 249。引詩見《萬首論詩絕句》，頁
　　　　　1470。

（注 85）王士禎簡歷見本書第四章注 22。引詩參閱《萬首論詩絕句》，頁
　　　　　233。

（注 86）楊浚簡歷見本書第六章注 56。引詩見《萬首論詩絕句》，頁 1244。

（注 87）柯振嶽簡歷本書見第五章注 37。引詩參閱《萬首論詩絕句》，頁
　　　　　778。

（注 88）顧嗣立簡歷見本書第六章注 20。引詩參閱《萬首論詩絕句》，頁
　　　　　298。

（注 89）王昶簡歷見本書第四章注 40。引詩見《萬首論詩絕句》，頁 438。

（注 90）楊士雲，字從龍。大理太和人。正德丁丑進士，改庶吉士，授工
　　　　　部給事中。著有《楊弘山先生存稿》。有《萬首論詩絕句》，頁
　　　　　187。

（注 91）傲興南，字蓼汀，印江人。嘉慶中歲貢。官貴築訓導。著有《蓼
　　　　　汀詩集》。引詩見《萬首論詩絕句》，頁 936。

（注 92）沈大成，字學子，號沃田。江南華亭人。諸生。有《學福齋集》。
　　　　　引詩見《萬首論詩絕句》，頁 397。

（注 93）陳融簡歷見本書第五章注 28。引詩見《萬首論詩絕句》，頁 1813。

（注 94）朱庭珍簡歷見本書第五章注 17。引詩參閱《萬首論詩絕句》，頁
　　　　　1048。

（注 95）陳僅，字餘山。鄞縣人。嘉慶癸酉舉人。官安康知縣。著有《繼
　　　　　雅堂集》。引詩見《萬首論詩絕句》，頁 801。

（注 96）呂廷輝，旌德人。著有《眠琴閣詩鈔》。引詩見《萬首論詩絕句》，
　　　　　頁 1083。

（注 97）王昶簡歷見本書第四章注 40。引詩見《萬首論詩絕句》，頁 428。

（注 98）同上注。

(注 99) 謝啓昆簡歷見本書第五章注 8。引詩參閱《萬首論詩絕句》，頁 462。

(注 100) 同上注。引詩見《萬首論詩絕句》，頁 538。

(注 101) 同注 99。引詩見《萬首論詩絕句》，頁 634。

(注 102) 李兆元簡歷見本書第六章注 9。引詩參閱《萬首論詩絕句》，頁 654。

(注 103) 白永修簡歷見本書第六章注 56。引詩參閱《萬首論詩絕句》，頁 1531。

(注 104) 楊深秀簡歷見本書第五章注 6。引詩參閱《萬首論詩絕句》，頁 1553。

(注 105) 曾習經簡歷見本書第六章注 48。引詩參閱《萬首論詩絕句》，頁 1571。

(注 106) 陳融簡歷見本書第五章注 28。引詩見《萬首論詩絕句》，頁 1793。

(注 107) 楊光儀簡歷見本書第七章注 21。引詩參閱《萬首論詩絕句》，頁 1234。

(注 108) 黃維申簡歷見本書第五章注 135。引詩見《萬首論詩絕句》，頁 1295。

(注 109) 楊光儀簡歷見本書第七章注 21。引詩參閱《萬首論詩絕句》，頁 1235。

(注 110) 陳熾，原名家瑤，字次亮，號瑤林館主。江西瑞金人。同治癸酉拔貢光緒舉人。歷任戶部郎中、刑部章京、軍機處章京等職。著有《裒春林屋詩》。引詩參閱《萬首論詩絕句》，頁 1418。

(注 111) 楊光儀簡歷見本書第七章注 21。引詩參閱《萬首論詩絕句》，頁 1003。

(注 112) 馮繼聰簡歷見本書第五章注 21。引詩參閱《萬首論詩絕句》，頁 1145。

（注 113）吳德旋簡歷見本書第五章注 140。引詩見《萬首論詩絕句》，頁 658。

（注 114）陳融簡歷見本書第五章注 28。引詩見《萬首論詩絕句》，頁 1805。

（注 115）程恩澤簡歷見本書第六章注 105。引詩參閱《萬首論詩絕句》，頁 793。

（注 116）唐仁壽，字端甫，號鏡香。海寧人。諸生。著有《諷字室詩稿》。引詩見《萬首論詩絕句》，頁 1360。

（注 117）朱應庚簡歷見本書第五章注 189。引詩見《萬首論詩絕句》，頁 1629。

（注 118）李兆元簡歷見本書第六章注 9。引詩參閱《萬首論詩絕句》，頁 654。

（注 119）潘德輿，字彥甫，號四農．江蘇無錫人。道光戊子舉人，官安徽候補知縣。著有《養一齋集》、《養一齋詩話》。引詩見《萬首論詩絕句》，頁 919。

（注 120）潘飛聲，字蘭史，號獨立山人、老闌、說劍詞人、水晶庵道士。廣東番禺人。舉人。早年曾往德國講學，晚年客居上海。著有《說劍堂集》、《山泉詩話》、《粵詞雅》、《粵東詞鈔》、《飲瓊漿館駢文詞鈔》等。引詩見《萬首論詩絕句》，頁 1704。

第十章　後人取用
杜詩《戲爲六絕句》第六首論析

一、後人取用「未及前人更勿疑」的情況

　　杜句「未及前人更勿疑」中，受到後人紛紛變用的，是「更勿疑」三字。錢謙益《姚叔祥過明發堂論近代詞人戲作絕句十六首》云：「姚叟論文更不疑。」（注1）首先將「更勿疑」變換爲「更不疑」加以運用。之後沿用者越來越多，如李必恒《論詩七絕句》云：「李、杜中天更不疑。」（注2）張元《讀杜詩十六絕句》云：「千古流傳更不疑。」（注3）馬長海《效元遺山《論詩絕句四十七首》云：「逸韵天成更不疑。」（注4）

　　錢謙益《姚叔祥過明發堂論近代詞人戲作絕句十六首》：「姚叟論文更不疑。」贊賞姚叔祥之文論，并於此進而發揮他對程嘉燧文章見解之嘆賞。全詩爲：

　　　　「姚叟論文更不疑，孟陽詩律是吾師。溪南詩老今程老，
　　　　莫怪低頭元裕之。」

詩後有注云：

　　　　「元裕之謂辛敬之論詩，如法吏斷獄，無老僧得正法眼。
　　　　吾於孟陽亦云。」

李必恒《論詩七絕句》云：「李、杜中天更不疑。」肯定李白與杜甫在唐代詩壇的地位。詩中表示在李、杜之後，至元稹與白居易時，詩之發展已有漸離中心的趨向，挽回大勢的有賴韓愈，因此

韓氏之有功於文壇，不盡在文這方面而已。詩云：

> 「李、杜中天更不疑，横流元、白漸離披。挽回實仗韓修
> 武，不獨文興八代衰。」

張元《讀杜詩十六絕句》：「千古流傳更不疑。」言詩由孔子所删，
千古流傳已無疑義。詩中并言明在衆多詩作中，只有杜甫詩能直
接淵源自《三百篇》。詩云：

> 「道兼六遺由删定，千古流傳更不疑。欲溯淵源接《三
> 百》，只今惟有草堂詩。」

馬長海《效元遺山《論詩絕句四十七首》論孟浩然詩云：「逸韵
天成更不疑。」贊賞孟氏之五言詩作之「逸韵天成」。詩之前兩句
爲：

> 「襄陽五字是余師，逸韵天成更不疑。」

後來的論者，又有將「更不疑」易爲「更何疑」者，例如王
昶《舟中無事偶作論詩絕句四十六首》云：「追踪王、駱更何
疑？」(注5) 言吳漢槎的詩作道路本王勃與駱賓王。詩云：

> 「綴玉變珠絕妙詞，追踪王、駱更何疑？誰知水厄還難懺，
> 枉爲同人禮《大悲》。」

其他論者或作「乃不疑」，如屈大均《西蜀費錫璜數枉書來自稱
私淑弟子賦以答之四首》云：「私淑如君乃不疑。」(注6) 表示承
認費錫璜自稱「私淑弟子」的誠意。詩云：

> 「詩歌豈敢作人師，私淑如君乃不疑。《風》、《雅》只今誰
> 麗則？不才多祖楚《騷》辭。」

或作「辨不疑」，如李翊《題毛西河詩話後》云：「唐、宋源流辯
不疑。」(注7) 説明王士禎論辯唐、宋詩歌源流的見解。但他表
示他更欣賞宋人蘇軾之句。詩云：

> 「漁洋昭代妙稱詩，唐、宋源流辨不疑。畢竟東坡新句好，

　　春江水暖鴨先知。」

或作「亦何疑」，如葉紹本《仿遺山論詩得絕句廿四首》云：「虎
賁形似亦何疑。」(注8) 反對流俗之作，而肯定「虎賁形似」的
作品。詩云：

　　「虎賁形似亦何疑，終勝《蓮花》唱乞兒。學得參軍蒼鶻
　　面，敎人齒冷老伶師。」

或作「亦堪疑」，如謝章鋌《書宋已舟詩後》云：「美人善怨亦堪
疑。」(注9) 表示學杜甫詩必須有「骨」與「皮」之分，杜氏之
抒怨別有傷心之處，與美人之善怨不同。全詩爲：

　　「學杜誰分骨與皮？美人善怨亦堪疑。固知別他傷心處，
　　不獨長鑱托命時。」

或作「盡堪疑」，如李必恒《題初學集》論錢謙益云：「黨牛怨李
盡堪疑。」(注10) 以唐代之黨爭來感慨錢氏之介入明末之爭。詩
云：

　　「黨牛怨李盡堪疑，殘劫空爭敗局棋。齒冷南朝沈家令，
　　一生辛苦望臺司。」

或作「語堪疑」，如葉觀國《秋齋暇日抄輯漢魏以來詩作絕句二
十首》云：「齊、梁蟬噪語堪疑。」(注11) 表示對後人批評「齊、
梁」之作爲「蟬噪」的不滿。詩中肯定南朝作者如徐陵、庾信、
陰鏗、何遜的作品，并指出這些作者全是王勃、楊炯、李白與杜
甫師事的對象。詩云：

　　「漢、魏先河世共知，齊、梁蟬噪語堪疑。君看徐、庾、
　　陰、何作，盡是王、楊、李、杜師。」

或作「復奚疑」。查愼行《題杜集後二首》針對杜甫所言之許身
稷與契云：「許身稷契復奚疑。」(注12) 肯定杜氏此言之誠意，
詩中對杜氏的遭遇也表示極度的感慨。全詩爲：

> 「此老原非諫爭姿，許身稷、契復奚疑。可憐官馬還官後，
> 徒步歸猶號拾遺。」

或作「自不疑」。李必恒《呈朱竹垞先生八絕句》云：「兩大中天自不疑。」（注13）句後有注云：

> 「謂王、宋兩尚書。」

意在肯定王士禎與宋犖之詩壇地位。詩中又表示可與王、宋兩位鼎足而三的是朱彝尊。全詩云：

> 「詞場擐甲屬交綏，兩大中天自不疑。公道外間推鼎足，
> 小長蘆畔釣魚師。」

或作「漫相疑」。宋弼《題蓮洋山人集》：「生天成佛漫相疑。」（注14）表示欲鑒賞詩作妙處宜有慧根。全詩爲：

> 「妙解惟應慧業知，生天成佛漫相疑。傳燈消息分明在，
> 看取拈花微笑時。」

或作「益滋疑」。陳書《效少陵戲爲六絕句元韵》：「箋疏百氏益滋疑。」（注15）反省箋注詩作的原則與態度，表示了對箋注工作的懷疑。詩云：

> 「箋疏百氏益滋疑，學究功臣更是誰？正坐用心初不細，
> 譬如漢、宋訟經師。」

或作「子何疑」。朱松（？－1143）《雜小詩二首》云：「我今羞悔子何疑。」（注16）也是對創作手法的反省，表示不苟同於「畫脂」、「苦覓詩」的創作方式。詩云：

> 「俗學回頭笑畫脂，我今羞悔子何疑。恐輸靈運先成佛，
> 莫學湯休苦覓詩。」

或作「泂不疑」。查慎行《游山歸錢越秀呂灌園出示見送詩戲答二首》云：「千古才難泂不疑。」（注17）表達了創作才華難得的看法。詩云：

> 「千古才難洵不疑，敢將輕薄入文辭。眼空除是東坡老，
> 　笑得徐凝《瀑布》詩。」

或作「總堪疑」。劉克莊《答惠州曾使君韵二首》云：「古人字字總堪疑。」(注 18) 以「總堪疑」表示了他不同意後儒只知穿鑿以求詩義的賞詩與析詩，以致對古人文字都有懷疑的做法。詩云：

> 「先賢平易以觀詩，不曉尖新與崛奇。若似後儒穿鑿説，
> 　古人字字總堪疑。」

或作「更傳疑」。王昶《題桂未谷思誤書小照》云：「不妨傳信更傳疑。」(注 19) 詩云：

> 「身輕飛鳥杜陵詩，一字殊堪十日思。從此胸中無宿物，
> 　不妨傳信更傳疑。」

或作「定不疑」。吳德旋《雜著示及門諸子》云：「言志爲詩定不疑。」(注 20) 用「定不疑」表示他對詩必須言志的堅決看法，并且強調創作必須緊守詩的六義的原則。詩云：

> 「言志爲詩定不疑，新聲日競正聲微。詩兼六義應須記，
> 　莫漫隨人數是非。」

或作「尚有疑」。例如許宗彥《燈下誦詩作》云：「便廢何魴尚有疑。」(注 21) 全詩爲：

> 「聲情穩稱十才子，壁壘精堅韓退之。也知熊白尤堪貴，
> 　便廢何魴尚有疑。」

或作「亦何疑」。謝章鋌《論詩絕句三十首》云：「一縑一字亦何疑。」(注 22) 以「亦何疑」堅決地表示他對徐寅與黃滔詩作「一縑一字」的肯定。全詩爲：

> 「詞賦翩翩各擅奇，一縑一字亦何疑。夢昭不及文江甚，
> 　回首游梁獻賦時。」

或作「費猜疑」。毓俊《編詩》：「自編吟稿費猜疑。」(注 23) 言

作者在自編詩稿時遇及與前人好語雷同時的煩惱，從而決定努力回憶前代名人之詩句，而加以改動。全詩爲：

> 「好語雷同苦不知，自編吟稿費猜疑。幾回重憶名人句，
> 挑盡寒燈改舊詩。」

或作「學步疑」。郭曾炘《雜題國朝諸名家詩集後》：「莫怪邯鄲學步疑。」（注 24）用「疑」字了來表示人們對老船學袁絲的懷疑。而他認爲人們的這種懷疑是有其道理的。詩云：

> 「老船詩格似袁絲，莫怪邯鄲學步疑。賴有梅花親寫照，
> 孤高從未合時宜。」

或作「卻可疑」。如殷兆鏞《讀曝書亭集》云：「鄭、衛淫奔卻可疑。」（注 25）用「卻可疑」表示了他對把鄭、衛詩定爲淫奔之作之說的懷疑。詩云：

> 「鄭、衛淫奔卻可疑，《桑中》豈暇定情詩。如何留得《風
> 懷》在，歷歷親供絕妙辭？」

或作「轉見疑。」馮繼聰《論唐詩絕句》評張九齡云：「何爲斂壬轉見疑？」（注 26）全詩爲：

> 「天長金鏡帝先知，何爲斂壬轉見疑？自古忠良總被謗，
> 傷心詠燕托微辭。」

或作「兩相疑」。馮繼聰《論唐詩絕句》評韓翃云：「韓翃名姓兩相疑。」（注 27）詩云：

> 「韓翃名姓兩相疑，駕部郎中與阿誰？只爲春城吟好句，
> 論官轉似在論詩。」

王士禎《戲仿元遺山論詩絕句》：「未及尚書有邊習。」（注 28）詩云：

> 「濟南文獻百年稀，白雲樓空宿草菲。未及尚書有邊習，
> 猶傳林雨忽沾衣。」

二、後人取用「遞相祖述復先誰」的情況

後代論者取用杜甫詩句「遞相祖述復先誰」，重在「復先誰」三字。王昶《舟中無事偶作論詩絕句四十六首》論朱彝尊云：「沈任筆筆更誰先？」(注29)「更誰先」即變換「復先誰」而成。言沈約與任　誰先影響朱氏。詩云：

> 「胸貯華林《七錄》編，沈詩任筆更誰先？多聞第一原無忝，還有倚聲抵玉田。」

鮑瑞駿《讀詩偶成》言詩創作之有關「專趣」問題時云：「妙處誰居習者先？」(注30) 通過妙處孰先的問句提出了他對詩悟的看法。詩云：

> 「空空妙手悟從天，妙處誰居習者先？何必御刀周奉叔，老僧寸鐵亦飛揚。」

「孰後先」的運用也是在這基礎之上提出的。柳商賢《擬杜戲爲六絕句》云：「并軌騷壇孰後先？」(注31) 就取用了「孰後先」提出建安時期傑出詩人誰爲優越之詢問，之後肯定曹植之成就。詩云：

> 「稜稜風骨建安年，并軌騷壇孰後先？香草美人多托諷，一生忠愛《洛神》篇。」

陳融《讀嶺南人詩絕句》評易訓時也取用「孰後先」之語。言云：「今古才人孰後先？」(注32) 雖以問句的方式詢問古今才人之成功是否有先後之問題，實際上是借此表述他對詩作必須表露詩人浩氣的見解。他強調凌雲之筆力，而反對荏弱的風格。詩云：

> 「今古才人孰後先？所爭浩氣在當前。梅村、芝麓凌雲筆，

荏弱隨風總可憐。」

這種對所評述之對象排列先後以思考的方式，如果不用詢問的方式，而用肯定句的處理，則爲「屬後先」、「莫能先」等等之用。如黃承吉《讀文選偶作》：「步武陳思屬後先。」（注32）用「屬後先」之語言阮籍是繼承曹植詩風之前衞。詩云：

> 「阮公詩格最高騫，步武陳思屬後先。世上紛紛考祖繪，
> 不知雲彩麗高天。」

陳融《讀嶺南人詩絕句》評宋湘詩云：「章貢回波有後先。」（注33）以「有後先」來形容回波蕩漾響應的情景。詩云：

> 「汩汩長歌勝短篇，涪翁風味幾人傳。樵夫唱罷翛然去，
> 章貢迴波有後先。」

張崇蘭《懷國朝京口詩人絕句》云：「舊時壇坫莫能先。」（注34）用「莫能先」贊許章江蘺在當時的詩壇領先地位。詩云：

> 「老去江蘺名譽傳，舊時壇坫莫能先。祧唐祖宋多新語，
> 別派終愁誤後賢。」

楊浚《論次閩詩》云：「提倡能開十子先。」（注35）贊藍仁與藍智之詩風開閩中十子之先路，則用「能＋Ｘ＋先」之格式。詩云：

> 「山林別樂奏鈞天，提倡能開十子先。莫笑無才甘下位，
> 二藍兄弟即神仙。」

而「更誰先」之語的變用，有作「更誰知」者，如楊浚《論次閩詩》評高棅云：「寸心甘苦更誰知？」（注36）用「更誰知」來說明世上無人知道高棅選輯《唐詩品彙》的艱苦。詩中乃表揚高氏在這方面的貢獻，并盛稱他的功績可比之於杜甫。詩云：

> 「寸心甘苦更誰知？《品彙》詩成一代師。能使藩離初、盛
> 判，論功合享浣花祠。」

或更演爲「更是誰」者，如陳書《效少陵戲爲六絶句元韵》：「學究功臣更是誰?」(注37) 陳氏由於對箋注詩作的工作發生了疑問，也連帶懷疑是否有人可以在這工作上立下功勞。詩云：

> 「箋疏百氏益滋疑，學究功臣更是誰? 正坐用心初不細，
> 譬如漢、宋訟經師。」

至於王丹墀《偶成六絶句》表示：「緣何獺祭遞相師?」(注38) 則可見及杜詩句「遞相祖述復先誰」中之「遞相」二字對後世之影響。王氏此句在反對典故運用之風影響後代詩作者相互承襲的情形。他鄭重地提出「考據爲詩未是詩」的論點。詩云：

> 「考據爲詩未是詩，緣何獺祭遞相師? 卻尋漢、魏竊風始，
> 花月都成絶妙辭。」

三、後人取用「別裁僞體親風雅」的情況

杜甫詩句「別裁僞體親風雅」是後代論詩絶句作者經常取用的一句。或全句取用的，如張元《讀杜詩十六絶句》、王昶《舟中無事偶作論詩絶句四十六首》、沈景修《讀國朝詩集一百首》中都曾全用「別裁僞體親風雅」之句。張元《讀杜詩十六絶句》云：「別裁僞體親風雅。」(注39) 以此稱讚杜甫。詩云：

> 「別裁僞體親風雅，各自名家冠一軍。何事杜陵無兩大，
> 只緣一飯未忘君。」

沈景修《讀國朝詩集一百首》：「別裁僞體親風雅。」(注40) 稱讚沈德潛的各種選本，詩中也爲他能受到聖皇的寵愛與朝野的尊敬，表示欽羨。詩云：

> 「別裁僞體親風雅，選本流傳玉律同。聖主賢臣千載遇，
> 翕然朝野仰宗工。」

王昶《舟中無事偶作論詩絕句四十六首》論沈德潛云：「別裁僞體親風雅。」（注 41）贊揚沈氏之主盛唐詩，并對他能「別裁僞體」而「親風雅」，表示了高度的激賞，也爲「群兒」之毀謗，表明了他的關懷。詩云：

> 「百代風騷主盛唐，詩壇端合繼高、王。別裁僞體親風雅，不解群兒故謗傷。」

從以上三例，可以看出，後代論者在全用杜句「別裁僞體親風雅」時，有一例是贊許杜甫，另兩例則是贊揚沈德潛在別裁僞體工作上的貢獻。

單用杜句「別裁僞體親風雅」中之「別裁僞體」者，也不少。有對「別裁僞體」之工作持着懷疑的態度的，例如王敬之《拋卷》云：「別裁僞體定誰工？」（注 42）提出對「別裁僞體」說的疑問，認爲由於各家門户不同，對於別裁僞體的看法也自然不一，因此他主張不須多理會這些見解。詩云：

> 「別裁僞體定誰工？門户諸家紛異同。拋卷倚蘭成一笑，梅宜冰雪柳宜風。」

田同之《論詩》云：「別裁僞體有微詞。」（注 43）表示詩壇英才衆多，誰能稱得上能負起「別裁僞體」的責任，因此也就對這項工作有「微詞」了。詩云：

> 「雅、鄭名分躋已歧，別裁僞體有微詞。琵琶不少崑崙手，就裏何人是段師？」

不過，肯定「別裁僞體」的工作的，爲數更多。如葉愚《讀國朝人詩》則肯定「別裁僞體」的必須，并建議這項工作應置於「多師」的基礎上。詩句爲：「別裁僞體在多師。」（注 44）全詩爲：

> 「將軍報國豈無時，橫槊何妨更賦詩。風雅至今推奉國，別裁僞體在多師。」

李兆元《論詩絕句》論王士禎云：「別裁僞體見淵源。」（注45）
稱贊王氏《古詩選》在「別裁僞體」之功績。詩云：

> 「風雅漁洋古選存，別裁僞體見淵源。從知膠柱難成曲，
> 定論何曾到五言？」

吳應奎《讀明人詩戲效遺山論詩絕句三十五首》也説：「別裁僞
體關公道。」（注46）贊揚王世貞與李攀龍在「別裁僞體」上的工
作，而不滿袁中郎之批評。詩云：

> 「文采風流近百年，弇州、歷下盡堪傳。別裁僞體關公道，
> 未許中郎傲昔賢。」

陳啓疇《論詩十二首呈裘慎圃邑宰》也説：「別裁僞體慎搜羅。」
（注47）表示在「別裁僞體」工作上應該慎重地進行選詩的采輯。
而《谷音》之能保存許多逸民之作，就是慎重采詩的結果。詩
云：

> 「別裁僞體慎搜羅，風雅中州數李、何。留取刀奎救時筆，
> 《谷音》一卷逸民多。」

不少論者用及「別裁僞體」，來贊許沈德潛裁選各種詩選的功績。
如王文瑋《讀國朝諸家集各繫一詩凡十二首》論沈德潛云：「別
裁僞體最分明。」（注48）盛贊沈氏之提倡「別裁僞體」，實有助
於「辨別正聲」。詩雲：

> 「要爲詩家辨正聲，別裁僞體最分明。天荊地棘推高唱，
> 眞覺才多累士衡。」

張晉《仿元遺山論詩絕句六十首》也盛贊沈德潛選輯各種別裁的
工作云：「別裁僞體有誰如？」（注49）全詩爲：

> 「別裁僞體有誰如？綺語淫詞一例除。留得後人津逮在，
> 江南一個老尚書。」

朱彭年《仿元遺山論詩絕句》：「別裁僞體頗芟除。」（注50）也稱

贊沈德潛與王士禎在「別裁僞體」上的貢獻。詩云：

> 「別裁僞體頗芟除，晉楷唐臨勤獵漁。前有阮亭後確士，
> 工於持論兩尚書。」

楊秀鸞《論詩絶句》論錢謙益云：「別裁僞體終何取。」（注51）
感慨錢氏「別裁僞體」的多年工作，最後竟因晚節不保，而「終
何取」，而「枉負名」。這又是後代論者取用「別裁僞體」的另一
種處理方式。詩云：

> 「早歲曾高月旦評，頹齡竟作褚淵生。別裁僞體終何取，
> 枉負南箕北斗名。」

在用「別裁僞體」時，有些論者顛倒次序取用。或作「僞體
＋Ｘ＋別裁」，如馬長海《效元遺山論詩絶句四十七首》云：「僞
體元、王盡別裁。」（注52）全詩爲：

> 「僞體元、王盡別裁，侈言欲勒古風迴。惜身未到嫏嬛洞，
> 一照苟家鐵鏡來。」

或作「僞體別裁」，如吳仰賢《偶論滇南詩》：「僞體別裁追《大
雅》。」（注53）說明「別裁僞體」的宗旨在「追大雅」。詩云：

> 「文章氣節數張、錢，一代宗風足比肩。僞體別裁追《大
> 雅》，刀奎那肯逐時賢。」

由於詩論者常涉及正、僞體之辯，因此有時就省略「僞體」
而只用「別裁」來敘述「別裁僞體」。朱炎《書篋衍集後》云：
「定有別裁主風雅。」（注54）詩中就批評葉訒庵的《獨賞集》與
施尚白的《藏山集》選錄同時人詩缺乏「主風雅」的眼光。詩
云：

> 「訒庵《獨賞》賞還獨，尚白《藏山》藏不傳。定有別裁
> 主風雅，枉教當日費言詮。」

詩後有注云：

「葉訒庵有《獨賞集》，施尚白有《藏山集》，皆錄同時人
詩。」

李兆元《論詩絕句》亦云：「詩古詞今貴別裁。」(注55) 強調詩
詞「別裁」的重要性，并且要求詩作必須具有「吞雲夢」的氣
概。詩云：

「詩古詞今貴別裁，屯田那有大蘇才。放歌氣要吞雲夢，
攜取銅琶鐵板來。」

陳文述 (1771-1843)《題漱玉集》：「解賦凌雲擅別裁。」(注56)
稱贊李清照之擅「別裁」。詩云：

「解賦凌雲擅別裁，連錢玉鐙競龍媒。一篇《打馬》流傳
遍，如此嬋娟是異才。」

祁寯藻《題符南樵孝廉半畝園訂詩圖》雲：「別裁雅集溯權輿。」
(注57) 稱贊符南樵之選集《國朝正雅集》，認爲可繼承沈德潛。
詩云：

「別裁雅集溯權輿，高蹈文章盛國初。百二十年壇坫在，
風流直指沈尚書。」

楊深秀《題馮習三廣文詩集令息佩芸夫人婉琳屬題也四首》：「六
十論詩工別裁。」(注58) 稱贊馮廣文之《論詩絕句六十首》善於
辨別正、僞體。詩云：

「六十論詩工別裁，老來技癢語無乖。留將玉尺傳誰子？
合有衡量天下孩。」

朱雋瀛《桐兒叩詩學口占以示》：「別裁高論少公評。」(注59) 則
批評詩壇之妄事之以「別裁僞體」詆毀詩人的不良現象。詩云：

「毀至從來是盛名，別裁高論少公評。干霄大樹垂千古，
一任蚍蜉葉底行。」

也有不少論者用「別裁」一辭指沈德潛之各種詩選集。如孫

雄《論詩絕句》評沈德潛云:「《別裁》鉅集匯《風》、《騷》。」
(注 60) 贊許沈氏以溫柔敦厚之《「風》、《騷》之精神來舉行各種
《別裁》之選集, 詩中也對後人之批評沈氏表示不滿。詩云:

> 「《別裁》鉅集匯《風》、《騷》, 敦厚溫柔取義高。雅望者
> 年天錫嘏, 後生何事苦訾謷。」

蔣士超《清朝論詩絕句》論沈德潛云:「清曠樓中著《別裁》。」
(注 61) 贊沈氏爲「一代才」, 并頌揚他提倡盛唐詩, 編選各種詩
別裁, 主盟當時的文壇。詩云:

> 「巨眼歸愚一代才, 東南壇坫主盟來。盛唐才調前明格,
> 清曠樓中著《別裁》。」

郭曾炘《雜題國朝諸名家詩集後》論沈德潛編之三種詩別裁
(《唐詩別裁》、《明詩別裁》、《國朝詩別裁》) 云:「三《別裁》偏
擯宋、元。」(注 62) 批評沈氏不選宋代與元代詩。詩云:

> 「三《別裁》偏擯宋、元, 鮮溪自囿一家言。百年風氣誰
> 能料? 萬本傳鈔黃葉村。」

葉坤厚《讀錢牧齋詩集》云:「姓名不入《別裁》中。」(注 63)
對沈德潛不取錢謙益詩入所選之三種別裁中, 感到惋惜, 同時表
明錢氏應對其行爲負責。詩云:

> 「騷壇牛耳獨稱雄, 江左才人拜下風。論定千秋應自恨,
> 姓名不入《別裁》中。」

陸繼輅 (1772－1834)《雜題》云:「卷卷新編署別裁。」(注 64)
不滿沈氏各選集均署名爲「別裁」, 也對他的選擇標準持有微辭。
詩云:

> 「卷卷新編署別裁, 長洲操選太依違。州年計典分明在,
> 一考何曾自定來。」

由「別裁僞體、與「別裁」之取用, 論者更有易作「裁別

體」者，如金農（1687－1764）《新編拙詩四卷手自抄錄付女兒
收藏雜題五首》：「常裁別體闢榛蕪。」（注65）金氏即以「裁別
體」自任。「常裁別體闢榛蕪」，與「別裁僞體親風雅」義近。詩
云：

> 「聖代空嗟骨相癯，常裁別體闢榛蕪。他年詩話添公案，
> 不在張爲《主客圖》。」

翁心存（1791－1862）《論詩絕句十八首》論屬鸎之浙派云：「浙
派誰教別體裁？」（注66）提出別體裁問題的詢問。詩云：

> 「浙派誰教別體裁？先生元是出群材。小倉山老詩中虎，
> 曾到詩壇下拜來。」

或作「選體裁」。袁翼《論元詩》時云：「中、晚唐音選體裁。」
（注67）用「選體裁」言中、晚唐詩的編選。詩云：

> 「中、晚唐音選體裁，《黍離》《麥秀》寄餘哀。竹齋荒圮
> 詩人老，雪夜騎驢獨訪梅。」

或作「別風裁」。章鶴齡《讀布衣諸老詩各書一絕》評章江云：
「宋人到底別風裁。」（注68）言章氏詩從王維與韋應物的道路入，
與宋人之路向不同。詩云：

> 「性情高潔出塵埃，哲匠宗工服異才。直自王、韋門徑入，
> 宋人到底別風裁。」

或作「重別裁」。邱嘉穗《評詩二首》云：「風雅於今重別裁。」
（注69）說明當時文壇重視別裁正僞的情況。詩云：

> 「風雅於今重別裁，英華爛漫帶春來。無情翻作多情語，
> 最是文章妙境開。」

　　有些論者則取用「別裁僞體」中之「裁僞體」。例如田雯
《論詩》云：「唐、宋判將僞體裁。」（注70）用「僞體裁」來批評
時人輕易用此以分辨唐、宋詩之高下。詩云：

> 「群兒謗口聚蚊雷，唐、宋判將僞體裁。拈出誠齋村究語，
> 無人解道讀歐、梅。」

李遇齡《跋渭南集》稱贊陸游云：「遠學少陵裁僞體。」（注71）
則用「裁僞體」來描述陸游如何學習杜詩。詩云：

> 「遠學少陵裁僞體，近追坡老未渠愆。書巢不向中原築，
> 空剩遺編紀渭南。」

一些論者則不用「裁僞體」，或用「僞體刪」，如汪遠孫《題仲耘
輯詩圖》云：「格調先敎僞體刪。」（注72）贊揚詩人能以「刪僞
體」爲先。詩云：

> 「青湖、朱老有薪傳，格調先敎僞體刪。放浪江湖悲短李，
> 空將面目認廬山。」

或用「嚴僞體」，如王敬之《答友生論詩詩》云：「請看騷壇嚴僞
體。」（注73）言儘管詩壇如何嚴守刪裁僞體，竟陵詩風仍有人加
以傳播、發展。詩云：

> 「掃除牙慧詫新鮮，繡譜駕鴦竊取先。請看騷壇嚴僞體，
> 竟陵亦自有燈傳。」

或作「尊僞體」。高篛於《論宮閨詩十三首》中云：「長笑選家尊
僞體。」（注74）批評選集之不當。詩云：

> 「黃鸝百囀舌綿蠻，語不驚人槪可刪。長笑選家尊僞體，
> 斷腸小草偏人間。」

有些論者取用「別裁僞體」之語時，採取用反用法，作「休
裁僞體」，例如屈大均《西蜀費錫璜數枉書來自稱私淑弟子賦以
答之四首》云：「休裁僞體逐詩名。」（注75）勸勉費錫璜宜向歷
代詩作取法，不應輕易以「裁僞體」爲名追逐詩名，因而連提出
「別裁僞體親風雅」的杜甫，其家學也是本自昭明《文選》。詩
云：

「少陵家學本昭明，《文選》教兒最老成。君向八朝中取
法，休裁僞體逐詩名。」

有些論者則僅取「僞體」二字，如鮑倚雲《題曝書亭集後》：
「俗學紛紛僞體宗。」（注 76）批判文壇俗學提倡僞體的猖獗情形。
詩云：

「俗學紛紛僞體宗，死灰騰焰衒奇踪。南豐一瓣香誰托？
碑版何須慕李邕。」

也有一些論者將「裁」字「親風雅」結合起來論述，但例子
不多。如張如哉《論詩》云：「風雅親裁大義存。」（注 77）贊杜
甫之親裁僞體，以振興風雅；同時也表示能繼承杜氏之功者，後
代前有元好問，後有吳偉業。詩云：

「少陵詩格獨稱尊，風雅親裁大義存。繼起何人堪鼎峙？
前爲元老後梅村。」

取用或變用杜句「別裁僞體親風雅」之「風雅」者尤其多。
或模仿杜句「親風雅」之處理方式，將「風雅」置於句之末兩
字，并且上接一動詞或形容詞者。如黃承吉《集秋平丈掃垢山房
分詠古籍二首》云：「低佪古昔知風雅。」（注 78）「風雅」即置於
詩句末兩字并上承一「知」字。言從讀《詩小序》了解風雅之特
質，從而立定「遠絕時賢」的決心。詩云：

「歌詠如何列聖經？繹來端緒始分明。低佪古昔知風雅，
遠絕時賢切近情。」

或作「耽風雅」。如史承豫《論詩絕句》：「吾鄉前輩躭風雅。」
（注 79）贊許曹操父子在詩壇的表現。詩云：

「橫槊豪情隘九州，阿瞞霸氣本無儔。一門橋梓躭風雅，
莫羨生兒孫仲謀。」

或作「論風雅」。郭曾炘《雜題國朝諸名家詩集後》云：「未論風

節論風雅。」(注81)「風雅」於此指詩歌的創作活動。詩云:

> 「吾鄉前輩耽風雅，徐、蔣、儲、陳疊唱喝。更喜蕭莊、
> 謝香祖，五言宛似輞川圖。」

許奉恩《蘭苕館論詩》云:「一門橋梓甃風雅。」(注80) 以爲即
使不論風節而單論風雅，所評述之作者也可以成爲詩家第一流人
物。詩云:

> 「嶽色河聲擬是不？南園獨立故無儔。未論風節論風雅，
> 也是詩家第一流。」

沈兆澐《濟南旅舍讀山左諸家詩各題一絕凡十四首》評宋琬時
云:「鍾、譚以後論風雅。」(注82) 言在鍾惺與譚元春之後論風
雅，唯從宋琬可得聞正始音。詩云:

> 「望闕思鄉哀怨深，江山風雨入豪吟。鍾、譚以後論風雅，
> 東海猶聞正始音。」

或作「追風雅」。夏葆彝《舊作論湖北詩絕句二十首》:「奇文蔚
起追風雅。」(注83) 言楚北詩人在枚乘、賈誼、司馬光、揚雄之
推動與影響之下，形成蔚然詩風，直追風雅。詩云:

> 「枚、賈循聲兼躡跡，馬、揚獵豔更沿波。奇文蔚起追風
> 雅，終古詞人衣被多。」

或作「說風雅」。郭綏之《偶述六絕句》云:「畔道離經說風雅。」
(注84) 對背棄「道」與「經」而論風雅者，提出嚴厲的批評，
認爲經已墮入野狐禪。詩云:

> 「古詩漢代十九首，接迹毛詩三百篇。畔道離經說風雅，
> 始終墮入野狐禪。」

或作「存風雅」。鄧鎔《論詩三十絕句》云:「天留遺種存風雅。」
(注85) 稱漢人之樂府與楚人之《騷》作，爲風雅遺種。詩云:

> 「王轍既東詩寂寥，漢人樂府楚人騷。天留遺重存風雅，

　　莫倚新聲艷六朝。」

或作「談風雅」。張問陶於《論詩十二絕句》云：「笑他正色談風雅。」(注86) 詩意蓋謂詩要能達到筆有神，則須空靈，作者常常可以在游戲之中得到真摯自然之詩趣。「正色談風雅」，於詩道反而越距越遠。詩云：

　　「想到空靈筆有神，美從游戲得天眞。笑他正色談風雅，
　　戎服朝冠對美人。」

或作「主風雅」。張晉《仿元遺山論詩絕句六十首》云：「海内何人主風雅？」(注87) 言爲阻止滄海橫流，無人可主風雅，於是乃作此論詩絕句組詩。詩云：

　　「一枝斑管論千秋，放眼終當據上游。海内何人主風雅？
　　莫教滄海更橫流。」

或作「留風雅」。林昌彝《論本朝人詩一百五首》論黃景仁：「揚州烟月留風雅。」(注88) 句旁有注云：

　　「仲則未弱冠，所爲詩即有烟月揚州之譽。」

詩在贊揚黃氏的詩作成就，并舉出其在揚州之作以説明。詩云：

　　「仲則群推一謫仙，爭傳豪竹入詩篇。揚州烟月留風雅，試
　　聽湘靈弦外弦。」

或作「宜風雅」。曹潤堂《與子鶴席間論詩問予所尚因作詩答之》云：「劍南詩集宜風雅。」(注89) 贊許陸游之詩集具有風雅之精神，更特別舉其梅花之作。詩云：

　　「玉局風流勝米顚，憐他鑄語半參禪。劍南詩集宜風雅，
　　開到梅花別樣妍。」

或作「多風雅」。方廷楷《習靜齋論詩百絕句》云：「宣州自古多風雅。」(注90) 言宣州自古以來，詩風一向鼎盛。詩云：

　　「夢入雲中樓閣佳，白蘋紅藕好生涯。宣州自古多風雅，

又見詩人高阮懷。」

謝啓昆《讀全宋詩仿元遺山論詩絕句二百首》評張載時云：「由來濂、洛多風雅。」(注91) 就張氏之詩，言濂、洛亦自多風雅詩作，非僅盛稱於哲理之著而已。詩云：

> 「數畝橫渠萬木青，畫恭暮粥坐談經。由來濂、洛多風雅，
> 豈獨東西勒兩銘。」

或作「含風雅」。章鶴齡《讀布衣諸老詩各書一絕》：「清思健筆含風雅。」(注92) 言鮑皋之詩作「清思健筆」，具有風雅之特色。詩云：

> 「不假簪纓品概存，騷壇原讓布衣尊。清思健筆含風雅，
> 心折南徐鮑海門。」

或作「盛風雅」。顧嗣立《司寇新城王先生從都門寓書見存云將有精華錄之刻喜而賦四絕句》云：「近日吳中盛風雅。」(注93) 列舉當時名詩人宋犖、朱彝尊、王士禎之傑出表現，敘述當時吳中詩壇之盛況。詩云：

> 「商丘好事新篇滿，秀水刪詩老眼明。近日吳中盛風雅，
> 還教虛席待新城。」

或作「真風雅」。趙翼《題岫雲女史雙清閣詩本》云：「始知閨閣真風雅。」(注94) 言閨閣亦有「風雅」之作，并非全爲「香奩」艷體詩。詩云：

> 「憶壻思親點筆遲，蘭荃香入墨痕滋。始知閨閣真風雅，
> 不在《香奩》艷體詩。」

而就杜語「親風雅」變換運用的，有王丹墀《偶成六絕句》之「阿誰風雅最相親？」(注95) 將「風雅」二字提於「親」字之前，置於第三與第四字的位置，以問句表示。全詩爲：

> 「玭瑁筵前列眾賓，阿誰風雅最相親？青紅鬼物從他畫，

　　自寫天姿國色人。」

郭曾炘《雜題國朝諸名家詩集後》論鄂文端與阿文成云:「結習
都能風雅親。」(注96)言鄂、阿二人都能親風雅,「親」字於此
提於「風雅」之前, 詩云:

> 「過去往來誰得料? 英雄出語只天眞。章佳勛業西林匹,
> 解習都能風雅親。」

　　其他用及「風雅」一詞的, 或將之置於首二字, 如宮爾鐸
《讀元遺山王漁洋論詩絕句愛其文詞之工惜其所言尚非第一義漫
成此以質知音》云:「風雅誰明第一流。」(注97)詩中先提出
「風雅誰明第一流」的問句, 從而強調遵守孔子論詩之言的重要
性。詩云:

> 「雕肝鏤腎苦搜求, 風雅誰明第一流。貤陟恪守宣聖語,
> 一言信足蔽千秋。」

陳融《讀嶺南人詩絕句》論及吳正卿時云:「《風》、《雅》凋零世
教枯。」(注98)感嘆《風》、《雅》之道與「世教」「凋零」。詩
云:

> 「風雅凋零世教枯, 老成模楷可能無。盤灰手撥從容語,
> 定可談詩到日晡。」

文廷式 (1856－1904)《論詩》云:「《風》、《雅》而還讀《楚
辭》。」(注99)言及他讀詩之經驗: 除《風》、《雅》之外, 亦讀
《楚辭》。他自有一套陶冶之術, 而他所最反對的是集字詩。詩
云:

> 「《風》、《雅》而還讀楚辭, 紉蘭佩芷不相師。烘爐自有陶
> 鈞術, 怕看人間集字詩。」

林蒼《論詩與平冶》時云:「《風》、《雅》於今轉式微。」(注100)
感嘆《風》、《雅》之傳統於時已轉趨衰弱。詩云:

　　「談盡聰明始覺非，一春夢事尚依稀。虎賁貌似知多少？
　　《風》、《雅》而今轉式微。」

陳融《讀嶺南人詩絕句》云：「風雅承平網下收。。」（注101）稱贊
車騰芳詩作在時局承平的情況下取得豐收。詩云：

　　「風雅承平網下收，揭騷壇幟是寒柔。攀龍未遂歸嬴晚，
　　嬴得知音也白頭。」

陳氏在同論詩絕句組詩中又云：「風雅升沈一代愁。」（注102）論
黎簡詩時，感慨詩風升降無定的情形，詩中并肯定在屈大均與陳
恭尹之後，黎簡的成就。詩云：

　　「風雅升沈一代愁，蕭條冷月望羅浮。屈、陳一百餘年後，
　　應有樵夫在上頭。」

王省山《論詩》云：「風雅於今孰主持？」（注103）慨嘆當時無人
主持「風雅」，希望能有飛將來突破這情況。詩云：

　　「一枝椽筆寫雄詞，風雅於今孰主持？果有吟壇飛將出，
　　低頭誰不豎降旗？」

尹嘉年《論國朝人詩仿遺山體》評汪琬云：「風雅只堪作附庸。」
（注104）言詩作於汪氏，僅能當爲附庸。詩云：

　　「石湖家法一生宗，風雅只堪作附庸。不分吳兒重鄉曲，
　　詩場還自說堯峰。」

張際亮《淵臣以近詩見示率題二絕》云：「《風》、《雅》微茫有正
聲。」（注105）言王士禎與姚鼐兩人能在《風》、《雅》之道微弱時
獨發正聲，詩中也特別標出嚴羽詩論的價值。詩云：

　　「《風》、《雅》微茫有正聲，漁洋、惜抱兩分明。爲君更語
　　滄浪旨，千載騷人遇眼輕。」

林昌彝《論本朝人詩一百五首》贊陳恭尹云：「《風》、《雅》能追
正始還。」（注106）贊陳氏能追「風雅」「正始」之道，在詩壇上

一夫當關，長歌短句都有突出的表現。云雲：

> 「《風》、《雅》能追正始還，詩壇拔戟獨當關。長歌短句皆
> 沈摯，律中黃鐘無射間。」

朱庭珍《論詩》云：「風雅凌遲嗟久矣。」（注107）以當時詩壇在
許多詩人的烏烟瘴氣籠罩下，久已出現腐壞的狀況，并期望有人
出而廓清一切，帶來曙光。詩云：

> 「隨園毒瘴蘐林昏，甌北、船山逮雨村。風雅凌遲嗟久矣，
> 誰披雲霧待朝暾？」

岑振祖《讀姚江逸詩前後集得七絕二十六首》云：「風雅尚將餘
事看。」（注108）言俞嶙著重王陽明之學，而只將詩之寫作視爲
「餘事」。詩云：

> 「詎因作吏失詩盟，程、史相依氣味清。風雅尚將餘事看，
> 瓣香直欲奉陽明。」

馮繼聰《論唐詩絕句》云：「風雅惟君工近體。」（注109）言杜審
言專攻近體詩。詩云：

> 「崔融、李嶠舊交歡，粉署馨香興不闌。風雅惟君工近體，
> 合教屈、宋作衙官。」

馮繼聰《論唐詩絕句》云：「風雅絕倫張侍郎。」（注110）「以風雅
絕倫」贊張謂。詩云：

> 「風雅絕倫張侍郎，逸人傳里費評量。龐公嚴子資吟詠，
> 一讀一回沁心腸。」

陳啓疇《論詩十二首呈裘慎圃邑宰》云：「風雅中州數李、何。」
（注111）言中原詩壇以李夢陽與何景明爲特出。詩云：

> 「別裁僞體慎搜羅，風雅中州數李、何。留取刀奎救時罜，
> 《谷音》一卷逸民多。」

高彤《讀詩雜感》云：「《風》、《雅》凌夷無美刺。」（注112）則感

嘆《風》、《雅》之道陵夷，詩壇衰歇缺乏美刺之作。詩云：

> 「《離騷》著錄在蕭樓，詞賦稱經亦有由。風雅陵夷無美
> 刺，蘭荃蕭艾只心憂。」

林楓《論詩仿元遺山體》云：「風雅能將節義敦。」（注113）言蔣
士銓之詩作，有助於敦養節義，并認爲在袁枚與趙翼之外，蔣氏
應占當時詩壇重要一席。詩云：

> 「風雅能將節義敦，千秋彤史賴詩存。拜袁揖趙都無謂，
> 合讓船山一席尊。」

許奉恩《蘭苕館論詩》論李白云：「《風》、《雅》無存吾道衰。」
（注114）在感嘆《風》、《雅》道衰之際，贊賞在這情形下，能出
現有如李白這樣的人物。詩云：

> 「風雅無存吾道衰，誰令狂客喚仙才？大江明月自千古，
> 散髮騎鯨獨去來。」

邱嘉穗《評詩一二首》云：「風雅於今重別裁。」（注115）贊賞當
時詩壇重視辨別裁正僞的情況。詩云：

> 「風雅於今重別裁，英華爛漫帶春來，無情翻作多情語，
> 最是文章妙境開。」

或將之置於第三與第四位置，如朱炎《讀明人詩絕句三十首》
云：「主張風雅是吾師。」（注116）稱贊王世貞《四部》之作，并
稱譽他所主張之風雅，但惋惜他胡亂嗤點邊貢「不種芭蕉樹」之
句。詩云：

> 「《四部》才華妙一時，主張風雅是吾師。何緣未識芭蕉
> 樹，嗤點《西園》五字詩。」

詩後有注云：

> 「華泉〈西園詩〉：自閉秋雨聲，不種芭蕉樹。本〈維摩
> 詰經〉身樹芭蕉樹語，王元美疑樹字不典，擬改作：自憐

秋雨滴，不復種芭蕉。」

宮爾鐸《讀元遺山王漁洋論詩絕句愛其文詞之工惜其所言尚非第一義漫成此以質知音》：「能教《風》、《雅》增顏色。」（注117）高贊元好問詩作的表現，不僅所作能配古人，甚至可增光《風》、《雅》。詩云：

「健筆能空障眼塵，遺山未忍作元臣。能教風雅增顏色，不獨篇章配古人。」

胡煥《論西江詩派絕句十五首》：「由來風雅根天性。」（注118）言詩之創作向來都是根據真摯之天性，不應作優孟之模仿。詩云：

「優孟衣冠久見輕，雕蟲門户各爭鳴。由來風雅根天性，歌哭前賢較有情。」

陳融《讀嶺南人詩絕句》云：「同時風雅動神京。」（注119）詩中後兩句在贊美閩中十子與吳中四傑之詩作表現，振動神京。詩云：

「南園先後五先生，首數西庵氣象橫。閩十才人吳四傑，同時風雅動神京。」

陳融《讀嶺南人詩絕句》云：「嶺南風雅見斐如。」（注120）贊許嶺南各文士，在文獻、詩壇的各項表現。詩云：

「簡當精嚴文獻書，嶺南風雅見斐如。可徵志乘消沉士，尤重精金美玉儲。」

陳融《讀嶺南人詩絕句》云：「故鄉風雅未消沉。」（注121）言其故鄉之詩風并不消沉時云：

「故鄉風雅未消沉，振弊扶衰力所禁。金璞庶幾留礦寶，玉壺一片貯冰心。」

汪遠孫《題仲耘輯詩圖》云：「西冷風雅百年乖。」（注122）以西冷百年來之詩歌發展乖滯，李東陽在掃盡浮辭上居功第一。詩

云：

> 「西泠風雅百年乖，十子才華亦等儕。掃盡浮辭歸正始，
> 論功第一是西崖。」

沈兆澐《濟南旅舍讀山左諸家詩各題一絕凡十四首》贊王士禛主
盟詩壇，使到詩歌氣象百年常新時云：「總持風雅百年新。」（注
123）全詩爲：

> 「少歲天才獨角麟，總持風雅百年新。鏡花水月參三昧，
> 未許空疏一問津。」

邵堂《論詩六十首》評陳子龍云：「一編風雅掃荊榛。」（注 124）
顯然是贊許陳子龍選輯《皇明詩選》的貢獻。詩云：

> 「一編風雅掃荊榛，板蕩乾坤意苦辛。識得雲間宗派在，
> 騷壇尸祝可無人？」

高篃《論宮閨詩十三首》云：「翩翩風雅能殊俗。」（注 125）贊許
宮閨詩突出的表現。詩云：

> 「才藝從來亦受知，六宮何用灑桃枝。翩翩風雅能殊俗，
> 豈獨文章幷左思。」

張玉穀《論古詩四十首》表示：「直從《風》、《雅》探淵源。」
（注 126）言韋孟、王嬙之四言詩作，都能從《風》、《雅》探取淵
源。詩中也贊許陶淵明之作，幷爲《文選》遺收他的作品，表示
遺憾。詩雲：

> 「韋孟、王嬙著四言，直從《風》、《雅》探淵源。踵興最
> 數陶彭澤，《文選》遺收可是冤。」

張塤《論明詩絕句十六首》云：「天教風雅能黃耇。」（注 127）以
「風雅」指詩作一脈之承傳。詩云：

> 「啓不死於魏杞山，死於不作侍郎還。天教風雅能黃耇，
> 伯仲隨州賓客間。」

張塤《論詩答慈伯四首》云：「近賢風雅獨存君。」（注 128）高贊
蔣士銓詩可比李陵、蘇武，并認爲在近代之傑出詩賢中，蔣氏是
獨存的一位。詩云：

> 「李陵、蘇武，雲卿比，絕代心餘是可人。那見小詩傳畢
> 曜，近賢風雅獨存君。」

屈復《論詩絕句三十四首》云：「百年風雅百蟲鳴。」（注 129）言
百年詩壇都有衆多的詩作出現，以此進一步高贊陳子昂在這方面
的獨特表現。詩中也稱贊韋應物的詩作。全詩爲：

> 「百年風雅百蟲鳴，正字功高氣一清。但聽途窮人痛苦，
> 蘇門長嘯鳳鸞聲。」

屈復在同一論詩絕句組詩中又云：「從來風雅尚溫柔。」言詩作向
以溫柔爲主，唯蘇軾以其才氣之雄創作詩章，也有傑出的成就。
詩云：

> 「大海無波天地存，從來風雅尚溫柔。東坡才氣雄難敵，
> 滾滾黃河日夜流。」

江肇塽《讀詩》云：「可憐風雅不能真。」（注 130）言一些詩作者
強調「軟語輕詞」，以爲是「雋新」的表現，江氏乃嘲之以「可
憐風雅不能真」。詩云：

> 「軟語輕詞説雋新，可憐風雅不能眞。豈知名士生來韻，
> 野服山裝亦可人。」

韓印《論白門近日詩人戲仿元遺山》云：「禪門風雅續離憂。」
（注 131）言禪門詩作特色在「續離憂」。詩云：

> 「禪門風雅續離憂，異派同源費冥搜。洗盡伊蒲酸餡氣，
> 一湖春水美人舟。」

岑振祖《讀姚江逸詩前後集得七絕二十六首》評陳湘殷、柳津、
思齋三兄弟詩云：「一家風雅號三陳。」（注 132）詩中描述三人詩

作的特色。詩云:

> 「一家風雅號三陳,也似梅花樹樹新。愛煞遠門山下過,
> 高吟進酒莫辭煩。」

毛國翰《暇日偶曰近人詩各繫一絕》:「誰道百年風雅歇?」(注
133) 以問句說明百年發展以來《風》、《雅》之道并無衰歇的現
象。詩云:

> 「雲間詞客後先望,憶昔黃門早擅場。誰道百年風雅歇?
> 鶴巢老去有唐堂。」

馮繼聰《論唐詩絕句》云:「李唐風雅許何如?」(注 134) 以唐文
宗之詩作表現贊揚唐代之「風雅」,關心民生。詩云:

> 「甲夜謀猷乙夜書,李唐風雅許何如?上元詩句黔黎重,
> 說到仙家已掃除。」

馮繼聰在同一論詩絕句組詩中云:「古來風雅道彝倫。」(注 135)
於贊揚于逖之作時,也贊許「古來《風》、《雅》」之道。詩云:

> 「古來風雅道彝倫,憶弟悲吟見性眞。情緒纏綿未忍讀,
> 斯人才不愧詩人。」

廖鼎聲《補作論國朝人七十八首》贊揚黎文田與黎炳麟之詩風調
同云:「二黎風雅徵同調。」(注 136) 詩云:

> 「短句流連《俠客行》,暮年修養道心眞。二黎風雅徵同
> 調,潭水桃花何限情。」

張雲驤《論國朝詩人》云:「紫瓊風雅邈無雙。」(注 137) 言慎郡
王詩作境界高邈無敵,不減賈島。詩云:

> 「紫瓊風雅邈無雙,吟到花間興未降。淡絕秋烟孤影句,
> 風懷不減賈長江。」

沈景修《讀國朝詩集一百首》云:「一門風雅盡能文。」(注 138)
評計光炘時言計氏一家都善於作詩。詩云:

「一門風雅盡能文，孝友溫恭唱自君。展墓黝陽前事在，
他年誰表二田墳？」

鄭由熙《論詩》：「欲從《風》、《雅》探消息。」(注139) 言鄭氏本
人欲從《風》、《雅》之作中了解是否有「金丹換骨」之處理詩歌
創作手法。詩云：

「勵學還須賦异才，形神清濁自胚胎。欲從《風》、《雅》
探消息，曾否金丹換骨來。」

方孝孺《論詩》：「能探《風》、《雅》無窮意。」(注140) 言欲作
「乾坤絕妙詞」，就必須要從《風》、《雅》中探取無窮之意趣。詩
云：

「舉世皆宗李、杜詩，不知李、杜又宗誰？能探風雅無窮
意，始是乾坤絕妙詞。」

楊士雲：「詠史」云：「獨憐《風》、《雅》變《離騷》。」(注141)
不滿《風》、《雅》之道演變爲《離騷》之路向。詩云：

「鏗鏘鳴鳳牝晨朝，太學明堂議更高。圭璧可容房闥薦，
獨憐《風》、《雅》變《離騷》。」

將「風雅」置於第五與第六字的位置的，爲數甚少。如張崇蘭
《懷國朝京口詩人絕句》論鮑海門時表示：「獨主吾鄉風雅席。」
(注142) 言他一向崇拜同鄉鮑海門的作品。詩云：

「江山文藻日紛紛，吳體卑卑未出群。獨主吾鄉風雅席，
向來低首鮑徵君。」

方廷楷《習靜齋論詩百絕句》論何士容與陳毅之作云：「莫管從
前風雅少。」(注143) 言儘管過去詩風不盛，金陵今日已有這兩
位特出之詩人。詩云：

「南園矯健古漁眞，佳句吟來都有神。莫管從前風雅少，
金陵已得兩詩人。」

謝章鋌《論詩絕句三十首》評朱熹時云:「《擊壤》常爲風雅譏。」
(注 144) 言邵雍《擊壤》集之常爲詩壇所評譏。詩云:

> 「《擊壤》常爲風雅譏,考亭詩格獨深微。且看《感興》
> 《齋居》句,三嘆朱弦此調希。」

王昶《舟中無事偶作論詩絕句四十六首》評程魚門云:「扢《雅》
揚《風》已絕倫。」(注 145) 言提倡《風、《雅》之道在其時經已
倫絕。詩云:

> 「扢《雅》揚《風》已絕倫,叢書稗説互紛綸。蓮花峰下
> 魂歸去,付與麻沙待後人。」

四、後人取用「轉益多師爲汝師」的情況

杜甫《戲爲六絕句》中有「轉益多師是汝師」之句,《解悶》
中又云:

> 「李陵、蘇武是吾師。」(注 146)

於是「多師」、「汝師」、「吾師」,等等乃成爲後代論者經常取用
或加以變換的詞語。謝啓昆《論元詩絕句七十首》論方回雲時,
就曾經取用杜句「轉益多師是汝師」,只變換一字爲「轉益多師
是我師」。(注 147) 全詩爲:

> 「黄、陳別派漫論詩,轉益多師是我師。回首廿年吟賞地,
> 湖天雪夜唱魚兒。」

吳德旋《雜著示及門諸子》直取杜句「轉益多師爲汝師」中「轉
益多師」之語,作:「轉益多師後勝前。」(注 148) 言在王士禎去
世後之詩壇,應該采取「轉益多師」的道路。他個人的態度就是
既欽羨姚鼐,也尊奉袁枚與趙翼。詩云:

> 「漁洋逝矣更誰憐?轉益多師後勝前。我自心欽姚惜抱,

拜袁揖趙讓時賢。」

蔣兆鯤《論詩十絕句》云：「轉益多師隨所遇。」(注149) 言作詩應一則轉益多師，無論王維、孟浩然，或是蘇軾、韓愈，都是仿效的對象；二則隨心隨身所遇而發抒內心之感，詩云：

> 「驚人容易愜心難，尚論時時歸古歡。轉益多師隨所遇，
> 也師王、孟也師韓。」

「多師」二字更常爲論者所用。沈德潛《戲爲絕句》云：「少陵詩法已多師。」(注150) 就肯定杜甫「轉益多師爲汝師」之論，而反對人們墨守一家之言。詩云：

> 「從來臭腐即神奇，抉擇鎔陶在我爲。何事儞曹談墨守，
> 少陵詩法已多師。」

林昌彝《論本朝人詩一百五首》表示：「西江宗派竟多師。」(注151) 用「多師」嘲笑翁方剛長於考據，而詩效江西詩派，以致如塡詩式地寫詩。詩云：

> 「眩目何爲綉色絲，西江宗派竟多師。詞章經術難兼擅，
> 徒博徐凝笑惡詩。」

詩後有注云：

> 「覃溪詩患塡實，蓋長於考據者，非不能詩，特不可以塡
> 實詩耳。以塡實爲詩，考據之詩也。故詩有別才，必兼學
> 識三者，方爲大家。顧亭林、朱竹垞，皆長於考據，而詩
> 之渾厚淵雅，非餘子所能追步。覃溪經學非其所長，至考
> 訂金石，頗有可取。」

葉愚《讀國朝人詩》同意欲求「風雅」之境，應「別裁偽體」，而其道路，在於「多師」。故云：「別裁偽體在多師。」(注152) 全詩爲：

> 「將軍報國豈無時，橫槊何妨更賦詩。風雅至今推奉國，

別裁僞體在多師。」

朱祖謀《冬夜檢時賢詩集率綴短章》評高伯足云：「律聲晉、宋未多師。」(注 153) 言高氏以晉、宋爲詩律，并未「多師」。詩云：

「冰籟蕭愬鎭不怡，律聲晉、宋未多師。紛紛時世梳妝好，誰識西江高碧湄。」

陳融《讀嶺南人詩絕句》：「自陳向往已多師。」(注 154) 言溫汝能「多師」白居易、陸游與杜牧。詩云：

「白、陸風裁小杜姿，自陳向往已多師。大江旗鼓周旋日，小印詩人自道辭。」

陳融在同一論詩絕句組詩中又云：「取音弦外亦多師。」(注 155) 言凌揚藻論詩主理，以「驅氣與辭」。陳氏表示，詩人亦應向「取音弦外」之方向努力。詩云：

「一篇蠢句快論詩，主理能驅氣與辭。自秉霸才無主誠，取音弦外亦多師。」

李恩樹《自題詩稿》云：「多師何必定專師。」(注 156) 言詩之寫作，重在詩人各運情思，表露性靈。「多師」雖言有一定之重要性，但無須因此固定一些必須專門師事的對象。詩云：

「多師何必定專師，各有心情各運思。莫笑無才還獨賞，一編恰是性靈詩。」

一般上說，在上舉的各種說法與用法中，一些論者雖然對作詩宜「多師」提出不同的意見，可是，多數論者都同意「多師」的道路。於是許多論者也就基於此而反對「偏師」了。在論詩絕句組詩中，論者也紛紛取用「偏師」一辭，并提出他們的看法。例如蕭重《偶檢案頭國朝名人集及近人詩箋各題一截自竹泉觀察以下則又兼懷人矣》評張問陶云：「偏師制勝無壯語。」(注 157)

言詩作之佳者,「筆挾風雷」氣勢奇特,「偏師」則無法達致這種
境界。詩云:

> 「筆挾風雷氣亦奇,撐霆裂月撒藩籬。偏師制勝無壯語,
> 壓卷端推題壁詩。」

張崇蘭《懷國朝京口詩人絕句》評張石帆時表示:「莫倚偏師能
制勝。」(注158) 規勸詩人依賴「偏師」以求勝,表示「偏師」無
法創作出佳篇來。詩云:

> 「石帆山人何落拓,痛飲狂歌氣未平。莫倚偏師能制勝,
> 可知當代有長城。」

許奉恩《蘭苕館論詩》論大曆十才子及劉長卿云:「未必偏師攻
得開。」(注159) 贊揚劉長卿之五言,并說明「偏師」無法超越劉
詩「五言長城」之地位。詩云:

> 「十子而還格日衰,隨州終是出群才。五言堅築長城壘,
> 未必偏師攻得開。」

後代論者在取用「多師」、「汝師」與「吾師」等詞語中,以
取用「吾師」一語者居多。自從錢謙益在《姚叔祥過明發堂論近
代詞人戲作絕句十六首》「孟陽詩律是吾師」(注160) 句用及
「吾師」一語之後,後代之論者遂紛紛采用。錢氏此句,言程嘉
燧之詩法是他效仿與師事的對象。詩云:

> 「姚叟論文更不疑,孟陽詩律是吾師。溪南詩老今程老,
> 莫怪低頭元裕之。」

張九鏐《又戲爲絕句仿杜老》:「費人懸解是吾師。」(注161) 直言
他創作論詩絕句之組詩,意在仿效杜甫。此句「費人懸解是吾
師」,當從「轉益多師是汝師」,或「李陵、蘇武是吾師」脫胎而
成。全詩爲:

> 「健筆盤拏不肯直,費人懸解是吾師。他年嗤點關何事,

且復相逢千載期。」

冒起宗《讀杜詩》:「篋中人語信吾師。」(注162) 言五十歲後讀杜詩,才能從杜語中找到師事之對象。全詩爲:

> 「五十方能讀杜詩,篋中人語信吾師。數年天假心猶細,得失文章許共知。」

王士禎《戲仿元遺山論詩絕句》表示:「更憐《譚藝》是吾師。」(注163) 稱徐禎卿之《談藝錄》爲其師事對象。詩云:

> 「文章烟月語原卑,一見空同迴自奇。天馬行空脫羈靮,更憐《譚藝》是吾師。」

田雯《論詩》云:「徐陵善忘是吾師。」(注164) 言當世不但無沈約、謝朓、曹植、劉禎之類的傑出詩人,而且是滿眼「丘貉」,因此與其妄加師事他人,不如學徐陵之善忘。詩雲:

> 「世無沈、謝、曹、劉輩,摹索何難暗得之。作者滿前一丘貉,徐陵善忘是吾師。」

吳之振《贈宋荔裳詩》云:「風流蘊藉是吾師。」(注165) 贊宋琬《安雅堂集》之詩作「風流蘊藉」,認爲可作爲師事之對象。而且不但要驅除王世禎與李攀龍之聱牙句,也要摒棄鍾惺與譚元春之「囈詞」。詩云:

> 「安雅堂中一卷詩,風流蘊藉是吾師。驅除王、李聱牙句,摒當鍾、譚唫囈詞。」

汪應銓《論詩》也用及「風流蘊藉是吾師」(注166) 之詩句。認爲黃初之後,再也無人可以繼承屈原與宋玉之「雅詩」,從而強調朝向風流蘊藉詩風方向努力之重要性。詩云:

> 「黃初以後無才子,屈、宋誰教繼雅詩?意思語言都不盡,風流蘊藉是吾師。」

錢陳群《宋百家詩存題詞》云:「和靖風流是吾師。」(注167) 評

葉茵之作時，指出他師事林和靖之風流蘊藉。詩云：

> 「和靖風流是吾師，草堂猶牓少陵詩。江湖舊侶如相問，
> 官職新題老住持。」

袁枚《遣興》云：「靈犀一點是吾師。」（注168）強調「靈犀一點」
於作詩的重要性。詩云：

> 「但肯尋詩便有詩，靈犀一點是吾師。夕陽芳草尋常物，
> 解用都為絕妙詞。」

朱炎《讀明人詩絕句三十首》云：「主張風雅是吾師。」（注169）
贊王世貞《四部》之作之才華，也同意他的詩歌主張，但不滿他
隨意嗤點邊貢之詩作。詩云：

> 「《四部》才華妙一時，主張風雅是吾師。何緣未識芭蕉
> 樹，嗤點《西園》五字詩。」

王昶《舟中無事偶作論詩絕句四十六首》評商寶意雲：「風流儒
雅亦吾師。」（注170）全詩為：

> 「簪毫曾記侍彤墀，流落江湖效牧之。壓笛彈箏憔悴甚，
> 風流儒雅亦吾師。」

沈德潛《戲為絕句》表示：「女蘿、山鬼是吾師。」（注171）以
「女蘿」、「山鬼」為例，言其尊奉《楚辭》。詩云：

> 「興寄那如奉禮詩，女蘿山鬼是吾師。時賢不識楚騷體，
> 只賞天驚石破辭。」

柳商賢《擬杜戲為六絕句》作：「導源《風》、《雅》是吾師。」
（注172）強調他對《風》、《雅》的重視。全詩為：

> 「緣情綺靡擅相思，猶有河梁五字遺。漫說六朝卑體格，
> 導源《風》、《雅》是吾師。」

夏葆彝《論湖北詩絕句二十首轉論湖北詩家流寓不與》作：「盛
唐詩律是吾師。」（注173）言其所尊奉者，乃為盛唐之作。詩中

表明，雖然有人稱讚劉長卿爲「五言長城」，在他看來，其作品
程度與郎士元其實相似。詩云：

> 「南國宗規各主持，盛唐詩律是吾師。長卿縱有長城在，
> 爭似郎官五字詩。」

黃道讓《詩集編成付梓自題十三絶句》云：「飛騰前輩盡吾師。」
（注174）表示對成功的前代詩人的仰慕。詩云：

> 「飛騰前輩盡吾師，度盡金針彼豈知。到老難忘開口乳，
> 瑯瑯百首《四書詩》。」

詩後有注云：

> 「予少時讀王玉山先生《四書詩》，因而有悟。」

楊浚《論次閩詩》評黃銖表示：「曹、劉、屈、宋是吾師。」（注
175）言黃氏之創作經驗：尊奉曹植、劉楨、屈原、宋玉，并曾
追隨朱熹。詩云：

> 「曹、劉屈、宋是吾師，曾共朱公上下隨。餘事琴書尤卓
> 絶，不惟古調近《騷》詞。」

高心夔（1835－1883）《懷人絶句五十八首》評鄧秋鵬作：「心情
忠厚并吾師。」（注176）強調性情品格忠厚於詩之寫作的重要性。
詩云：

> 「窮不工愁劇愛詩，心情忠厚并吾師。詩人箴衍窮愁滿，
> 道中風騷我未知。」

岑振祖《讀姚江逸詩前後集得七絶二十六首》作：「《趨庭》一集
得吾師。」（注177）高贊《趨庭》一集。全詩爲：

> 「沅芷湘蘭有所思，趨庭一集得吾師。朗吟如入山陰道，
> 巖壑曾無分外奇。」

李遐齡《跋東坡先生詩後四首》表示：「天真爛漫是吾師。」（注
178）言蘇軾詩高於黃庭堅之作，從而表示蘇詩之「天真爛漫」，

是他尊奉之對象。詩云：

> 「眉山斂衽已多時，下拜涪翁亦豈辭。黃不如蘇公論在，
> 天眞爛漫是吾師。」

李玉州《與張支百研江話詩隨筆九首》云：「空中天籟本吾師。」
（注179）强調他尊奉詩的寫作宜如「空中天籟」之「自然」。詩
云：

> 「空中天籟本吾師，蘇、李何心獨創奇？吟到河梁離別句，
> 片言流出是眞詩。」

姚瑩《論詩絕句六十首》云：「盛唐興趣是吾師。」（注180）表示
他追求感興而發，而又興趣無窮的盛唐作品。詩云：

> 「王、李、高、岑競一時，盛唐興趣是吾師。何人解道襄
> 陽俗，始信嘉州已好奇。」

鄭谷《讀前集二首》表示：「只應陶集是吾師。」（注181）感慨
《風》、《騷》如綫之垂危，同時説明他尊奉陶淵明詩。詩云：

> 「《風》、《騷》如線不勝悲，國步多艱即此時。愛日滿階看
> 古集，只應陶集是吾師。」

葉大莊《村居書事》云：「風流老輩是吾師。」（注182）表示他師
事的是「風流老輩」，主唐或主宋之説不能左右他的看法。詩云：

> 「東越分明兩傳垂，風流老輩是吾師。誰能有意翻閩派，
> 不價唐詩價宋詩。」

張崇蘭《懷國朝京口詩人絕句》評王夢樓時表示：「王郎才調是
吾師。」（注183）以「是吾師」高贊王氏詩作之才調。詩云：

> 「王郎才調是吾師，獨殿騷壇理亦宜。風雅近來凋喪盡，
> 孤軍特起很續誰？」

由上可見論者在用及「吾師」一詞的熱烈情況。必須指出的
是，論詩絕句作者在用及此詞時，除了少數一、二例子之外，大

多數都將之排在詩句之最後兩字的位置，而且上接「是」字。是爲特色。

　　論詩絶句作者，也有易爲「余師」、「我師」者，例如馬長海在《效元遺山論詩絶句四十七首》中表示：「襄陽五字是余師。」（注 184）説明他師事孟浩然之五言詩時，就以「余師」替代「吾師」。詩云：

> 「襄陽五字是余師，逸韵天成更不疑。挂席名山牛渚月，
> 青蓮詩是鹿門詩。」

秦瀛《題宋牧仲先生抄本詩集》則用作「我師」。其中有句云：「大雅如公亦我師。」（注 185）意在贊許宋犖之儒雅，并以「我師」稱之。詩云：

> 「大雅如公亦我師，南城底事有微辭？江河不廢蘇、黃派，
> 況有文章替左司。」

錢振鍠《讀許靜山詩集》中也作「我師」。句云：「丁卯先生是我師。」（注 186）以唐許渾爲其師事對象。詩云：

> 「從來知己貴心知，丁卯先生是我師。此意千秋人不識，
> 爲君落泪馬嵬詩。」

許愈初《論詩絶句》論徐陵與庾信時也用作「我師」。句云：「不獨蘭成是我師。」（注 187）言他除了以庾信爲「我師」之外，也尊奉徐陵之作。詩云：

> 「酌酒提壺竹影敧，隴頭挂劍更淒其。徐家詩賦眞清絶，
> 不獨蘭成是我師。」

　　由「余師」、「我師」再進一步變換，論者更有作「他師」者，曾習經《題陳後山妾薄命後》云：「瓣香不忍更他師。」（注 188）全詩爲：

> 「瓣香不忍更他師，壓卷今傳《薄命》辭。一死實難天地

窄，世間方笑後山痴。」

　　而「是汝師」、「是余師」、「是吾師」、「是我師」、「是他師」，等用法之進一步發展，有些論者更有作「是人師」者，例如孫雄《論詩絕句》論李慈銘云：「虛中樂善是人師。」(注189) 強調「虛中樂善」的重要性。詩云：

　　　　「得失文章只自知，虛中樂善是人師。故交北面陳脩脯，
　　　　饋歲聯吟侍絳帷。」

詩後有注云：

　　　　「平景蓀作傳云：君性簡傲，胸無城府，然矜尚名節，意
　　　　所不可，輒面折人過，雖忤當道樞輔不之顧，以是人多媚
　　　　之。然虛中樂善，後進一言之合，譽之不容口，所指授成
　　　　名者多。門下著錄甚眾，平生故人，有改爲北面者，他可
　　　　知矣。」

有作「是父師」者，如周必大《杜荀鶴村》表示：「今信樊川是父師。」(注190) 稱樊川爲「父師」。詩云：

　　　　「千古風流杜牧之，詩材猶及杜筠兒。向來稍喜《唐風
　　　　集》，今信樊川是父師。」

或作「是＋X＋Y＋師」者，如馬長海《效元遺山論詩絕句四十七首》云：「劉郎實是羨門師。」(注191) 言彭孫遹受劉禹錫的影響。詩云：

　　　　「樂府遺音里社詞，劉郎實是羨門師。山長水遠巴中女，
　　　　明月滿船歌《竹枝》。」

「劉郎實是羨門師」下有注云：

　　　　　「彭侍郎孫遹《竹枝詞》最佳。」

　　既然有作「我師」者，其反面之用法，則又有「我不師」了。黃維申《論詩絕句》評李商隱時表示：「除卻韓碑我不師。」

（注 192）堅決表明他僅以韓愈碑帖爲師事對象。詩云：

> 「義山獺祭好矜奇，除卻韓碑我不師。漫説少陵遺韵在，
> 穠辭綺語盡《無題》。」

既有「我不師」的意見，自然也會有對某某詩人、詩作、或某種問題、現象，「豈堪師」、「不堪師」、「未可師」、「恐無師」、「豈有師」、《不相師》、《枉肖師》的概念。如章學誠《題〈隨園詩話〉》云：「《葛覃》豈堪師。」（注 193）以《葛覃》之「絺綌」之做法不堪師。詩云：

> 「《葛覃》絺綌豈堪師，中饋蘋蘩非所知。詩社爭名功倍
> 半，天然風韵壓鬚眉。」

歐陽述《雜題國朝人詩集各一首》評龔自珍《定庵集》云：「只堪相友不堪師。」（注 194）以龔氏只能成爲友人，而不能成爲尊奉之對象。詩云：

> 「頗能奔走新風氣，一卷才人放膽詩。絢爛到頭仍浙派，
> 只堪相友不堪師。」

錢振鍠《論詩》云：「玉石紛陳未可師。」（注 195）言就其讀杜詩經驗之了解：杜詩「玉石紛陳」，并非值得效仿之對象。詩中并表示，若能給予他數年，他將會進行杜詩的改編。全詩爲：

> 「正當痛快忽支離，玉石紛陳未可師。安得數年能假我，
> 閉門改編少陵詩。」

高篃《論宮閨詩十三首》云：「《玉臺》以外恐無師。」（注 196）批評閨閣婦女總愛宋、元詩，而不了解漢、魏、齊、梁之詩作。他表示如果要他指出所尊奉之對象，則除了徐陵之《玉臺新詠》之外，恐怕再也没有更恰當的對象。詩云：

> 「閨中俱愛宋、元詩，漢、魏、齊、梁體未知。我欲辦香
> 專供奉，《玉臺》以外恐無師。」

宋湘《説詩八首》云：「三百詩人豈有師。」(注197) 以《三百篇》
無師事之對象，詩作反而可以成爲絕唱。詩云：

> 「三百詩人豈有師，都成絕唱沁心脾。今人不講源頭水，
> 只問支流派是誰?」

江湜 (1818－1866)《校讀毛生甫休復居詩題二詩見意》：「杜陵
應怪不相師。」(注198) 言作詩當以寫親身經歷爲主，但以這種
意見不會得到杜甫的贊同，因爲和他所提倡的「多師」的看法相
左。詩云：

> 「自寫親身新亂離，杜陵應怪不相師。數篇脱手憑人看，
> 如此遭逢如此詩。」

文廷式《論詩》云：「紉蘭佩芷不相師。」(注199) 以「紉蘭佩芷」
各有其特色，宜多方面閱讀，并加陶融，不應互相效仿。詩云：

> 「《風》、《雅》而還讀《楚辭》，紉蘭佩芷不相師。烘爐自
> 有胸鈞術，怕看人間集字詩。」

許奉恩《蘭苕館論詩》評劉叉、羅虯云：「金攪劉叉枉肖師。」
(注200) 強調文人品行之重要性，而譏笑人們不理會這一原則而
效仿詩人之作。詩云：

> 「文人無行復何爲? 金攪劉叉枉肖師。更笑羅虯狂殺妓，
> 曉曉猶賦《比紅兒》。」

與「未堪師」相反的，則有「亦堪師」、「信堪師」、「語應
師」。如黃鉞 (1750－1841)《書曝書亭集後》云：「文章爾雅亦
堪師。」(注201) 言朱彝尊之博物、經學、文章都可以成爲人們
師事的模範。詩之前兩句云：

> 「博物研經世所知，文章爾雅亦堪師。」

朱應庚《論詩三十二首》云：「柳州峻潔亦堪師。」(注202) 表示
可以師事柳宗元詩之峻潔。詩云：

> 「太祝清眞世所期，柳州峻潔亦堪師。微雲疏雨梧桐院，
> 沖淡終當讓左司。」

朱應庚在同一論詩絕句組詩中也指出：「青田高格亦堪師。」(注
203) 以劉基格高，可以師事之。詩云：

> 「繡戶雕楹共詡奇，青田高格亦堪師。浮雲富貴人間事，
> 愛讀璜溪獨釣時。」

彭光澧《論國朝人詩仿元遺山三十六首》評王士禎云：「尚書才
調信堪師。」(注 204) 言可學王氏之才調。詩云：

> 「唱出漁洋絕妙詞，尚書才調信堪師。數篇《秋柳》千人
> 和，誰似黃廷恰好時。」

朱雋瀛《桐兒叩詩學口占以示》：「溫柔敦厚語應師。」(注205) 表
示應尊奉「溫柔敦厚」爲詩教之說，并認爲抒發性情的騷作，都
有《三百篇》之遺風。詩云：

> 「溫柔敦厚語應師，騷詠無非三百遺。變極須知宗旨一，
> 不關情性詎成詩？」

其他論者或作「自得師」。胡天游《風詩》云：「幾輩還能自
得師？」(注206) 言學詩者應從《三百篇》之垂教意義認識詩，不
從這點入手，可以說不得謂「自得師」。詩云：

> 「三百於今每誦詩，始知垂教本兼辭。刪成示與深追琢，
> 幾輩還能自得師？」

孫雄《論詩絕句》評何紹基云：「根底槃深自得師。」(注207) 以
何氏守「嚴訓」，因此在詩學根底深厚，從而可以「自得師」。
「自得師」於此是個肯定詞。詩云：

> 「鯉也趨庭退學詩，掃除側艷與狂癡。平生著力由嚴訓，
> 根柢槃深自得師。」

或作「百世師」、「世所師」、「心自師」。焦袁熙《論詩絕句五十

二首》云：「道義真堪百世師。」（注208）以「道義」才能成爲
「百世師」。詩云：

> 「道義眞堪百世師，淵源未覺《國風》衰。臬比若道多陳
> 腐，請誦屏山集裏詩。」

楊深秀《仿元遺山論詩絕句五十首》亦云：「盡識文清百世師。」
（注209）贊薛瑄詩作性情真摯而同時又重視修辭，因此認爲他可
以當「百世師」。全詩爲：

> 「立誠仍不廢修辭，盡識文清百世師。誰見河東三鳳集？
> 晉溪、虎谷、白巖詩。」

朱彭年《仿元遺山論詩絕句》評施閏章云：「理學東南世所師。」
（注210）以施氏之理學成就爲世所師。詩云：

> 「理學東南世所師，使君清節繫人思。黜浮崇雅歸先正，
> 豈獨詩名冠一時。」

陳融《讀嶺南人詩絕句》評陳衍時云：「軒有心師心自師。」（注
211）詩云：

> 「軒有心師心自師，心無師處可無詩。平生不昧清明氣，
> 一問瓊臺澈底知。」

或作「導師」、「古導師」。朱炎《書篋衍集後》云：「渤海丹陽古
導師。」（注212）詩云：

> 「人物中興又一時，紛紛牋帖出徵詩。髯翁畢竟推前鑒，
> 渤海丹陽古導師。」

李葆恂《論詩絕句》論趙執信時表示：「卻奉虞山作導師。」（注
213）惋惜趙氏以一家之才卻奉錢謙益爲「導師」。詩云：

> 「少日才華《銅鼓》詩，騷壇宿將亦降旗。千秋一卷《談
> 龍錄》，卻奉虞山在導師。」

或作「女宗師」。陳芸《小黛軒論詩詩》云：「《蕭然》自是女宗

師。」(注214) 贊黃雲生爲「女宗師」。詩云:

> 「《碎玉》傷親《倚柏》愁,《蕭然》自是女宗師。《添香》
> 零落《留香》在,惆悵《湘蘋》與《課兒》。」

或作「老人師」。廖鼎聲《拙學齋論詩絕句一百九十八首》評黃
暄云:「久傳才筆老人師。」(注215) 稱黃暄爲「老人師」。詩云:

> 「久傳才筆老人師,器自淵涵品不卑。家學昔齋原嗣響,
> 漫誇新月漲春池。」

至於林昌彝《論本朝人詩一百五首》評施閏章云:「敦厚溫
柔正雅師。」(注216) 主張「師」「正雅」以取得「敦厚溫柔」之
境,將師事之對象提在謂語「師」字之前,又是另一種用法。詩
云:

> 「敦厚溫柔正雅師,江東五字重南施。鮫綃買得紅千尺,
> 獨綉萊陽七古詩。」

至於論者用及「師」字的同用法,如「少師承」、「共一師」、
「少陵師」,等等,與杜句的用法就有相當的距離,很難斷定杜氏
影響的程度。不過,仍舉數例於後,以供參考。如黃道讓《詩集
編成付梓自題十三絕句》云:「坐觀井底少師承。」(注217) 通過
「少師承」說明「不多師」帶來的危險。詩云:

> 「坐觀井底少師承,更乏藏書抵百城。自好幸離鄉黨土,
> 靈根一點仗前生。」

陳融《讀嶺南人詩絕句》評陳衍時云:「書畫由來共一師。」(注
218) 言書與畫的密切關係。詩云:

> 「鐵鈎鎖法元和柳,書畫由來共一師。一絕藝通三絕藝,
> 無聲詩即有聲詩。」

汪縉(1725-1792)《書李空同集後》云:「知君真把少陵師。」
(注219) 也將賓位「少陵」提於動詞「師」字之前,以肯定詩人

之「師」杜甫。詩云：

> 「愛國忠君千首詩，知君眞把少陵師。渡河擘海尋常事，
> 妒殺江南錢受之。」

【註　釋】

(注　1) 錢謙益簡歷見本書第四章注 11。引詩參閱《萬首論詩絕句》，頁
　　　194)

(注　2) 李必恆簡歷見本書第五章注 3。引詩參閱《萬首論詩絕句》，頁
　　　331。

(注　3) 張元簡歷見本書第七章注 35。引詩見《萬首論詩絕句》，頁 346。

(注　4) 馬長海簡歷見本書第五章注 150。引詩見《萬首論詩絕句》，頁
　　　356。

(注　5) 王昶簡歷見本書第四章注 40。引詩見《萬首論詩絕句》，頁 432。

(注　6) 屈大均簡歷見本書第五章注 35。引詩參閱《萬首論詩絕句》，頁
　　　219。

(注　7) 李翊，字桂圃，號衣山。雲南晉寧州人。乾隆丁丑進士。官編修。
　　　著有《衣山詩鈔》。引詩見《萬首論詩絕句》，頁 444。

(注　8) 葉紹本簡歷見本書第五章注 59。引詩參閱《萬首論詩絕句》，頁
　　　729。

(注　9) 謝章鋌簡歷見本書第五章注 249。引詩見《萬首論詩絕句，頁
　　　1464。

(注　10) 李必恆簡歷見本書第五章注 3。引詩參閱《萬首論詩絕句》，頁
　　　334。

(注　11) 葉觀國，字嘉光，號毅庵。閩縣人。乾隆辛未進士，改庶吉士，
　　　授編修，歷官侍讀學士。有《綠筠書屋詩鈔》。引詩見《萬首論詩
　　　絕句》，頁 402。

(注 12) 查慎行簡歷見本書第五章注 262。引詩見《萬首論詩絕句》,頁
　　　　 295。

(注 13) 李必恆簡歷見本書第五章注 3。引詩參閱《萬首論詩絕句》,頁
　　　　 335。

(注 14) 宋弼簡歷見本書第四章注 40。引詩見《萬首論詩絕句》,頁 399。

(注 15) 陳書簡歷見本書第五章注 158。引詩見《萬首論詩絕句》,頁
　　　　 1441。

(注 16) 朱松,字喬年,號韋齋。徽州婺源人。紹興十三年進士,除秘書
　　　　 省正字,累遷司勛吏部員外郎。學者稱韋齋先生。著有《韋齋
　　　　 集》。引詩見《萬首論詩絕句》,頁 76。

(注 17) 查慎行簡歷見本書第五章注 262。引詩見《萬首論詩絕句》,頁
　　　　 293。

(注 18) 劉克莊,字潛夫,號後村。莆田人。淳祐初,特賜同進士出身,
　　　　 除秘書少監,官至龍圖閣學士,諡文定。著有《後村居士前後蘇
　　　　 新四集》。引詩見《萬首論詩絕句》,頁 126。

(注 19) 王昶簡歷見本書第五章注 18。引詩見《萬首論詩絕句》,頁 436。

(注 20) 吳德旋簡歷見本書第五章注 140。引詩見《萬首論詩絕句》,頁
　　　　 657。

(注 21) 許宗彥,原名慶宗,字積卿,號周生。浙江德清人。嘉慶己未進
　　　　 士,官兵部主事。著有《太陽行度解》、《鑒止水齋文集》。引詩見
　　　　《萬首論詩絕句》,頁 705。

(注 22) 謝章鋌簡歷見本書第五章注 249。引詩見《萬首論詩絕句》,頁
　　　　 1465。

(注 23) 毓俊簡歷見本書第六章注 128。引詩參閱《萬首論詩絕句》,頁
　　　　 1477。

(注 24) 郭曾炘簡歷見本書第五章注 96。引詩參閱《萬首論詩絕句》,頁

1496。

(注　25) 殷兆鏞簡歷見本書第六章注 37。引詩參閱《萬首論詩絕句》，頁
988。

(注　26) 馮繼聰簡歷見本書第五章注 21。引詩參閱《萬首論詩絕句》，頁
1099。

(注　27) 同上注。引詩見《萬首論詩絕句》，頁 1140。

(注　28) 王士禎簡歷見本書第四章注 22。引詩參閱《萬首論詩絕句》，頁
236。

(注　29) 王昶簡歷見本書第四章注 40。引詩見《萬首論詩絕句》，頁 432。

(注　30) 鮑瑞駿，字桐舟。歙縣人。舉人。官山東知縣。有《桐華舸詩
鈔》。引詩見《萬首論詩絕句》，頁 1287。

(注　31) 柳商賢簡歷見本書第六章注 87。引詩參閱《萬首論詩絕句》，頁
1411。

(注　31) 陳融簡歷見本書第五章注 28。引詩見《萬首論詩絕句》，頁 1797。

(注　32) 黃承吉簡歷見本書第六章注 34。引詩參閱《萬首論詩絕句》，頁
743。

(注　33) 陳融簡歷見本書第五章注 28。引詩見《萬首論詩絕句》，頁 1817。

(注　34) 張崇蘭簡歷見本書第五章注 280。引詩見《萬首論詩絕句》，頁
1214。

(注　35) 楊浚簡歷見本書第六章注 56。引詩見《萬首論詩絕句》，頁 1244。

(注　36) 同上注。引詩見《萬首論詩絕句》，頁 1245。

(注　37) 陳書簡歷見本書第五章注 159。引詩參閱《萬首論詩絕句》，頁
1441。

(注　38) 王丹墀，字觀顏。浙江海昌人。諸生。著有《菽歡堂詩集》。引詩
見《萬首論詩絕句》，頁 840。

(注　39) 張元簡歷見本書第七章注 35。引詩見《萬首論詩絕句》，頁 346。

（注 40）沈景修簡歷見本書第五章注 71。引詩參閱《萬首論詩絕句》，頁 1390。

（注 41）王昶簡歷見本書第四章注 40。引詩見《萬首論詩絕句》，頁 432。

（注 42）王敬之簡歷見本書第七章注 115。引詩見《萬首論詩絕句》，頁 855。

（注 43）田同之，字硯思，號小山薑。德州人。康熙庚子舉人，官國子監學正。著有《硯思集》。引詩見《萬首論詩絕句》，頁 306。

（注 44）葉愚，字易庵。慈谿人。著有《東汀小稿》。引詩參閱《萬首論詩絕句》，頁 1060。

（注 45）李兆元簡歷見本書第六章注 9。引詩參閱《萬首論詩絕句》，頁 654。

（注 46）吳應奎簡歷見本書第五章注 87。引詩參閱《萬首論詩絕句》，頁 789。

（注 47）陳啓疇簡歷見本書第六章注 29。引詩參閱《萬首論詩絕句》，頁 1206。

（注 48）王文瑋，字伯重，號窗山。浙江會稽人。官江西知縣。著有《志隱齋詩鈔》。引詩參閱《萬首論詩絕句》，頁 908。

（注 49）張晉簡歷見本書第五章注 49。引詩見《萬首論詩絕句》，頁 671。

（注 50）朱彭年簡歷見本書第五章注 190。引詩見《萬首論詩絕句》，頁 1404。

（注 51）楊秀鸞簡歷見本書第九章注 8。引詩參閱《萬首論詩絕句》，頁 961。

（注 52）馬長海簡歷見本書第五章注 150。引詩見《萬首論詩絕句》，頁 360。

（注 53）吳仰賢簡歷見本書第五章注 53。引詩參閱《萬首論詩絕句》，頁 1229。

(注 54) 朱炎簡歷見本書第八章注 15。引詩見《萬首論詩絕句》，頁 558。

(注 55) 李兆元簡歷見本書第六章注 9。引詩參閱《萬首論詩絕句》，頁 654。

(注 56) 陳文述，原名文杰，字儁甫，號雲伯，又號退盦。浙江錢塘人。佳慶庚申舉人，官全椒知縣。著有《碧城仙館詩鈔》、《頤道堂集》、《秣陵集》、《西泠懷古集》、《仙詠》、《閨詠》、《碧城詩髓》。引詩見《萬首論詩絕句》，頁 713。

(注 57) 祁寯藻簡歷見本書第六章注 113。引詩見《萬首論詩絕句》，頁 807。

(注 58) 楊深秀簡歷見本書第五章注 6。引詩參閱《萬首論詩絕句》，頁 1552。

(注 59) 朱雋瀛簡歷見本書第七章注 14。引詩參閱《萬首論詩絕句》，頁 1385。

(注 60) 孫雄簡歷見本書第五章注 73。引詩見《萬首論詩絕句》，頁 1655。

(注 61) 蔣士超簡歷見本書第五章注 251。引詩見《萬首論詩絕句》，頁 1780。

(注 62) 郭曾炘簡歷見本書第五章注 96。引詩參閱《萬首論詩絕句》，頁 1489。

(注 63) 葉坤厚簡歷見本書第八章注 73。引詩參閱《萬首論詩絕句》，頁 957。

(注 64) 陸繼輅簡歷見本書第五章注 195。引詩參閱《萬首論詩絕句》，頁 717。

(注 65) 金農，字壽門，一字冬心，又字司農。浙江錢塘人。以布衣舉博學鴻詞科，不就。著有《所見古書述》、《冬心齋研錄》、《冬心先生畫竹題記》、《冬心先生雜畫題記》、《冬心畫梅題記》、《冬心畫馬題記》、《冬心畫佛題記》、《論畫題詩》《冬心先生隨筆》、《冬心

先生三體詩》、《多心先生全集》，等等。引詩參閱《萬首論詩絕句》，頁 379。

（注 66）翁心存，字二銘，號邃庵。常熟人。道光壬午進士，改庶吉士，授編修。官至體仁閣大學士，諡文端。有《知止齋詩集》。引詩見《萬首論詩絕句》，頁 878。

（注 67）袁翼簡歷見本書第五章注 117。引詩參閱《萬首論詩絕句》，頁 900。

（注 68）章鶴齡簡歷見本書第五章注 132。引詩見《萬首論詩絕句》，頁 1314。

（注 69）邱嘉穗，字秀端，號實亭。上杭人。舉人。官歸善知縣。著有《東山草堂詩集》。有《萬首論詩絕句》，頁 303。

（注 70）田雯簡歷見本書第六章注 15。引詩見《萬首論詩絕句》，頁 245。

（注 71）李遐齡簡歷見本書第五章注 193。引詩見《萬首論詩絕句》，頁 1070。

（注 72）汪遠孫簡歷見本書第八章注 66。引詩參閱《萬首論詩絕句》，頁 816。

（注 73）王敬之簡歷見本書第七章注 115。引詩參閱《萬首論詩絕句》，頁 857。

（注 74）高篃簡歷見本書第六章注 127。引詩參閱《萬首論詩絕句》，頁 869。

（注 75）屈大均簡歷見本書第五章注 35。引詩參閱《萬首論詩絕句》，頁 219。

（注 76）鮑倚雲簡歷見本書第七章注 76。引詩參閱《萬首論詩絕句》，頁 584。

（注 77）張如哉，生平不詳。引詩見《萬首論詩絕句》，頁 367。

（注 78）黃承吉簡歷見本書第六章注 34。引詩參閱《萬首論詩絕句》，頁

742。

(注 79) 史承豫，字衍存，號蒙溪。江蘇宜興人。諸生。有《蒼雪齋詩文集》、《蒙溪詩話》。引詩參閱《萬首論詩絕句》，頁 559。

(注 80) 許奉恩簡歷見本書第五章注 129。引詩見《萬首論詩絕句》，頁 1370。

(注 81) 郭曾炘簡歷見本書第五章注 96。引詩參閱《萬首論詩絕句》，頁 1495。

(注 82) 沈兆澐簡歷見本書第五章注 85。引詩參閱《萬首論詩絕句》，頁 818。

(注 83) 夏葆彝簡歷見本書第五章注 44。引詩參閱《萬首論詩絕句》，頁 1541。

(注 84) 郭綏之簡歷見本書第六章注 128。引詩見《萬首論詩絕句》，頁 1595。

(注 85) 鄧鎔簡歷見本書第五章注 256。引詩參閱《萬首論詩絕句》，頁 1696。

(注 86) 張問陶簡歷見本書第五章注 5。引詩參閱《萬首論詩絕句》，頁 638。

(注 87) 張晉簡歷見本書第五章注 49。引詩見《萬首論詩絕句》，頁 671。

(注 88) 林昌彝簡歷見本書第五章注 69。引詩參閱《萬首論詩絕句》，頁 1019。

(注 89) 曹潤堂，字柘庵。太谷人。著有《木石庵詩鈔》。引詩見《萬首論詩絕句》，頁 1209。

(注 90) 方廷楷簡歷見本書第五章注 27。引詩參閱《萬首論詩絕句》，頁 1266。

(注 91) 謝啓昆簡歷見本書第五章注 8。引詩參閱《萬首論詩絕句》，頁 487。

(注　92) 章鶴齡簡歷見本書第五章注 132。引詩見《萬首論詩絕句》，頁 1314。

(注　93) 顧嗣立簡歷見本書第六章注 20。引詩參閱《萬首論詩絕句》，頁 301。

(注　94) 趙翼簡歷見本書第五章注 12。引詩見《萬首論詩絕句》，頁 456。

(注　95) 王丹墀簡歷見本章注 38。引詩參閱《萬首論詩絕句》，頁 841。

(注　96) 郭曾炘簡歷見本書第五章注 96。引詩參閱《萬首論詩絕句》，頁 1488。

(注　97) 宮爾鐸簡歷見本書第五章注 30。引詩參閱《萬首論詩絕句》，頁 1458。

(注　98) 陳融簡歷見本書第五章注 28。引詩見《萬首論詩絕句》，頁 1784。

(注　99) 文廷式，字道希，號雲閣，一作蝶閣。江西萍鄉人。光緒庚寅進士，官至翰林院侍讀學士。爲贊助光緒親政，支持康有爲發起強學會，被慈禧太后革職。庚子時東走日本。著有《純常子枝語》、《文道希先生遺詩》。引詩見《萬首論詩絕句》，頁 1568。

(注 100) 林蒼簡歷見本書第五章注 292。引詩參閱《萬首論詩絕句》，頁 1692。

(注 101) 陳融簡歷見本書第五章注 28。引詩見《萬首論詩絕句》，頁 1804。

(注 102) 同上注。引詩見《萬首論詩絕句》，頁 1807。

(注 103) 王省山簡歷見本書第五章注 278。引詩見《萬首論詩絕句》，頁 803。

(注 104) 尹嘉年簡歷見本書第五章注 74。引詩參閱《萬首論詩絕句》，頁 395。

(注 105) 張際亮簡歷見本書第五章注 13。引詩參閱《萬首論詩絕句》，頁 984。

(注 106) 林昌彝簡歷見本書第五章注 69。引詩參閱《萬首論詩絕句》，頁

1009。

(注 107) 朱庭珍簡歷見本書第五章注 17。引詩參閱《萬首論詩絕句》，頁
1050。

(注 108) 岑振祖，字鏡西。餘姚人。著有《延綠齋詩存》。引詩見《萬首論
詩絕句》，頁 1079。

(注 109) 馮繼聰簡歷見本書第五章注 21。引詩參閱《萬首論詩絕句》，頁
1095。

(注 110) 同上注。引詩見《萬首論詩絕句》，頁 1121。

(注 111) 陳啓疇簡歷見本書第六章注 29。引詩參閱《萬首論詩絕句》，頁
1206。

(注 112) 高彤簡歷見第九章注 46。引詩參閱《萬首論詩絕句》，頁 1302。

(注 113) 林楓簡歷見本書第五章注 142。引詩參閱《萬首論詩絕句》，頁
1362。

(注 114) 許奉恩簡歷見本書第五章注 129。引詩見《萬首論詩絕句》，頁
1376。

(注 115) 邱嘉穗簡歷見本章注 69。引詩參閱《萬首論詩絕句》，頁 302。

(注 116) 朱炎簡歷見本書第八章注 15。引詩參閱《萬首論詩絕句》，頁
555。

(注 117) 宮爾鐸簡歷見本書第五章注 30。引詩參閱《萬首論詩絕句》，頁
1460。

(注 118) 胡煥簡歷見本書第五章注 141。引詩參閱《萬首論詩絕句》，頁
1681。

(注 119) 陳融簡歷見本書第五章注 28。引詩見《萬首論詩絕句》，頁 1786。

(注 120) 同上注。引詩見《萬首論詩絕句》，頁 1811。

(注 121) 同注 119。引詩見《萬首論詩絕句》，頁 1821。

(注 122) 汪遠孫簡歷見本書第八章注 66。引詩參閱《萬首論詩絕句》，頁

815。

(注123) 沈兆澐簡歷見本書第五章注85。引詩參閱《萬首論詩絕句》，頁818。

(注124) 邵堂簡歷見本書第五章注62。引詩見《萬首論詩絕句》，頁828。

(注125) 高筠簡歷見本書第六章注127。引詩參閱《萬首論詩絕句》，頁869。

(注126) 張玉穀簡歷見本書第五章注67。引詩參閱《萬首論詩絕句》，頁562。

(注127) 張塤簡歷見本書第六章注292。引詩參閱《萬首論詩絕句》，頁567。

(注128) 同上注。引詩見《萬首論詩絕句》，頁570。

(注129) 屈復簡歷見本書第五章注161。引詩參閱《萬首論詩絕句》，頁370及371。

(注130) 江肇塽簡歷見本書第七章注43。引詩參閱《萬首論詩絕句》，頁960。

(注131) 韓印簡歷見本書第五章注122。引詩參閱《萬首論詩絕句》，頁1004。

(注132) 岑振祖簡歷見本章注108。引詩見《萬首論詩絕句》，頁1079。

(注133) 毛國翰簡歷見本書第五章注52。引詩參閱《萬首論詩絕句》，頁966。

(注134) 馮繼聰簡歷見本書第五章注21。引詩參閱《萬首論詩絕句》，頁1086。

(注135) 同上注。引詩見《萬首論詩絕句》，頁1119。

(注136) 廖鼎聲簡歷見本書第五章注7。引詩參閱《萬首論詩絕句》，頁1352。

(注137) 張雲驤簡歷見本書第八章注41。引詩參閱《萬首論詩絕句》，頁

1364。

(注 138) 沈景修簡歷見本書第五章注 71。引詩參閱《萬首論詩絕句》，頁
1400。

(注 139) 鄭由熙，字伯庸，號曉涵。歙縣人。有《晚學齋詩集》。引詩見
《萬首論詩絕句》，頁 1435。

(注 140) 方孝孺簡歷見本書第六章注 151。引詩參閱《萬首論詩絕句》，頁
179。

(注 141) 楊士雲簡歷見本書第九章注 90。引詩參閱《萬首論詩絕句》，頁
187。

(注 142) 張崇蘭簡歷見本書第五章注 280。引詩見《萬首論詩絕句》，頁
1214。

(注 143) 方廷楷簡歷見本書第五章注 27。引詩參閱《萬首論詩絕句》，頁
1273。

(注 144) 謝章鋌簡歷見本書第五章注 249。引詩見《萬首論詩絕句》，頁
1466。

(注 145) 王昶簡歷見本書第四章注 40。引詩見《萬首論詩絕句》，頁 433。

(注 146) 杜甫《解悶》。見《萬首論詩絕句》，頁 2

(注 147) 謝啓昆簡歷見本書第五章注 8。引詩參閱《萬首論詩絕句》，頁
521。

(注 148) 吳德旋簡歷見本書第五章注 140。引詩見《萬首論詩絕句》，頁
660。

(注 149) 蔣兆鯤，字翰槎，號南溟。著有《求是室詩存》。引詩見《萬首論
詩絕句》，頁 842。

(注 150) 沈德潛簡歷見本書第五章注 168。引詩參閱《萬首論詩絕句》，頁
381。

(注 151) 林昌彝簡歷見本書第五章注 69。引詩參閱《萬首論詩絕句》，頁

1018。

(注 152) 葉愚簡歷見本章注 44。引詩參閱《萬首論詩絕句》，頁 1060。

(注 153) 朱祖謀簡歷見本書第八章注 68。引詩參閱《萬首論詩絕句》，頁 1527。

(注 154) 陳融簡歷見本書第五章注 28。引詩見《萬首論詩絕句》，頁 1813。

(注 155) 同上注。引詩見《萬首論詩絕句》，頁 1823。

(注 156) 李恩樹，字桐階。昆明人。著有《念香館遺稿》。引詩見《萬首論詩絕句》，頁 1224。

(注 157) 蕭重簡歷見本書第五章注 72。引詩見《萬首論詩絕句》，頁 1053。

(注 158) 張崇蘭簡歷見本書第五章注 281。引詩見《萬首論詩絕句》，頁 1214。

(注 159) 許奉恩簡歷見本書第五章注 129。引詩見《萬首論詩絕句》，頁 1378。

(注 160) 錢謙益簡歷見本書第四章注 11。引詩參閱《萬首論詩絕句》，頁 194。

(注 161) 張九鐸簡歷見本書第五章注 162。引詩見《萬首論詩絕句》，頁 604。

(注 162) 冒起宗，如皋人。崇禎進士。曾爲湖南寶慶副使。著有《拙存堂逸稿》。引詩見《萬首論詩絕句》，頁 204。

(注 163) 王士禛簡歷見本書第四章注 22。引詩參閱《萬首論詩絕句》，頁 235。

(注 164) 田雯簡歷見本書第六章注 15。引詩見《萬首論詩絕句》，頁 245。

(注 165) 吳之振，字孟舉，號橙齋，又號黃葉村農。浙江石門人。官中書科中書。著有《黃葉村莊集》，編有《宋詩鈔》。引詩見《萬首論詩絕句》，頁 256。

(注 166) 汪應銓簡歷見本書第四章注 33。引詩參閱《萬首論詩絕句》，頁

304。

(注 167) 錢陳群簡歷見本書第六章注 77。引詩參閱《萬首論詩絕句》，頁

315。

(注 168) 袁枚簡歷見本書第五章注 15。引詩見《萬首論詩絕句》，頁 392。

(注 169) 朱炎簡歷見本書第八章注 15。引詩見《萬首論詩絕句》，頁 555。

(注 170) 王昶簡歷見本書第五章注 18。引詩見《萬首論詩絕句》，頁 433。

(注 171) 沈德潛簡歷見本書第五章注 169。引詩見《萬首論詩絕句》，頁

382。

(注 172) 柳商賢簡歷見本書第六章注 87。引詩參閱《萬首論詩絕句》，頁

1411。

(注 173) 夏葆彝簡歷見本書第五章注 44。引詩參閱《萬首論詩絕句》，頁

1538。

(注 174) 黃道讓簡歷見本書第五章注 10。引詩參閱《萬首論詩絕句》，頁

1282。

(注 175) 楊浚簡歷見本書第六章注 56。引詩見《萬首論詩絕句》，頁 1242。

(注 176) 高心夔，字伯足，又字陶堂，號碧湄，一號東蠡。江西湖口人。

咸豐己未進士。官江蘇吳縣知縣。著有《陶堂志微錄》、《形影盦

續錄》。引詩見《萬首論詩絕句》，頁 1256。

(注 177) 岑振祖簡歷見本章注 108。引詩見《萬首論詩絕句》，頁 1077。

(注 178) 李遐齡簡歷見本書第五章注 193。引詩見《萬首論詩絕句》，頁

1070。

(注 179) 李玉州簡歷見本書第五章注 60。引詩參閱《萬首論詩絕句》，頁

687。

(注 180) 姚瑩簡歷見本書第五章注 19。引詩見《萬首論詩絕句》，頁 755。

(注 181) 鄭谷簡歷見本書第七章注 61。引詩見《萬首論詩絕句》，頁 42。

(注 182) 葉大莊，字臨恭，號損軒。福建閩縣人。同治癸酉舉人。官邳州

知州。著有《寫經齋初稿續稿》。引詩見《萬首論詩絕句》，頁1417。

（注183）張崇蘭簡歷見本書第五章注281。引詩見《萬首論詩絕句》，頁1215。

（注184）馬長海簡歷見本書第五章注150。引詩見《萬首論詩絕句》，頁356。

（注185）秦瀛簡歷見本書第六章注116。引詩參閱《萬首論詩絕句》，頁575。

（注186）錢振鍠簡歷見本書第五章注290。引詩見《萬首論詩絕句》，頁1690。

（注187）許愈初簡歷見本書第五章注38。引詩參閱《萬首論詩絕句》，頁1647。

（注188）曾習經簡歷見本書第六章注48。引詩參閱《萬首論詩絕句》，頁1572。

（注189）孫雄簡歷見本書第五章注73。引詩見《萬首論詩絕句》，頁1667。

（注190）周必大簡歷見本書第四章注10。引詩參閱《萬首論詩絕句》，頁97。

（注191）馬長海簡歷見本書第五章注150。引詩參閱《萬首論詩絕句》，頁356。

（注192）黃維申簡歷見本書第五章注135。引詩見《萬首論詩絕句》，頁1298。

（注193）章學誠簡歷見本書第七章注78。引詩參閱《萬首論詩絕句》，頁600。

（注194）歐陽述簡歷見本書第六章注55。引詩參閱《萬首論詩絕句》，頁1678。

（注195）錢振鍠簡歷見本書第五章注289。引詩見《萬首論詩絕句》，頁

1689。

(注196) 高篃簡歷見本書第六章注127。引詩參閱《萬首論詩絕句》，頁
869。

(注197) 宋湘簡歷見本書第五章注197。引詩參閱《萬首論詩絕句》，頁
701。

(注198) 江湜，字弢叔，一字持正，別署龍湫院行者。江蘇長州人。官浙
江候補縣丞。有《伏敔堂詩錄》。引詩見《萬首論詩絕句》，頁
1032。

(注199) 文廷式簡歷見本章注79。引詩參閱《萬首論詩絕句》，頁1568。

(注200) 許奉恩簡歷見本書第五章注129。引詩見《萬首論詩絕句》，頁
1382。

(注201) 黃鉞，字左田，一字左軍，號左君。安徽當涂人。乾隆庚戌進士，
曾任戶部主事，山西學政，官至戶部尙書，贈太子太保，　勤敏。
著有《一齋集》、《左田詩鈔》、《左田畫友錄》、《西齋集》。引詩見
《萬首論詩絕句》，頁647。

(注202) 朱應庚簡歷見本書第五章注190。引詩見《萬首論詩絕句》，頁
1630。

(注203) 同上注。引詩見《萬首論詩絕句》，頁1632。

(注204) 彭光澧簡歷見本書第五章注196。引詩見《萬首論詩絕句》，頁
689。

(注205) 朱雋瀛簡歷見本書第七章注14。引詩參閱《萬首論詩絕句》，頁
1385。

(注206) 胡天游簡歷見本書第七章注19。引詩參閱《萬首論詩絕句》，頁
351。

(注207) 孫雄簡歷見本書第五章注73。引詩見《萬首論詩絕句》，頁1663。

(注208) 焦袁熙簡歷見本書第七章注32。引詩參閱《萬首論詩絕句》，頁

284。

（注209）楊深秀簡歷見本書第五章注6。引詩參閱《萬首論詩絕句》，頁1558。

（注210）朱彭年簡歷見本書第五章注190。引詩見《萬首論詩絕句》，頁1403。

（注211）陳融簡歷見本書第五章注28。引詩見《萬首論詩絕句》，頁1790。

（注212）朱炎簡歷見本書第八章注15。引詩見《萬首論詩絕句》，頁559。

（注213）李葆恂簡歷見本書第八章注75。引詩參閱《萬首論詩絕句》，頁1621。

（注214）陳芸簡歷見本書第五章注58。引詩見《萬首論詩絕句》，頁1726。

（注215）廖鼎聲簡歷見本書第五章注7。引詩參閱《萬首論詩絕句》，頁1354。

（注216）林昌彝簡歷見本書第五章注69。引詩參閱《萬首論詩絕句》，頁1012。

（注217）黃道讓簡歷見本書第五章注10。引詩參閱《萬首論詩絕句》，頁1282。

（注218）陳融簡歷見本書第五章注28。引詩見《萬首論詩絕句》，頁1810。

（注219）汪縉，字大紳，號愛廬。江蘇吳縣人。諸生。著有《汪大紳文鈔》、《汪子文錄》、《詩錄》、《二錄》、《三錄》、《汪子遺書》、《二耕草堂集》，等等。引詩見《萬首論詩絕句》，頁585。

第十一章　結　語

　　論詩詩，特別是論詩絕句組詩，是中國文學批評著作中重要的一環。在拙著《中國文學評論編寫問題論析：晚明至盛清詩論之考察》一書中，(注1) 我曾強調研究這些論詩詩的重要性。但決定深入研究論詩詩，卻是近一、兩年的事。杜甫的《戲爲六絕句》與姚瑩的《論詩絕句六十首》成了我研究的課題。

　　選擇這兩個課題是有原因的：杜甫的《戲爲六絕句》，開創了以絕句組詩論詩的體例，影響後代的這一體制極大，而從前代的有關研究來看，還有許多問題沒有獲得處理，還有許多研究方法沒有得到采用，覺得有待研究的空間還是不小，於是立意進行這方面的研究；而姚瑩的《論詩絕句六十首》，作於晚清，這是論詩絕句組詩極爲蓬勃的時期，但是評論研究界對於這個時期的這類文學批評體制的重視與研究，仍然非常的不足。選擇姚瑩論詩絕句作爲研究對象，意在以此「推波」，希望有更多的學者「助瀾」，「全面」整理與研究這時期眾多的論詩絕句之作。

　　本書共分十一章。第一章說明研究論詩絕句，如杜甫《戲爲六絕句》，所可能面對的問題。第二章分析杜甫寫作《戲爲六絕句》的動機，并解釋各絕句中的字句；第三章論析杜甫《戲爲六絕句》及杜氏的其他有關詩篇批評前代詩人的情況；第四章言杜甫《戲爲六絕句》對後代論詩絕句的影響；第五章至第十章則進而分析後代論詩絕句作品取用杜甫《戲爲六絕句》中各詩句字的情況，希望更具體地說明《戲爲六絕句》對後代同類體制影響的

情形。

　　在原定的研究計劃中，本擬分析《戲爲六絕句》所呈現的杜甫的詩觀，但後來放棄了，原因是有關這一方面論析的作品不少，沒有必要加以重覆。不如更集中於少爲人論析的《戲爲六絕句》對後代論詩絕句體制影響的分析。這也是本書自第四章至第十章，花了整整七章來分析這方面的問題的原因。

　　作者希望本書的出版，不但能進一步確定杜甫《戲爲六絕句》在中國文學批評的地位，確定它對後代的重大影響，也能引起文學批評究界對論詩絕句這一重要的文學批評體制的重視。

後　記

　　決定研究杜甫的《戲爲六絶句》之後，就全面地收集有關的資料。適逢新加坡國立大學給予六個月的學術假期，更方便進行這方面的工作。在上海，得遇多年在文字上相知的蔣凡教授，承賜《萬首論詩絶句》一書四冊，給予資料參考的方便；在美國史丹福大學作學術演講時，又承王靖宇教授特別安排居住於至今猶念念不忘的校園里的一間小白屋，寧靜的環境與濃厚的學術氣氛，使我的寫作「生産力」大爲提高。本書中許多章節，就是在那里完成的。這里應深深地感謝新加坡國立大學，以及蔣凡教授，王靖宇教授。

　　論詩絶句與文學選集，是中國文學批評中的重要體制，而這兩個環節中的作品，多爲中國文學批評研究界所忽略。在今後數年，我將會集中在這些方面多作研究，下一個目標將是撰寫姚瑩《論詩絶句六十首》的論析，也希望能寫一部就較大層面來確定論詩絶句詩論價值的作品。而更重要的，是期望這部作品能帶來拋磚引玉的作用，引來學術界出現更多研究論詩絶句的著作。

附　錄

歷代論詩絕句取用杜甫《戲爲六絕句》之詩句

本附錄所列，爲自唐至清論詩絕句取用杜詩《戲爲六絕句》

之句例，以便讀者了解《戲爲六絕句》對後世之影響。

庾信文章老更成

屈大均《西蜀費錫璜數枉書來自稱私淑弟子賦以答之四首》：「文
　　　選教兒最老成。」

李必恆《論詩絕句十三首》：「始信文章老更成。」

沈德潛《論明詩十二斷句》：「年少居然格老成。」

王　昶《舟中無事偶作論詩絕句四十六首》：「詩到齊、梁麗更
　　　淫。」

謝啓昆《論明詩絕句九十六首》：「風骨寒梅老更奇。」

陳廷慶《四山居論詩》：「開府文章老更成。」

張問陶《歲暮懷人作論詩絕句》：「大歷才人老更成。」

張之傑《讀明詩五十二首》：「前輩波瀾自老成。」

吳衡照《冬夜讀詩偶有所觸輒志斷句非效遺山論詩也得十五首》：
　　　「漁洋山人才更雄。」

高　靜《讀庾子山集》：「贊美清新老更成。」

李希聖《論詩絕句四十首》：「不許文章老更成。」

徐　嘉《論詩絕句五十七首》：「詩格隨年老更工。」

黃小魯《楚北論詩詩》：「健筆凌雲老更清。」

宮爾鐸《讀元遺山王漁洋論詩絕句愛其文詞之工惜其所言尚非第
　　　一義漫成此首以質知音》：「縱橫老筆老尤奇。」

楊深秀《仿元遺山論詩絕句五十首》：「京叔歸潛老更成。」

黃道讓《詩集編成付梓自題十三絕句》：「一片冰心老更虛。」

廖鼎聲《補作論國朝人七十八首》：「拙學於今老更成。」又：「巍
　　　　然大節死猶雄。」

姚永概《題倫叔調刁集》：方子吟詩老愈耽。」

趙　翼《詩思》：「才盡江淹老未灰。」

張際亮《題劉太學薇卿詩後》：「拂水論詩老自雄。」

方廷楷《習靜齋論詩百絕句》：「氣骨才華老尚雄。」又：「誰知老
　　　　去才尤健。」

袁　枚《仿元遺山論詩》：「氣猛才豪老尚堪。」

徐　嘉《論詩絕句五十七首》：「秀野詞人老未堪。」

朱庭珍《論詩》：「文苑榛蕪失老成。」

姚　瑩《論詩絕句六十首》：「走馬驅山筆更遒。」

袁嘉穀《春日下睆小飲薄醉尚論古詩人漫成十二首》：「北地雄渾
　　　　格更高。」

方于穀《仿王漁洋論詩絕句四十首》：「末路淋灕調更高。」

李綺青《論國朝詩人》：「比較遺山事更哀。」

楊深秀《仿元遺山論詩絕句五十首》：「蘭亭墨妙筆尤工。」又：
　　　　「吟成《廿四》品尤奇。」

陳　融《讀嶺南人詩絕句》：「梛花荔子句尤奇。」

黃　任《林鳳溪司馬給假歸覲出獄中吟草爲題四首》：「字字波瀾
　　　　見老成。」

陳維崧《鈔唐人七言律竟輒題數斷句楮尾》：「商隱篇章劇老成。」

翁方剛《題董寄廬舊雨草堂詩集三首》：「三十年來失老成。」

凌雲健筆意縱橫

段成式《哭李群玉》：「縱橫唐突世喧喧。」

司空圖《偶詩五首》：「牡丹屬思亦縱橫。」

戴復古　《昭武太守王子文曰與李賈嚴羽共觀前輩一兩家詩及晚唐
　　　　　詩因有論詩十絕子文見之謂無甚高論亦可作詩家小學須
　　　　　知》：「筆端有力任縱橫。」

楊夢信　《題亞愚江浙紀行集句詩》：「妙用縱橫自一機。」

元好問　《論詩三十首》：「縱橫誰似玉川盧？」又：「燈前山鬼淚縱
　　　　　橫。」又：「縱橫正有凌雲筆。」又：「縱橫詩筆見高情。」

錢謙益　《姚叔祥過明發堂論近代詞人戲作絕句十六首》：「當宴縱
　　　　　筆曹能始。」

吳　騏　《書李舒章詩後》：「庾信文章眞健筆。」

錢　曾　《論詩》：「一條枯竹意縱橫。」

吳祖修　《評點元遺山詩竟題其後》：「掉闔縱橫氣象豪。」

　　　　　《書黃戶部尤檢討詩》：「凌雲天語誇榮遇。」

汪由敦　《題蘇詩後》：「縱橫萬卷讀殘書。」

袁　枚　《仿元遺山論詩》：「書巢健筆頗稜嶒。」

尹嘉年　《論國朝人仿遺山體》：「思筆縱橫格律新。」

謝啓昆　《論元詩絕句七十首》：「健兒百戰氣縱橫。」又：「健筆高
　　　　　歌屬石田。」

　　　　　《論明詩絕句九十六首》：「丹青餘事復縱橫。」又：「咳吐
　　　　　元音健筆扛。」又：「瓊臺指畫論縱橫。」

　　　　　《讀中州集仿元遺山論詩絕句六十首》：「只有彌明健筆
　　　　　扛。」

　　　　　《讀全宋詩仿元遺山論詩絕句二百首》：「烟江疊嶂墨縱
　　　　　橫。」

傅玉書　《論詩十二首》：「若論才力縱橫處。」

吳　鎮　《戲跋集唐絕句》：「凌雲健筆意縱橫。」

張玉毅　《論古詩四十首》：「驚人尤仗筆縱橫。」

葉紹本《仿遺山論詩得絕句廿四首》：「弇州健筆亦縱橫。」

陳經禮《偶論宋詩十絕句》：「詩筆縱橫納海潮。」

蔡璨鼐《偶成》：「荔裳不獨氣縱橫。」

錢世錫《論宋人絕句十二首和陳檢齋司馬》：「縱橫試讀昔游詩。」

張九鐸《又戲爲絕句仿杜老》：「健筆盤挐不肯直。」

王庚言《論詩十首》：「嘉州才調更縱橫。」

吳德旋《雜著示及門諸子》：「餘事何妨縱筆成。」

張　晉《仿元遺山論詩絕句六十首》：「逸氣縱橫筆力高。」又：
　　　　「健筆雄才接混茫。」

李玉州《與張支百研江話隨筆九首》：「健筆縱橫逼少陵。」

吳嵩梁《余有山水癖念昔賢多同調者輒紀以詩》：「健筆郁蟠龍虎
　　　　氣。」

陸學欽《題琢詩圖爲沈二》：「隱侯才調氣縱橫。」

斌　良《自題詩稿》：「筆陣縱橫尚性靈。」

吳應奎《讀明人詩戲效遺山論詩絕句三十五首》：「青邱才調最縱
　　　　橫。」

方履籛《偶與外甥幼心先生論詩泛及近人篇什因作絕句六首》：
　　　　「周郎陸弟氣縱橫。」

虞　鈵《論六朝人詩絕句仿遺山體》：「江山驅遣筆縱橫。」

錢鈞伯《題劍南集後》：「可憐健筆太縱橫。」

吳仰賢《偶論滇南詩》：「髯翁才氣劇縱橫。」

邵　堂《論詩六十首》：「步兵健筆縱橫甚。」又：「崢嶸健筆昌黎
　　　　伯。」又：「健筆淋灕蘇學士。」

張祥河《論楚詩十二首》：「石淙詩健燕泉深。」又：「飄飄眞有氣
　　　　凌雲。」

梁　梅《論詩絕句》：「健筆原推正始音。」又：「探花才筆亦縱

橫。」

張之傑《讀明詩五十二首》：「百出縱橫第一流。」又：「縱橫變化
　　渺無窮。」又：「滄溟傑出氣縱橫。」又：「浚川才氣本縱
　　橫。」

彭蘊章《題元人詩十二首》：「縱橫米老醉吟時。」

毛國翰《暇日偶閱近人詩各繫一絕》：「船山才氣老縱橫。」又：
　　「凌雲健筆鬖星星。」

張際亮《星齋紅蕉館詩抄題詞》：「雲間健筆亦飛揚。」

林昌彝《論本朝人詩一百五首》：「聞道凌顏留健筆。」又：落筆
　　縱橫風雨驚。」又：「略拋健筆出真清。」又：「摩空健筆
　　染淋灕。」

朱庭珍《論詩》：「才筆縱橫氣萬千。」又：「奇氣縱橫各擅長。」
　　又「稚威健筆心餘匹。」

姚福均《書各家詩集後》：「縱橫揮灑氣無雙。」

潘曾綬《感舊詩》：「議論縱橫不可當。」

蕭　重《偶檢案頭國朝名人集及今人詩各題一截自竹泉觀察以下
　　　則又兼懷人矣》：「老筆縱橫乃擅場。」又：「更操健筆繼
　　　韓、蘇。」

馮繼聰《論唐詩絕句》：「寫來俠氣任縱橫。」又：「縱橫投筆事戎
　　軒。」又：「見說凌雲載酒游。」

沈景修《讀國朝詩集一百首》：「天真爛漫筆縱橫。」

陳　書《效少陵戲為六絕句元韻》：「先須體淨次縱橫。」

馮　煦《論六朝詩絕句仿元遺山體》：「東海參軍詩筆健。」

陳　芸《小黛軒論詩詩》：「縱橫古體氣披猖。」

查　揆《論詩絕句十二首寄琴隖》：「縱橫筆陣圖中見。」

趙　蕃《見梁檢法書懷七絕句于廣文處次韵幷屬》：「文才縱橫昔

　　　　　　　未窺。」

楊恩壽　《客有謂予近詩不如接作者拈此奉答》：「異想縱橫隘九
　　　　　　垓。」

陳　融　《讀嶺南人詩絕句》：「神思力量縱橫際。」又：「梅村、芝
　　　　　　麓凌雲筆。」

沈兆澐　《濟南旅舍讀山左諸家詩各題一絕凡十四首》：「縱橫排奡
　　　　　　遜山薑。」

釋齊己　《偶題》：「野吟無主若縱橫。」

郭曾炘　《雜題國朝諸名家詩集後》：「西河博辯近縱橫。」

姚　瑩　《論詩絕句六十首》：「牙簽玉軸本縱橫。」

　　　　　《偶成》：「湘娥一夕淚縱橫。」

袁　翼　《論金詩》：「付與屏山健筆扛。」

張鴻基　《論本朝各家詩三十首》：「獨辟町畦揮健筆。」又：「健筆
　　　　　　似公原作者。」

韓　印　《論白門近日詩人戲仿元遺山》：「秋翁健筆古無倫。」

許奉恩　《蘭苕館論詩》：「健筆摩空鶴在宵。」

李慈銘　《論詩絕句四首》：「北江健筆有餘妍。」

林思進　《論蜀詩絕句》：「黃河詩筆健何如。」

柯振嶽　《論詩》：「左思健筆欲凌雲。」

王　楷　《讀張船山先生詩稿》：「古風惜少氣縱橫。」

袁嘉穀　《春日下睆小飲薄醉尚論古詩人漫成十二首》：「東坡健筆
　　　　　　挽千鈞。」

胡　煥　《論西江詩派絕句十五首》：「南豐才筆九州橫。」

林　楓　《論詩仿元遺山體》：「卓絕迦陵采筆橫。」

孫　諤　《岳村懷吳天章先生三絕》：「卻憐空有凌雲賦。」

夏葆彝　《論湖北詩絕句二十首轉論湖北詩家流寓不與》：「霸氣縱

　　　　橫總不羈。」

戴　森《論詩絕句》:「誰令奇節縱橫士。」又:「《更盛齋集》突
　　　縱橫。」

金葆楨《北雅樓論詩新詠》:「蕭山才思自縱橫。」

黃小魯《楚北論詩詩》:「健筆凌雲老更清。」

宮爾鐸《讀元遺山王漁洋論詩絕句愛其文詞之工惜其所言尚非第
　　　一義漫成此首以質知音》:「縱橫老筆老尤奇。」又:「健
　　　筆能空障眼塵。」

許愈初《論詩絕句》:「健筆凌雲膽氣粗。」

孫　雄《論詩絕句》:「高華爽朗筆縱橫。」

方廷楷《習靜齋論詩絕句》:「縱橫才氣似蘇韓。」又:「甌北縱橫
　　　亦抗衡。」又:「健筆排奡最擅長。」

黃維申《論詩絕句》:「健筆力排柔靡習。」

章鶴齡《讀布衣諸老詩各書一絕》:「清思健筆含風雅。」

何一碧《論詩》:「摩天巨刃健於龍。」

今人嗤點流傳賦

錢謙益《姚叔祥過明發堂論近代詞人戲作絕句十六首》:「嗤點前
　　　賢豈我曹。」

汪應銓《絕句》:「今人劣得粗豪句。」

李必恆《論詩絕句十三首》:「時人裂眼嗤奇字。」

屈　復《論詩絕句三十四首》:「從他嗤點流傳在。」

謝啓昆《論元詩絕句七十首》:「少谷休嗤學少陵。」

　　　《讀全唐詩仿元遺山論詩絕句一百首》:「宮詞薄艷嗤承
　　　吉。」

傅玉書《論詩十二首》:「今人好勝頻嗤點。」

朱　炎《讀明人詩絕句三十首》:「嗤點西園五字詩。」

張九鐸《戲爲六絕句》：「嗤點流傳是昔人。」又：「何事近來嗤李、杜。」又《又戲爲絕句仿杜老》：「他年嗤點關何事。」

孫星衍《游隨園贈袁太史》：「劉叉多謝世人嗤。」

彭兆蓀《近日刊詩集者紛紛予心非之而友人中有許出資以佐剞劂費者恐異日不能堅持初志料檢之餘漫題四詩於後》：「任人嗤點任嘲詼。」

張　晉《仿元遺山論詩絕句六十首》：「義山獺祭未容嗤。」又：「談龍輕薄亦堪嗤。」

沈德潛《戲爲絕句》：「後人嗤點太容易。」

黃承吉《偶題滄浪詩話》：「虞山嗤點劣詩魔。」

吳應奎《讀明人詩戲效遺山論詩絕句三十五首》：「竭來嗤點溪南老。」

邵　堂《論詩六十首》：「廣微好事略堪嗤。」

吳仰賢《論詩》：「已嗤七子欠風流。」

朱彭年《仿元遺山論詩絕句》：「詞繁意盡嗤坡老。」

徐繼畬《題吳梅村詩集四首》：「東門報怨嗤秋谷。」

陳　書《戲爲六絕句效杜老》：「他年嗤點關何事。」

郭曾炘《雜題國朝諸名家詩集後》：「嗤點還須畏後賢。」

楊深秀《仿元遺山論詩絕句五十首》：「輕薄嗤人太踞囂。」

李遐齡《跋謂南集》：「晚謬曾嗤綺用乖。」

不覺前賢畏後生

張玉轂《論古詩四十首》：「幾經注解表前賢。」又：「不道後賢沈著少。」

吳應奎《讀明人詩戲效遺山論詩絕句三十五首》：「競談開、寶傲前賢。」

張九鎡《戲為六絕句》：「眼明字順服前賢。」

黃維申《論詩絕句》：「想見前賢愛士心。」又：「刀圭豈誤後來　　　賢。」

許愈初《論詩絕句》：「可憐嚼蠟愧前賢。」

馮　煦《論六朝詩絕句仿元遺山體》：「曹、王、班、賈愧前賢。」

蔡壽臻《論詩絕句十首》：「風情突過晉人賢。」

姚　瑩《論詩絕句六十首》：「尚惜前賢枉用心。」又：「昔賢應畏　　　後來人。」又：「苦與唐賢論戶庭。」

朱　琦《論詩五絕句》：「陵誇前賢氣太粗。」

王允晳《昌江道中懷人》：「句法前賢欲逼眞。」

胡　煥《論西江詩派絕句十五首》：「歌哭前賢較有情。」

吳祖修《示漢荀玉文舒文旭初觀文》：「昔賢寶貴過懸黎。」

洪亮吉《道中無事偶作論詩截句二十首》：「尚有昔賢英雄氣。」

況　澄《仿元遺山論詩三十首》：「擬古新詩肖昔賢。」

江　瀚《讀白香山詩集》：「強健還堪傲昔賢。」

蔡環黼《偶成》：「賴有青門辨古賢。」又：「范、陸皮毛誤後賢。」

錢世錫《論宋人絕句十二首和陳檢齋司馬》：「彭澤田園是古賢。」　　　又：「不盡唐賢作典型。」

袁　翼《論金詩》：「仲經詩派出唐賢。」又：「只恐昌黎畏後賢。」

梁　梅《論詩絕句》：「唐賢風格最風華。」

張鴻基《論本朝各家詩二十首》：「自把唐賢格律參。」

馮繼聰《論唐詩絕句》：「晚唐偶似盛唐賢。」

沈景修《讀國朝詩集一百首》：「格守唐賢氣息眞。」

宮爾鐸《讀元遺山王漁洋論詩絕句愛其文詞之工惜其所言尚非第　　　一義漫成此作以質知音》：「衣冠徒襲唐賢貌。」又：「孝　　　友曾經許大賢。」

謝章鋌《論詩絕句三十首》:「正音原不愧唐賢。」

何維棣《論詩》:「已爲唐賢暗度鍼。」

蔣士超《清朝論詩絕句》:「《唐賢三昧》豈曾參?」

陳　融《讀嶺南人詩絕句》:「不慕唐賢弁華晃。」又:「溯自唐賢
　　　　多別意。」又:「頗近《唐賢三昧》意。」又:「唐賢尚有
　　　　孟山人。」又:「群雅彬彬數後賢。」

鄧　鎔《論詩三十絕句》:「不讀唐賢以後書。

潘曾綬《途中遇朱小雲觀察以詩稿見贈即題其後》:「前輩風流留
　　　　妙句。」

翁方剛《漁洋先生五七言詩鈔重訂本鋟板成賦寄粵東葉花溪十二
　　　　首》:「崑體功夫熟後生。」

臧壽恭《讀南宋雜事詩題後》:「後生已晚殷勤甚。」

郭曾炘《雜題國朝諸名家詩集後》:「稍惜《風懷》惑後生。」又:
　　　　「嗤點還須畏後賢。」

李希聖《論詩絕句四十首》:「玉石終嫌誤後生。」

陳　銳《題伯嚴近集》:「錯被人呼作後生。」

沈德潛《遣興》:「後賢排擊日紛綸。」又《戲爲絕句》:「時賢不
　　　　識楚《騷》體。」

孫　雄《論詩絕句》:「後生何事苦訾謷?」又:「名賢生日詩篇
　　　　富。」又:「天意蒼茫惜大賢。」

屈　復《論詩絕句三十四首》:「從此前賢畏後生。」

彭光澧《論國朝人仿元遺山三十六首》:「得不前賢畏後生。」又:
　　　　「恐宗南宋掩唐賢。」又:「幕府新詩仿宋賢。」

查　揆《舟中與積堂論詩得八絕句》:「橫使才情誤後賢。」

馬長海《效元遺山論詩絕句四十七首》:「後賢苦效競難工。」

洪占銓《賈溪師命作論詩三昧絕句》:「不是橫流誤後賢。」

王省山　《拙稿編成呈孫賓華校正得斷句四首》：「蹉跌翻虞笑後
　　　　賢。」

張崇蘭　《懷國朝京口詩人絕句》：「別派終愁誤後賢。」

錢振鍠　《論詩》：「不教後學費疑猜。」

張　塤　《論詩答慈伯四首》：「近賢風雅獨存君。」

林　蒼　《論詩六首與拙廬》：「翻留疵點與時賢。」

黃培芳　《論粵東詩十絕》：「區、廓諸賢迥絕塵。」

廖鼎聲　《補作論國朝人七十八首》：「疏狂不識并時賢。」

毛國翰　《暇日偶閱近人詩各繫一絕》：「論交海內盡名賢。」

王十朋　《游東坡十一絕》：「但覺前賢畏後生。」

王若虛　《王子端雲近來陡覺無佳思縱有詩詩成似樂天其小樂天甚
　　　　矣予亦嘗和四絕》：「後生未可議前賢。」

元好問　《論詩三十首》：「唱酬無復見前賢。」

錢謙益　《姚叔祥過明發堂論近代詞人戲作絕句十六首》：「嗤點前
　　　　賢豈我曹。」又：「何事後生饒筆舌，偏將詩律議前賢。」

李呈祥　《憶與復陽論詩途次口占卻寄》：「欲向前賢尋意旨。」

王士禎　《戲仿元遺山論詩絕句》：「莫逐刀圭誤後賢。」

葉方靄　《自題獨賞集》：「自古前賢避後生。」

查慎行　《戲為四絕句呈西　桐野兩前輩》：「後生不自量才力。」

屈　復　《論詩絕句三十四首》：「從此前賢畏後生。」

沈德潛　《遣興》：「後賢排擊日紛綸。」

尹嘉年　《論國朝人仿遺山體》：「晚年詩律近唐賢。」

張玉穀　《論古詩四十首》：「幾經注解表前賢。」

鍾廷瑛　《讀詩絕句十二首》：「終覺前賢跨後生。」

王　昶　《舟中無事偶作論詩絕句四十六首》：「明湖精舍識前賢。」
　　　　又：「後賢從此參流別。」又：「阿好何能賺後賢。」

宋繩先《論詩絕句》：「豈是前賢累後生。」

吳德旋《雜著示及門諸子》：「國風好色倚前賢。」

張　晉《仿元遺山論詩絕句六十首》：「故應斂手到前賢。」又：
　　　　「偏是後人輕老筆。」又：「阿好何能賺後賢。」

彭光澧《論國朝人仿元遺山三十六首》：「得不前賢畏後生。」

宋　湘《與人論東坡詩》：「縱不前賢畏後生。」

鮑桂星《得姬傳先生書因寄管異之》：「頓使前賢畏後生。」

郭　麐《續懷人詩十二首》：「時人莫漫輕前筆。」

張之傑《讀明詩五十二首》：「恰似唐賢臨晉帖。」又：「後生端不
　　　　讓前賢。」

林昌彝《論本朝人詩一百五首》：「江東歌席抗時賢。」又：「可是
　　　　前賢誤後生。」

朱庭珍《論詩》：「竊恐梅村誤後生。」又：「敢道前賢畏後生。」

方履籛《偶與外甥幼心先生論詩泛及近人篇什因作絕句六首》：
　　　　「料得前賢畏後生。」

徐繼畬《題吳梅村詩集四首》：「未必前賢勝後賢。」又：「供奉、
　　　　龍標讓後賢。」

高錫恩《論詩有感作三絕句》：「俳優轉欲謗前賢。」

周　劼《書江西詩徵後》：「後生何必讓前賢。」

沈金藻《周中讀近代諸先生詩各題一絕》：「始覺前賢畏後生。」

陳　書《效少陵戲爲六絕句元韻》：「前賢心苦分明在，敢信才難
　　　　阻後生。」

郭曾炘《雜國朝諸名家詩集後》：「嗤點還須畏後賢。」

蔣士超《清朝論詩絕句》：「不逐刀圭誤後賢。」

許愈初《論詩絕句》：「可憐嚼蠟愧前賢。」

沈壽榕《檢朱家詩集信筆各題短句》：「後生何用輕軒輊。」

章鶴齡《讀布衣諸老詩各書一絕》：「非徒面目襲前賢。」

楊王盧駱當時體

王士禎《戲仿元遺山論詩絕句》：「王、楊、盧、駱當時體。」又：
　　　　「元、白、張、王皆古意。」

許奉恩《蘭莟館論詩》：「王、楊、盧、駱當時體。」

黃之雋《自題香奩卷末十二首》：「王、楊、盧、駱當時體」

王　質《題竇伯玉小隱詩六首》：「王、楊、盧、駱青冥上。」

李呈祥《憶與復陽論詩途次口占卻寄》：「王、楊、盧、駱偶然
　　　　同。」又：：「沈、謝、曹、劉各自工。」

洪亮吉《道中無事偶作論詩截句二十首》：「王、楊、盧、駱信難
　　　　訶。」

李兆元《論詩絕句》：「王、楊、盧、駱只相因。」

葉紹本《仿遺山論詩得絕句廿四首》：「王、駱、盧、楊派不同。」

錢謙益《姚叔祥過明發堂論近代詞人戲作絕句十六首》：「高、
　　　　楊、文、沈久沈埋。」

田　雯《論詩絕句》：「世無沈、宋、曹、劉筆。」

鍾廷瑛《讀詩絕句十二首》：「歐、梅、蘇、陸皆龍象。」

錢世錫《論宋人絕句十二首和陳檢齋司馬》：「歐、梅、蘇、陸各
　　　　門庭。」

柯振嶽《論詩》：「王、孟、儲、韋多妙悟。」

張　晉《仿元遺山論詩絕句六十首》：「王、儲、韋、柳終難肖。」
　　　　又：「別從李、杜、昌黎外。」

顧嗣立《題元百家詩集後十首》：「虞、楊、范、揭出群雄。」

李必恆《論詩七絕句》：「范、揭、虞、楊彼一時。」

丁咏淇《論詩絕句》：「虞、楊、范、揭莫能逾。」

屈　復《論詩絕句三十四首》：「虞、楊、范、揭當時體。」

況　澄《仿元遺山論詩三十首》:「虞、楊、范、揭四家稱。」

楊深秀《仿元遺山論詩絕句五十首》:「范、揭、虞、楊何足論。」

姚　瑩《論詩絕句六十首》:「王、李、高、岑競一時。」又:
　　　　「盧、王、沈、宋未爲雄。」

譚宗浚《讀杜詩絕句》:「王、岑、高、李共追陪。」

陳　衍《招梅峰飲以長句枭謝幷豉飴餹米粉餓油各物報以小詩三
　　　　首》:「岑、高、王、李變初唐。」

陳啓疇《與晴峰鰲論詩十首》:「李、杜、韓、蘇墻數仞。」又:
　　　　「江河萬古當時體。」

金蓉鏡《論詩絕句寄李審言》:「李、杜、韓、蘇都道了。」

王　昶《舟中無事偶作論詩絕句四十六首》:「杜、韓、蘇、陸蟠
　　　　胸次。」

史承豫《論詩絕句》:「徐、蔣、儲、陳疊唱喎。」

方于穀《仿王漁洋論詩絕句四十首》:「邢、廓、邊、高句亦工。」
　　　　又:「元、明、唐、宋且休論。」

黃承吉《再題杜集》:「未識曹、劉、阮、謝詩。」

郭書俊《論詩》:「蘇、黃、范、陸競新裁。」

殷兆鏞《讀曝書亭集》:「辛、柳、姜、張體各宜。」

廖鼎聲《補作論國朝詩人七十八首》:「王、楊、金、葉句全收。」

林昌彝《論本朝人詩一百五首》:「王、楊、盧、駱亦家雞。」又:
　　　　「漢、魏、齊、梁儼一家。」又:「施、宋、朱、王壁壘
　　　　開。」又:「范、陸、歐、梅伯仲看。」

馮繼聰《論唐詩絕句》:「誰繼方、羅、吳、鄭後?」又:「馬、
　　　　費、殷、張圭臬在。」又:「夏、蜀、青、徐俱廓清。」

黎維樅《讀杜詩絕句》:「後來鄭、郭、王、譚罩。」

郭曾炘《雜題國朝諸名家詩集後》:「王、李、鍾、譚變已窮。」

又：「向、郭、錢、盧擬不倫。」

蔣士超《清朝論詩絕句》：「李、何、王、李四家尊。」

謝章鋌《讀全閩詩話雜感》：「曹、謝、鍾、譚總兩歧。」

路朝霖《夏夜讀船山詩》：「袁、洪、王、趙訂知音。」

曾習經《壬子八九月間所讀書題詞十五首》：「沈、宋、王、岑誇
　　　格韵。」

陳得善《書帶經堂詩話後》：「李、杜、蘇、黃各擅長。」

王守恂《讀簡齋詩》：「吸來李、杜、蘇、黃髓。」

孫　雄《論詩絕句》：「何、曾、鄭、莫相追逐。」又：「陳、屈、
　　　梁、程堪嗣響。」又：「徐、克、江、淮彳亍行。」

蘇念禮《仿遺山絕句》：「韓、孟、歐、梅一例工。」

歐陽述《雜題國朝人事迹各一首》：「把臂錢、劉、盧、李間。」

楊　浚《論次閩詩》：「楊、方、徐、廖重閩南。」又：「曹、劉、
　　　屈、宋是吾師。」

袁　翼《論金詩》：「李、杜、白、韓、蘇、陸後。」

李　濂《論詩》：「高、楊、袁凱及張、徐。」

劉大觀《與人論詩四絕句》：「齊、梁、漢、魏同歸冶。」

李書吉《論詩雜詠》：「魏、晉、齊、梁體漸卑。」

張問陶《頗有謂余詩學隨園者笑而賦此》：「漢、魏、晉、唐猶不
　　　學。」

袁嘉穀《春日下睆小飲薄醉尚論古詩人漫成十二首》：「規摩漢、
　　　魏、隋、唐體。」

范　溶《論蜀詩絕句》：「漢、魏、宋、唐俱不學。」

張維屏《論詩絕句》：「《南》、《豳》、《雅》、《頌》逐篇求。」

虞景璜《讀葩經雜詠四十二首》：「齊、魯、燕、趙早著名。」

吳仰賢《論詩》：「盛、初、中、晚辯。」

謝肇淛《漫興》:「鐘、李、湖、湘非吾鄰。」

許奉恩《蘭苕館論詩》:「日、月、星、辰四序和。」又:「清奇世
　　　　有孟東野,變怪人稱盧玉川,嘔心突兀李昌谷,瘦骨嶙
　　　　峋賈浪仙。」

張玉穀《論古詩四十首》:「韋孟、王嬙著四言。」

錢陳群《宋百家詩存題詞》:「游、楊、張、范足師資。」

李希聖《論詩絕句四十首》:「玉臺應悔當時體。」

張　塤《論明詩絕句十六首》:「仍然長慶當時體。」

吳　騫《論詩絕句》:「盧、王、楊、駱當日體。」

輕薄爲文哂未休

宮爾鐸《讀元遺山王漁洋論詩絕句愛其文詞之工惜其所言尚非第
　　　　一義漫成此作以質知音》:「掃盡世間輕薄習。」

郭曾炘《雜題國朝諸名家詩集後》:「輕薄爭傳《香草箋》。」

楊深秀《仿元遺山論詩絕句五十首》:「輕薄嗤人太啙窳。」又:
　　　　「漫因綺語輕殷、璐。」

許愈初《論詩絕句》:「逸思清音誦未休。」

程恩澤《仿遺山絕句答徐廉峰仁弟》:「無本相隨逐未休。」

馮繼聰《論唐詩絕句》:「應倩徐、任吟不休。」又:「傳誦紛紛不
　　　　少休。」

汪曾本《仿稼亭讀詩恍若有悟歸作八絕句奉柬》:「嘆老嗟卑語不
　　　　休。」

謝啓昆《讀〈中州集〉仿元遺山論詩絕句六十首》:「仙語琅琅夜
　　　　不休。」

徐　瑞《雪中夜坐雜詠十首》:「楊、王、盧、駱哂未休。」

許廷鑅《江郭即事雜詩》:「輕薄王、楊奈爾何。」

楊度汪《詠初唐四傑》:「就中輕薄未全無。」

傅玉書《論詩十二首》：「野雀寒鴉噪不休。」又：「結習相輕議總
　　　　偏，五言無古薄唐賢。」

李兆元《論詩絕句》：「翻惹談龍詆未休。」

單可惠《題國朝六家詩抄後》：「輕薄爲文與道妨。」

茹綸常《題朱竹垞詩後》：「未許錢、吳薄前賢。」

李憲喬《手校韋廬詩集畢書後》：「眼前輕薄知多少？」

郭　麐《續懷人詩十二首》：「時人莫漫輕前輩。」

方于穀《仿王漁洋論詩絕句四十首》：「弇山亦是相輕薄。」

葉紹本《仿遺山論詩得絕句廿四首》：「何、李詩篇哂未休。」

沈德潛《戲爲絕句》：「一任兒曹笑未休。」

王　昶《舟中無事偶作論詩絕句四十六首》：「琵琶盲女終輕薄。」

陳玉鄰《書蓮洋集後八首》：「悠悠薄俗任相輕。」

張　晉《仿元遺山論詩絕句六十首》：「談龍輕薄亦堪嗤。」

郭六芳《論詩》：「桃花輕薄梅花冷。」

許奉恩《蘭苕館論詩》：「輕薄相譏亦可憐。」又：「即論詩篇亦不
　　　　群。」

柳商賢《擬杜戲爲六絕句》：「後來輕薄何須數，只許輿台役古
　　　　人。」

爾曹身與名俱滅

周必大《數文閣學士李仁甫挽詞》：「磨滅身名笑爾曹。」

李必恆《論詩絕句十三首》：「試爲兒曹覓初祖。」

沈德潛《戲爲絕句》：「何事爾曹談墨守？」又：「一任兒曹笑未
　　　　休。」

方于穀《仿王漁洋論詩絕句四十首》：「爾曹不演生公法。」

不廢江河萬古流

楊度汪《詠初唐四傑》：「不廢江河流萬古。」

鄧　鎔《論詩三十絕句》:「萬古江河流不廢。」又:「中州萬古一英雄。」

祁寯藻《讀唐四家詩》:「萬古江河流不盡。」

王　質《題竇伯玉小隱詩六首》:「不廢江河廢爾曹。」

范　罕《冲寒雜句四十首》:「不廢江河地上行。」

秦　瀛《題宋牧仲先生抄本詩集》:「江河不廢蘇、黃派。」

黃庭堅《病起荆江亭即事十首》:「文字江河萬古流。」

田　雯《論詩絕句》:「可并江河萬古流。」

葉紹本《仿遺山論詩得絕句廿四首》:「自有江河萬古流。」

王　昶《舟中無事偶作論詩絕句四十六首》:「江河萬古望星虹。」又:「總是柴桑萬古心。」

陳啓疇《與晴峰鏊論詩十首》:「江河萬古當時體。」

李憲喬《手效韋廬詩集畢後》:「獨抱江河萬古心。」

孫　雄《沈文慤公生日詩》:「日月江河萬古新。」又《論詩絕句》:「天縱才開萬古荒。」又:「北斗經天萬古明。」

查　揆《舟中與積堂論詩得八絕句》:「齒冷江湖萬古流。」

徐　嘉《論詩絕句五十七首》:「海月江風萬古春。」

嚴允肇《絕句》:「落落星辰萬古垂。」

高　篃《論宮閨詩十三首》:「一句詩成萬古傳。」又:「只餘萬古風人愁。」

毓　俊《論詩》:「《雅》、《頌》、《風》詩萬古傳。」

蔣師轍《青州論詩絕句》:「五字單行萬古聞。」

蔣士超《清朝論詩絕句》:「太白流風萬古存。」

元好問《論詩三十首》:「一語天然萬古新。」又:「中州萬古英雄氣。」又:「萬古文章有坦途。」又:「切切秋蟲萬古情。」又:「江南萬古潮陽筆。」又:「萬古幽人在澗阿。」又:

「萬古千秋五字新。」又:「風流初不廢齊梁。」又《自題
中州集後五首》:「萬古騷人嘔肺肝。」

徐以坤 《戲爲絕句》:「百態牢籠萬古新。」

汪由敦 《題元遺山集》:「平淡天然萬古新。」

呂履恆 《漫題六首》:「白露蒹葭萬古情。」

謝啓昆 《讀全唐詩仿元遺山論詩絕句一百首》:「秋色蒙蒙萬古
青。」又:「笑傲能消萬古愁。」又《讀全宋詩仿元遺山
論詩絕句二百首》:「嚼鐵冤銜萬古深。」又《論元詩絕
句七十首》:「寸簡千秋萬古心。」

范　溶 《論蜀詩絕句》:「自寫湘纍萬古愁。」

張問陶 《歲暮懷人作論詩絕句》:「詞客支離萬古同。」

袁　翼 《論元詩》:「絕唱流傳萬古名。」

方孝孺 《論詩》:「萬古乾坤此道存。」

吳景旭 《言詩十絕句》:「萬古風騷一笑中。」

屈　復 《論詩絕句三十四首》:「萬古無名十九篇。」又:「萬古
崔、劉居上頭。」

張際亮 《懷人詩》:「詩名萬古一秋毫。」

翁方剛 《藥洲冬日讀諸集七首和王文簡公韵》:「萬古悲歌燕、趙
氣。」

黃培芳 《論粵東詩十絕》:「嶕嶢萬古寂人踪。」

邵　堂 《論詩六十首》:「萬古何人續楚騷。」

汪　端 《論宮閨詩十三首和高湘筠女史》:「龍沙萬古無春色。」

貝青喬 《涪江懷黃文節公》:「萬古西江派有圖。」

王宗嶧 《讀邵堯甫擊壤集二首》:「萬古千秋見此人。」

蘇時學 《詩箴四首》:「萬古詩人眼界開。」

何家琪 《論詩絕句》:「元亮胸襟高萬古。」

楊深秀《仿元遺山論詩絕句五十首》：「中州萬古英雄氣。」又：
　　　　「立誠仍不廢修辭。」

毛翰豐《論蜀詩絕句》：「萬古騷壇止二仙。」

彭　旭《論詩二首》：「文章萬古振頹唐。」

馮　玗《論詩示天嬰》：「萬古歐、梅各著稱。」

陳　融《讀嶺南人詩絕句》：「英風萬古不能磨。」又：「千秋萬古
　　　　填胸憤。」又：「寂寞張侯風萬古。」

錢陳群《宋百家詩存題詞》：「不廢吟詩為政日。」

吳德旋《雜著示及門諸子》：「貞觀不廢南朝體。」

李希聖《論詩絕句》：「要為王孫廢《楚辭》。」

郭綏之《偶述六絕句》：「為君盡廢意何如？」

縱使盧王操翰墨

元好問《論詩三十首》：「沈、宋橫馳翰墨場。」

錢謙益《姚叔祥過明發堂論近代詞人戲作絕句十六首》：「玄宰天
　　　　然翰墨香。」

謝啟昆《讀全唐詩仿元遺山論詩絕句一百首》：「不因翰墨掩詩
　　　　篇。」又《讀全宋詩仿元遺山論詩絕句二百首》：「桐木
　　　　韓家翰墨香。」又：「事業還兼翰墨新。」

李玉州《與張支百研江話隨筆九首》：「李、杜橫馳翰墨場。」

顧嗣立《題元百家詩集後二十首》：「碑版穹窿翰墨場。」

張佩綸《論閨秀詩二十四首》：「豈恃門風馳翰墨。」

林昌彝《論本朝人詩一百五首》：「天馬行空翰墨馳。」

袁　翼《論金詩》：「翰墨流傳惜未多。」又《論元詩》：「翰墨文
　　　　章四海傳。」

彭蘊章《題元人詩十二首》：「題畫千秋留翰墨。」

黃小魯《楚北論詩詩》：「從知翰墨有淵源。」

朱儁瀛《與客論詩示二絕句》：「縱使雄才推一世。」

許奉恩《蘭苕館論詩》：「縱使連波能悔過。」

沈景修《讀國朝詩集一百首》：「縱使《冬花》題句好。」

徐　嘉《論詩絕句五十七首》：「縱使談詩持論確。」

宋　湘《與人論東坡詩》：「縱不前賢畏後生。」

何　栻《偶成》：「縱饒李洞黃金在。」

許　標《書劍南詩集後》：「當年縱作《南園記》。」

楊光儀《論詩五首》：「縱教摹得顰眉肖。」

蔡邦甸《詠唐人詩仿元遺山論詩絕句》：「劉郎縱許詩豪士。」

夏葆彝《論湖北詩絕句二十首專論湖北詩家流寓不興》：「長卿縱
　　　　有長城在。」

范　溶《論蜀詩絕句》：「阿連縱解生春草。」

陳鑒之《蔣實齋出示孟浩然畫像同賦二絕》：「誦詩縱不忤龍顏。」

劣於漢魏近風騷

黃之雋《自題香奩卷末十二首》：「劣於漢、魏近《風》、《騷》。」

周必大《敷文閣學士李仁甫挽詞》：「文章餘力薄《風》、《騷》。」

譚宗浚《讀杜詩絕句》：「歌行餘事薄《風》、《騷》。」

王圖炳《邗溝旅夜讀綿津先生詩集賦呈五絕句》：「直探壈索溯
　　　　《風》、《騷》。」

徐　嘉《論詩絕句五十七首》：「眾流橫截溯《風》、《騷》。」

謝啓昆《論明詩絕句九十六首》：「伯賢感興襲《風》、《騷》。」又
　　　　《讀全唐詩仿元遺山論詩絕句一百首》：「日月《風》、
　　　　《騷》百代新。」又《書周松靄遼詩話後二十四首》：「千
　　　　古《風》、《騷》尚待論。」又《論元詩七十首》：「《風》、
　　　　《騷》一代見真裁。」

朱彭年《仿元遺山論詩絕句》：「獨將吟筆繼《風》、《騷》。」

焦袁熙《論詩絕句五十二首》：「杜甫篇章繼楚《騷》。」

宋　湘《論杜詩二絕句》：「少陵家法必風騷。」

袁嘉穀《春日小飲薄醉尚論古詩人漫成十二首》：「李、何崛起正《風》、《騷》。」

張　元《讀杜詩十六絕句》：「上宗兩漢接《風》、《騷》。」

王　昶《舟中無事偶作論詩絕句四十六首》：「玉鉤搗素接風騷。」又：「清和瑟怨總《風》、《騷》。」又：「百代《風》、《騷》主盛唐。」

廖鼎聲《補作國朝人七十八首》：「又從元、白接《風》、《騷》。」

姚文泰《論詩雜賦》：「果然屈、宋祖《風》、《騷》。」

邱晉成《論蜀詩絕句》：「自怡軒畔振《風》、《騷》。」

張之傑《讀明詩五十二首》：「首開新運主《風》、《騷》。」

宮爾鐸《讀元遺山王漁洋論詩絕句愛其文詞之工惜其所言尚非第一義漫成此首以質知音》：「競將聲氣當《風》、《騷》。」又：「競將聲氣當《風》、《騷》。」

鄒嘉來《逸社第四集奉題楊子勤雪橋詩話圖卷》：「正聲自古擬《風》、《騷》。」

江肇塽《讀詩》：「但能真切似《風》、《騷》。」「清和瑟怨總《風》、《騷》。」

張　燁《簡趙真休》：「至今湖海誦《風》、《騷》。」

趙　蕃《簡徐季孟》：「生令梅賦闕《風》、《騷》。」

陳維崧《鈔唐人七言律竟輒題數端句楮尾》：「體當拗處更《風》、《騷》。」

李欣榮《拙集刻成自題八絕句於後》：「不才何敢附《風》、《騷》。」

孫　雄《論詩絕句》：「《別裁》鉅集匯《風》、《騷》。」

姚福均《書各家詩集後》:「步武《風》、《騷》見性情。」

楊光儀《論詩五首》:「接迹《風》、《騷》寄興深。」

林昌彝《論本朝人詩一百五首》:「上迫《風》、《騷》李、何。」

許奉恩《蘭苕館論詩》:「上薄《風》、《騷》道獨尊。」

姚　瑩《論詩絕句六十首》:「不知何故遠《風》、《騷》。」

朱　琦《論詩五絕句》:「雖多奚補遠《風》、《騷》。」

柯振嶽《論詩》:「采薇何必異《風》、《騷》。」又:「一代《風》、
　　　　《騷》王阮亭。」

鍾廷瑛《讀詩絕句十二首》:「力挽唐音近《騷》、《雅》。」

蔣師轍《青州論詩絕句》:「《風》、《騷》幾畢解窮源。」

焦袁熙《論詩絕句五十二首》:「祖述《風》、《騷》事已訛。」

鄭　谷《讀前集二首》:「《風》、《騷》如綫不勝悲。」

李　中《敘吟二首》:「欲把《風》、《騷》繼古風。」

釋齊己《寄鄭谷郎中》:「人間近遇《風》、《騷》匠。」

又《寄廬匡圖兄弟》:「《風》、《騷》作者爲商榷。」

張　耒《讀吳怡詩卷二首》:「休學《風》、《騷》窮事業。」

戴復古《昭武太守王子文曰與李賈嚴羽共觀前輩一兩家詩及晚唐
　　　　詩因有論詩十絕子文見之謂無甚高論亦可作詩家小學須
　　　　知》:「變盡《風》、《騷》到晚唐。」

吳景旭《言詩十絕》:「萬古《風》、《騷》一笑中。」

朱彝尊《題吳蓮洋詩卷》:「三晉《風》、《騷》雜偽眞。」

胡天游《風詩》:「屈指《風》、《騷》增感激。」

齊召南《讀香樹齋續集高妙不可思議即集其句奉題八絕句》:「廣
　　　　大《風》、《騷》眞不忝。」

趙　翼《論詩》:「各領《風》、《騷》五百年。」

鮑倚雲《題聽奕軒詩詞八絕句》:「《風》、《騷》遺緒爲君長。」

茹綸常《題山石詩存十七首》:「《風》、《騷》體格本來寬。」

章學誠《題隨園詩話》:「誣枉《風》、《騷》誤後生。」

黃承吉《春遲暇日懷涉頗繁雜成絕句十二首幷書之無次第》:「千古《風》、《騷》一掃空。」

王省山《論詩》:「千古《風》、《騷》此一燈。」

張維屏《論詩絕句》:「《風》、《騷》兩種爲詩祖。」

張之傑《讀明詩五十二首》:「一代《風》、《騷》典型在。」

毛國翰《暇日偶閱近人詩各繫一絕》:「《風》、《騷》入選新。」

張鴻基《論本朝各家詩二十首》:「一代《風》、《騷》變《雅》聲。」

張際亮《懷人詩》:「百代《風》、《騷》有正聲。」

何栻《題陶集後四首》:「千載《風》、《騷》絕此才。」

馮繼聰《論唐詩絕句》:「一代《風》、《騷》誰作主?」

盛樹基《答友人問詩法》:「《風》、《騷》而降幾凌遲。」

方廷楷《習靜齋論詩百絕句》:「三晉《風》、《騷》未盡荒。」

林楓《論詩仿元遺山體》:「一代《風》、《騷》鼎足身。」

許奉恩《蘭苕館論詩》:「《風》、《騷》典午孰維持?」

程秉釗《國朝名人集題詞》:「骨是《風》、《騷》律漢、唐。」

林思進《論蜀詩絕句》:「便有《風》、《騷》變李唐。」

歐陽述《雜題國朝人詩集各一首》:「一代《風》、《騷》屬老成。」)又:「苦向《風》、《騷》守正聲。」

陳延韡《論詩絕句二十首》:「始變《風》、《騷》是建安。」

柳棄疾《盛湖竹枝詞題辭十二首爲沈秋凡作》:「一代《風》、《騷》賴主持。」又上《後論詩五絕示昭懿》:「一代《風》、《騷》失主持。」

陳融《讀嶺南人詩絕句》:「漢、魏、《風》、《騷》惜未傳。」

龍文虎脊皆君馭

傅玉書　《論詩十二首》：「虎脊龍文未易方。」

宋　弼　《題蓮洋山人集》：「虎氣龍身豈久藏？」

黃正維　《門人問詩學字學口占示之》：「乃知筆虎文龍貴。」

吳嵩梁　《余有山水癖念昔賢多同調者輒紀以詩》：「健筆郁蟠龍虎
　　　　　氣。」

黃培芳　《論粵東詩十絕》：「莫子龍文健筆扛。」

夏葆彝　《舊作論湖北詩絕句二十首》：「虎渡龍舟繫我思。」

歷塊過都見爾曹

錢謙益　《姚叔祥過明發堂論近代詞人戲作絕句十六首》：「過都歷
　　　　　塊皆神駿。」又：「嗤點前賢豈我曹。」

吳衡照　《冬夜讀詩偶有所觸輒志斷句非效遺山論詩也得十五首》：
　　　　　「世上紛紛看爾曹。」

王　質　《題竇伯玉小隱詩六首》：「不廢江河廢爾曹。」

周必大　《數文閣學士李仁甫挽詞》：「磨滅身名笑爾曹。」

吳　鶱　《論詩絕句》：「死較尊卑笑爾曹。」

田　雯　《論詩絕句》：「前輩東坡效爾曹。」

王　昶　《舟中無事偶作論詩絕句四十六首》：「一時才氣冠詞曹。」

謝啓昆　《讀中州集仿元遺山論詩絕句六十首》：「了吾官事課兒
　　　　　曹。」

鮑倚雲　《題敬業堂詩集後》：「天全晚節示兒曹。」

王敬之　《戊戌歲前三日半窩同咏詩債》：「詩材宏富盡吾曹。」

汪曾本　《訪稼亭讀詩恍若有悟歸作八絕句奉柬》：「溫柔敦厚教吾
　　　　　曹。」

陳　書　《仿少陵戲爲六絕句元韵》：「肯容流派涸吾曹。」

張之傑　《讀明詩五十二首》：「詩文亦自冠諸曹。」

張際亮《入都泆旬故人多以詩相示各綴一絕》:「歸來得句冠詞
　　　曹。」

李必恆《論詩絕句三十首》:「試爲兒曹覓初祖。」

方于穀《仿王漁洋論詩絕句四十首》:「爾曹不演生公法。」

才力應難誇數公

吳應奎《補論詩五首》:「氣節尤當誇數公。」又《讀明人詩戲效
　　　遺山論詩絕句三十五首》:「艷絕難將漢、魏誇。」

張九鐸《戲爲六絕句》:「勝國遺編見數公。」

顏君猷《論嶺南國朝人詩絕句》:「才力焉能繼數公。」又:「才力
　　　焉能繼數公。」

徐　嘉《論詩絕句五十七首》:「抗手田、曹有數公。」

陸　游《觀渡江諸人詩》:「南渡詩人尚數公。」

田　雯《讀元人詩各賦絕句十六首》:「數公枉用說黃蒼。」

翁方剛《藥洲冬日讀諸集七首和王文簡公韻》:「蘇門未及數公
　　　游。」

張　晉《仿元遺山論詩絕句六十首》:「都傍當時數巨公。」

謝啓昆《論元詩絕句七十首》:「《新婦吟》成漫自夸。」

方汝謙《讀感舊集五首》:「水繪名園誇雉水。」

張玉穀《論古詩四十首》:「梁、陳爭誇幼婦辭。」

黃維申《論詩絕句》:「當世只誇三賦貴。」

朱　炎《讀明人詩絕句三十首》:「才力終當勝萬人。」

方士淦《讀隨園集四絕》:「自矜才力任千秋。」

郭崑燾《論詩答龍樹棠即次其韻》:「只知才力分高下。」

馮繼聰《論唐詩絕句》:「詩篇才力稱雄健。」

朱儁瀛《題漁洋山人詩集》:「倉山才力超千古。」

陳　書《漁洋精華錄》:「不爭才力盡沈雄。」

程秉釗《國朝名人集題詞》：「司空才力勝東陽。」

傅世洵《論蜀詩絕句》：「容齋才力比龍驤。」

陳　融《讀嶺南人詩絕句》：「正宗才力究如何？」

袁　枚《仿元遺山論詩》：「一代正宗才力薄。」

徐時棟《病後讀雨村詩話》：「太息此君才力薄。」

蕭　重《偶檢案頭國朝名人集及近人詩牋各題一截自竹泉觀察以
　　　　下則又兼懷人矣》：「格調卑卑才力薄。」

鄧　鎔《論詩三十絕句》：「詩到貞元才力薄。」

凡今誰是出群雄

汪應銓《絕句》：「東坡居士出群雄。」

顧嗣立《題元百家詩集後二十首》：「虞、楊、范、揭出群雄。」

王　昶《舟中無事偶作論詩絕句四十六首》：「長沙亦是出群雄。」

馬長海《效元遺山論詩絕句四十七首》：「眼前誰是出群雄？」

張際亮《入都洊旬故人多以詩相示各綴一絕》：「登之意氣出群
　　　　雄。」

馮繼聰《論唐詩絕句》：「君詩亦首出群雄。」又：「俊才奇藻出群
　　　　雄。」又：「誦《詩》講《易》領群英。」又：「金陵懷古
　　　　集群英。」

宋　弼《題蓮洋山人集》：「玉溪端是出群雄。」

吳應奎《讀明人詩戲效遺山論詩絕句三十五首》：「狂詞先撼出群
　　　　雄。」

趙　蕃《投曾秀州逢四首》：「後來曾、呂出群雄。」

朱　炎《書篋衍集後》：「田間五字壓群雄。」

毛國翰《暇日偶閱近人詩各繫一絕》：「九邊才思壓群雄。」

蔡邦甸《書高青邱集後》：「青邱風雅壓群雄。」

張雲驤《論國朝詩人》：「稼堂健筆邁群雄。」

錢樹本《讀國朝諸大家詩各繫絕句》:「觀察天才壓群英。」又:
　　「近體清華格律雄。」

黃維申《論詩絕句》:「元和碑版壓群英。」

張之傑《讀明詩五十二首》:「詩才亦是冠群英。」又:「何郎特起
　　冠群英。」

郭曾炘《雜題國朝諸名家詩集後》:「《鶴征》首錄冠群英。」

沈德潛《論明詩十二斷句》:「青邱詩筆籠群英。」

黃小魯《楚北論詩詩》:「《錦帆》解脫妙群英。」

盧　鈖《論六朝人詩絕句仿遺山體》:「論才亦可冠群臣。」又:
　　「力挽狂瀾可出群。」

沈汝瑾《題李尊客越縵堂詩集》:「清才雅望冠群公。」

林昌彝《論本朝人詩一百五首》:「總持河朔壓群公。」

朱彭年《仿元遺山論詩絕句》:「子才自是出群才。」

沈兆澐《濟南旅舍讀山左諸家詩各題一絕凡十四首》:「惟讓延之
　　秀出群。」

張祥河《論楚詩十二首》:「初抗鍾、譚繼出群。」

許愈初《論詩絕句》:「別有風流迴出群。」又:「淵明詩思軼群
　　倫。」

李書吉《論詩雜詠》:「北郭才名迴出群。」

沈　采《論婦人詩絕句四十九首》:「妙筆文姬迴出群。」

李靖國《題潘蘭史夫人佩瓊居士飛素閣遺集》:「選句天然妙出
　　群。」

張崇蘭《懷國朝京口詩人絕句》:「吳體卑卑未出群。」

張鳴坷《題沈元咸藉草譚詩圖》:「玉樊自是出群才。」

鮑西岡《論詩絕句》:「曹、李登壇迴軼群。」

謝啓昆《讀全唐詩仿元遺山論詩絕句一百首》:「燕、許同稱制軼

群。」

汪遠孫《題仲耘輯詩圖》：「隨園才調自超群。」

朱祖謀《冬夜檢時賢詩集率綴短章》：「亭林大筆媲群雅。」

屈　復《論詩絕句三十四首》：「語出賢豪氣逸群。」

白胤謙《近代詩人大家七絕句》：「北地元堪百代雄。」

孫　雄《論詩絕句》：「橫絕詞壇蓋代雄。」

田　雯《讀東坡集偶題》：「泉源萬斛自稱雄。」

葉坤厚《讀錢牧齋詩集》：「騷壇牛耳獨稱雄。」

廖鼎聲《拙學齋論詩絕句一百九十八首》：「文章海內獨推雄。」

李葆恂《論詩絕句》：「北宋南施又兩雄。」

李　覯《戲題玉臺集》：「江右君臣筆力雄。」

或看翡翠蘭苕上

翁方剛《論詩家三昧十二首》：「翡翠蘭苕漫掣鯨。」

舒　位《瓶水齋論詩絕句二十八首》：「鯨魚翡翠向相尋。」

柳商賢《蘇州論詩絕句》：「喁喁綺語觸纏綿，翡翠蘭苕異樣鮮。」

許寶傳《論詩絕句》：「鯨魚翡翠兩相尋。」

汪　端《論宮閨詩十三首和高湘筠女史》：「翡翠駕鴦寫艷情。」

　　　　　又：「翡翠蘭苕亦可憐。」

馮　煦《論六朝詩絕句仿元遺山體》：「翡翠蘭苕消歇盡。」

范　溶《論蜀詩絕句》：「翡翠蘭苕字字鮮。」

廖鼎聲《論國朝人七十四首》：「未聆翡翠戲蘭苕。」

曹鑒成《冬日偶檢家集各附題一絕句》：「碧海蘭苕未易量。」

郭　麐《病起懷人詩三十首》：「蘭苕翡翠句新鮮。」

伊都禮《論詩作寄彰吉表兄》：「誰憐翡翠驚風雨。」

黃維申《論詩絕句》：「蘭苕翡翠共相鮮。」

徐　嘉《論詩絕句五十七首》：「蘭苕翡翠玉溪生。」

張九鐸《戲爲六絕句》：「或看牛鬼蛇神出。」

未掣鯨魚碧海中

袁壽齡《茅庵夜坐與贊文談詩》：「碧海鯨魚汝掣難。」

羅信南《小詩》：「難從碧海掣鯨鯢。」

宋　弼《題蓮洋山人集》：「誰掣鯨魚碧海中？」

李兆元《論詩絕句》：「掣鯨碧海更誰知？」

王圖炳《邗溝旅夜讀綿津先生詩集賦呈五絕句》：「掣鯨碧海氣春
　　　　容。」

袁　翼《論元詩》：「未見鯨魚掣海來。」

沈壽榕《檢朱家詩集信筆各題短句》：「掣海鯨魚安雅堂。」

姚　瑩《論詩絕句六十首》：「掣海長鯨力自全。」

祁寯藻《讀唐四家詩》：「鯨魚手掣更何人？」

屈　復《論詩絕句三十四首》：「鯨魚碧海更須參。」

王　昶《舟中無事偶作論詩絕句四十六首》：「碧海鯨魚一氣旋。」

孫　雄《論詩絕句》：「碧海鯨魚意境同。」

查慎行《戲爲四絕句呈西　桐野兩前輩》：「碧海鯨鯢杜陵老。」

胡天游《風詩》：「留借波瀾鑄鯨海。」

謝啓昆《論明詩絕句九十六首》：「蛟門破浪海鯨降。」又：「鯨背
　　　　高歌踏海波。」

翁方剛《書陳後山集宋槧本》：「金翅擘天鯨掣海。」

張鴻基《論本朝各家詩二十首》：「萬里滄溟浪跋鯨。」

林昌彝《論本朝人詩一百五首》：「筆底鯨魚跋浪來。」又：「墨浪
　　　　飛騰萬丈鯨。」

舒　位《瓶水齋論詩絕句二十八首》：「鯨魚翡翠兩相尋。」

許寶傳《論詩絕句》：「鯨魚翡翠兩相尋。」

翁方剛《論詩家三昧十二首》：「翡翠蘭苕漫掣鯨。」

陳奉兹《讀杜詩》:「碧海鯨魚掣實難,何如翡翠且棲蘭?」

李必恆《論詩絕句十三首》:「鯨魚碧海何人掣?翡翠蘭苕底爾為?」

郭曾炘《雜題國朝諸名家詩集後》:「蘭鯨早貴非同調。」

不薄今人愛古人

祁寯藻《讀唐四家詩》:「薄古愛今論非平。」

茹綸常《題山右詩存十七首》:「愛古薄今原未可。」

柯振嶽《論詩》:「今人風調古人情。」又:「西河未許薄東坡。」

張士傑《讀明詩五十二首》:「不摹古法不師今。」

葉坤厚《論詩七絕十首》:「談古議今敢荒唐。」

吳仰賢《論詩》:「議古議今等蚍蜉。」又:「今古堪憐貉一丘。」

沈景修《讀國朝詩集一百首》:「新城選古體遺今。」

楊秀鸞《論詩絕句》:「滔滔河漢古今流。」

顏君猷《論嶺南國朝人詩絕句》:「災梨禍棗古今同。」

夏葆彝《論湖北詩絕句二十首專論湖北詩家流寓不與》:「獨振頹風鞚古今。」又:「苴茅蘋繁薄采之。」

林思進《論蜀詩絕句》:「坡老文章擅古今。」

歐陽述《雜題國朝人詩集各一首》:「終覺今宜古未宜。」又:「論詩敢薄虞山叟。」又:「廟堂誰敢薄琮珩?」

沈兆澐《濟南旅舍讀山左諸家詩各題一絕凡十四首》:「尊唐不肯薄蘇、黃。」

屈　復《論詩絕句三十四首》:「不敢隨風薄宋、元。」

楊光儀《題于阿璞翠芝山房詩草》:「從今不敢薄齊、梁。」

郭尚先《徐廉峰庶常問詩圖》:「多師未敢薄陰、何。」

馮　开《論詩示天嬰》:「鉛華久已薄楊、劉。」

陳　融《讀嶺南人詩絕句》:「巧舌瀾翻真是薄。」

袁　翼《論元詩》：「直教才調薄西昆。」

廖鼎聲《論國朝人七十四首》：「翩躚才調薄風塵。」

徐時棟《病後讀雨村詩話》：「太息此君才力薄。」

清詞麗句必爲鄰

李友棠《題侯鯖集後八首》：「清詞麗句必爲鄰。」

鍾廷瑛《讀詩絕句十二首》：「清詞麗句楊、劉作。」又：「故人應恨德無鄰。」

錢謙益《姚叔祥過明發堂論近代詞人戲作絕句十六首》：「麗句清詞堪大嚼。」

沈兆澐《濟南旅舍讀山左諸家詩各題一絕凡十四首》：「麗句清詞工潤飾。」

蕭　重《偶檢案頭國朝名人集及今人詩牋各題一截自竹泉觀察以下則又兼懷人矣》：「麗句清詞邁等倫。」

孫　雄《論詩絕句》：「麗句清詞都入畫。」

馮繼聰《論唐詩絕句》：「麗句清詞人不及。」又：：「玉蟾金鳳詞清麗。」又：「詩篇清麗更渾成。」又：「翰林學士著清詞。」

王闓運《論同人詩八絕句》：「麗句清詞似女郎。」

張玉轂《論古詩四十首》：「清新綺麗縱難能。」

楊　浚《論次閩詩》：「清麗才名百寶天。」

吳仰賢《偶論滇南詩》：「新詞清麗段曹郎。」

李希聖《論詩絕句四十首》：「碧雲清麗無風骨。」

汪應銓《絕句》：「愛將清麗學前人。」

廖鼎聲《補作論國朝人七十八首》：「清詞褒許有朱、梅。」

柳商賢《擬杜戲爲六絕句》：「麗句纏綿絕點塵。」

方廷楷《習靜齋論詩百絕句》：「七言麗句更無儔。」

高　彤《讀詩雜感》：「廣微麗句晉清談。」

許奉恩《蘭苕館論詩》：「麗詞偶語力澊除。」

朱　炎《讀明人詩絕句三十首》：「山中木客鬼爲鄰。」

林昌彝《論本朝人詩一百五首》：「江湖風月誓爲鄰。」

蔣師轍《詠唐人仿元遺山論詩絕句》：「湜、籍文章可結鄰。」

謝肇淛《漫興》：「鍾、李、湖、湘非吾鄰。」

阮文藻《編詩》：「清詞未必肯爲鄰。」

沈德潛《論明詩十二斷句》：「君采風裁孰與鄰？」

窃攀屈宋宜方駕

鮑之芬《讀楚辭感賦》：「風詩三百爲方駕。」

白永修《讀王少伯集題後》：「駕《辯》攀《騷》語似經。」

虞　鈖《論六朝人詩絕句仿遺山體》：「欲駕何郎轉自猜。」又：
　　　　「並駕盧、虞繼仲方。」

朱　綬《論詩絕句》：「萬古空招屈、宋魂。」

李書吉《自題集後》：「屈、宋悲哀也不生。」

黎　簡《讀漁洋山人集遂仿其體二絕句》：「猶足《離騷》屈、宋
　　　　心。」

姚文泰《論詩雜賦》：「果然屈、宋祖《風》、《騷》。」

程恩澤《仿遺山絕句答徐廉峰仁弟》：「探源屈、宋奇而艷。」

高　篃《論宮閨詩十三首》：「安識《離騷》屈、宋心？」

馮繼聰《論唐詩絕句》：「屈、宋文章得清深。」

林昌彝《論本朝人詩一百五首》：「只在衡官屈、宋間。」

茹綸常《題山右詩存十七首》：「何妨屈、宋作衡官。」

謝啓昆《讀全唐詩仿元遺山論詩絕句一百首》：「合教屈、宋作衡
　　　　官。」

朱庭珍《論詩》：「竊恐梅村誤後生。」

恐與齊梁作後塵

錢謙益　《姚叔祥過明發堂論近代詞人戲作絕句十六首》：「肯與
　　　　鍾、譚作後塵？」

錢陳群　《宋百家詩存題詞》：「理學游揚作後塵。」

王　昶　《題沈秀才安成琢詩圖》：「肯與西江作後塵。」又《長夏
　　　　懷人絕句》：「定向詞壇拜後塵。」又《舟中無事偶作論
　　　　詩絕句四十六首》：「詩到齊、梁麗更淫。」又：「若向
　　　　齊、梁論作手。」

沈德潛　《遣興》：「恐與松圓作後塵。」

張之傑　《讀明詩五十二首》：「可許熙、豐作後塵。」

吳德旋　《雜著示及門諸子》：「分與金陵作後塵。」

謝啟昆　《讀全唐詩仿元遺山論詩絕句一百首》：「未信齊、梁步後
　　　　塵。」又：「一洗齊、梁藻麗濃。」又《論明詩絕句九十
　　　　六首》：「艷摘齊、梁稿欲焚。」

李兆元　《論詩絕句》：「又與初唐步後塵。」又：「詩到齊、梁已變
　　　　新。」又：「如何知有齊、梁體。」

袁　翼　《論金詩》：「康樂終難步後塵。」

楊秀鶯　《論詩絕句》：「更逐山陰步後塵。」

毛翰豐　《暇日偶日近人詩各繫一絕》：「持論紛紛步後塵。」

林慶銓　《自題詩草寄張金秀茂才》：「敢向隨園步後塵。」

柳商賢　《蘇州論詩絕句》：「未許鍾、譚步後塵。」

陳　書　《效少陵戲為六絕句元韻》：「更許吾宗步後塵。」

謝章鋌　《論詩絕句三十首》：「閩派何曾步後塵。」

王士禎　《戲仿元遺山論詩絕句》：「未許傳衣躡後塵。」

楊　浚　《論次閩詩》：「栗里愚溪躡後塵。」

柯振嶽　《論詩》：「未許齊、梁躡後踪。」

顧嗣立《題元百家詩集後二十首》：「還向江西拜後塵。」

楊士雲《詠史》：「只恐元劉落後塵。」

敖興南《論詩》：「不向蘇、黃逐後塵。」

沈大成《王蘭泉舍人三泖漁莊圖》：「風流陳夏已前塵。」

陳　融《讀嶺南人詩絕句》：「一點何曾撲俗塵。」又：「不廢齊、
　　　梁世所趨。」又：「品流終不落齊、梁。」

朱庭珍《論詩》：「竊恐梅村誤後生。」

陳　僅《與友人談詩偶成七首》：「寄語齊、梁後塵者。

呂廷輝《江子谷見示弄翰惆悵諸集為題三絕句》：「更效齊、梁藻
　　　思繁。」

洪亮吉《道中無事偶作論詩截句二十首》：「一卷齊、梁體格同。」

白永修《答友人論詩》：「綽有齊、梁矩矱存。」

楊深秀《仿元遺山論詩絕句五十首》：「艷到齊、梁詩可焚。」

曾習經《壬子八九月間所讀書題詞十五首》：「我愛齊、梁遺制
　　　在。」

楊光儀《論詩五首》：「箇中古意讓齊、梁。」又：《題于阿璞翠芝
　　　山房詩草》《從今不敢薄齊、梁。」

黃維申《論詩絕句》：「歌行字字壓齊、梁。」

陳　熾《效遺山論詩絕句十首》：「尚沿風格事齊、梁。」

韓　印《論白門近日詩人戲仿元遺山》：「風規直欲陋齊、梁。」

馮繼聰《論唐詩絕句》：「詩詞婉麗似齊、梁。」

吳德旋《雜著示及門諸子》：「那將蟬噪等齊、梁。」

程恩澤《仿遺山絕句答徐廉峰仁弟》：「頹波橫制掃齊、梁。」

唐仁壽《論六朝詩絕句仿元遺山體》：「齊、梁宮體劇風流。」

朱應庚《論詩三十二首》：「齊、梁烟月劫灰紅。」

潘德輿《仿遺山論詩絕句論遺山二首》：「評論正體齊、梁上。」

潘飛聲《題易哭厂丁戊之間行卷後》:「沈、任以後齊、梁筆。」

王文治《題祝芷塘詩卷後》:「合與東坡作替人。」

未及前賢更勿疑

錢謙益《姚叔祥過明發堂論近代詞人戲作絕句十六首》:「姚叟論
　　　文更不疑。」

李必恆《論詩七絕句》:「李、杜中天更不疑。」又《題初學集》:
　　　「黨牛怨李盡堪疑。」又《呈朱竹垞先生八絕句》:「兩大
　　　中天自不疑。」

張　元《讀杜詩十六絕句》:「千古流傳更不疑。」

馬長海《效元遺山《論詩絕句四十七首》:「逸韵天成更不疑。」

王　昶《舟中無事偶作論詩絕句四十六首》:「追踪王、駱更何
　　　疑?」又《題桂未谷思誤書小照》:「不妨傳信更傳疑。」

屈大均《西蜀費錫璜數枉書來自稱私淑弟子賦以答之四首》:「私
　　　淑如君乃不疑。」

李　翔《題毛西河詩話後》:「唐、宋源流辯不疑。」

葉紹本《仿遺山論詩得絕句廿四首》:「虎賁形似亦何疑。」

謝章鋌《書宋已舟詩後》:「美人善怨亦堪疑。」

葉觀國《秋齋暇日抄輯漢魏以來詩作絕句二十首》:「齊、梁蟬噪
　　　語堪疑。」

查慎行《題杜集後二首》:「許身稷契復奚疑。」又《游山歸錢越
　　　秀呂灌園出示見送詩戲答二首》:「千古才難洵不疑。」

宋　弼《題蓮洋山人集》:「生天成佛漫相疑。」

陳　書《效少陵戲爲六絕句元韵》:「箋疏百氏益滋疑。」

朱　松《雜小詩二首》:「我今羞悔子何疑。」

劉克莊《答惠州曾使君韵二首》:「古人字字總堪疑。」

吳德旋《雜著示及門諸子》:「言志爲詩定不疑。」

許宗彥《燈下誦詩作》：「便廢何妨尚有疑。」

謝章鋌《論詩絕句三十首》：「一纇一字亦何疑。」

毓　俊《編詩》：「自編吟稿費猜疑。」

郭曾炘《雜題國朝諸名家詩集後》：「莫怪邯鄲學步疑。」

殷兆鏞《讀曝書亭集》：「鄭，衛淫奔卻可疑。」

馮繼聰《論唐詩絕句》：「何爲僉壬轉見疑？」又：「韓翃名姓兩相
　　　疑。」

王士禎《戲仿元遺山論詩絕句》：「未及尚書有邊習。」

遞相祖述復先誰

王　昶《舟中無事偶作論詩絕句四十六首》：「沈任筆筆更誰先？」

鮑瑞駿《讀詩偶成》：「妙處誰居習者先？」

柳商賢《擬杜戲爲六絕句》：「幷軌騷壇孰後先？」

陳　融《讀嶺南人詩絕句》：「今古才人孰後先？」又：「章貢回波
　　　有後先。」

黃承吉《讀文選偶作》：「步武陳思屬後先。」

張崇蘭《懷國朝京口詩人絕句》：「舊時壇坫莫能先。」

楊　浚《論次閩詩》：「提倡能開十子先。」又：「寸心甘苦更誰
　　　知？」

陳　書《效少陵戲爲六絕句元韵》：「學究功臣更是誰？」

王丹墀《偶成六絕句》：「緣何獺祭遞相師？」

陳世慶《偶成六絕句》：「緣何獺祭遞相師？」

別裁僞體親風雅

張　元《讀杜詩十六絕句》：「別裁僞體親風雅。」

沈景修《讀國朝詩集一百首》：「別裁僞體親風雅。」又：「一門風
　　　雅盡能文。」

王　昶《舟中無事偶作論詩絕句四十六首》：「別裁僞體親風雅。」

又：「挹《雅》揚《風》已絕倫。」

王敬之《拋卷》：「別裁偽體定誰工?」又《答友生論詩詩》：「請
　　　看騷壇嚴偽體。」

羅可桓《跋渭南集》：「遠學少陵裁偽體。」

田同之《論詩》：「別裁偽體有微詞。」

葉　愚《讀國朝人詩》：「別裁偽體在多師。」

李兆元《論詩絕句》：「別裁偽體見淵源。」又：「詩古詞今貴別
　　　裁。」

吳應奎《讀明人詩戲效遺山論詩絕句三十五首》：「別裁偽體關公
　　　道。」

陳啓疇《論詩十二首呈裴慎圍邑宰》：「別裁偽體慎搜羅。」又：
　　　「風雅中州數李、何。」

王文瑋《讀國朝諸家集各繫一詩凡十二首》：「別裁偽體最分明。」

張　晉《仿元遺山論詩絕句六十首》：「別裁偽體有誰如?」又：
　　　「海內何人主風雅?」

朱彭年《仿元遺山論詩絕句》：「別裁偽體頗芟除。」

楊秀鷟《論詩絕句》：「別裁偽體終何取。」

馬長海《效元遺山論詩絕句四十七首》：「偽體元、王盡別裁。」

吳仰賢《偶論滇南詩》：「偽體別裁追《大雅》。」

朱　炎《書篋衍集後》：「定有別裁主風雅。」又：《讀明人詩絕句
　　　三十首》：「主張風雅是吾師。」

陳文述《題漱玉集》：「解賦凌雲擅別裁。」

祁寯藻《題符南樵孝廉半畝園訂詩圖》：「別裁雅集溯權輿。」

楊深秀《題馮習三廣文詩集令息佩芸夫人婉琳屬題也四首》：「六
　　　十論詩工別裁。」

朱儁瀛《桐兒叩詩學口占以示》：「別裁高論少公評。」

孫　雄《論詩絕句》:「《別裁》鉅集匯《風》、《騷》。」

蔣士超《清朝論詩絕句》:「清曠樓中著《別裁》。」

郭曾炘《雜題國朝諸名家詩集後》:「三《別裁》偏擯宋、元。」
又:「未論風節論風雅。」又:「結習都能風雅親。」

葉坤厚《讀錢牧齋詩集》:「姓名不入《別裁》中。」

陸繼輅《雜題》:「卷卷新編署別裁。」

金　農《新編拙詩四卷手自抄錄付女兒收藏雜題五首》:「常裁別
體鬪榛蕪。」

翁心存《論詩絕句十八首》:「浙派誰教別體裁?」

袁　翼《論元詩》:「中、晚唐音選體裁。」

章鶴齡《讀布衣諸老詩各書一絕》:「宋人到底別風裁。」又:「清
思健筆含風雅。」

邱嘉穗《評詩二首》:「風雅於今重別裁。」又:「風雅於今重別
裁。」

田　雯《論詩》:「唐、宋判將偏體裁。」

李遇齡《跋渭南集》:「遠學少陵裁偏體。」

汪遠孫《題仲耘輯詩圖》:「格調先教偏體刪。」又:「西泠風雅百
年乖。」

高　篃《論宮閨詩十三首》:「長笑選家尊偏體。」又:「翩翩風雅
能殊俗。」

屈大均《西蜀費錫璜數枉書來自稱私淑弟子賦以答之四首》:「休
裁偏體逐詩名。」

鮑倚雲《題曝書亭集後》:「俗學紛紛偏體宗。」

張如哉《論詩》:「風雅親裁大義存。」

黃承吉《集秋平丈掃垢山房分咏古籍二首》:「低佪古昔知風雅。」

史承豫《論詩絕句》:「吾鄉前輩耽風雅。」

許奉恩《蘭苕館論詩》：「一門橋梓耽風雅。」又：「《風》、《雅》
　　　　無存吾道衰。」

沈兆澐《濟南旅舍讀山左諸家詩各題一絕凡十四首》：「鍾、譚以
　　　　後論風雅。」又：「總持風雅百年新。」

夏葆彝《舊作論湖北詩絕句二十首》：「奇文蔚起追風雅。」

郭綏之《偶述六絕句》：「畔道離經説風雅。」

鄧　鎔《論詩三十絕句》：「天留遺種存風雅。」

張問陶《論詩十二絕句》：「笑他正色談風雅。」

林昌彝《論本朝人詩一百五首》：　「揚州烟月留風雅。」又：
　　　　「《風》、《雅》能追正始還。」

曹潤堂《與子鶴席間論詩問予所尚因作詩答之》：「劍南詩集宜風
　　　　雅。」

方廷楷《習靜齋論詩百絕句》「宣州自古多風雅。」又：「莫管從
　　　　前風雅少。」

謝啓昆《讀全宋詩仿元遺山論詩絕句二百首》：「由來濂、洛多風
　　　　雅。」

顧嗣立《司寇新城王先生從都門寓書見存云將有精華錄之刻喜而
　　　　賦四絕句》：「近日吳中盛風雅。」

趙　翼《題岫雲女史雙清閣詩本》：「始知閨閣眞風雅。」

王丹墀《偶成六絕句》：「阿誰風雅最相親？」

宮爾鐸《讀元遺山王漁洋論詩絕句愛其文詞之工惜其所言尚非第
　　　　一義漫成此以質知音》：「風雅誰明第一流。」又：「能教
　　　　《風》、《雅》增顏色。」

陳　融《讀嶺南人詩絕句》：「《風》、《雅》凋零世教枯。」又：
　　　　「風雅承平網下收。」又：「同時風雅動神京。」又：「嶺南
　　　　風雅見斐如。」又：「故鄉風雅未消沉。」

王省山《論詩》：「風雅於今孰主持？」

尹嘉年《論國朝人詩仿遺山體》：「風雅只堪作附庸。」

張際亮《淵臣以近詩見示率題二絕》：「《風》、《雅》微茫有正聲。」

朱庭珍《論詩》：「風雅凌遲嗟久矣。」

岑振祖《讀姚江逸詩前後集得七絕二十六首》：「風雅尚將餘事看。」

馮繼聰《論唐詩絕句》：「風雅惟君工近體。」又：「風雅絕倫張侍郎。」又：「李唐風雅許何如？」又：「古來風雅道彝倫。」

高　彤《讀詩雜感》：「《風》、《雅》凌夷無美刺。」

林　楓《論詩仿元遺山體》：「風雅能將節義敦。」

胡　煥《論西江詩派絕句十五首》：「由來風雅根天性。」

邵　堂《論詩六十首》：「一編風雅掃荆榛。」

張玉穀《論古詩四十首》：「直從《風》、《雅》探淵源。」

張　塤《論明詩絕句十六首》：「天教風雅能黃。」又《論詩答慈伯四首》：「近賢風雅獨存君。」

屈　復《論詩絕句三十四首》：「百年風雅百蟲鳴。」又：「從來風雅尚溫柔。」

江肇壎《讀詩》：「可憐風雅不能真。」

韓　印《論白門近日詩人戲仿元遺山》：「禪門風雅續離憂。」

岑振祖《讀姚江逸詩前後集得七絕二十六首》：「一家風雅號三陳。」

毛國翰《暇日偶曰近人詩各繫一絕》：「誰道百年風雅歇？」

廖鼎聲《補作論國朝人七十八首》：「二黎風雅征同調。」

張雲驤《論國朝詩人》：「紫瓊風雅邈無雙。」

鄭由熙《論詩》：「欲從《風》、《雅》探消息。」

方孝孺《論詩》:「能探《風》、《雅》無窮意。」

楊士雲:《詠史》:「獨憐《風》、《雅》變《離騷》。」

張崇蘭《懷國朝京口詩人絕句》:「獨主吾鄉風雅席。」

謝章鋌《論詩絕句三十首》:「《擊壤》常爲風雅譏。」

轉益多師爲汝師

謝啓昆《論元詩絕句七十首》:「轉益多師是汝師。」

吳德旋《雜著示及門諸子》:「轉益多師後勝前。」

蔣兆鯤《論詩十絕句》:「轉益多師隨所遇。」

沈德潛《戲爲絕句》:「少陵詩法已多師。」又:「女蘿、山鬼是吾師。」

林昌彝《論本朝人詩一百五首》:「西江宗派竟多師。」又:「敦厚溫柔正雅師。」

葉　恩《讀國朝人詩》:「別裁僞體在多師。」

朱祖謀《冬夜檢時賢詩集率綴短章》:「律聲晉、宋未多師。」

陳　融《讀嶺南人詩絕句》:「自陳向往已多師。」又:「取音弦外亦多師。」又:「軒有心師心自師。」又:「書畫由來共一師。」

李恩樹《自題詩稿》:「多師何必定專師。」

蕭　重《偶檢案頭國朝名人集及近人詩賤各題一截自竹泉觀察以下則又兼懷人矣》:「偏師制勝無壯語。」

張崇蘭《懷國朝京口詩人絕句》:「莫倚偏師能制勝。」又:「王郎才調是吾師。」

許奉恩《蘭苕館論詩》:「未必偏師攻得開。」又:「金㩜爐叉枉肖師。」

錢謙益《姚叔祥過明發堂論近代詞人戲作絕句十六首》:「孟陽詩律是吾師。」

張九鐸《又戲為絕句仿杜老》：「費人懸解是吾師。」

冒起宗《讀杜詩》：「簡中人語信吾師。」

王士禎《戲仿元遺山論詩絕句》：「更憐《譚藝》是吾師。」

田　雯《論詩》：「徐陵善忘是吾師。」

吳之振《贈宋荔裳詩》：「風流蘊藉是吾師。」

汪應銓《論詩》：「風流蘊藉是吾師。」

錢陳群《宋百家詩存題詞》：「和靖風流是吾師。」

袁　枚《遣興》：「靈犀一點是吾師。」

朱　炎《讀明人詩絕句三十首》：「主張風雅是吾師。」又《書篋
　　　　衍集後》：「渤海丹陽古導師。」

王　昶《舟中無事偶作論詩絕句四十六首》：「風流儒雅亦吾師。」

柳商賢《擬杜戲為六絕句》：「導源《風》、《雅》是吾師。」

夏葆彝《論湖北詩絕句二十首轉論湖北詩家流寓不與》：「盛唐詩
　　　　律是吾師。」

黃道讓《詩集編成付梓自題十三絕句》：「飛騰前輩盡吾師。」又：
　　　　「坐觀井底少師承。」

楊　浚《論次閩詩》：「曹、劉、屈、宋是吾師。」

高心夔《懷人絕句五十八首》：「心情忠厚并吾師。」

岑振祖《讀姚江逸詩前後集得七絕二十六首》：「《趨庭》一集得
　　　　吾師。」

李遐齡《跋東坡先生詩後四首》：「天真爛漫是吾師。」

李玉州《與張支百研江話詩隨筆九首》：「空中天籟本吾師。」

姚　瑩《論詩絕句六十首》：「盛唐興趣是吾師。」

鄭　谷《讀前集二首》：「只應陶集是吾師。」

葉大莊《村居書事》：「風流老輩是吾師。」

馬長海《效元遺山論詩絕句四十七首》：「襄陽五字是余師。」又：

　　　　　「劉郎實是羨門師。」

秦　瀛《題宋牧仲先生抄本詩集》:「大雅如公亦我師。」

錢振鍠《讀許靜山詩集》:「丁卯先生是我師。」又《論詩》:「玉
　　　石紛陳未可師。」

許愈初《論詩絕句》:「不獨蘭成是我師。」

曾習經《題陳後山妾薄命後》:「瓣香不忍更他師。」

孫　雄《論詩絕句》:「虛中樂善是人師。」又:「根底槃深自得
　　　師。」

周必大《杜荀鶴村》:「今信樊川是父師。」

黃維申《論詩絕句》:「除卻韓碑我不師。」

章學誠《題〈隨園詩話〉》:「《蔞罦》豈堪師。」

歐陽述《雜題國朝人詩集各一首》:「只堪相友不堪師。」

高　篔《論宮閨詩十三首》:「《玉臺》以外恐無師。」

宋　湘《說詩八首》:「三百詩人豈有師。」

江　湜《校讀毛生甫休復居詩題二詩見意》:「杜陵應怪不相師。」

文廷式《論詩》:「紉蘭佩芷不相師。」

黃　鉞《書曝書亭集後》:「文章爾雅亦堪師。」

朱應庚《論詩三十二首》:「柳州峻潔亦堪師。」又:「青田高格亦
　　　堪師。」

彭光澧《論國朝人仿元遺山三十六首》:「尚書才調信堪師。」

朱儁瀛《桐兒叩詩學口占以示》:「溫柔敦厚語應師。」

胡天游《風詩》:「幾簞還能自得師?」

焦袁熙《論詩絕句五十二首》:「道義眞堪百世師。」

楊深秀《仿元遺山論詩絕句五十首》:「盡識文清百世師。」

朱彭年《仿元遺山論詩絕句》:「理學東南世所師。」

李葆恂《論詩絕句》:「卻奉虞山作導師。」

陳　芸《小黛軒論詩詩》：「《蕭然》自是女宗師。」

廖鼎聲《拙學齋論詩絕句一百九十八首》：「久傳才筆老人師。」

汪　縉《書李空同集後》：「知君眞把少陵師。」

羅可桓《跋東坡先生詩後四首》：「天眞爛漫是吾師。」

陳　書《戲爲六絕句效杜老》：「費人懸解是吾師。」